近代中国手工业社会纠纷解决机制研究

【历史与法学文丛】

主编 范忠信 陈景良

刘华政 著

中国政法大学出版社

2022·北京

图书在版编目（ＣＩＰ）数据

近代中国手工业社会纠纷解决机制研究/刘华政著. —北京：中国政法大学出版社，2022.10
ISBN 978-7-5764-0710-5

Ⅰ.①近… Ⅱ.①刘… Ⅲ.①手工业－民事纠纷－法制史－研究－中国－近代 Ⅳ.①D929.5

中国版本图书馆 CIP 数据核字(2022)第 204670 号

出 版 者	中国政法大学出版社
地　　址	北京市海淀区西土城路 25 号
邮寄地址	北京 100088 信箱 8034 分箱　邮编 100088
网　　址	http://www.cuplpress.com (网络实名：中国政法大学出版社)
电　　话	010－58908285(总编室)　58908334(邮购部)
承　　印	固安华明印业有限公司
开　　本	720mm×960mm　1/16
印　　张	24.5
字　　数	410 千字
版　　次	2022 年 10 月第 1 版
印　　次	2022 年 10 月第 1 次印刷
定　　价	98.00 元

古代中国社会或传统中国社会，是一个非常不同于欧洲大陆的社会。古代中国社会有着自己的特殊政治机理。具体说来，古代中国社会有着特殊的多侧面多层次的公共组织模式，有着特殊的公共政治事务处理模式，有着特殊的社会控制或治理模式。总而言之，有着特殊的社会秩序架构及其原理。

对于这一点，近代以来的学者们，在学术研究的理论认识层面上，似乎都比较清楚；但是一到了学术研究的实践操作层面上，大家似乎都模糊了。就是说，抽象地讲这些道理时，似乎谁都清楚；但一到具体分析阐释中国古代的政治和社会时，就不是这么回事了。比如人们惯于用西方学者从西方社会发展史中总结出来的奴隶制、封建制、资本主义、殖民主义、商品经济、市场制度、市民社会、私人空间、公共权力、公共政治、民族国家、公法与私法、私有制等一整套概念体系作为标准或尺度，去分析或阐释古代中国的政治和社会现象，结果就等于戴着有色眼镜看中国，不知不觉歪曲了中国古代的政治和社会的本质。

基于这样一种"以西范中""以西解中"的衡量或解读，我们在过去的研究中，惯于觉得中国古代政治和社会的秩序（或体制）一无是处；特别是惯于认为古代中国的法律制度体系远远落后于西方，过于粗糙、野蛮、简陋。所以，近代以来，特别是中华人民共和国建立以来，我们的中国法制史著作和教材常常可以写成控诉古代中国法制落后、腐朽、残酷、保守的控诉状。我们的史学界甚至还可以长期争论"中国封建社会为什么长期延续（或长期停滞）""中国为什么没有较早出现资本主义萌芽"这样的伪问题，我们的法学界也可以讨论"中国古代为什么没有民法典""中国古代法学为什么不发达"之类的伪问题。

从这样的判断出发，近代以来中国政治法律改革构想，大多必然会走

"以西化中"的道路。所以在过去百余年里，我们才会全盘模仿大陆法系的法制和苏联革命法制，搞出一整套与中国传统几乎一刀两断的法制体系。基于这样的考虑或追求，我们的立法才不会认真考虑它在中国社会土壤中有没有根基或营养成分的问题，才不会正式考虑与传统中国的习惯、习俗或民间法的衔接问题，才会得意洋洋地以在"一张白纸上可以画最新最美的图画"的心态来建章立制，才会仅仅以"注重世界最普通之法则"的心态来设计中国的法制。即使有人提出过"求最适于中国民情之法则"的主张，但最后几乎都是虚应故事，大规模的"民商事习惯调查"的结果也没有对近代化中国法制与民族传统根基的续接做出什么实质的贡献。这就是一百六十年来中国法制建设的实际取向——西方化取向的由来。

在这样取向下设计出的法制，实际上是缺乏民族土壤和根基的法制。这一套法制在我们民族大众的心目中，在我们社会生活的实际土壤中，是没有根基的，至少是根基不牢的。这棵移植的大树，缺乏民族的土壤或养分。所以，近代以来，如何把这套法律"灌输"给普通百姓成了国家最头疼的事情。直到今天，我们仍屡屡要以大规模的"普法"运动或"送法下乡""送法进街巷"的运动向人民推销这一套法制，但实际上收效甚微。事实上，我们今天的政治和社会生活，是不是真的在按照这套人为设计的、从西方移植来的法制体系运作？我们生活中的实际法制是不是我们的法律体系设计或规定的这一套法制？我们大家都心知肚明。其实，谁都不能不承认，在显性的法制背后，我们实实在在有一整套隐性的法制。这些隐性的法制，当然正反两个方面的都有，绝对不仅仅是从贬义上讲的"潜规则"。可以说，近代以来，我们民族的政治和社会生活实际上主要还是按照我们民族习惯的方式和规则在进行，只不过其过程受到了人为设计或移植的显性法制一定程度的"干扰"或"影响"而已。即使仅仅就这些"干扰"或"影响"而言，我们也很难肯定地说都是正面的、进步的"干扰"和"影响"，很难说就一定是西方民主、自由、平等的法制及其精神对中国"封建传统"的挑战。当社会大众看着"依法缺德"的人们得到法律的保护并获得各种"合法"利益而致使人心骇乱、是非模糊之时，我们就很难说这样的法制是中国社会应当有的良善法制。

　　基于这样的理解，我们近年一直主张用"历史法学"的眼光阐释中国传统法制和建设新的中国法制。

　　近代德国法学家萨维尼认为，法律是民族精神的体现。"法律只能是土生土长和几乎是盲目地发展的，不能通过正式理性的立法手段来创建。""一个民族的法律制度，像艺术和音乐一样，都是他们的文化的自然体现，不能从外部强加给他们"，"在任何地方，法律都是由内部的力量推动的，而不是由立法者的专断意志推动"。法律如同语言一样，没有绝对停息的时候，它同其他的民族意识一样，总是在运动和发展中。"法律随着民族的成长而成长，随着民族的壮大而壮大；当这一民族丧失其个性时，法便趋于消逝。"因此，法并不是立法者有意创制的，而是世代相传的"民族精神"的体现；只有"民族精神"或"民族共同意识"，才是实在法的真正创造者。"在所有人中同样地、生气勃勃地活动着的民族精神，是产生实定法的土壤。因此，对个人的意识而言，实定法并不是偶然的，而是必然的，是一种同一的法。"法律的存在与民族的存在以及民族的特征是有机联系在一起的。"在人类历史的早期阶段，法律已经有了一个民族的固有的特征，就如同他们的语言、风俗和建筑有它自己的特征一样。不仅如此，而且这些现象并不是孤立存在的，它们不过是自然地不可分割地联系在一起的、具有个性的个别民族的独特才能与意向。把它们连接为一体的是民族的共同信念和具有内在必然性的共同意识。"这种"共同意识和信念"必然导致一个民族的"同一的法"。立法者不能修改法律，正如他们不能修改语言和文化一样。立法者的任务只是帮助人们揭示"民族精神"，帮助发现"民族意识"中已经存在的东西。法的最好来源不是立法，而是习惯；只有在人们心中活着的法，才是唯一合理的法；习惯法是最有生命力的，其地位远远超过立法；只有习惯法最容易达到法律规范的固定性和明确性，它是体现民族意识最好的法律。

　　萨维尼对"历史法学"要旨和追求的这些出色阐发，这些年一直在震撼着我们的心灵。记得20世纪80年代初我们最早接触"历史法学"时，"历史法学"曾作为一个反面的角色被痛骂，被认为是"赞成维护封建秩序"，"对资产阶级革命成果的一种民族主义反动"；其"反动的民族主义观点"甚至还"被德国法西斯所广泛利用"。[1]此后二十多年里，因为一直在思考近代中国的法律移植问题，才发现"历史法学"的主张并不是简单地维护腐朽，不是那么简单可以否定的。"历史法学"的基本判断——法律作为"民族精神"和"民族性格"的体现，真正的法律应该是一个民族"同一的法"的整理编纂而不是立法者刻意制定等，实在都可以应用于中国。中国法学界应该以"历史法学"的眼光反省一百六十年中国法制近现代化即法制移植或法制西化的历史。这一反省，我们现在尚未有规模有深度地进行过；盲目移植法制和人为创制法制的思路或取向仍然在占上风。

我们法律史学者的历史使命，可能就是主导这样的反省。反省过后，我们必须提出在西来法治主义背景下的法制本土化或中国化方案，使未来中国法制更具有民族个性、民族风格、民族精神，具有人们更加熟悉的民族形式，使其更能解决我们民族面临的特殊问题，并用更具有民族个性的途径、方式解决公共问题。这大概就是法律史学人应该做出的贡献。

本着这样的理解，我们的确要重新审视五千年的中国法律传统。

五千年中国的法律传统，用西方法制、法学的理念和眼光去看，的确是很难理解和阐明的。我非常同意我的导师俞荣根先生的观点，中国古代的法制体系，实际上是由"礼法"和"律法"两个层次构成的；我们不能只看到"律法"的法制史，而不注意"礼法"的法制史。俞老师的见解非常有启发意义。我认为，中国社会生活的所有层面、所有事宜，亦即国家的公共事务和民间事务的所有方面，都是由很早就形成并代代传承的"礼法"（习惯法，有时有正式编纂）来加以规范的。在"礼法"的统率下，尚有所谓"律法"。"律法"是比"礼法"低一层次的规范体系，它主要是就国家和社会生活中的更加浅表或显著层面的事宜、更加紧迫的事宜、最低限度的治安秩序要求的事宜等作出明白无误的规定，以便制裁违规和解决纠纷。用西方法学的眼光来看，我们就只能看到"律法"有些像法律，殊不知在中国古代社会里更重要的、更为根本的、更起作用的社会

---

[1] 参见上海社会科学院法学研究所编译：《法学流派与法学家》，知识出版社 1981 年版，第 52~53 页。

生活强制规范是"礼法"。由"律、令、科、比""律、令、格、式"或"律例""则例"等构成的"律法"体系，甚至包括唐六典、清会典之类，都只不过是"礼法"的扈从或保镖而已，其使命不过是保障"礼法"的尊严和遵行。

对这一套"礼法"体系的法学阐明，我们过去做得是很不够的。我们过去研究"礼"与"法"关系的人们过多注意考察某些"礼"被违反后的刑事、民事、行政性质的强制后果，以此判断"礼"中哪些是法律、哪些不是法律；似乎在没有看到这种显著的强制性后果时，与之相关的那些"礼"则不足以判定为法律。这其实也是"以西范中""以西解中"的结果。其实，"礼"是不是社会生活中的公共强制性行为规范（我们把"法"理解为政治共同体中具有公共强制性的行为规范总和），并不一定要找到符合西方法概念的刑事、民事、行政强制后果作依据才能认定。中华民族有自己的公共强制力形式和强制模式，有时可能是西方的民事、刑事、行政等强制概念所难以比拟或概括的；古代中国的公共政治生活秩序正是在"礼"的强制下实现的。所以，如果一定要用西方法的理念去理解"礼"（"礼法"），当然只能得出"礼"主要是伦理规范、道德规范、礼仪习俗的结论。同样，用西方法的理念去理解古代中国的"法"（"律法"），也比较容易得出中国古代没有宪法（constitution）、没有民法、没有商法、没有行政法、没有诉讼法的结论。这无疑歪曲了我们民族法律传统的本质。因此，我们实在有必要站在"礼法""律法"为一有机整体的视角来看待中国法律传统，来解读中国法律传统的特色和精神，来总结和认识我们不能不面对的历史遗传下来的中华民族"同一的法"。

为此，我们想特别倡导"历史法学"取向的中国法律史研究。

过去的中国法律史研究，就是通常所说的传统的法律史研究，我们大致可以分为三种类型。

第一条路径是法律史实整理复原型研究。这种研究基本上是在整理和描述以往的法律活动及其结晶的历史事实。这些"事实"描述包括三个方面：①对历代法律制度事实的描述，包括对成文规范或惯例的描述等；②对历代法律制度的运作，如立法和执法活动过程的描述；③对历代法律

5

制度、法律思想实际功能和影响的描述。这三类描述，都是所谓"还历史本来面目"的研究。在这一条路径中，又可以分为两大支派：一派是法史考据型。就是对法律史的原始证据、原始信息、原始材料进行发现、发掘、训读、校勘、辨误（伪）、整理、注释的工作。这一工作相当于文物考古专家的工作——从各种隐藏的处所发现历史上各种文明器物或其碎片，对这一物件的性质、作用、由来等作出最基本的考证和判断。另一派是制度整理派。就是通过前者考据的结果，通过无数零散的历史信息，从小到大逐渐理清（重新描述）历史上的制度和习惯原貌全貌，或大致还原历史上的法律生活过程轮廓。这一工作，类似于依据考古资料和零星历史文献记录来整理重述或勾画历史上的社会结构、生活样式、价值标准等的历史学家的工作。

第二条路径是历史上法律的功能价值评说型研究。这就是所谓的"总结历史的经验教训""发掘历史文化遗产""取其精华、去其糟粕"的工作。这一方面的研究，就其实质来说，正如同把中国过去数千年的法律文化遗物当做一大堆苹果，然后由我们这些"很懂行"的人去判断哪些是好苹果、哪些是坏苹果，特别是辨识出那些表面又红又亮而内部已经被虫蛀或已经发烂的苹果。然后告诉人们：好苹果还可以吃，还有营养；坏苹果不能吃，吃了有害；我们的社会生活中有的事实表明还有人正在吃坏苹果……这类研究的判断标准，纯粹是今天的社会需要和是非观念。

第三条路径是历史上法制的文化分析或文化解释型的研究。就是对先前法律的遗物遗迹进行"文化解释"。什么是法律的文化解释？顾名思义，文化解释就是从文化学的角度对法律遗物遗迹进行解释，或对法律遗物遗迹的文化涵义进行阐释，或者说是从文化的遗物遗迹去破译一个族群的文化模式或文化构型的密码的工作。这样的研究要做的事情，一是要对一个民族的成员们后天习得并以集体的行为习惯方式传承的与强制性行为规则有关的一切进行研究，是要对一个民族世世代代累积下来的一切与法律现象相关的人为创造物（包括无形之"物"）进行研究。二是要研究一个民族的与法律最密切关联的生活或行为的样式或模式。要研究具有持久性的为一个民族的多数成员或一部分特定成员有意识或无意识地共享的法律生活或行动（含思维行动）特有模式。三是要研究法律文化的核心即传统法律思想和体现在其中的民族法律价值理念。

"历史法学"式的中国法律史研究，当然也必须借助上述三种宗旨或路径的法律史研究，必须以那些研究的结晶为基础。但是，本着"历史法学"的原则，也应该与一般的法律史研究有重大的不同。这些不同体现在哪里呢？我们认为应该体现在以下几个方面：

第一，注重整理阐述中华民族历史上"共同的法"或"同一的法"。不管是成文的还是不成文的，只要是在中国历史上较长时段存在并支配族群社会生活的规范，就要格外留心加以总结整理并试图阐述清楚。

第二，注重考察民族历史传统上的"共同的法"与民族性格、民族文化、地理环境之间的关系。就是说，考察这些"共同的法"所要解决的社会问题以及它所依据的社会基础、资源、条件和背景等。

第三，以上述研究成果为镜鉴，反省近代以来中国法制变革在每一部门法中的利弊得失，说清其失误之缘由，并提出更为符合中华民族的"共同的法"的解决方案（包括具体的立法建议案）。就是说，在追求民主、法治的前提下，使未来中国法制更加合乎中华民族的传统或更具有中华民族的个性，更能准确地针对中国特有问题以"对症下药"。

为此，我们拟聚集一批志同道合的学者投入这一工作。作为这一工作的准备性试探，我们先在我们指导的博士硕士研究生中布置了一些"命题作文"。将来我们准备募集更多的研究资金，设定更加具体的"历史法学"性质的分支专题，招募相关同道承包完成。除出版这一文丛之外，我们还筹备编辑专题年刊、召集专题研讨会、主办专题网站、设立系列专题讲座、组织专题电视辩论或讲坛、编发立法建议简报、举办专题学术评奖……以有声有色、卓有成效地推进这一有重大历史意义的工程。

为着这一工程，我们特别需要学术研究界同行的参与和支持，也特别需要律师界、工商界有识之士的资助。

感谢中国政法大学出版社独具慧眼看中了这一丛书的选题。感谢她给予我们这一工程的支持。

我们深知，更艰巨的工作在等待着我们。我们毕生精力大概只够提出工程设想和做出一点"试错"的工作而已。但即使如此，我们也不能因为胆怯而放弃，也不能躲避历史赋予的责任。

真正有意义的事业，一定会有支持者，一定会有后继者，我们坚信。这，就是我们的动力所在。

范忠信　陈景良

2009 年 9 月 13 日

　　众所周知，"诉讼爆炸"、矛盾丛生、摩擦不断乃当代工业社会之病症，这危及和谐社会之建构。与此同时，国家所能提供的解纷资源却无法全面甚至有效地应对此种纠纷积聚之困局。为此，从民间社会寻求解纷经验或资源，就成为"礼失而求诸野"之今义。本书旨在通过对有关工商碑刻史料和行业组织档案的整理、归类和分析，运用法学、历史学两个学科研究的方法，剖析近代中国手工业社会的纠纷及其解决机制，理顺其中的因果线索，从中总结、归纳出若干解纷的理念、模式和经验，并探寻其中可供当今社会借鉴的解纷资源。

　　近代中国虽是国家威权至上的社会，但是在国家威权之下，仍然存在着若干以自存、自治和自强为目的的自发的民间社会组织。由手工业者组成的行会、同业公会和工会等"社会"即是此类自发的民间组织。作为存在于民间的手工业者业缘组织，行会、同业公会、工会均有着自身活动的畛域，但绝不是一个孤立的、封闭的单个社会细胞，而是一个复杂的开放性的社会组织系统，依一定的规则有序建构，形成一个相对稳定的有机整体，具有相应的调控机制和社会功能。同时，它们还不断加强与其他民间组织和官府的交往，初步呈现出一个社会经济活动相互交错的网络体系。以这三种手工业者组织为主体，手工同业者共同构成了近代中国的手工行业经济社会文化共同体，本书称为"手工业社会"。

　　本书的篇章结构共由十部分组成：除去"导论""结语"，主体部分共分八章。"导论"中，主要对本书研究对象所涉及的"近代中国""手工业社会""纠纷解决机制"等三个基本概念做了界定。第一章"近代中国的手工业社会"，从"法律地位""组织形态""基本功能"三个方面，对近代中国手工业社会做了相对宏观的整体性描述。第二章"近代中国手工业社会的纠纷形态"，以纠纷涉及当事人的性质为标准，将近代手工业社会纠纷分为同一行业内部的"行内纠纷"、不同行业之间的"行际纠纷"、手工业者与手工业社会外部之间的"涉外纠纷"三大类。第三至七章，从解纷主体、解纷方式、解纷程序、解纷依据、解纷理念、解纷效力等六个方面对"近代中国手工业社会的解纷机制"进行了较为全面、系统的剖析。第八章"近代中国手工业社会解纷机制的基本特征"，从"解纷依据""解纷方式""解纷手段""解纷效力"等四个方面对近代中国手工业社会解纷机制的基本特征作了概括性总结。"结语"中，从"解纷的积极因素""解纷的适用规则""解纷的内部治理""解纷的价值取向"等四个维度，就"纠纷的有效解决"对全文研究作最后总结，同时对法治社会"本土资源"的价值和使用阐明了态度。

本书经过对有关史料的分析和梳理，发现近代中国手工业社会的解纷主体有作为当事人的手工业者和手工业行会、手工业同业公会、手工业者工会等手工业组织。解纷方式，内部有当事人间自行协商、第三方调解、行内仲裁、借力制裁、自力救济等；同时，对于内部力量无法解决的纠纷，也借助劳资评断委员会、总工会、商会、保甲、同乡、甚至是江湖、官府等外部力量来解决。解纷程序，在近代中国手工业社会，纠纷的有效解决从总体上说经历以下两个阶段四个步骤（非必经步骤）：第一阶段，通过非诉讼解纷机制，将纠纷解决在手工业社会内部。包括两个基本步骤：第一步，通过手工业社会自身的解纷机制，竭力将纠纷化解在手工业社会内部；第二步，借助手工业社会外部的民间解纷机制，努力把纠纷解决在手工业社会内部。第二阶段，借助诉讼解纷机制，争取先将纠纷解决于手工业社会内部，最后也力争把纠纷解决在手工业社会外部。它也包括两个基本步骤：第一步，借助诉讼解纷机制，努力达成合意，将纠纷解决于手工业社会内部；第二步，借助诉讼解纷机制，完全通过司法途径，将纠纷解决于手工业社会外部。目的是及时了结纠纷，避免走向恶化，最大限度地减少和降低因纠纷给国家、社会和个人带来的破坏和影响。解纷依据，既包括内部自生自发的社会规范（行规、习惯、集体协议），也包括从外部汲取的官方规范（法律、判例、法规、官府告示），这两个层面的规范形成的合力在其解纷实践中发挥着主要作用。解纷理念，体现为维护权益和息事宁人两个方面，前者所欲实现的是一种权利的诉求、正义的诉求，后者所欲实现的是一种关系的弥合、秩序的恢复，因而两者在微观上形成了一种权利与关系的结构，在宏观上构成了正义与秩序的关系。解纷效力，在近代中国手工业社会的诸种解纷方式中，从理论上讲，经和解、协商和调解达成的解纷协议对当事人无必然的约束力，当然，如果调解是由司法机关在诉讼程序中作出的话（即"庭内调解"），那么它是具有法律效力的。与此相对，仲裁和判决对当事人具有当然的拘束力，纠纷外的第三人不得就相同事项提起诉讼，国家机关也不得受理此类起诉——此为解纷结果的"对外效力"；如果义务方不执行解纷结果，权利方可以申请司法机关强制执行——此为解纷结果的"对内效力"。从总体上看，近代手工业社会内部解纷结果的效力状况大多遵循上述制度逻辑，并且在个体、团体、行规乃至官府的多重压力下，只要有第三方见证的解纷结果，当事人就有服从的应然义务。不过，劳资双方发生纠纷并经由第三方调解或仲裁时，并不见得调解或仲裁结果对当事人必然产生足够的约束力或者说实效。换言之，解纷结果是否能得到执行，还得取决于双方实力对比情况、解纷者的威信、当事人对解纷结果的满意程度、官府的压力等诸多因素。因此，在实践中近代中国手工业社会解纷结果的效力保障主要来自神灵、贤达、官府三支力量。以权力的视角观之，它们分别对应于神权、族权和政权。

本书经过总结、归纳，认为近代中国手工业社会的解纷机制呈现出以下四个显著特征：一是解纷依据：更倚重于行规，二是解纷方式：预防息解并重，三是解纷手段：经济制裁为主，四是解纷效力：挟官府以自重。

基于全文的研究，本书认为即使在当今社会，纠纷的有效解决：从解纷的积极因素来看，需要社会力量参与；从解纷的适用规则来看，需要尊重社会规范；从解纷的内部治理来看，需要社会相对自治；从解纷的价值取向来看，收到案结事了功效。

目 录
Contents

图表录

导　论

一、选题意义与研究现状

（一）选题的意义

近代中国是国家威权至上的社会，但是在国家威权之下，仍然存在着若干以自存、自治和自强为目的的自发的民间社会组织。由手工业者组成的行会、同业公会和工会等"社会"即是此类自发的民间组织，本书统称为"手工业社会"。当然，中国手工业社会自发生到发展，乃至衰微，有数千年历史，几与中国工业文明同寿，要研究这么长历史时期的手工业社会的解纷机制问题，非笔者学力、精力之所能逮，故笔者选择以从鸦片战争时期起至中华人民共和国成立这段时期内的近代手工业社会作为考察的范畴。虽然这样的研究有"截一流而量长河"之讥，但是"长河截流"虽不能知"全河"，但它至少能让我们从中发现些什么，从而得到若干历史透露给我们的启示。具体地讲，选择近代中国手工业社会解纷机制作为本书的选题，笔者主要基于以下考虑：

1. 从近代中国手工业社会中总结出若干解纷理念

众所周知，"诉讼爆炸"、矛盾丛生、摩擦不断乃当代工业社会之病症，这一症候不仅影响到了当代中国新型价值体系之重构，亦危及和谐社会之建构。为此，从民间社会寻求解纷经验或资源就成了"礼失而求诸野"之今义。本书的目的是，通过对近代中国手工业社会解纷情况的描述，剖析其内在运行机理，进而理顺其中的因果线索，从中总结、归纳出若干解纷的理念，或许能得到破解当前中国社会纠纷积聚困局之密钥。

2. 从近代中国手工业社会中总结出若干解纷模式

近代中国手工业社会的解纷模式因其组织形态、成员构成和团体价值等方面的特点，必与近代中国其他社会组织的解纷模式存在若干小异甚或大异之处。剖析此种固有之解纷模式，分析其成因和发展脉络，不仅作为一种文化留存有其重要意义，作为理论模式亦有较高的学术价值。因而，本书欲着力总结近代中国手工业社会中的解纷模式及其特色，以为镜鉴。

3. 从近代中国手工业社会中总结出若干解纷经验

从微观层面看，近代手工业社会作为一种业缘共同体，其在日常经济生活、政治生活、文化生活乃至司法领域有哪些具体的解纷技巧、方法和程序？在这些解纷方法和程序的背后又潜藏着什么样的解纷理念甚至是法律价值观？这些都需要我们对近代中国手工业社会的解纷情况进行全面的、多维度的、系统的描述和分析。当然，从具体的解纷经验中也可以抽象出一些解纷模式甚或总结出若干解纷方法，但是经验或智慧之使用所需要的是一种默会知识，因而在相当程度上仍可独立于理论模式和解纷方法之拘囿而自有其实践价值。

为此，本书欲对中国近代手工业社会解纷机制进行系统、深入的研究，探究其解纷的理念、依据、方式和效力等一系列重大问题，以期能为今日中国的解纷问题提供若干历史借鉴，亦能为中国传统民间解纷机制的研究提供若干理论资源。

（二）研究的现状

学术界对近代中国手工业社会解纷机制的研究，迄今为止还较为薄弱。过去，研究者对解纷机制的探讨主要侧重于国家作为解纷主体这个层面。近年来，对多元化解纷机制的研究主要侧重于对其非诉讼解纷的形式和具体解纷的研究。无论是与过去的国家层面解纷机制研究相对照，还是与近年来的多元化解纷机制研究重点相比较，学术界对手工业社会解纷机制的探讨都表现出了明显的不足。虽然涉及手工业社会中的行会、同业公会、工会等团体组织的著述不少，但鲜有专述这些组织解纷的论著，且已有的论著更多的是从历史的角度进行研究，主要是对上述团体的由来、机构、功能、积极性和局限性等进行探讨。再者，把手工业社会作为一个业缘共同体来进行研究的成果少之又少。对手工业社会整体深入研究的缺乏，显然与近代中国手工业社会的地位与作用极不相称。从现有的文献资料来看，直接论述手工业社会解纷机制、见诸公开发表的著作与论文还未发现。但是与该问题相关的研究成果不少。现简要概述如下：

1. 有关手工业社会内部组织机构、权限和解纷状况的研究

从学界的研究情况来看，手工业行业组织的研究起步很早，早期主要着眼于行会史研究，对同业公会的关注较少。20 世纪 90 年代以后，随着商会史

与行会史研究的深入，同业公会逐渐成为热点。

中国行会研究的代表性学者及其成果：早在 19 世纪末，就有一些在华的外国人开始以田野调查的研究方式对中国行会的起源、组织行规、功能作用及与外商的关系进行考察。20 世纪 50 年代至 60 年代中国史学界探讨中国资本主义萌芽问题时，行会也是其中的一个重要议题。20 世纪 80 年代以后，关于行会的近代转型及与商会关系等问题受到关注。在传统行会制度研究方面，最早的是 1883 年美国人玛高温，他发表有《中国的行会及其行规》（*Chinese Guild and their Rules*）〔1〕一文。马士在其《中国行会考》〔2〕一书中将中国行会分为手工业行会、商人会馆和商人行会三种形式加以考察。日本学者清水盛光、加藤繁、和田清等对中国行会的研究十分深入，代表了早期行会研究的水平。〔3〕20 世纪 80 年代，全汉升出版专著《中国行会制度史》〔4〕，对行会的起源、萌芽直至近代行会的发展历程进行系统探讨，可以说是国内行会研究在这一时期最重要的代表作。邱澎生在其《十八、十九世纪苏州城的新兴工商业团体》〔5〕一书中，采取区域研究的方法，对明清时期苏州会馆、公所的出现、组织发展和权力运作进行了比较深入的研究。此外，彭泽益、傅筑夫、许涤新等学者也发表了大量的研究论文。〔6〕

中国同业公会研究的代表性学者及其成果：同业公会是近代中国经济社会发展的产物。民国时期对行业组织研究的集大成之作当属李森堡的《同业

〔1〕 [美] 玛高温："中国的行会及其行规"，载彭泽益主编：《中国工商行会史料集》（上册），中华书局 1995 年版，第 51~57 页。

〔2〕 马士在其《中国行会考》中将中国行会分为手工业行会、商人会馆和商人行会三种形式加以考察。其主要内容的中译文参见彭泽益主编：《中国工商行会史料集》（上册），中华书局 1995 年版，第 57~90 页。

〔3〕 [日] 清水盛光："传统中国的行会势力"，载《食货月刊（中译文）》1985 年第 1、2 期；[日] 加藤繁："论唐宋时代的商业组织'行'并及清代的会馆""清代北京的商人会馆"，载《中国经济史考证（中译文）》（第 1、3 卷），商务印书馆 1959 年版；[日] 和田清："会馆公所的起原に就いて"，载《史学杂志》第 33 卷第 10 期。

〔4〕 全汉升：《中国行会制度史》，食货出版社 1986 年版。

〔5〕 邱澎生：《十八、十九世纪苏州城的新兴工商业团体》，台湾大学出版委员会 1990 年版。

〔6〕 彭泽益："中国工商业行会史研究的几个问题"，载彭泽益主编：《中国工商行会史料集》，中华书局 1995 年版，第 6 页；傅筑夫："中国工商业的'行'及其特点"，载傅筑夫：《中国经济史论丛》（下册），生活·读书·新知三联书店 1980 年版，第 417 页；许涤新、吴承明主编：《中国资本主义发展史》（第 1 卷），人民出版社 1985 年版，第 134 页。

公会研究》，该书主要基于政府如何对同业公会进行管理这一层面，侧重对同业公会的渊源、组织制度、同业公会与政府的关系等问题进行详细的论述。进入 20 世纪 90 年代，随着对行会和商会研究的深入，同业公会的重要性也逐渐突显。2000 年以后，一些学者注重从档案资料中发掘同业公会的有关问题，不少研究生也以此为选题进行学位论文的写作，从而使同业公会的研究取得了重要进展。有关的主要研究成果有陆兴龙的《从行会到同业公会》[1]、李德英的《民国时期成都市同业公会研究》[2]、彭南生的《行会制度的近代命运》[3]和《近代工商同业公会制度的现代性刍论》[4]、宋钻友的《从会馆、公所到同业公会的制度变迁——兼论政府与同业组织现代化的关系》[5]、魏文享的《中间组织——近代工商同业公会研究（1918–1949）》[6]、朱英等的《中国近代同业公会与当代行业协会》[7]。

2. 有关手工业社会内部纠纷解决的研究

纠纷之产生、发展、激化和解决是所有民间社会组织内部都必然会出现的现象，其与该组织同生共死、休戚与共。但是，对于如何描述这些纠纷及其解纷状况并从中总结出一些可资借鉴的解纷理念、模式、经验，既有的学术论著既缺乏一些共同的体认，也无法在一些史料上取得相同的价值判断。

国内代表性学者及其成果：对民间社会纠纷解决的研究，国内学者较倾向于"价值判断"，重在对法律文献进行分析研究和文化解读。其学者及相应的研究成果有：梁治平的《寻求自然秩序中的和谐》[8]、《清代习惯法：社

---

〔1〕 陆兴龙："从行会到同业公会"，载忻平、胡正豪、李学昌主编：《民国社会大观》，福建人民出版社 1994 年版。

〔2〕 李德英："民国时期成都市同业公会研究"，载《2000 年"经济组织与市场发展国际学术讨论会"论文集》。

〔3〕 彭南生：《行会制度的近代命运》，人民出版社 2003 年版。

〔4〕 彭南生："近代工商同业公会制度的现代性刍论"，载《江苏社会科学》2002 年第 2 期。

〔5〕 宋钻友："从会馆、公所到同业公会的制度变迁——兼论政府与同业组织现代化的关系"，载《档案与史学》2001 年第 3 期。

〔6〕 魏文享：《中间组织——近代工商同业公会研究（1918–1949）》，华中师范大学出版社 2007 年版。

〔7〕 朱英主编：《中国近代同业公会与当代行业协会》，中国人民大学出版社 2004 年版。

〔8〕 梁治平：《寻求自然秩序中的和谐》，中国政法大学出版社 1997 年版。

会与国家》〔1〕，范忠信的《中国法律传统的基本精神》〔2〕等。

国外代表性学者及其成果：对民间社会纠纷解决的研究，国外学者注重于所谓的"事实研究"，其代表及相应研究成果有：罗伯特·C.埃里克森著、苏力译的《无需法律的秩序——邻人如何解决纠纷》〔3〕，棚濑孝雄著、王亚新译的《纠纷的解决与审判制度》〔4〕，黄宗智著的《法典、习俗与司法实践：清代与民国的比较》〔5〕，滋贺秀三等著的《明清时期的民事审判与民间契约》〔6〕等书。

国外学者关于中国民事审判和民间调解，总体上存在有两种研究路向，即以滋贺秀三为代表的"教谕式调解说"和以黄宗智为代表的"第三领域说"。滋贺秀三等日本学者认为：包括刑事与民事在内的审判制度本质上并不属于司法，而是属于行政，即"作为行政活动之一环的司法"，其中的民事审判——"听讼"或"州县自理"案件的处理实质上也不是审判或判定，而是调解的一种，即"教谕式的调解"。民间纠纷的最终解决是在"国家的审判"和"民间的调停"二者互动之中完成的。黄宗智则运用西方社会科学研究中颇为流行的"国家–社会"二元研究范式，提出了所谓"国家–第三领域–社会"研究模式，并进而得出了民事审判和民间纠纷的最终解决是在"国家的审判'和'民间的调停"之间的"第三领域"里完成的结论。

从上述情况来看，对手工业社会的纠纷及其解纷机制的研究至今付之阙如。但是，目前有关民间社会解纷的研究成果无论是在论著数量上还是在学术质量上，都为本书的研究提供了若干可供借鉴的理论模式和分析路线。

二、基本概念与研究思路

（一）基本的概念

本书研究的对象是：近代中国手工业社会的解纷机制。在进行具体论述

〔1〕　梁治平：《清代习惯法：社会与国家》，中国政法大学出版社1996年版。

〔2〕　范忠信：《中国法律传统的基本精神》，山东人民出版社2001年版。

〔3〕　［美］罗伯特·C.埃里克森：《无需法律的秩序——邻人如何解决纠纷》，苏力译，中国政法大学出版社2003年版。

〔4〕　［日］棚濑孝雄：《纠纷的解决与审判制度》，王亚新译，中国政法大学出版社2004年版。

〔5〕　［美］黄宗智：《法典、习俗与司法实践：清代与民国的比较》，上海书店出版社2007年版。

〔6〕　［日］滋贺秀三等著，王亚新、梁治平编：《明清时期的民事审判与民间契约》，王亚新、范愉、陈少峰译，法律出版社1998年版。

之前，我们有必要先对本书研究对象中的几个关键词的概念予以界定。当然，必须承认的是，笔者所作的界定在很大程度上是为了研究和论述的方便起见，即为了理论研究的需要而对丰富多彩、纷繁复杂的现实进行了为我所用的裁剪与抽象。

1. 近代中国

"近代中国"从词义上是指与古代、现代、当代中国相对称的一段历史时期。从时间起止上来看，近代中国之划分存在三种意见：一是 1840 年至 1911 年；二是 1840 年至 1919 年；三是 1840 年至 1949 年。三种意见均以 1840 年为断代的上限，理由是该年爆发的鸦片战争，宣告了中国存在几千年的封建社会的结束、半殖民地半封建社会的到来。三种意见的区别在于下限的划分标准：第一种意见以 1911 年为下限，理由是该年爆发的辛亥革命推翻了清政府，宣告了封建帝制的结束、民主共和时代的到来；第二种意见以 1919 年为下限，理由是发生于该年 5 月 4 日的"五四运动"标志着中国旧民主主义革命的结束、新民主主义革命的到来；第三种意见以 1949 年为下限，理由是该年的 10 月 1 日诞生了中华人民共和国，宣告了中国半殖民地半封建社会的结束、人民民主专政时代的到来。本书"近代"的时间段限自鸦片战争爆发起至中华人民共和国成立。

同时，从空间上看，近代中国之"中国"共九百六十多万平方公里。由于历史原因，考虑到港澳台地区与内地在诸多方面存在的差异，且鉴于本书选题的目的和意义，本书研究的地域仅限于当前中华人民共和国所辖的大陆地区，即相对于港澳台地区而言的"内地"。不过，考虑到完整性和延续性，本书所用史料及研究的地域范围仅限于中央政权进行有效治理的地区，也即革命战争年代中国共产党曾进行有效治理的革命根据地、敌后根据地和解放区不在本书研究范围内。

2. 手工业社会

手工业社会之"业"是指个人在社会中所从事的作为主要生活来源的工作，即指"职业"[1]。手工业社会之"手工业"在《汉语大词典》《辞海》中的释义均是"依靠手工劳动、使用简单工具的小规模工业生产"。从个体角

---

〔1〕 中国社会科学院语言研究所词典编辑室编：《现代汉语词典》（修订本），商务印书馆 1998 年版，第 1616 页。

度讲，手工业社会之"手工业"是指专门以手工劳动来谋生的职业；从业缘角度讲，它指的是靠手工劳动来谋生的行业。手工业的从业者是指专门从事手工劳动的人，俗称"工匠"，以此有别于家庭副业型的农村有一技之长的农民，因为这一类的农村手工业者的身份仍是农民，是以土地劳动而不是以手工劳动为职业来谋生的人。因此，本书所称之"手工业者"并不包括家庭副业型的农村手工业者。与之相对，本书所称之"手工业"是指以简单工具从事小规模生产的手工行业。行业是由许多同类独立经营单位组成的集合体。[1]

"社会"既是一个地域概念，也是一个文化概念，也就意味着它是一个地域与文化交织的概念。人与人的交互关系沉淀成一种文化，再由一个地域来承载它，就构成了"社会"。当然，手工业社会之"社会"是由众多次级"社""会"或者说团体组成的。但无论是社会还是团体，都必须具有特定的结构或组织。这种结构或组织，一方面是代表这种社会的特性；另一方面是供全社会各分子表现与维系他们的交互与共同关系的机构。由此，"社会"必然包括风俗、制度和价值等要素。从结构上看，手工业社会之"组织"专指手工业者的组织[2]。

将以上概念合起来，通俗地讲，手工业社会就是一种以职业为纽带的"圈子"。具体地讲，它是专门以手工劳动为职业来谋生的人组成的"圈子"。无须多言，这个"圈子"是由手工业者组织构成的，这些组织在近代中国大体有"行会""同业公会""工会"等。从性质上看，行会、同业公会通常代表雇主的利益，工会则代表劳工的利益。从产生的时间上看，行会最先、同业公会次之、工会最后。从相互关系上看，行会、同业公会均隶属于"商会"，但同业公会是行会演化而来的产物；工会与行会、同业公会之间存在利益对立关系。这三种组织形式后文第一章第二节将有专述。

3. 纠纷解决机制

(1) 纠纷。纠纷的含义究竟是什么？目前的法学著作始终没有统一的认识和概念。"在我们能够接触到的法学著述中，冲突、争议、争执、纠纷等词

---

〔1〕　魏文享：《中间组织——近代工商同业公会研究（1918-1949）》，华中师范大学出版社2007年版，"绪论"第1页。

〔2〕　行业组织，是由同一行业的经营单位为维护共同利益而组成的经济团体。参见魏文享：《中间组织——近代工商同业公会研究（1918-1949）》，华中师范大学出版社2007年版，"绪论"第1页。

语得到使用的频率很高，甚至经常被交互替代使用。"[1]有学者认为，从社会学的角度来看，"纠纷是指社会主体之间的一种利益对抗状态"[2]。也有学者认为，"在社会学意义上，纠纷（dispute）或争议，是特定的主体基于利益冲突而产生的一种双边（或多边）对抗行为"，并进一步指出，"纠纷的发生，意味着一定范围内的协调均衡状态或秩序被打破"，强调"纠纷不仅是个人之间的行为，也是一种社会现象。纠纷的产生及其解决是一个动态的社会过程"。[3]还有学者认为："纠纷是社会成员之间在文化、价值、利益、信仰以及行为等方面存在不协调并寻求加以改变的状态。"[4]三位学者，三种见解。他们的定义归结为两种观点：一个是纠纷状态说，另一个是纠纷行为说。前者主张纠纷是一种状态，侧重的是静态；后者主张纠纷是一种行为，强调的是动态。

跟其他现象一样，纠纷也有一个产生、发展、变化和消亡的过程，呈现的是由量变到质变的轨迹。这里，量变属于静态过程，处于一种状态；质变属于动态过程，表现一种行为。因此，将上述学者两种观点加以综合理解，才符合纠纷的应有之义。

在给纠纷下定义之前，首先要明确，纠纷（dispute）是冲突（conflict）的一种类型或一个层次[5]，也就是说，纠纷首先是冲突。对于"冲突"，也存在诸多理解，对此，本书无意深入。基于上述对纠纷内涵的理解，套用一位外国学者的话："纠纷作为一种冲突，是当事人都意识到不和谐状态的存在并着手促成这种状态的改变。"[6]这里，纠纷至少体现或者包含以下基本要素：纠纷的起因（"基于利益冲突"）、纠纷的主体（"当事人"）、纠纷的客体（利害关系或相互冲突的利益，即"不和谐状态的存在"）、纠纷的解决（改变存在的不和谐状态，即"促成这种状态的改变"）。

---

[1] 刘荣军：《程序保障的理论视角》，法律出版社1999年版，第1页。

[2] 何兵：《现代社会的纠纷解决》，法律出版社2003年版，第1页。

[3] 范愉主编：《多元化纠纷解决机制》，厦门大学出版社2005年版，第48页。

[4] 范愉主编：《多元化纠纷解决机制》，厦门大学出版社2005年版，第77页。

[5] A dispute may be viewed as class or kind of comflict which manifest itself in distinct, justiciable issues. See Henry J. Brown and Arthur L. Marriott, *ADR Principles and Practice*, Sweet & Maxwell, 1999, p.13.

[6] Henry J. Brown and Arthur L. Marriott, *ADR Principles and Practice*, Sweet & Maxwell, 1999, p.7.

（2）纠纷解决。何谓"纠纷解决"？19世纪英国法学家威廉·马白克爵较早对纠纷的解决下过定义。他认为，解决一起纠纷就是作出一种权威或关于孰是孰非的具有约束力的决定，亦即关于谁的观点在某种意义上能够成立、谁的观点不能成立的一种判定。[1]对此，我国学者顾培东持有异议。他认为，纠纷的解决并不仅仅局限于作出是非判定，还应站在一个"多层次主观效果的综合体"角度来考量。为此，他对纠纷解决的不同层次作了分析：纠纷的解决首先要求冲突的化解和消除，这意味着纠纷主观效果的全部内容从外在形态上被消灭，社会既定的秩序得到恢复，而不问纠纷解决的实体结果如何。其次，纠纷的解决要求实现合法权益和保证法定义务的履行，这是对纠纷解决实体方面的要求，它力图弥补纠纷给社会既有秩序带来的破坏。再次，纠纷的解决要求法律或统治秩序的尊严与权威得以恢复。最后，在最高的层次上，纠纷的解决还要求冲突主体放弃和改变藐视以至对抗社会统治秩序和法律制度的心理与态度，增强与社会的共容性，避免或减少纠纷的重复出现。[2]后两个层次上的纠纷解决主要体现为对社会和个人的更高要求，它往往是隐性的、理想意义上的纠纷解决。

那么，纠纷的解决究竟是应如马白克爵所说的仅限于对"纠纷当事人权利义务的判定"，还是应如顾培东所强调的体现一个"多层次主观效果的综合体"，或者另有其他理解呢？如果把这两位学者的观点加以抽象，将"纠纷解决"归结为"目标的价值取向"，我们可以发现，他们都是以"让纠纷当事人接受处理结果"为出发点和归宿。

在理解"纠纷解决"之前，这里有必要先弄清楚"什么是解决"。据《现代汉语词典》的释义，"解决"[3]一般有两层含义：一是处理问题使有结果；二是消灭。社会由不同的主体组成，因而相互利益永远不可能完全一致，

〔1〕〔美〕马丁·P.戈尔丁：《法律哲学》，齐海滨译，王炜校，生活·读书·新知三联书店1987年版，第217页；齐树洁："纠纷解决机制的原理"，载何兵主编：《和谐社会与纠纷解决机制》，北京大学出版社2007年版，第8页。

〔2〕顾培东：《社会冲突与诉讼机制》（修订版），法律出版社2004年版，第27~29页。参见齐树洁："纠纷解决机制的原理"，载何兵主编：《和谐社会与纠纷解决机制》，北京大学出版社2007年版，第8页。

〔3〕中国社会科学院语言研究所词典编辑室编：《现代汉语词典》（修订版），商务印书馆1998年版，第648页。

这必然导致纠纷的出现。正因为如此，纠纷及其解决才成了法学、社会学、人类学、经济学等社会科学研究对象的共同内容。站在法学和社会学的角度，具体的某一起纠纷能否最终完全归于消灭？这恐怕很难有一个统一的答案。有学者认为："一个社会的目标不应当是消灭纠纷，而应是减少纠纷尤其是恶性纠纷。"[1]"纠纷是否可以和能否消灭"，姑且不论。不过，有一点可以肯定，那就是不管纠纷是否被消灭，纠纷的处理最终都会有一个结果。从这个意义上说，"解决"就是使问题的处理有一个结果。

纠纷的发生是社会正常现象。一个有序的社会虽然纠纷不断，但能有效地在其内部加以解决，使纠纷不致演化成大规模的动乱，不致频繁激化，不会危及秩序本身。为尽可能降低纠纷给社会带来的风险和危害，减少解决纠纷的成本和周期，从而达到最佳的效果，在纠纷解决中，解纷主体要做的是使纠纷尽量减少或者处理得顺畅，使纠纷被有效地控制在一定的范围或者程度以内，即"将纠纷控制在社会可承受的范围内"[2]。因此，纠纷解决就是使纠纷尽快了结、不再继续进行下去。[3]具体来说，"纠纷解决就是纠纷主体自身或者在第三者参与下通过一定的方法或手段在一定意义上化解矛盾或者消除纷争的情形"[4]。

（3）解纷机制。要解决纠纷，就需要先弄清纠纷是怎样产生的。只有这样，解决纠纷才能做到"有的放矢"。根据法人类学家劳拉·内德、哈利·F. 托德的研究成果，纠纷过程共分三个阶段："前冲突"阶段（或单向的"心怀不满"阶段）、双向"冲突"阶段以及有第三者介入"纠纷"阶段。在前冲突阶段，当事人意识到自己受到不公正待遇或权益受到侵害，从而产生不平、不满及愤慨等情绪，并可能采取某些单向性行动（包括忍让、回避或提出指责）。而当纠纷当事各方都意识到他们之间不协调状态的形成，并展开一系列双向性对抗或争斗行为时，纠纷过程就进入了冲突阶段。不过，在冲突阶

---

[1] 何兵："行政解决民事纠纷"，载何兵主编：《和谐社会与纠纷解决机制》，北京大学出版社2007年版，第190页。

[2] 何兵："行政解决民事纠纷"，载何兵主编：《和谐社会与纠纷解决机制》，北京大学出版社2007年版，第190页。

[3] 范忠信：《纠纷解决与和谐社会——以社会组织在纠纷解决中的角色为中心（论纲）》。

[4] 赵旭东：《纠纷与纠纷解决原论——从成因到理念的深度分析》，北京大学出版社2009年版，第58页。

段，各方的对抗性行为还仅仅局限在冲突当事人内部，当纠纷之外的主体介入纠纷并充当处理纠纷的第三者时，纠纷过程将从冲突阶段过渡到纠纷阶段。[1]

劳拉·内德、哈利·F. 托德的"纠纷三阶段"论强调纠纷的产生有一个过程，经历隐性和显性两种形态。其实，作为冲突的一种表现形式，[2]纠纷在上述理论的第二阶段就已显现。事实表明，每一起具体纠纷的产生都会经历"单向不满"和"双向冲突"两个阶段。前一阶段处于隐性状态，后一阶段处于显性状态。因此，要"将纠纷控制在社会可承受的范围内"[3]，纠纷的解决需要贯穿纠纷产生的全过程。解纷行动应在纠纷仍处于隐性阶段时即开始介入，并力争将纠纷了结在该阶段，至少也要为纠纷被迫转入后一阶段来解决创造条件。

纠纷作为一种社会现象，不会自然消亡。纠纷因人而起，也须由人化解。从纠纷产生和纠纷解决来看，要使纠纷得到有效解决，需要形成一种机制，"减少恶性纠纷的主要方法就是建立一套有序的纠纷解决装置，防止纠纷扩大化、恶性化"[4]。这种机制目的是使纠纷尽快"了结""不再继续进行下去"。那么，什么是机制呢？

"机制"[5]，是"指一个工作系统的组织或部分之间相互作用的过程和

---

[1]　Laura Nader and Harry F. Todd, *The Disputing Process*: *Law in Ten Society*, Columbia University Press, 1978, pp. 14~15, 转引自王亚新："纠纷、秩序、法治——探寻研究纠纷处理与规范形成的理论框架"，载马俊驹主编：《清华法律评论》（第2辑），清华大学出版社1999年版，第18~19页。

[2]　A dispute may be viewed as class or kind of comflict which manifest itself in distinct, justiciable issues. See Henry J. Brown and Arthur L. Marriott, *ADR Principles and Practice*, Sweet & Maxwell, 1999, p. 13.

[3]　何兵："行政解决民事纠纷"，载何兵主编：《和谐社会与纠纷解决机制》，北京大学出版社2007年版，第190页。

[4]　何兵："行政解决民事纠纷"，载何兵主编：《和谐社会与纠纷解决机制》，北京大学出版社2007年版，第190页。

[5]　"机制"的词意，一般理解为"一个复杂的工作系统"，参见中国社会科学院语言研究所词典编辑室编：《现代汉语词典》（第6版），商务印书馆2012年版，第523页。按照史蒂芬·克莱斯纳的定义，"机制"是指"特定国际关系领域的一整套明示或暗示的原则、规范、规则和决策程序，行为体的预期以之为核心汇聚在一起"。参见唐晓萍等：《广西与东盟国家教育服务贸易发展研究》，广西教育出版社2006年版，第45页。法官李青春认为，机制应当由诸多具体的制度设计组成，这些具体制度之间共同作用、互相弥补，在作用方向上呈现一致性。参见公丕祥主编：《纠纷的有效解决——和谐社会视野下的思考》，人民法院出版社2007年版，第122页。

方式"〔1〕。"机制"的词意表明：一是机制是一个系统、一个有机的整体；二是该系统或整体由各部分有机地组合而成，且系统内各部分之间存在着一定的互动，而不是彼此孤立地存在；三是机制的存在体现在其内部各部分之间互动的过程和方式上。用一位学者的话来说，机制"应当由诸多具体的制度设计组成"〔2〕。结合"机制"的文本释义可知，机制应是一个既有动态过程又有静态表现的有机组合体系。因此，将机制仅仅理解为静态表现的制度的组合体，存在偏颇。根据《中华大辞典》的解释，机制的原本含义是机器的构造和工作原理。此意被社会科学领域所广泛使用，用来泛指某种事物的系统性结构以及各组成部分之间的相互关系和运行规律。

那么，何谓"纠纷解决机制"？有学者认为，纠纷解决机制"是社会各种纠纷解决方式、制度的总和或体系"〔3〕。而另有学者则认为："纠纷解决机制，是指争议当事人用以化解和处理纠纷的手段和方法。"〔4〕显然，前者比较强调纠纷解决机制的总体性特征，而后者比较偏重纠纷解决机制组成部分的个别功能。而在具体的使用过程中，解纷机制也常常被称为纠纷解决方式。〔5〕基于这一认识，有学者将解纷机制定义为："一个社会中多种多样的纠纷解决方式以其特定的功能和特点相互协调地共同存在，所结成的一种互补的满足社会主体的多样需求的程序体系和动态的调整系统。"〔6〕根据上述对机制的释义，解纷机制的这一含义仅从静态表现角度来考量，还不足以反映其真正内涵。解纷是一种需要各种社会组织和机构整体运转的综合工程，这种运转的

---

〔1〕 中国社会科学院语言研究所词典编辑室编：《现代汉语词典》（修订本），商务印书馆1998年版，第582页。

〔2〕 何兵主编：《和谐社会与纠纷解决机制》，北京大学出版社2007年版，第9页。

〔3〕 范愉主编：《多元化纠纷解决机制》，厦门大学出版社2005年版，第77页。

〔4〕 徐昕主编：《纠纷解决与社会和谐》，法律出版社2006年版，第68页。

〔5〕 李刚持此观点。他认为："传统的纠纷解决方式又可以划分为自力救济、社会救济和公力救济。……历史发展到今天，这三类解决纠纷的机制已经发展得比较成熟，而且是并存着的，这些解决纠纷的机制共同组成了一个多元化的纠纷解决体系。"这里，他将"机制"与"方式"等同。参见李刚主编：《人民调解概论》，中国检察出版社2004年版，第23页。不仅如此，"个别的纠纷解决方式有时又被称为纠纷解决机制。如诉讼的方式有时被称为诉讼机制，调解、仲裁也有相同的情形"。参见赵旭东：《纠纷与纠纷解决原论——从成因到理念的深度分析》，北京大学出版社2009年版，第63页。

〔6〕 参见公丕祥主编：《纠纷的有效解决——和谐社会视野下的思考》，人民法院出版社2007年版，第122页，转引自沈恒斌主编：《多元化纠纷解决机制原理与实务》，厦门大学出版社2005年版，第430页。

过程需要科学、系统的资源配置和相互协作。因此，"纠纷解决的总体性制度构造以及各组成部分之间的相互关系和运行原理被称为纠纷解决机制"[1]。简言之，纠纷解决机制是一系列有关纠纷解决的主体、方式、程序、运作规则的安排，[2]或者说是相互协调地共同存在的解决纠纷的主体、方式、程序、制度所构成的体系和动态调整系统。[3]

鉴于解纷机制是就解纷制度的总体性结构而言，其中包括了这一制度构造的各组成部分之间的相互关系和运行原理，因此仅从这一概念的表达还不足以对解纷机制形成确切的认识。解纷机制有一个基本架构，它是解纷机制的各个组成部分的表现形态以及这些组成部分之间的相互关系和运行原理的具体内容。解纷机制的总体框架是由各个具体的"单位"组成的，如果把解纷机制看作一个上位概念，那么这些个别的单位则可以被称为下位的具体机制。因此，在解纷机制这个总体概念下面，有协商机制、调解机制、仲裁机制、诉讼机制（如图0-1）。

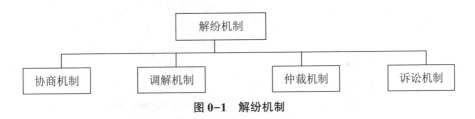

图 0-1　解纷机制

作为一个完整的系统，解纷机制必须在一个动态的过程中才能发挥作用。这一动态的过程也就是解纷机制中各基本要素相互作用的过程。也即纠纷解决机制必然有其组成要素。[4]美国学者戈尔丁将"类法律式的解决纠纷"的基本要素分为五个方面：其一，一位解纷者，即一位特殊的"居间的"第三

---

[1]　赵旭东：《纠纷与纠纷解决原论——从成因到理念的深度分析》，北京大学出版社2009年版，第62页。

[2]　参见唐晓萍等：《广西与东盟国家教育服务贸易发展研究》，广西教育出版社2006年版，第45页。

[3]　参见公丕祥主编：《纠纷的有效解决——和谐社会视野下的思考》，人民法院出版社2007年版，第122页。

[4]　公丕祥主编：《纠纷的有效解决——和谐社会视野下的思考》，人民法院出版社2007年版，第122页。

者（可以不止一个人）；其二，具体的纠纷者及其解决，或企图解决；其三，他们的具体纠纷；其四，某种对纠纷的审理，把各方当事人的立场展现给第三者；其五，这样取得的材料必须由第三者用于实现纠纷的解决。[1]也有学者将解纷过程的这些要素简要概括为以下三方面（见图0-2）：[2]一是作为第三方的机构或组织，包括公力救济、社会救济及私力救济的各种国家机关、社会组织、共同体或民间力量（在协商和解中实际上往往也有第三方的辅助）；二是程序与手段，指解决纠纷采用的方式，包括裁决（判决、仲裁）程序和协商程序（谈判、调解）两大类型，同时可以借助一些辅助手段（如鉴定、评估、调查等）；三是规则，即纠纷解决中所依据的规范，包括法律或民间社会规范。

主体（机构）：公力救济（国家权力）	社会救济	私力救济
司法机关	仲裁	协商和解
行政机关	人民调解及其他民间调解	其它民间途径
	行业性解决机制	
（信访）	消协等社会团体	
	市场化（营利性）服务机构	

规范：国家法	社会规范
法律法规	乡规民约
行政规章	行业规范、标准、惯例
地方性法规	传统（地域性、民族性）习惯
政策、司法解释	市场经济条件下的新规则

程序与手段：裁决程序	协商性程序	辅助手段
仲裁	谈判协商、和解	保险
行政裁决	民间调解、人民调解	中介调查机构
司法裁判	社会组织、行业调解	营利性机构
司法审查	行政调解	鉴定
	法院调解	私人代理机构

图0-2　解纷要素

---

〔1〕［美］马丁·P. 戈尔丁：《法律哲学》，齐海滨译，王炜校，生活·读书·新知三联书店1987年版，第212页。

〔2〕范愉："纠纷解决中的民间社会规范"，载谢晖主编：《民间法》（第6卷），山东人民出版社2007年版。

基于以上对纠纷解决基本结构的分析，本书认为解纷机制至少包含以下六种要素：解纷的主体、解纷的方式、解纷的程序、解纷的依据、解纷的理念、解纷的效力。[1]

(二) 研究的思路

本书旨在通过对有关工商碑刻史料和行业组织档案的整理、归类和分析，剖析近代中国手工业社会的纠纷及其解决机制，总结机制的特征，并探寻其中可供现代社会借鉴的解纷资源。基于此，全书共由十部分组成：除去"导论""结语"，主体部分共分八章。

在"导论"中，笔者对本书研究对象所涉及的几个基本概念做了界定。第一章"近代中国的手工业社会"，从"法律地位""组织形态""基本功能"三个方面对近代中国手工业社会做了相对宏观的整体性描述。本章主要回答"什么是近代中国手工业社会"这一问题。第二章"近代中国手工业社会的纠纷形态"，基于业缘和纠纷主体、纠纷客体的不同，对近代中国手工业社会的纠纷做了梳理，为下一章研究的展开打下基础。本章主要回答"近代中国手工业社会存在哪些纠纷"这一问题。第三至七章，顺着第二章提出的问题，从解纷主体、解纷方式、解纷程序、解纷依据、解纷理念、解纷效力等六个方面对"近代中国手工业社会解纷机制"作了较为系统的阐述。这是全文的重点，主要回答"近代中国手工业社会如何解纷"这一问题。第八章"近代中国手工业社会解纷机制的基本特征"，旨在基于第三至七章的阐述，从"解纷依据""解纷方式""解纷手段""解纷效力"等四个方面对近代中国手工业社会解纷机制的基本特征做一个概括性的总结。本章主要回答"近代中国手工业社会解纷机制到底有何特别之处"这一问题。在"结语"中，笔者从"解纷的积极因素""解纷的适用规则""解纷的内部治理""解纷的价值取向"等四个维度，就"纠纷的有效解决"对全书研究作最后的总结，同时对法治社会"本土资源"的价值和使用表明了本书的态度，本章主要回答"近代中国手工业社会解纷机制带给的启示是什么"这一问题。

---

〔1〕 法官李青春认为，根据美国学者戈尔丁对"类法律式的解决纠纷"基本结构的分析，一般意义上的司法纠纷解决机制具有三个基本要素：诉讼主体 (纠纷的主体)、法院 (纠纷解决者)、国家的法律 (解决纠纷的规则)。纠纷的内容就是纠纷的主体争执的对象——利害关系或相互冲突的利益，在诉讼程序上体现为对民事诉讼、刑事诉讼以及行政诉讼的分类，它们分别指向不同种类的实体权利。参见公丕祥主编：《纠纷的有效解决——和谐社会视野下的思考》，人民法院出版社 2007 年版，第 122~123 页。

三、所用材料与研究方法

（一）所用的材料

本书所用的材料主要来自两大类，一是碑刻、档案等原始资料，即一手资料；二是著作、论文等相关研究成果，即二手资料。前人的原始资料是开展本书研究的前提和基础；相关研究成果则可为本书的研究提供借鉴和补充。

对近代中国手工业行会的研究，其材料主要来自以下碑刻资料：《江苏省明清以来碑刻资料选集》〔1〕、《明清以来北京工商会馆碑刻选编》〔2〕、《明清以来苏州社会史碑刻集》〔3〕、《明清苏州工商业碑刻集》〔4〕、《清代工商行业碑文集粹》〔5〕、《上海碑刻资料选辑》〔6〕、《中国工商行会史料集》（上、下册）〔7〕、《广东碑刻集》〔8〕、《苏州碑刻》〔9〕、《明清佛山碑刻文献经济资料》〔10〕、《广西少数民族地区石刻碑文集》〔11〕。

对近代中国手工业同业公会、手工业者工会的研究，其材料主要来自以下档案资料：武汉市档案馆中的汉口工商业档案、荆州市档案馆中的沙市商会档案、上海市档案馆有关资料、《苏州商会档案丛编》（第1辑·一九〇五年——九一一年）〔12〕、《苏州商会档案丛编》（第2辑·一九一二年——九一九年）〔13〕、

---

〔1〕 江苏省博物馆编：《江苏省明清以来碑刻资料选集》，生活·读书·新知三联书店1959年版。

〔2〕 李华编：《明清以来北京工商会馆碑刻选编》，文物出版社1980年版。

〔3〕 王国平、唐力行主编：《明清以来苏州社会史碑刻集》，苏州大学出版社1998年版。

〔4〕 苏州博物馆、江苏师范学院历史系、南京大学明清史研究室合编：《明清苏州工商业碑刻集》，江苏人民出版社1981年版。

〔5〕 彭泽益选编：《清代工商行业碑文集粹》，中州古籍出版社1997年版。

〔6〕 上海博物馆图书资料室编：《上海碑刻资料选辑》，上海人民出版社1980年版。

〔7〕 彭泽益主编：《中国工商行会史料集》（上、下册），中华书局，1995年版。

〔8〕 谭棣华、曹腾騑、冼剑民编：《广东碑刻集》，广东高等教育出版社2001年版。

〔9〕 张晓旭：《苏州碑刻》，苏州大学出版社2000年版。

〔10〕 广东省社会科学院历史研究所中国古代史研究室、中山大学历史系中国古代史教研室、广东省佛山市博物馆编：《明清佛山碑刻文献经济资料》，广东人民出版社1987年版。

〔11〕 广西民族研究所编：《广西少数民族地区石刻碑文集》，广西人民出版社1982年版。

〔12〕 章开沅、刘望龄、叶万忠主编：《苏州商会档案丛编》（第1辑·一九〇五年——九一一年），华中师范大学出版社1991年版。

〔13〕 马敏、祖苏、肖芃主编：《苏州商会档案丛编》（第2辑·一九一二年——一九一九年），华中师范大学出版社2004年版。

《天津商会档案汇编（1903-1911）》（上册）[1]、《天津商会档案汇编（1912-1928）》（第1、2册）[2]、《中华民国商业档案资料汇编》（第1卷）[3]。

在对近代中国行会、同业公会、工会等行业组织的研究中，也参考了以下史料：其一是史籍，《中国近代手工业史资料（1840-1949）》（第1~4卷）[4]、《中国近代工业史资料》[5]、《中国近代史稿》（第1卷）[6]。其二是方志，《平南县志：初稿·社会篇》、《平南县志：初稿·司法篇》、《平南县志：初稿·商业、工商管理篇》、《广西通志·工商行政管理志》[7]、《浙江省黄岩县志》[8]。

本书还尽量使用相关研究成果作为本书论点的佐证资料。这些资料概分为著作与论文两种，大体围绕与本书研究对象有关的"手工业行业组织（行会、同业公会、工会）""纠纷及其解决""解纷模式及其内在机制"等方面来选材。所参考的著作有：《中国手工业经济通史》[9]、《中国手工业简史》[10]、《中国近代手工业的经济学考察》[11]、《苏州手工业史》[12]、《中国手工业商业发展史》[13]、《明清福建手工业发展史》[14]、《论中国历史的几个问题·中国

〔1〕　天津市档案馆、天津社会科学院历史研究所、天津市工商业联合会：《天津商会档案汇编（1903-1911）》（上册），天津人民出版社1989年版。

〔2〕　天津市档案馆、天津社会科学院历史研究所、天津市工商业联合会：《天津商会档案汇编（1912-1928）》（第1、2册），天津人民出版社1992年版。

〔3〕　江苏省商业厅、中国第二历史档案馆编：《中华民国商业档案资料汇编》（第1卷·1912~1928），中国商业出版社1991年。

〔4〕　彭泽益编：《中国近代手工业史资料（1840-1949）》（第1~4卷），中华书局1984年版。

〔5〕　孙毓棠编：《中国近代工业史资料》，科学出版社1957年版。

〔6〕　戴逸编著：《中国近代史稿》（第1卷），人民出版社1958年版。

〔7〕　广西壮族自治区地方志编纂委员会编：《广西通志·工商行政管理志》，广西人民出版社1995年版。

〔8〕　严振非编：《浙江省黄岩县志》，生活·读书·新知三联书店1992年版。

〔9〕　蔡锋等：《中国手工业经济通史》（先秦秦汉卷、魏晋南北朝隋唐五代卷、宋元卷、明清卷），福建人民出版社2004年版。

〔10〕　季如迅编著：《中国手工业简史》，当代中国出版社1998年版。

〔11〕　王翔：《中国近代手工业的经济学考察》，中国经济出版社2002年版。

〔12〕　段本洛、张圻福：《苏州手工业史》，江苏古籍出版社1986年版。

〔13〕　童书业：《中国手工业商业发展史》（校订本），童教英校订，中华书局出版社2005年版。

〔14〕　曾玲：《福建手工业发展史》，厦门大学出版社1995年版。

历代手工业发展的特点》〔1〕、《中国近代工业和旧式手工业的关系》〔2〕、《简明中国经济史》〔3〕、《中国经济史论丛》（下册）〔4〕、《中国古代的工匠》〔5〕、《行会史》〔6〕、《行会制度的近代命运》〔7〕、《中间经济：传统与现代之间的中国近代手工业（1840—1936）》〔8〕、《中国行会制度史》〔9〕、《中国行业神崇拜》〔10〕、《中国社会》〔11〕、《商会与近代中国》〔12〕、《中间组织——近代工商同业公会研究（1918-1949）》〔13〕、《中国近代同业公会与当代行业协会》〔14〕、《乡土中国·生育制度》〔15〕、《纠纷的解决与审判制度》〔16〕、《中国法律传统的基本精神》〔17〕、《法治及其本土资源》〔18〕、《乡土社会的秩序、公正与权威》〔19〕、《法典、习俗与司法实践：清代与民国的比较》〔20〕、《地缘社会解纷机制研究：以中国明清两代为中心》〔21〕、《近代中国城市：江湖社会纠纷

〔1〕 邓拓：《论中国历史的几个问题》，生活·读书·新知三联书店1979年版。

〔2〕 戴逸："中国近代工业和旧式手工业的关系"，载吴申元主编：《中国近代经济史》（下册），上海人民出版社2003年版。

〔3〕 刘克祥：《简明中国经济史》，经济科学出版社2001年版。

〔4〕 傅筑夫：《中国经济史论丛》（下册），生活·读书·新知三联书店1980年版。

〔5〕 曹焕旭：《中国古代的工匠》，商务印书馆1996年版。

〔6〕 曲彦斌：《行会史》，上海文艺出版社1999年版。

〔7〕 彭南生：《行会制度的近代命运》，人民出版社2003年版。

〔8〕 彭南生：《中间经济：传统与现代之间的中国近代手工业（1840—1936）》，高等教育出版社2002年版。

〔9〕 全汉升：《中国行会制度史》，食货出版社1986年版。

〔10〕 李乔：《中国行业神崇拜》，中国华侨出版公司1990年版。

〔11〕 王进主编：《中国社会》，中央编译出版社2006年版。

〔12〕 朱英、郑成林主编：《商会与近代中国》，华中师范大学出版社2005年版。

〔13〕 魏文享：《中间组织——近代工商同业公会研究（1918-1949）》，华中师范大学出版社2007年版。

〔14〕 朱英主编：《中国近代同业公会与当代行业协会》，中国人民大学出版社2004年版。

〔15〕 费孝通：《乡土中国·生育制度》，北京大学出版社1998年版。

〔16〕 ［日］棚濑孝雄：《纠纷的解决与审判制度》，王亚新译，中国政法大学出版社2004年版。

〔17〕 范忠信：《中国法律传统的基本精神》，山东人民出版社2003年版。

〔18〕 苏力：《法治及其本土资源》（修订版），中国政法大学出版社2004年版。

〔19〕 王铭铭、王斯福主编：《乡土社会的秩序、公正与权威》，中国政法大学出版社1997年版。

〔20〕 ［美］黄宗智：《法典、习俗与司法实践：清代与民国的比较》，上海书店出版社2007年版。

〔21〕 陈会林：《地缘社会解纷机制研究：以中国明清两代为中心》，中国政法大学出版社2009年版。

解决模式研究——聚焦于汉口码头的考察》[1]、《宗教社会纠纷解决机制——唐和宋的专题研究》[2]。此外，还参考了类似素材的论文。

（二）研究的方法

本书的选题，从时限上定在近代时期，从空限上定在中国手工业领域，从对象上定在解纷机制，属于法学层面上的历史制度研究。这就涉及法学、历史学两个学科研究的方法问题。

解纷机制是诉讼法学研究的对象，也是本书研究的落脚点。本书在论述手工业解纷机制时，对构成其机理的"解纷的主体""解纷的方式""解纷的依据""解纷的理念""解纷的效力"等基本要素采取静态分析方法来展开，体现出了法学研究的规范主义范式。

历史学研究注重时间上的先后顺序与事件之间的相互衔接，采取动态分析方法来展现事物的内在机理和外在关系，体现历史研究的实证主义范式。从宏观角度来说，本书主体的研究框架就体现了这一点：近代中国手工业社会的形态、组织和结构（明确分析对象）—近代中国手工业社会存在哪些纠纷（接着过渡到要关注主题）—近代中国手工业社会存在的这些纠纷该如何解决（面对问题，思考对策）—近代中国手工业社会在解纷上有哪些特点（对上面的对策进行概括总结）—近代中国手工业社会解纷的哪些做法有些地方值得我们思考（学古是为鉴今和有资于治道）。从微观角度来看，在"近代中国手工业社会的法律地位""近代中国手工业社会的组织形态""近代中国手工业社会解纷的主体"等部分内容中，则是按历史发展的时间顺序来进行阐述。

当然，由于本书是一个法学、历史学和社会学相互交叉的法律社会学、历史社会学论题，因此笔者注意到了对法律社会学研究方法的运用。法律社会学的任务是考察法律社会化过程中法律与社会相互作用的方式和规律，其基本的研究方法是"在社会中研究法律，通过法律来研究社会"[3]。因此，笔者在本书第七章"近代中国手工业社会解纷机制的基本特征""结语"两部分更多地运用了这种方法。

---

[1]　易江波：《近代中国城市：江湖社会纠纷解决模式研究——聚焦于汉口码头的考察》，中国政法大学出版社 2010 年版。

[2]　李可：《宗教社会纠纷解决机制——唐和宋的专题研究》，法律出版社 2010 年版。

[3]　赵震江主编：《法律社会学》，北京大学出版社 1998 年版，第 43 页。

第一章

近代中国的手工业社会

中国手工业社会形态有一个逐步发生、发展、成熟和式微的历史进程。本章将从"法律地位""组织形态"和"基本功能"三个方面对近代中国手工业社会进行描述性研究。

第一节　近代中国手工业社会的法律地位

清代手工业在整个社会生产中仅次于农业，占有十分重要的地位，与农业共同构成清代社会经济两大基本生产部门。[1]1840年，英国发动了侵略中国的鸦片战争。中国历史的发展从此发生重大转折。以英国为首的西方列强以侵略中国为目的，要把中国变成自己的殖民地。资本主义列强用武力打开了中国的门户，把中国卷入了世界资本主义经济体系和世界市场。随着外国资本主义的入侵，洋纱、洋布等商品在中国大量倾销，逐渐使中国的农业与手工业分离，从而破坏了中国自然经济的基础，促进了中国城乡商品经济的发展，给中国资本主义的产生创设了某些客观条件。破产的农民、手工业者流入城市，成了产业工人的后备军。一批中国官僚、买办、地主、商人开始投资兴办新式工业。中国开始出现了资本主义生产关系。鸦片战争的结果是给予了外国企业进入中国的特许经营权，甲午中日战争的结果则是给予了外企更多特权和优惠。[2]不仅如此，在制度上，外企在享有种种特权的同时，还在其势力和事务范围内享有解纷特权。

清末民初，国家开始制定管理工商同业组织的法规，将行业组织纳入国

---

〔1〕　张研：《清代经济简史》，中州古籍出版社1998年版，第433页。

〔2〕　王铁崖编：《中外旧约章汇编》（第1册），生活·读书·新知三联书店1957年版，第616页。

家制定法的调整范围。清光绪二十九年（1903年），政府特设商部，奏准各省得分别设立商会，并指派朝廷大员驰赴各省劝办。同年十一月二十四日（1904年1月11日），商部奏准仿照欧美及日本资本主义国家的商会组织颁布《商会简明章程》26条，通令各省城市旧有商业行会、公所、会馆等组织一律改组为商会。此后，各地商会次第成立，大多数都是利用原有行会制度的基础，将原有的工商业行会组织汇聚一处，以致被一些研究者直称为"商会本质上只不过是诸种行会的结合体而已"。同时，商会也自称"以各业公所、各客帮为根据"[1]。

在北洋政府时期，根据民国七年（1918）四月二十七日农商部颁发的《工商同业公会规则》，近代同业公会正式依法成立，但依该规则的第2条第2款，"凡属手工劳动及场屋以集客之营业，不得依照本规则设立工商同业公会"。可见，当时的同业公会不包括手工业行业组织。这种情况直至民国十六年（1927年）十一月二十一日农工部公布《工艺同业公会规则》才得到改变。该规则第2条规定："凡属机械及手工之工厂、作坊、局所等，操同一职业者，得依本规则之规定，呈请设立工艺同业公会。"也就是说，近代中国手工业同业公会直到民国十六年（1927年）十一月二十一日才正式诞生。[2]

在南京国民政府时期，政府于1929年8月和1930年1月先后公布了《工商同业公会法》及《工商同业公会法施行细则》，规定对于原有工商各业团体不论其公所、行会、会馆或其他名称，凡其宗旨合于《工商同业公会法》规定者，"均视为依本法而设立之同业公会"。[3] 1930年，国民政府下令取消商民协会，规定工商各业均统一隶属于工商业同业公会与商会组织之下，而同业公会与商会则均按政府旨意与有关法规进行重新组建。

---

〔1〕　1912年6月5日苏州商会《呈工商部条陈》。

〔2〕　对过去已成立和新设立的各种名称的工商业团体，民国政府分别制定了《商会法施行细则》《工商同业公会规则》（1918年4月27日）及《施行办法》，称："本规则施行前，原有关于工商业之团体，不论用公所、行会或会馆等名称，均照旧办理。"1923年4月14日公布的《修正工商同业公会规则》除了重申前述规定外，还加了如下补充："前项公所、行会或会馆存在时，于该区域内不得另设该项同业组织。"这是根据新的同业公会组织原则精神制定的，即"同一区域内之工商同业设立公会，以一会为限"。1927年11月27日公布《工艺同业公会规则》，对手工业同业公会问题有了专门的法律规定，该规则所指工艺同业乃包括："凡属机械及手工厂、作坊、局所等，操同一职业者。"并规定本规则自公布之日起施行，"从前原有之工艺团体，如行会、公所、会馆等应依照本规则改组"。

〔3〕　参见工商部编：《工商法规汇编》，1930年版，第248~250页。

民国时期，值得注意的是政府对手工业组织的限制和约束。从民国初年（1912 年）开始，从中央到地方的政府机关，颁布了许多关于工商同业公会的章程和法令，要求所有店铺、场坊和行会成员登记注册。如北京市就曾经发布公告：

> 查工商同业公会法第七条规定，同业之公司行号，均应为同业公会之会员。北京市工商各业，多已成立同业公会，而商号未加入各该业公会为会员者，尚居多数，不惟不便统辖，亦且与法不合。合亟布告本市各商号，自布告之日起，限三个月内，一律加入其本业公会。倘逾限仍不加入，即行依法罚办，切勿延误。合行布告周知，切切。[1]

字里行间透露出来的信息，显然是政府要直接对工商业进行严格的管理，日渐把社会经济生活直接置于政府的控制之下。又如北京的靛行，对新开张的商号有这样的规定，"民国以后要得到警察厅，其后要得到社会局的许可，与染业会馆没有关系也行"。[2]1940 年 8 月，国民政府还颁布了《非常时期职业团体会员强制入会与限制退会办法》，规定："凡合于商会及同业公会法会员资格之从业人员或团体，均应加入当地业经依法设立之各该团体为会员，非因废业或迁出团体组织区域或受永久停业处分者不得退会；拒绝入会者，从业人员予以罚款或停业处分，下级团体予以整理或解散。"[3]国民政府对会员的政治资格及行为资格作出了一定的限制，如背叛国民政府者、剥夺公权者、无行为能力者等均不得入会。而对于工会，根据北洋政府的《工会条例草案》25 条，工会的成立须有 50 人以上发起、详拟章程、经地方行政长官和农商部核准，否则不得成立。同时规定，工会发起人必须具备从事现职业 3 年以上、年龄在 30 岁以上、粗通文墨等条件，还要由所在企业的厂主出具证明。

在抗战时期，根据民国二十七年（1938 年）十一月修正的《商会法》的

---

〔1〕 "北京市公署布告"，载〔日〕仁井田升辑：《北京工商ギルド资料集》，东京大学东洋文化研究所，第 369 页。

〔2〕 〔日〕仁井田升：《染业同业工会书记孟慎之氏との质疑应答》，东京大学东洋文化研究所，第 369 页。

〔3〕 参见《非常时期职业团体会员强制入会与限制退会办法》，国民政府 1940 年 8 月公布。

规定，近代中国工商同业公会分为三种：商业同业公会、工业同业公会、运输业同业公会，并颁行了商业、工业、运输业三种同业公会法。但在次年，也即民国二十八年（1939年）秋冬，以上三业遵令改组，于名称上加"商业"二字，如"昆明市铜器业商业同业公会"。这样，手工业同业公会就按规定被统称为"某地某业商业同业公会"。

相比而言，工会合法地位的获得较为艰难。在北洋政府的统治下，工会活动始终处于非法状态。京汉铁路工人大罢工后，农商部奉黎元洪之命，拟定《工人协会法草案》15条，允许工人组织工人协会。1925年五卅惨案后，农商部重拟《工会条例草案》25条，对工会的成立做了明确规定。受孙中山影响，南京国民政府对工会仍然相当重视，多次制定、修改了以工会法为中心的法律体系，试图将工会活动完全纳入党治之下。1929年南京国民政府颁布的《工会法》从形式上承认了工会存在的合法性。对于工会成立的资格和设立的程序，重视工会运动的国民党广州政府和重视工会立法的南京国民政府在相继出台和完善的《工会条例》《工会法》中做了更为详细的规定（见表1-1）：

表1-1　国民党统治时期几部工会法规关于工会设立的规定[1]

项目	《工会条例》	1929年《工会法》	1943年《工会法》
成立资格	同一职工或产业之脑力或体力之男女劳动者，家庭及公共机关之雇佣，学校教师职员，政府机关事务员，集合同一业务之人数在50人以上者。	集合16岁以上。现在从事业务之产业工人人数在100人以上，或职业工人人数在50人以上者得适用本法，组织工会。国家行政、交通、军事、军事工业、国营产业、教育事业、公用事业各机关之职员及雇用员役，不得援用本法组织工会。	凡同一区域年满20岁同一产业之工人人数在50人以上或同一职业之工人人数在30人以上时，应依本法组织产业工会或职业工会。从事国家行政教育事业各机关之员工及军事工业之工人不得组织工会。

[1]　资料来源：胡振良、李中印编：《社会团体》（上册），华夏出版社1994年版，第123～126、141～149页；史太璞编著：《我国工会法研究》，正中书局1947年版，第59～86页。

项目	《工会条例》	1929 年《工会法》	1943 年《工会法》
设立程序	从事于同一之业务者 50 人之连署，提出注册请求书，并附具章程及职员履历各二份于地方官厅。请求注册之管辖为公署或市政厅。	依上述规定人数之连署，推出代表 5 至 9 人，提出立案请求书，并附具章程及职员履历各二份，向主管官署呈现请立案，主管官署接到立案呈请书后，于两星期内审查批示。	按上述规定人数连署，向主管官署申请许可，经许可后，其发起人应推定筹备员组织筹备会，呈报主管官署备案。成立工会前应将筹备经过连同章程呈报主管官署，并派员监选。

从晚清至民国相关的法律法规规定来看，官府对手工业社会组织的管理越趋规范，也更趋严格。可见，手工业社会组织已成为官府管理体系中必不可少的组成部分。

第二节 近代中国手工业社会的组织形态

手工业发展的趋势是不断扩大劳动分工，因而也就在不断地丰富着手工业者可以选择的职业内容。这一过程的直接产物"便是社会原有的社会组织与经济组织的崩溃或转化，即原来基于家族纽带、地方情感的社会组织，以及基于文化、种姓团体、社会阶层的社会组织和经济组织日益瓦解，代之而起的是基于职业利益和行业利益的行业组织"。[1]在这些不同的行业组织中，"又会分化出不同的阶级，从而形成基于阶级利益的新型组织"。[2]手工业者的这种新型的业缘组织在近代中国主要表现为行会、同业公会、工会三种形态。作为存在于民间的组织，行会、同业公会、工会均有着自身活动的畛域，但绝不是一个孤立的、封闭的单个社会细胞，而是一个复杂的、开放性的社会组织系统，依一定的规则有序建构，形成一个相对稳定的有机整体，具有相应的调控机制和社会功能。同时，他们还不断加强与其他民间组织和官府

---

〔1〕 罗一星：《明清佛山经济发展与社会变迁》，广东人民出版社 1994 年版，第 331 页。

〔2〕 罗一星：《明清佛山经济发展与社会变迁》，广东人民出版社 1994 年版，第 331 页。

的交往，初步呈现出一个社会经济活动相互交错的网络体系。以这三种手工业者组织为主体，手工同业者共同构成了近代中国手工行业经济社会文化共同体。考察近代手工业者组织，离不开行会、同业公会、工会，尤其是前两者。本书所述的行会、同业公会、工会，仅就手工业者层面而言。[1]下面，笔者将加以分述：

一、行会

（一）手工业行会的组织结构和形式[2]

在近代中国，手工业行会由独立的手工生产单位组成。会员"乃一从事手工之小企业家"[3]。这种生产单位一般是作坊或店铺（前店后坊式）。依规模，作坊或店铺有大小之分。大作坊通常由拥有资本的手工业作坊主（即铺东、掌柜）、掌握技术的师傅（有时师傅本身就是作坊主，这在小作坊中较为普遍）、受雇的帮工（即工匠）和学徒（即伙友）等三部分人组成；小作坊通常由投资人自己或自己少量的亲属组成。[4]

"我国劳动团体向有一种帮制，其性质与今日之工会不同，盖仅为解决自身问题而设，完全无劳资阶级之观念也。"[5]行会是一种职业性的团体[6]，

---

〔1〕近代中国的行会、同业公会，大体上可以被分为三个层面：纯粹商业的、手工业的、机器工业的。本书所谓的"行会""同业公会"均就手工业层面而言。

〔2〕关于中国行会的产生，参见朱英主编：《中国近代同业公会与当代行业协会》，中国人民大学出版社 2004 年版，第 72~84 页，文中的"中国传统行会及其在近代的演变"对此有一专门综述。

〔3〕彭泽益编：《中国近代手工业史资料（1840-1949）》（第 3 卷），中华书局 1984 年版，第 252 页。

〔4〕名义上，帮工、学徒与作坊主、铺东一样，应该都是行会的组成者，但实际上行会的组成者是手工业作坊主或者铺东、掌柜。帮工可以在行会中旁听，有列席的资格，但在行会中没有决议的权利。学徒在行会中完全没有地位。虽然学徒没有参加行会的资格，帮工在行会中没有主动的地位，但是学徒满师后可以变成帮工，帮工也有做作坊主的机会，等到他们成为独立生产者后，他们一样可以在行会中做一个具有人格的会员。

〔5〕彭泽益编：《中国近代手工业史资料（1840-1949）》（第 3 卷），中华书局 1984 年版，第 252 页。

〔6〕萧远浚："昆明市 28 个商业同业公会的研究"，载李文海主编：《民国时期社会调查丛编》，福建教育出版社 2004 年版，第 203 页。

"是封建社会工商业的组织形式"[1]，"是封建制度下手工业行业同盟性的组织"[2]，"它以小业主（师傅）的联合为主体，加上帮工和学徒"[3]，由"行""帮"演化而来[4]。换言之，行会开始是以"行"或"帮"[5]的形式出现的。可见，由师傅、徒弟和帮工组成的行、帮是手工业行会的基本结构。

"传统中国行会是按行分业，……多在寺庙设有公共事务机构，以堂或以会命名，其机构通常称为会馆或公所。一般而论，会馆专指同乡组织及其建筑物，公所专指工商业者的同业组织及其建筑物。"[6]实际上，以会馆命名的

---

〔1〕 刘永成："试论清代苏州手工业行会"，载《历史研究》1959年第11期，第21页。

〔2〕 王宏钧、刘如仲："广东佛山资本主义萌芽的几点探讨"，载南京大学历史系明清史研究室编：《明清资本主义萌芽研究论文集》，上海人民出版社1981年版，第463页。

〔3〕 王宏钧、刘如仲："广东佛山资本主义萌芽的几点探讨"，载南京大学历史系明清史研究室编：《明清资本主义萌芽研究论文集》，上海人民出版社1981年版，第464页。

〔4〕 萧远浚："昆明市28个商业同业公会的研究"，载李文海主编：《民国时期社会调查丛编》，福建教育出版社2004年版，第202页。

〔5〕 "行""帮""是以行业和地域性的传统联系，并以行规和习惯势力为凭藉的封建团体"。（彭泽益："中国行会史研究的几个问题"，载《历史研究》1988年第6期，第10页。）行的组织可以说是劳动组合中一种最原始的形式，其构成比较简单。就唐代出现的"行"来说，"行"还不能被称为一种有组织的团体，它只不过是许多人为了共同的利益而形成的一种偶然组合。帮是一种地域性的结合，其人数可能较行要多，没有一定的规章，即使有，也不过是帮中年纪比较大、德望比较高、经验比较丰富的分子的临时意见与态度。手工业者之所以要结为帮，"完全是为了壮大自己力量以便一致对外，当然为解决帮口内的纠纷的动机也是有的，不过其结成帮口的主要因素恐怕还是防止外力侵占他们利益为前提"。（萧远浚："昆明市28个商业同业公会的研究"，载李文海主编：《民国时期社会调查丛编》，福建教育出版社2004年版，第202页。）帮的结合多半根基于地域的关系，如京帮、苏帮。帮的结合目的简单，其组织也无一定的具体形式，在比较原始的社会环境中，也许还可以应付自如，但到了一个比较复杂的社会环境中，它的功用则渐渐不足以控制环境了。"不断流入城市的逃亡隶奴的竞争；……共同占有某种手艺而形成的联系；在公共场所出卖自己的商品（当时的手工业者同时也是商人）的必要和与此相联的禁止外人入内的规定；各手工行业间利益的对立；保护辛苦学来的手艺的必要；全国性的封建组织，——所有这些都是各行各业的手艺人联合为行会原因。"〔《马克思恩格斯全集》（第3卷），人民出版社2007年版，第57～58页。〕于是，行会起而代替了帮的形式。手工业行会"普遍叫作手工帮"，"以技术的提供为主"，这有别于"以劳动的提供为主"的苦力帮。（全汉升：《中国行会制度史》，百花文艺出版社2007年版，第116页。）

〔6〕 罗一星：《明清佛山经济发展与社会变迁》，广东人民出版社1994年版，第332页。

同业组织也不在少数。[1]行会的常见组织形式一般是行、会、帮、团、伙、党、作等。[2]

"各种职业均有一职业帮。同一职业而有许多分业者，则每一分业，各有一帮。职业帮之团结极坚而领域极严，不许互相侵越。凡欲从事其职业者，必须先经过徒弟这一阶级，然后始能变为职工。学徒在师傅处学习手艺，以三年乃至五年为期，期间并无报酬，且须严守规约，不许中途退去，亦不得转学他处。如有不正当行为。依帮之公断处分之。学徒终业则升为伙计。手工业中均有师傅，伙计，学徒三阶级，师傅伙计皆有入帮之资格，学徒独无入帮之权利。"[3]可见，手工业行会实际上是不分劳方与资方，不分剥削者与

---

[1]　以清代广东佛山为例，据统计，当时其会馆共 88 个，其中属手工业行会的就占 50 个，其余 38 个为商业行会。这些会馆中，地缘性会馆在商业会馆中仅有 8 个，而在手工业中则无。地缘性会馆占会馆总数的 9.3%，可见清代佛山会馆是以业缘性会馆为主。这 50 个手工业行会均以会馆命名，如熟铁行会馆、炒铁行会馆、新钉行会馆、铁锅行西家堂陶全会馆、铸造行既济堂会馆、土针行会馆、金箔行会馆、一字铜行会馆、金银首饰行兴贤堂会馆、兴仁帽绫行东家会馆、兴仁帽绫行西家会馆、轩辕成衣行会馆、绒线行会馆、染纸东家同志堂会馆、染纸西家宝祖社会馆、纽扣行会馆、油烛行会馆、香行会馆、金花行广怡会馆、蒸酒行会馆、唐鞋行会馆、陶艺花盆东家行会馆、陶艺花盆西家行会馆、泥水行荣盛堂会馆、大料东家广善堂会馆、大料西家敬业堂会馆、熟药行寿世祖安会馆等等。因此，可视会馆、公所为同业组织——行会——的别称。在佛山，无论同乡组织或同业组织及其建筑物均以会馆命名。（罗一星：《明清佛山经济发展与社会变迁》，广东人民出版社 1994 年版，第 332 页。）

[2]　朱英认为，行会的常见组织形式是会馆和公所。（朱英主编：《中国近代同业公会与当代行业协会》，中国人民大学出版社 2004 年版，第 72 页。）张研认为，清代手工行业组织有各种名称，如"会馆""公所""公会""公墅""书院""堂""宫""殿""庙""行""帮"等。其中最为普遍的名称是"会馆"和"公所"。（张研：《清代经济简史》，中州古籍出版社 1998 年版，第 447 页。）我们认为，会馆、公所不是组织形式本身，而只是聚会场所，是一种寄存之外壳。张研认为，作为行业组织的"会馆""公所"只是不同行业组织采用的不同名称，其内容没有太大的区别，主要可被分为以下几类：一是地缘性的同业组织。这是同乡同业工商业者的行业组织，早期主要为同乡同业商帮所建，即所谓的"货行会馆"。清中期以后，很多地方商人从包买商转为工商兼营者，同乡同业的工商行业组织也便大量涌现。这类组织的特点是地域第一、同业第二，不同乡即使同业也不得加入。二是业缘性的同业组织。这是以同业为基础建立的行业组织，主要是本地同行工商业组织，也有的是不拘地域，只以同行业为基础建立的行业组织，但内部也还是分为各帮。也就是说，这是由不同籍的同业各帮建立的组织。值得注意的是，同业组织中出现了工匠组织。三是地缘性的多行业组织。这是由地域商帮建立的各种行业同乡工商业者共同参加的组织。（张研：《清代经济简史》，中州古籍出版社1998 年版，第 447~449 页。）

[3]　彭泽益编：《中国近代手工业史资料（1840-1949）》（第 3 卷），中华书局 1984 年版，第252 页。

被剥削者，共同组成的一种松散的联盟。[1][2]行会在中国手工业社会的发展

---

[1] 虽然在行会手工业中存在着手工业作坊主对帮工和学徒的剥削，但这种剥削所起的作用是较次要的。给手工业作坊主做工，对帮工和学徒来说，是一种暂时的状态。帮工和手工业作坊主同是行会的成员，帮工经过相当的时期后，可以成为独立的手工业作坊主，有权开设作坊，收容帮工、学徒。学徒满师后可以进而为帮工，也可进而为坊主。因此，他们的地位不是绝对的。在通常情况下，手工业作坊主的工作时间与帮工、学徒相同，自早至晚，一道工作，除用餐以外，皆为工作的时间。因为帮工、学徒与手工业作坊主共同工作，故坊主对他们的剥削也有限量。他们的起居饮食与手工业坊主的家庭相同，有时在规定的期间完结后升为手工业作坊主的时候，可以娶主人的女儿为妻子。"由于帮工已经开始使自己成为行东，他是和现存制度联系着的。所以……各个行会手工业中的帮工甚至连较小的冲突也不进行，因这些冲突是不可分的，关系着现存的行会制度。"[《马克思恩格斯全集》（第3卷），人民出版社2007年版，第52页。]

[2] 手工业行会，即手工帮，"乃有手工技能工人之组织，其组织之要点有四：一、以师傅为团体之单位，与徒弟全然无关，故可谓为师傅之结合。二、以顾客为团结之对方。三、团结之分子为职工而兼企业者。四、目的在对内谋同业中同人之亲睦"。[彭泽益：《中国近代手工业史资料（1840-1949）》（第3卷），中华书局1984年版，第252页。]手工业行会存在两种结构：一种是通常的"一会一行"，一种是"一会二行"，即东家行和西家行共存于一行会。"一会一行"的特征为"行会-作坊"二级。这种结构多存在于传统的小手工技术行业中，如金箔行。而一会一行结构的存在，也加深了各种职业的分离和个别化。在职业分化的过程中，各行会又形成了自己的行业道德和行业追求。而每一种职业又以其特有的经验、眼光和尺度，以其行业道德和追求，扩大着自身同类者的团体。"一会二行"的行会结构由此出现。"一会二行"的特征为"行会—东家行与西家行—作坊主与工匠"三级。（罗一星：《明清佛山经济发展与社会变迁》，广东人民出版社1994年版，第346页。）这种结构多存在于作坊（工场）规模较大的手工行业，如冶铁、陶瓷、纺织等行。由于规模大、雇工数量多，从而形成了阶级分化，产生了阶级利益集团。手工业行会三级分层结构的出现，是规模较大的手工行业业务发展、雇工增多而导致行业内部两极分化的结果。这种结果就是行会内部出现了拥资设肆的东主和徒手求食的西友，也即东家行与西家行。东家行是作坊主的组织，西家行是手工业工人的组织。也就是说，东家行是资本利益的代表，西家行是劳动力利益的代表。"京师瓦木工人，多京东之深、蓟州人，其规颇严。凡属徒工，皆有会馆，其总会曰九皇。九皇诞日，例得休假，各曰关工。"（枝巢子：《旧京琐记·卷九·市肆》。）西家行这种工匠行会多为反抗东家行作坊主和封建把头的压迫剥削而成立起来的组织。光绪年间，北京靴鞋行工人成立的"合美会"就属于这一类型。这些手工业工人组织虽然数量很少，但意义重大，至关重要。东、西两行的出现，"根源于雇佣工人的大量增加，表明了劳资双方矛盾的进一步发展"。（罗一星：《明清佛山经济发展与社会变迁》，广东人民出版社1994年版，第348页。）西家行组织就是适应矛盾斗争的需要而建立的，其功能是团结手工业工人，沟通东、西两方愿望，达成有利于双方的劳资管理协议。作为一个组织，"其维护手工业工人的利益是无可否认的"。（罗一星：《明清佛山经济发展与社会变迁》，广东人民出版社1994年版，第348页。）当然，在某些大行业中存在着一行多会的格局，如长沙西帮成衣行"设立七会，首曰轩辕，次曰福佑，此两会归衣东经理。又曰福主、福胜、福兴、福生、福庆，此五会系店伙客师成衣经理"。["湖南商事习惯报告书·商业条规"，载彭泽益主编：《中国工商行会史料集》（上册），中华书局1995年版，第385页。]长沙包金担业于1898年"本帮与西帮永远分析，各立行规，毋相水火"，实际上成了同行中的两个行会组织。[彭泽益主编：《中国工商行会史料集》（上册），中华书局1995年版，第394页。]不过，这种情况为数不多。

中发挥着不可忽视的作用。可以这么说，中国手工业社会的整体秩序，正是由行来帮助建立并维持的。[1]

（二）手工业行会的组织嬗变

在中国，手工业生产发展过程中形成的行会历史久远。[2]"行会是城市中与封建土地占有结构相适应的手工业的封建组织。"[3]行会产生于封建社会的繁荣时期。其后，由于历史的发展，特别是由于商品经济对封建经济的瓦解、工场手工业和国内市场的出现、特权原则为竞争原则所取代，进入封建社会末期，行会的性质和作用不断嬗变和分化。

---

〔1〕 许慧祺、李贞贞："明清时期的行会制度初探"，载《法制与社会》2007年第2期，转引自高其才：《多元司法：中国社会的纠纷解决方式及其变革》，法律出版社2009年版，第65页。

〔2〕 一般认为，大约在唐代就已经出现了"行"的组织形式。当时有诸如白米行、绢行、生铁行、炭行等几十种行。这可以有两种理解，一是理解为店铺，白米行即指米店；另一种则指一种行业性的群体组织，当地凡是卖米的商人都属于这个白米行。当时已经出现了"行首""行头"这一类人物，是代表本行业人与官府交涉、周旋，并率领本行业人举行祀神活动的权威人士。由此可见，"行首"并非某家店铺的老板；他所领导的那个"行"也并非一家店铺而是同行业许多店铺所组合成的群体。"行"的功能，主要是应付官府征税，保护同行利益。唐宋期间，开始出现各行业内部使用的隐语。宋明以降，这种本来是商业、手工业行业中的行帮民俗形态，又进一步扩大到了娼、赌、杂技等市井娱乐群体和乞丐、侠盗之类的江湖社会。绵延至近现代，有的行帮已经顺应时代发展，演化成行业公会，又称同业公会，逐渐突出了协调内外竞争关系和维护内部成员利益的互助功能；有的行帮则仍然处于比较松散、隐蔽乃至比较神秘的自然状态。各行业、各地域之间不平衡性相当突出。以会馆为主要特征的商业行帮，大概兴起于明代中叶。这时候的商业较前更为发达，交通也更为便捷，许多人离开故土，远出经商，足迹遍天下。外出经商的人很需要在各经商地建立一种乡土性的行帮组织，把同乡人在该地经商的都团结起来，以便相互帮助，维护共同利益；同时还为了减少同行竞争，以垄断某一行业中的经济利益。正是在这种情形下，商业会馆便应运而生。历史上的会馆一般有两种类型。一是以地区建会馆。另一种则以行业建会馆。其组织形态，各地也有所不同。起初，往往是以地区建会馆，会馆中又以行业分帮，同一会馆中可以有若干个行帮。会馆有一个建筑物作为标志，可以作为该群体集会、议事、祭祀、娱乐的场所。有的会馆还附有田地和其他一些房产，并举办一些公益事业。到了清代，又出现了"公所"，多以行业为特征。有的地方，公所是会馆的下属分支机构；也有的地方，公所与会馆并列，或者就是一回事，只不过名称不同而已。有了活动场所，又有了各自的首领人物，便逐渐形成群体。这个群体会用神灵信仰来号召和约束内部成员，以形成凝聚力和内部秩序。另一方面，则往往还要形成必要的规约制度，用来约束内部成员。这种规约制度，通常称为行规、帮规、业规、同业公约等，形成也不尽一致。有的集体议订，形成严密的文字，公开颁布，勒石树碑，或收入文籍；有的只是一种约定俗成，并没有形成文字，却是同行中世代相传的习俗惯制。（参见顾希佳：《社会民俗学》，黑龙江人民出版社2003年版，第143~145页。）

〔3〕 杜黎："鸦片战争前上海行会性质之嬗变"，载南京大学历史系明清史研究室编：《中国资本主义萌芽问题论文集》，江苏人民出版社1983年版，第141页。

由于手工业行会由商业行会分离出来的时间很晚，分离的过程缓慢，有的城市行会组织一直到鸦片战争之前仍然处于工商不分的阶段。从北京来看，"单纯手工业行会不但在1840年鸦片战争以前不复存在，即使到清朝末年也没有发现"[1]。再从苏州明清以来近百个行会组织来看，"占绝对优势的仍是商业行会和工商不分的行会组织"[2]。作为纯属手工业行会的不过只有丝织业行会的云锦公所、染布业行会的浙绍公所、踹布业行会的踹布公所、造纸业行会的仙翁会馆等少数几个。佛山也是我国南方一大工商业城市，在道光之前，见于记载的行会组织共有17个，其中商业会馆11个，工商不分的会馆3个，手工业行会组织只有熟铁行会馆、新钉行会馆、金丝行会馆等。其他如江宁、汉口、杭州、广州等城市行会的情况大体相似。[3]

清道光年间，随着商品经济的发展和市场的扩大，生产的社会性分工也越分越细，这时独立的手工业行会[4]也随着手工业与商业的逐渐分裂而相继出现。如纸坊公所（造纸业）、云锦公所（纱缎业）、踹布公所（踹布业）、

---

〔1〕 北京曾是几代帝都所在地，它首先是一个皇室、贵族、官僚、地主集中的政治中心城市，又是一个手工业不发达，商业畸形发展的城市。清代鸦片战争之前有工商业会馆、公所36个，其中商业行会25个，工商不分者13个，农商不分者（如青韭园行会）1个。（李华："明清以来北京的工商业行会"，载《历史研究》1978年第4期，第71页。）

〔2〕 苏州是明清以来我国东南地区工商发展的著名城市。虽然封建统治者也不免在此设官府以资弹压，设关卡以片赋税，但它是一个工商业中心是无可置疑的。（李华："明清以来北京的工商业行会"，载《历史研究》1978年第4期，第71页。）

〔3〕 商业行会占统治地位，工商不分的行会组织占优势，单纯手工业行会数量不多，是商人控制商品流通、销售乃至控制生产的结果。如北京颜料商从通州搬运桐油在京开店零售，绸缎商由江宁等地贩运丝织品来京贸易，中间往往不通过行商这一环节。这种把行商与坐商两者置于一身，本身就反映了商业本身分工的不发达。北京有的商人还亲自购置原料，进行加工，由本店销售，即前店后场，以店为主。如同仁堂药店，从全国精选药材，加工配制成膏丹丸散，以高价出售。

〔4〕 根据苏州现存清代碑刻的调查、有关经济史资料的数百件碑刻的记载，当时苏州工商业行会162家（公馆40家，公所122家），其中属于手工业行会性质的大约有70多家。在这70多家手工业行会中，从行业的性质上看，可分为丝织业、棉织业、染布、踹布业、冶炼业、铜锡业、打铁业、银楼业、造纸业、印书业、漆作业、硝皮业、蜡烛业、置器业、石作业、玉业、成衣业、刺绣业、钟表业，等等。（刘永成："试论清代苏州手工业行会"，载《历史研究》1959年第11期，第22页。）近代中国的手工业行会组织名目繁多，归结起来则有三种组织形式，第一种是同乡性手工业组织，即由同乡各业的手工业者组成；第二种是同乡同业手工业组织，即由既同乡又同业的手工业者组成；第三种是同业手工业组织，即由当地的同业手工业者组成，没有籍贯限制。第一种形式的行会无专业化可言；第二种形式的行会是一种同乡专业性的组织；第三种形式的行会是最为典型的行会组织。

染业公所（青蓝布业）、丽泽公所（金箔业）等。这些行会所属行业，都是专门从事手工业品制作的。

　　早在清代乾隆以后，随着资本主义萌芽的发展以及手工业作坊内部人员结构的分化，行会的内在矛盾已经开始暴露。首先表现为行会的分裂，即广大的帮工组织了自己的"行""帮""党""会馆""西家行"等，以与作坊主的"公所""会馆""东家行"等组织相对抗。因此，当时许多地区的工商业行会的主要任务已经开始转向对付帮工的组织，即镇压他们的罢工斗争了。其次，由于商品经济的日益发达所引起的手工业者之间的分化与竞争的不断加剧，行会组织内限制与反限制斗争的日益激烈，最终导致了行会旧规的"废弛"和行会约束作用的逐渐减弱。例如，嘉庆年间，苏州木作业因"年久废弛"，所以整顿行规。[1] 金线业的嘉凝公所，因"行规行之已久，渐就废弛"，以致发生乱行事件。[2] 因此，随着清代部分工商业行会在其职能和性质上逐渐发生变化，我国的封建行会制度开始走上了分解的道路。

　　鸦片战争，尤其是甲午战争后，随着新的生产力及生产关系的出现和生长，旧的传统行会形式的组织已经无法应付在新的形势下出现的新问题。一个最明显的事实是，行会最基本的职能原是限制行业中的竞争，而国门打开之后，竞争不仅来自外行业，而且来自外埠、外洋。正是在外洋、外埠强有力的竞争下，行、帮等旧式行会组织赖以生存的基础——旧式的工商业——不断被淘汰。清末，随着中国社会中资本主义生产关系的不断生长，要求建立近代工商业组织的呼声日益高涨。同时，清政府在一次次对外战争失败的刺激下，慑于国内风起云涌的革命浪潮，也表示要"振兴商务"，实行"新政"。近代企业应运而生。而新兴的近代企业，自然要求与之相适应的新的组织形式。正是在这样的历史背景下，光绪二十九年（1903 年），清政府特设商部，奏准各省得分别设立商会，并指派朝廷大员驰赴各省劝办。商会的成立，是传统的工商业经济组织形式解体的"里程碑"。它不仅大大加速了旧式行会的进一步解体，而且还促成了新一代工商资产者的成长。尽管商会成立

---

　　〔1〕 "苏州府禁止地匪棍徒向小木作公所作践及私行盗借侵僭情事碑记"，载江苏省博物馆编：《江苏省明清以来碑刻资料选集》，生活·读书·新知三联书店 1959 年版，第 107 页。

　　〔2〕 "金线同业公议行单"，载江苏省博物馆编：《江苏省明清以来碑刻资料选集》，生活·读书·新知三联出版社 1959 年版，第 169 页。

后各业行、帮依然存在，但它们实际上已变成商会的基层组织。[1]

在近代中国民族资本主义产生和发展之后，传统的行会显然已不能适应新形势的需要，不仅遭遇到了前所未有的困境，也迫使许多行会不得不进行变革。在组织形式上，行会在商会的影响下逐渐采用了一些类似于商会的组织模式。其一是把旧式行会改组成行业商会；其二是把旧式行会改组成新式的同业公会；其三是把商会的某些组织形式引入近代行会。在活动内容上，行会也突破了原来的仅仅限于管理同行具体业务的领域，有的甚至像商会那样，向提倡实业、开通商智、调查商情的方向发展。

进入民国后，各种工商行业组织有些衰落，有些照旧维持，名称渐向同业公会转换，一般仍然包括在各地商会的范围之中，也仍然保留着浓厚的新旧杂糅的性质。民国政府《商会法施行细则》《工商同业公会规则》（1918年4月27日）、《施行办法》及《修正工商同业公会规则》（1923年4月14日）的出台，导致了新旧不同类型和性质的工商同业组织长期并存的局面。这一时期，同业公会作为"转化中的行会变种"[2]，仍然保留着相当强烈的传统行会特征，同时也发生了一些明显的变化。[3]

以上所述充分说明了旧式的手工业行会正处于一个不断分化、逐渐瓦解的过程之中。总的来看，近代中国手工业行会的规章从形式到内容都已经和

---

〔1〕 据1908年刊印的《商会题名录》所载，入会的有43个行帮，1106个店铺作坊，工商各业几乎悉数参加。

〔2〕 彭泽益："民国时期北京的手工业和工商同业公会"，载《中国经济史研究》1990年第1期，第79页。

〔3〕 苏州丝织业中本有"云锦公所"的行会组织，随着新式铁机织绸业的兴起，日渐与云锦公所的行会条规发生冲突。"就苏埠一隅而论，固有丝织业，仅土法纱缎，有云锦公所，然其性质与铁机绸厂完全不同。"[苏州市档案馆藏：《谢守祥、陆是福、陈炳、程兆栋致苏州总商会函》，民国九年（1920年）十月十二日。] 木机纱缎与铁机织绸两业为了各自利益而时相龃龉，铁机织绸业意识到，为求本业之发达，"不有团体以联络之不足以奏功"，为维护自身利益，遂于民国九年（1920年）从云锦公所分裂出来，成立了"铁机丝织业同业公会"，其章程表现出了许多不同于以往行会条规的新特点。而在铁机丝织业公会另立门户之后，苏州沿用传统生产经营方式的纱缎工商业者，仍然集合在云锦公所的旗帜之下，并于1921年重新拟定了《苏州纱缎业云锦公所章程》，在许多方面突破了旧式行会的狭隘性、保守性和对技术进步、生产扩大的限制。其对"一切应行兴革事宜"的重视，也说明旧式行会已经无法照旧维持下去，为了不被时代前进的潮流所淘汰，不得不力图有所改革和振作。但是，与上述《铁机丝织业同业公会章程》相比，"云锦公所的章程仍然在形式上和内容上都还不可避免地带有较多旧的胎记和烙印。"（王翔：《中国近代手工业的经济学考察》，中国经济出版社2002年版，第96页。）

正在发生着或隐或显的变化[1],[2]而新的手工业组织形式也已出现并日益普遍。[3]

---

[1]　行会最基本的防止同业竞争的职能已经难以执行，行会成员使用工徒的人数已经突破了以往的限额，对产量、质量和产品价格的管制也已经松弛，每个行会手工业者只要不低于公议的定价，可以尽量生产、尽量出售，实际上已经没有任何限制，甚至即使以低于公议的价格进行竞争，行会纵欲干涉，也多半是心有余而力不足。"一句话，在传统行会的外壳内，已经注入了新的内容，或者说，资本主义市场竞争的原则则已经突破了旧式行会制度的桎梏。"（王翔：《中国近代手工业的经济学考察》，中国经济出版社 2002 年版，第 99 页。）

[2]　然而，这只是事物发展过程的一个方面，在另一方面，历史则表现出了与之矛盾的另一种景象。具体说来，是随处可见的新旧并存现象。（王翔："中国近代经济史研究中的若干理论问题"，载《历史研究》1993 年第 4 期。）传统手工业行会随着中国社会经济的变迁而衰落以至消解，这是毋庸置疑的，问题在于对这种衰落的速度和程度，应该有一个客观的估计。近代，各地的手工业行会并未就此销声匿迹，也没有一下子就完全退出历史，还时时可以看到它的存在，并处处可以感觉到它的影响。（王翔：《中国近代手工业的经济学考察》，中国经济出版社 2002 年版，第 99 页。）在那些被卷入世界市场和省外流通较少，传统手工行业由于种种原因尚一时很少受到国内外机制工业品破坏的省区，手工业行会的地位表现得更为稳固一些。例如，广西、陕西、甘肃、贵州、云南和四川等内地或边远省份的部分地区，"铁路尚未建筑，水陆运输亦不发达，交通极为不便，工业品的输入十分困难，行会手工业的基盘亦因此而比较稳固"。广西的"一切生产部门中，即织布、金属加工、制革、木材加工、酿造、饮食、烟草等行业中，手工业者的手工劳动并未动摇，仍然占据压倒的地位，供给当地居民充足的消费，而无须利用国外、省外输入的商品，甚至也不待使用农家副业生产的产品"。诸如此类的种种记载，也屡屡见之于天津、沈阳、南京等通商口岸城市的外国领事们的报告之中。由此可知，各地的手工业行会依旧在"处理着商品价格、劳动时间、学徒制度、租税以及一般与行会有关的全部问题"。(See J. H. Amold, *Commercial Handbook of China*, 1999, p. 159.) 历史事实表明，近代中国的手工业行会仍然在各地普遍存在，并且依然在当地的社会经济生活中"扮演着极其重要的角色"。

[3]　在近代中国，传统手工业行会已经处在衰落的过程之中，但是尚未全然不起作用。在各地的许多手工行业都可以看到，行会仍然试图对其成员加以种种限制和约束，所用方法虽有不同，最后结果也未必如意，但其本质仍是防止成员之间的分化和竞争，以及制裁那些损害同行来获取不正当利益的害群之马。这一历史时期的手工业行会的基本目标仍然是维护行业的整体利益，保障行会全体成员的基本生计和均等福利。与商业行会的控制权基本上掌握在店主手里不同，手工业行会是一种面对面的组织，一般是由老板和工人双方共同决定行会的章程和规条。在手工业行会中，老板、工人和学徒之间的关系带着密切的私人关系的性质。如在北京，拜师学艺称"师父"，"遭到师父打骂，不得还口还手，这是规矩。学徒期满，亦须常到师父处帮忙。师父对于弟子，一生也要给予照顾"。师父去世，徒弟要置办棺木埋葬，要穿与师父家人同样的丧服，"因为师父是造就自己生活的人，所以徒弟的丧服制式要像家族子弟一样"。（"质疑应记录"，载［日］仁井田升辑：《北京工商ギルド资料集》，东京大学东洋文化研究所，第 650~657 页。）又如在苏州，每当年节，丝织手工业纱缎庄都要"招待机户及机工，一同来家吃年夜饭，供应酒、菜、饭，……酒要吃去数百斤黄酒"；即使被纱缎庄雇佣，"工人还要磕头拜别"。［苏州市工商业联合会编：《苏州丝绸史资料》（未刊本），第 19~24 页。］这种

（三）手工业行会内部秩序的维系

行会对于入会有一定的规定和要求。[1]入会的起因无非是开店铺或设作坊，入会的最基本手续或者最基本的要求是交纳会费，不管其经费项目是"敬神"还是"帮差"。当然，有些行业还不仅于此，还要求新入会者请戏或设酒席款待同行。如戥秤业即规定："一新开店者，入会银二十两，演戏一台，备席请同行，先交入会之银，然后开张。"又如染帮公议："凡新开染店者，必设备酒席演戏，招宴公所人员，以图亲睦。"再如金银玉店公议："凡新开业者，须设酒席招饮公所人员，其应出会馆公费，视其营业之大小，酌定多寡。"在入会问题上，本地与外地工匠有所区别。[2]与同行业的本地工匠

（接上页）宗法家庭关系的脉脉面纱，在一定程度上遮掩了雇主对工人和学徒的剥削压迫，模糊了行会手工业者的阶级意识，软化了他们维护自身利益的抗争精神，缓和了他们与雇主之间的利害分歧和地位对立，从而使传统手工业行会的寿命得以延续。

[1] 对于手工业作坊主的开业，有这样的规定条件。[彭泽益编：《中国近代手工业史资料（1840-1949）》（第1册），中华书局1984年版，第179~181页。]如京刀业："一外来客师，本城未曾帮作者，新起炉造作，出银六两正。一外来客师，本城未曾帮作者，新开店面，出银八两。"补铺业："一议外行新开店铺，公议出钱二串四百文入公交清，如违者议罚。一议外方行来省新开铺面，或与本城铺家，或与一城客师合伙开店，公议出钱二串四百文入公敬神，违者罚戏。一议在城客师新开铺面，出钱二串交入公敬神，如违公议，罚钱一串文。"戥秤业："一与外处同行来此合伙开店者，罚银五两，戏一台，仍然毋许开店。一新开店者，入会银二十两，演戏一台，备席请同行，先交入会之银，然后开张，违者倍罚。"靴帽业："一议新开琢坊铺户，上会银二两入公。倘有更改处牌名者，上会银一两。如有不遵公同议罚。另挂子牌搭卖靴鞋者，均照正牌上银二两，以及各府州县在本省开设，均照一体。"明瓦业："一议我行内以后新开铺店，务必先出牌费钱四串文入公。"角盒花簪业："一议外来开店者，出牌费钱十六千文入公。"木业："一议凡本城新开木店，出入会钱六百四十文，交值年收清。内行不得与外行合伙，倘合伙，查出议罚。"裱糊业："一议内行新开店并作坊，出牌钱二串文，均系入公。一议外帮新开店并作坊，出牌费钱十六串文帮差。一议外行与内行合伙新开店并作坊，出牌费钱十六串文。一议早年已入帮开店歇业者，今复重开，出钱一串文。内行顶老店原牌，亦出钱一串文。一议内行不准与外行隐瞒合伙，查明公同议革。"染坊业："一议新开染坊，务须照章先备钱八百文敬神，准开张生理。"

[2] 关于外来工匠的入帮，即有这样的规定。[彭泽益编：《中国近代手工业史资料（1840-1949）》（第1册），中华书局1984年版，第181~182页。]如京刀业："一外来客师新到帮作者，出钱六串文上行。一父带子上名二串文，若叔带侄兄带弟，仍照带外人一样，如违议罚。"补铺业："一议远方来做客师，出钱二串四百文入公。倘客师不遵，同行不得雇请，如违罚戏一台。"戥秤业："一未经星沙学习来此帮琢者，入会银二两，违者议罚。"制香业："一议外来客师，公议入帮钱一串五百文，交值年人收管公，议定二月上完为度。过境客师，倘有半月内不入帮费钱者，议罚。"靴帽业："一议本省客师以及本帮在外帮学习者，亦应上会银六两，以一月为期。如过期不将银两上会，

入会条件进行比较，行会在外来工匠的准入问题上较苛刻。这可能与行会的垄断、排他性有关，即尽最大可能保护本地同行利益。至于退会之规则，并无定议，大概为同业者有违反公议条规，罚重者使其退会，并请地方官惩治。

手工业行会成立后，设有专人进行管理，其管理层由行首[1]和役员[2]组成。手工业行会的基本管理制度是司月制。与狭小的生产规模及市场范围相适应，手工业行多仅设几名董事负责日常事务及收支，如主持祭祀仪式，举办酬神演戏，组织叙亲活动，管理行会组织公产等。如同治二年（1863）新钉行会馆值事有荣泰、中合、益盛、仪源虞、新兴协等，"协同公办"重修山陕会馆事宜。[3]同治十二年（1873年）江西会馆有首事王章、彭寅宾、刘尧瑞、萧积中、孙体泰、刘友邦等，负责建立江西义庄并向南海县官府恳示严

（接上页）惟值年是问。如有不遵，我等铺户琢坊不得请伊帮贸，亦不得发货与伊外做。倘有不遵，查出罚银二两。"明瓦业："一议外行入帮，均要学习三载，香钱酒席诸照旧章，如未学习手艺者，均不许入帮。"角盒花簪业："一议外来客师做货者，入帮钱十一千六百文，一月归清。"木业："一议外来帮做客师，在城帮做，必须照例当差入会，出上会钱六百四十文，值年收清。铺店老板不得循隐躲避，如违议罚。"制烟业："一议外来客师，遵照宪断，责重首士查明来历，方可帮贸，同行不得卡阻。每客师来此手艺，每人须入公费钱六串六百文，如有别项公费，大彰公议公派，如有抗违，公同议处，不准私自相帮贸。"

〔1〕行首，又称行头、行老，其产生方式大体有两种。（庄华峰等：《中国社会生活史》，合肥工业大学出版社2003年版，第343页。）一种是由业主轮流担任。采取这种方式，要么是因为行会下属坊店数目不多，要么是因为行首任期较短。如北京的药行会，行首的任期只有1个月，这样业主才有可能轮流上任。另一种是公推公举，即一般是由店商、铺户或工匠行人公推行首。这种方式，表面上看颇为民主，但行首之位往往落于权势集团之手。因为许多行业都规定行首候选人应当具有一定的地位和资历。有的行会甚至明确规定由大行业主担任行首。从这一点上看，"行会是阶级倾向性的，它更多地维护大业主以至官府的利益，而不是代表小业主、雇工和学徒的利益"。（庄华峰等：《中国社会生活史》，合肥工业大学出版社2003年版，第343页。）有些行会称行首为"值年"，如清北京的休宁会馆，"议定京官二人值年，会馆一切赖其管理，保全公所，……如遇奉差回籍，另议交代"。（《京师休宁会馆公立规约·值年条规》。）

〔2〕役员有二种：一是名誉职员；一是受俸管理员。而管理员的名称，主席为董事，其下为司事、杂役等职。"董事者，监督会馆一般之事务也。此等董事，非有资产有人望者不能当之。"［刘祖培编译：《中国经济全书·会馆及公所》，转引自彭泽益主编：《中国工商行会史料集》（上册），中华书局1995年版，第98页。］司年董事，由行会人员共同选定，监理行会银钱的收支和负责善举事宜。司月董事，由同业中共同选定，管理行业业务事业。司事，由董事选任，负责行会中的种种日常事务。杂役，为行会中的日常工作人员，人数多少依行会大小而定，一般有接待宾客的支客、负责防火的督龙、负责祭祀食用的管厨、负责祭物看守的值殿以及负责门卫的把门。董事，是名誉职员，但不领薪水。司事，领取薪水，但各行会标准不一。杂役，没有薪水，领取衣食费用。

〔3〕转引自罗一星：《明清佛山经济发展与社会变迁》，广东人民出版社1994年版，第342页。

禁棍徒作践事宜。[1]行会内部机构并不健全，分工也不细密。管理上，一般仅推司年、司月和执事各一名负责轮流主持，由他们管理会务。如"每年轮举首士，瑞诞之期，捐收香钱敬神，违者议罚"[2]，"派定值年，每月上街两天，捐资庆祝先师瑞诞。凡我同行，务须示期拈香上表，以昭诚敬"[3]，"每逢轩辕瑞诞之期。后十日，签派首士铺户四人，琢坊一人，客师三人，先期具束通知齐集，核算每年所收香资，入帮银两，以及用费若干，逐一算清，登载簿据，应将余存银两分厘一概交出，毋得以私抵公，同行众举殷实值年经管，无得推诿"[4]，"值年人定要同心踊跃，每月十六日上街查明，或有新开店、顶老店、与人合伙，或有新带徒弟，以便入册，按月收取香资佃租，或有滥规之店，公议不应徇情，如有私行徇情，公同查明是实，罚值年人钱二串文入公。按月值年人上街，公议点心钱一百文，内有值年一人不到，仍罚钱一百文入公。当日轮派值年四家，管理公差公项，不得彼此推诿，务须同心踊跃。倘有上年帮差牌费及徒弟香资店租各项未清者，即系值年人徇情追取不严，应公向值年人著赔。假若内有无知值年人吞蚀公项，公议上下两班值年人均赔，必须交代清楚，并不得用空公款，敷衍了事，下首始得承接值年"[5]。行会对外则仅推举代表居职。值年一年一换，故称司年，有时又不拘泥任职年限，全在得人。如清末湖南靴鞋业条规规定，"每逢科场，四帮集议各自择举老成公正者，轮流承充，值年首士会同公办，四帮各立红簿一本，举充首士，不得推卸"[6]，"会内首事，一年一换，届期将祠内灯彩、什物、簿据概交新首事接管"[7]，"祠内所存公款，概归首事掌管生息"[8]。刻字店业条规规定："每年同行择派公正字号值年，伺应文昌阁祭祀，逐月分巡刻店，如有不遵规示，滥刻违艺等项，许即扭禀。"[9]又如北京河间会馆创

〔1〕 转引自罗一星：《明清佛山经济发展与社会变迁》，广东人民出版社 1994 年版，第 342 页。

〔2〕 长沙，《补铺条规》乾隆五十二年（1787 年）四月。

〔3〕 长沙，《香店条规》嘉庆年间。

〔4〕 长沙，《靴帽店条规》道光年间。

〔5〕 长沙，《裱店条规》道光三十年（1850 年）十二月。

〔6〕 彭泽益主编：《中国工商行会史料集》（上册），中华书局 1995 年版，第 275 页。

〔7〕 彭泽益主编：《中国工商行会史料集》（上册），中华书局 1995 年版，第 281~282 页。

〔8〕 彭泽益主编：《中国工商行会史料集》（上册），中华书局 1995 年版，第 282 页。

〔9〕 彭泽益主编：《中国工商行会史料集》（上册），中华书局 1995 年版，第 294 页。

建人就曾延请戈芥舟管理会馆长达 5 年。[1]

值年一年一换，具有临时性质，很不稳定，不利于行会的管理，所以有些行会就在值年、司月之外，专设董事、总理，以便管理。如清末上海的豆饼业公所，后就举董事一人，"会同司月六家办事"[2]。保定的直隶上下江会馆，也设总理一人，与值年共同管理会馆事务。"祀内总理一人，副理一人，均要择其妥善者为之。总理经管钱文，副理帮办各务，均三年一换。"[3]有些行会，在值年之下，又设"直月"，3 个月更换一次。[4]这种轮管的值年或值月也因行会不同而名称各异。如清代芜湖的湖南会馆有经管 2人，一为"正办"，一为"副办"。[5]在值年、直月之下，设司事，管理行会下属庄田及账目。此外即为一些杂技人员，如长班、侍事、伙夫等。至民国初年，行会管理人员的设置更趋规范化，被分为五种，分别为总理、协理、文牍员、庶务员、会计员。[6]大多手工业行会对于行业事务管理的规定也限于此。可以说，手工业行会还未形成专项性的办事机构，而只存在办事人。对于办事人主要是从威望、资产以及品性上考虑，还没有组织监督与规定。

行会有常年会、临时会两种，常年会每年举行一次，在行会崇奉之神诞日召开。也有每月会议，如"平江盐店以每月十四及月满日赴商务分会，提议盐价涨落"[7]。临时会无定期，凡特别事件发生，由行会董事先期通知。"益阳各帮厘定价盘，用告白之法通知自某日起，某货定价或加价若干，均遵公议。"[8]凡同业争议不决之事，由会馆先行评议。湘潭纯阳堂公规规定："鼠雀细故，先请值年，理讫。不得迳用传单。若值年处理不清，始开公会评

---

[1]《河间会馆录·值年值客规条》。

[2]《上海县续志·卷三·建置下·会馆公所》。

[3] 彭泽益主编：《中国工商行会史料集》（上册），中华书局 1995 年版，第 280 页。

[4]《京城安徽会馆存册》。

[5]《芜湖湖南会馆事实汇录》。

[6]《京师河南全省会馆管理章程》。

[7]《湖南商事习惯报告书·会馆》，转引自彭泽益主编：《中国工商行会史料集》（上册），中华书局 1995 年版，第 113 页。

[8]《湖南商事习惯报告书·会馆》，转引自彭泽益主编：《中国工商行会史料集》（上册），中华书局 1995 年版，第 113 页。

议。"〔1〕

　　行会的运作需要经费，其经费来源大抵有五种：一是由下属各坊店定期交纳会费。交纳的标准有按营业额交〔2〕和按人头交〔3〕两种方式。二是新入行、新开业、新收徒者向行会交纳的手续费。通过这两种渠道汇集起来的钱往往被用于行会的日常开支。三是募捐，主要用于修建馆舍、创办福利事业等需要大笔开销的事项。募捐是借助社会力量筹集资金，其对象一般是同行业者、高官巨富乃至社会各界。四是行会的罚款。五是租款〔4〕，也即房租等。"行会的经费除了支出必要的款项外，往往用于置业和投资，以利于资金的保值、增值，从而保证各项福利开支有长期而稳定的来源。"〔5〕

---

〔1〕《湖南商事习惯报告书·会馆》，转引自彭泽益主编：《中国工商行会史料集》（上册），中华书局 1995 年版，第 114 页。

〔2〕 如道光二年（1822 年）参药行重修时，原二十七家药铺每家捐十两，加上新来一家捐五两，共得银二百七十五两。（转引自罗一星：《明清佛山经济发展与社会变迁》，广东人民出版社 1994 年版，第 342 页。）又如光绪二十四年（1898 年）重修成衣行轩辕会馆时，"其款项抽由通行轻重捐分，宾主东家则论招牌而科二员；西友则按工银以抽一取；更有长每伴中员添助，乃东主之捐囊"。当时参与抽捐的店号与工人共有五百余人。（转引自罗一星：《明清佛山经济发展与社会变迁》，广东人民出版社 1994 年版，第 342 页。）

〔3〕 如山陕会馆从嘉庆十七年起对山陕各号 191 家开始按经营额大小比例抽厘金银。道光元年（1821 年），使有钱重修会馆。道光十四年（1834 年）十月至道光三十年（1850 年）四月止，又抽取各号 205 家厘金银达四千五百六十七两二钱四分八厘。如道光二年（1822 年）参药行重修时，原 20 家药铺每家捐十两，加上新来一家捐五两，共得银二百七十五两。（转引自罗一星：《明清佛山经济发展与社会变迁》，广东人民出版社 1994 年版，第 342 页。）又如光绪二十四年（1898 年）重修成衣行轩辕会馆时，"其款项抽由通行轻重捐分，宾主东家则论招牌而科二员；西友则按工银以抽一取；更有长每伴中员添助，乃东主之捐囊"。当时参与抽捐的店号与工人共有五百余人。（转引自罗一星：《明清佛山经济发展与社会变迁》，广东人民出版社 1994 年版，第 342 页。）

〔4〕 如佛山炒铁行会馆有铺屋，"门左右有两小肆，收赁值以供祀典"。（转引自罗一星：《明清佛山经济发展与社会变迁》，广东人民出版社 1994 年版，第 342 页。）又如山陕会馆，据道光三十年（1850 年）所载，其公产颇巨。具体公产收总如下："接老首事前存银五百八十五两三钱六分二厘；入厘金银四千五百六十七两二钱四分八厘；入香资银一千二百三十两零二钱六分；房租银八千二百八十三两五钱八分；入利息银三千一百三十两零三钱五分；入批头银一百七十七两六钱正；入各号布施银三十一两九钱六分；入馀平银四十三两五钱六分八厘。以上八宗共入银一万八千零四十九两九钱零八厘。"（转引自罗一星：《明清佛山经济发展与社会变迁》，广东人民出版社 1994 年版，第 342 页。）上述八宗中，仅房租银和利息银两项就达一万一千四百一十三两九钱三分。可见山陕会馆的公产主要依靠出租铺屋和放高利贷。

〔5〕 庄华峰等：《中国社会生活史》，合肥工业大学出版社 2003 年版，第 344 页。

需要强调的是，没有组建行会的"手艺人如木匠，瓦匠，鞋匠，铁匠等，其团结亦非常坚固，规约非常严格。彼等之组织因有基金及经常费，故极为稳固。且时常召集会议，参酌一般社会之状态，而规定公定之工资。会员必须遵守之，不许多取亦不许少取。不遵者，由会之头目召集会议，决定惩罚办法"。[1]

二、同业公会

（一）手工业同业公会的组织结构和形式

同业公会是近代社会的产物，根据相同的行业而组成，是一种民间性、自发性的组织，隶属商会，是其基层组织。

同业公会的机构常有会员大会、执行委员会、监察委员会。全体会员组成会员大会[2]是手工业同业公会的最高权力机构，主要处理有关同业切身利益的重大事件或者紧急事件。执行委员会[3]是手工业同业公会的执行机构，其委员由会员大会选举产生，委员人数依据手工业同业公会的规模而有所不同，最多不超过15人。执行委员会由于担负着同业公会的会务与事务管理等繁重的职责，单独依赖数量有限的执委显然难以尽职尽责，因此在执行委员会下往往设立了常设性的办事机构，包括组织、总务以及其他专项性委员会等。这些机构往往单独聘请工作人员，并由公会发给薪酬，这样才能够保证

---

〔1〕　彭泽益编：《中国近代手工业史资料（1840-1949）》（第3卷），中华书局1984年版，第252~253页。

〔2〕　会员大会常被分为定期会员大会和临时会员大会。定期会员大会一般在年底举行，总结全年工作和布置新一年的任务。临时会员大会则由执行委员咐召集之。会员大会要有全体2/3之同业参加方为有效。1938年的《商业同业公会法》规定，有关变更章程、会之处分、委员之解职、清算人之选任及清算事务等问题，必须会员大会出席代表2/3以上同意才能够实施。（参见"商业同业公会法"，载《经济部公报》1938年第1期。）执委以及监委会均要向会员大会负责，在定期会员大会上报告工作。

〔3〕　执行委员会由执行委员组成。执行委员有一定的任期，1938年颁布的《商业同业公会法》《工业同业公会法》《输出业同业公会法》规定执委的任期为4年，每2年改选半数，不得连任。在执行委员会中，再由执行委员互选组成常务委员会，并就常务委员中选任一人为主席。常务委员会是常设性的执行机构，行使着同业公会的日常管理与事务处理等事务，主席担负着协调与组织的重任，并代表公会开展对外活动。执行委员均为名誉职，不支领薪金，但因办理会务得核实支给公费。执行委员会还设有候补执委。

公会的正常运作。监察委员会[1]是手工业同业公会的监督机构，其委员也由会员大会选举产生，委员人数最多不超过 7 人。

　　会员大会、执行委员会以及监察委员会是手工业同业公会治理结构的组织基础。从隶属关系来讲，会员大会是同业公会的最高权力机构，对于重大事务有着最终决策权。执行委员会作为执行机构，在同业公会的运作中起着中心作用。监察委员会在地位上与执行委员会处于平行位置，专司稽查之责。一般说来，一个较为完善的手工业同业公会的治理结构大体上包括以上几个大的部分，并下辖有一些事务机构。图 1-1 是 1939 年 4 月云南省昆明市同业公会组织系统的示意图。[2]

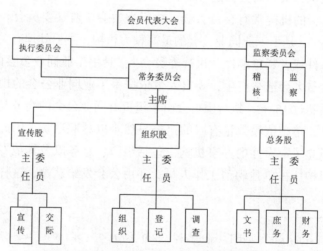

图 1-1　云南省昆明市同业公会组织系统图

[1]　监察委员会在任期及选举方面的规定与执行委员会大体相同。监察委员会主要负有监督、查核之责，这包括对执行委员个人在办理公会事务过程中的立场与行为的监督、对执行委员会的决策及实施行为进行监督、对公会的财务进行核查。监察委员会的设立是近代手工业社会治理结构的重要进步。监察委员会亦设有候补监委。

[2]　图 1-1 只是简明表示了会员大会、执行委员会、监察委员会的关系以及基本的办事性机构，但如组织、登记、文书、财务等人员或机构设置还只是限于公会本身的会务管理，还没有将同业公会为维护行业秩序、促进行业公益而设置的一系专项委员会纳入其内。在这个组织结构图中，会员大会处于最高权力机关的地位，执行委员会与监察委员会分列其下。执行委员会以常务委员会为中心，在常务主席领导下总揽宣传、组织以及总务事务，各股再分设主任委员和办事员。机构之人选均依选举产生。

（二）手工业同业公会的组织嬗变

在 20 世纪初，中国传统手工业生产力出现了向现代大工业过渡的中间技术。生产力的变革，必然相应地促使生产形态的更新。同时，包买主资本的不断渗透导致中国传统行会手工业难以为继，行会制度必然随着经济转型的深化与拓宽而崩溃。[1]

随着新兴行业的形成，成员间的业务矛盾、纠纷必然随之而生，矫正营业弊害、维护同业公共利益的新式同业组织也必然应运而生。这些新兴行业的发展既要求华人在对外贸易中联合起来，维护民族工业的利益，也需要加强生产中的原料收购、加工、销售等方面的市场规范建设，旧式同业组织无法适应这一新的形势，它们要么被改组，实现功能的转化，要么在僵化、保守中寿终正寝。"资本主义之侵入而致生产程序之变迁，为旧式行会崩坏之最大原因"，"盖历来之手工业，均为师傅伙计与徒弟三阶级所经营，至此遂有特别之投资者，组织新式之工厂或进而为股份公司之组织，一变从来之形式。向之以师傅这一业之首领者，今则变成工厂之经理矣。向之以伙计或徒弟为工作人者，今则变成自由缔结契约之劳动者矣"。[2]

从历史的发展情况来看，清末民初资本主义经济的发展与行业变迁的加剧，加上民国政府的政策导向，构成了行会向同业公会转化的主要动因。商会对于同业公会的成立及促使同业公会加入商会一直不遗余力，但商会多以劝导方式而并无强制权力。最常见、最为重要的成立形式是由旧的行会组织改组、分化或合并而来。这种形式主要发生在传统行业的同一行业内或相关行业之间。由于以前已存在行、帮，新成立的同业公会就在此基础上进行。苏州绸缎业同业公会是在民国以后由七襄公所、钱江会馆、吴业会馆、武林杭线会馆合并设立的。[3]公所、会馆合并设立同业公会改变了传统丝绸业中因狭隘的地缘、业缘而造成的分割局面，有利于全行业的整合和技术进步。1930 年 8 月成立的上海绸缎业同业公会则是由前杭绸业钱江会馆、杭绸业公会、杭绍绸业联合会、浙湖绉业公所、苏缎业云锦公所、盛泾绸业公所、山东河南丝绸业公所、绪纶公

---

〔1〕　关于手工业经营形式变迁的实证研究，参见彭南生：《中间经济：传统与现代之间的中国近代手工业（1840-1936 年）》，高等教育出版社 2002 年版，第 4、5 章。

〔2〕　彭泽益编：《中国近代手工业史资料（1840-1949）》（第 3 卷），中华书局 1984 年版，第 253 页。

〔3〕　苏州文史资料委员会编：《苏州工商经济史料》（第 1 辑），第 226~235 页。

所等团体组织而成，原有各会馆公所在公会成立后分别改组为各办事处。[1]

同业公会产生的另一途径，是由新兴行业直接遵照有关工商同业公会法令建立。行业组织是基于社会分工和技术专业化而存在与发展的，19世纪60年代后，随着民族资本主义的发展，产生了许多新的行业。行业增多必然导致行业组织的增加。有的则并非全新行业，而是在由传统手工业向机器工业过渡过程中，因生产力的革新而逐渐与手工业脱离，因而重组同业公会。如苏州，20世纪初，随着丝绸业由手工业向机器工业过渡，苏州部分织户开始采用先进的铁机生产技术，并筹设"铁机丝织业公会"，以期同业之发达。又如上海，上海机器缫丝业先与茧业合作于1910年成立了上海丝茧总公所，后以"沪政革新，潮流巨变，各业团体风起，盖因切肤之痛，所以谋自卫者伙矣。盖我丝厂同业，素不乏领袖机关，尽其提倡指导之本。就表面观察，似再无投机结合之必要，然彼把持者大，所包者广，一切设施要不能因沪地一隅之故，致引□□颇之感也……藉以维护同业之新生，则非有一种新组织。固无以表演我同业之真精神，因是丝厂协会之设"。1930年又将上海丝厂协会改组为上海丝厂同业公会。[2]

总体上看，在传统行会基础上分转合并而来的同业公会占绝大多数，而完全新立的同业公会由于新兴行业的有限，所占份额并不大。据一项1930年的统计，上海市"总计改组合并及新组织之同业公会数目共得一百七十个，分析之，计改组者一百四十个，合并者由五十八个合并成二十三个，新组织者七个"。[3]

同业公会在1918年《工商同业公会规则》颁布后，增长较快，但在总量上并不多。直到1929年南京国民政府颁布了《工商同业公会法》并加以强制执行后，同业公会才进入迅猛发展期，到1937年前后达到高峰。国民政府成立后，在整理商人[4]团体的基础上，重新修订公布了《商会法》，与此相

---

〔1〕 上海档案馆：《绸缎业组织应合并办理》（1930年2月）S230-1-19（S230为上海市绸缎业同业公会档案全宗号）。

〔2〕 上海档案馆：《丝厂协会缘起并简单》（1927年5月）S37-1-13。

〔3〕 "上海市商会第一次会员代表大会概况"，载《商业月报》1930年第7期。

〔4〕 依民国初年颁行的《商人通则》，商人，是指商业之主体之人。而以下所列的各种营业，谓之商业，即买卖业、赁贷业、制造业或加工业、供给电气煤气或自来水业、出版业、印刷业、银行业兑换金钱业或贷金业、担承信托业、作业或劳务之承揽业、设场屋以集客之业、堆栈业、保险业、运送业、承揽运送业、牙行业、居间业、代理业共17项。此外，凡有商业之规模布置者，自经呈报该管官厅注册后，一律作为商人。但沿门或在道路买卖物品之商人，或手工范围内之制造人或加工人及其小商人，不适用于《商人通则》有关各条款的规定。

应，于1929年8月和1930年1月先后公布了《工商同业公会法》及《工商同业公会法施行细则》，规定对原有工商各业团体，不论其公所、行会、会馆或其他名称，凡其宗旨合于《工商同业公会法》规定者，"均视为依本法而设立之同业公会"，明令在一年之内必须完成改组。[1]在法律上强调以同业公会作为行业组织的统一名称。

抗战时期，由于日本的侵占、经济衰退和工商业内迁等因素的影响，同业公会呈现出了一定的波动。在抗战胜利后的恢复期，同业公会在数量上有了大幅增长。大体而言，同业公会的发展受到了政府法令的较大影响，也与整个经济形势及时局密切相关。一般而言，同业公会的数量与经济发展趋势一致，各地某一行业规模扩展到一定程度就可能需组建同业公会，但也不可绝对。如在1948年前后同业公会数量较前增长数倍，但实际所见，其会员数量及营业状况却不佳，同业公会真正有效开展工作者并不是很多。

民国时期同业公会的成立在很大程度上是因为受到外国经济势力压迫的刺激，强调要团结华人、共同御外。因此，几乎绝大多数同业公会均属华人自行组织，在早期干脆称华人纱厂联合会、华人棉业公会等，以华人为号，以示合力对外。根据民国七年（1918年）四月二十七日农商部颁发的《工商同业公会规则》，近代同业公会正式依法成立，但依该《规则》第2条第2款"凡属手工劳动及场屋以集客之营业，不得依照本规则设立工商同业公会"，当时的同业公会并未包括手工业行业组织。近代中国手工业同业公会的正式诞生，是民国十六年（1927年）十一月二十一日农工部公布《工艺同业公会规则》后的事。也就是说，此前的手工业行业组织仍以行会形式存在。"向来之手工业因历史久远，亦不易一时完全消灭净尽。故当此时期，师傅徒弟制与经理劳动者制二者并立。"[2]

（三）手工业同业公会内部秩序的维系

代表公司、行号参加手工业同业公会的基本上仅限于业主或者经理人。虽然《工商同业公会法》规定店员也可推选代表，事实上却极少有店员参加手工业同业公会，而是另组工会。每一公司行号之会员代表得派1人，但担

---

〔1〕 参见工商部编：《工商法规汇编》（1930年），第248~250页。

〔2〕 彭泽益编：《中国近代手工业史资料（1840–1949）》（第3卷），中华书局1984年版，第253页。

负会费较多者可按一定比例增加会员代表，至多不超过 7 人。此外，国民政府对于会员的政治资格及行为资格有一定的限制，如背叛国民政府者、剥夺公权者、无行为能力者等均不得入会。会员加入手工业同业公会后，享有一定的权利与义务。权利包括选举权与被选举权、提案权与参与公会事务决策的权利，还可共享公会举办的一系列同业公益成果的权利。义务方面包括按时交纳会费、遵守公会规章制度、执行公会决议等方面。吴县丝经业同业公会在这方面的规定最为详尽，规定会员享有"发言权、表决权、选举权、被选举权及本会举办各项事业之利用"。对外而言，凡入会的企业、行号均由公会报送商会及地方官署注册，因此受到了公会的一体保护。要享有这些权利的代价是必须"遵守章程，服从决议，按时交纳会费，不得危害同业之营业"〔1〕。

一般来说，同一区域内 25 岁以上的同业手工业者均可自愿加入同业公会〔2〕，

〔1〕 苏州市档案馆编：《苏州丝绸档案汇编》（上），江苏古籍出版社 1995 年版，第 191～192 页。

〔2〕 手工业者入会的自愿性导致一部分手工业者游离于同业公会组织之外，不受同业公会的约束，这在很大程度上削弱了同业公会的行业自律行为。在同业人员入会与否这个问题上，进入民国后"情况似乎已经与前不同，行会的强制力量好像已经很微弱了"，"在其他地区的一些手工行业中，亦时时可见其从业人员并非全是行会成员的记载。时至此时，中国手工业的行会条规中已经不大见到强迫入会的条文了"。（王翔：《中国近代手工业的经济学考察》，中国经济出版社 2002 年版，第 105 页。）民国年间的调查表明，所谓"自愿入会，不加规定"不过徒有虚名，实际上仍然带有某种强制性。如木匠行的回答是：除非加入行会，否则不得参加工作，如若违反，则会被处罚。泥瓦匠也说：不入会而做工，如被举发，会受到处罚。皮箱匠说：不入会就不能赚钱生活。钟表匠虽称入会是自愿的，但也承认未入会者不得享受会员的权利，而这些权利对于能否得到和维持生意是至关重要的。（See J. S. Burgess, *The Guilds of Peking*, pp. 125～126.）所以，尽管当时的手工业行规中确实已经很少有强迫入会的规定，但是之所以省略了这一条文，"大半是由于加入行会已经为同行业者所完全接受，行会无需再加声明"。（王翔：《中国近代手工业的经济学考察》，中国经济出版社 2002 年版，第 106 页。）"对当时的一个手工业者来说，拒绝加入行会是不可想象的。"（See S. D. Gamble, *Peking, a Social Survey*, NewYork, 1921, p. 169.）尽管在 1937 年，南京国民政府规定，凡属工商业团体必须加入同业公会，这为同业公会的自律提供了组织保障。但从 20 世纪 40 年代日本学者对北京手工业行会的调查来看，同业加入公会与否这种情况并未发生多大变化。染坊业、制鞋业、建筑业的从业人员都表示："可以入会也不可以不入会，但只有入会者才有祭祀鲁班祖师的权利。""不入会者也可以工作，但是入会的一方较为有利。""行会这方面强迫加入的事情是没有的，但若不加入，（自己的）利益会受到损害。"（"质疑应记录"，载［日］仁井田升辑：《北京工商ギルド资料集》，东京大学东洋文化研究所，第 650～657 页；王翔：《中国近代手工业的经济学考察》，中国经济出版社 2002 年版，第 106 页。）加入公会，自然必须遵守章程并且要对公会有所献纳，这在某种意义上也是一种代价，但在当时的手工业者看来，加入公会所能得到的利益要远大于章程的束缚和会费的缴纳。（王翔：《中国近代手工业的经济学考察》，中国经济出版社 2002 年版，第 10 页。）

但须履行一定的入会手续。各公会会员入会手续，大多是向公会报告，缴纳入会费，领取会员证，即为会员。[1]"会员入会时，须由会员两个以上之介绍，填具志愿书，缴纳入会费，由本会给予入会凭证。"入会费有的称为"招牌费"，有的称为"底金"。会员也可自愿出会，但"应具出会请求书，声明正当理由，经执行委员会议决许可"，但"会员出会时，已缴各费概不退还"[2]，以维护出会、入会制度的严肃性。同业公会对会员的严格要求主要是通过章程、业规等实现的，章程对会员具有一定的约束力，违犯者通过会员大会予以惩处。[3]

同业公会的常规管理实行过司月制、会董制、执监委制。行会所沿用的司月制在《工商同业公会规则》颁布前以及颁布后的一段时期内也为一些过渡性的同业公会沿袭采用。这主要是因为该规则没有强制要求原有会馆、公所在名称及组织方面进行整理。因此，《工商同业公会规则》颁行后，有些行业仍采用司月制。[4]不过，在新成立的同业公会中采用司月制的极少，而是以会董制为主。甲午战争后到民国初年，以各大通商口岸为中心的一些地区的会馆、公所发生蜕变，新的同业公会产生。同业公会在入会资格方面较为

---

〔1〕　具有入会资格的，是经营各该业的老板。入会资格分为三种或两种。三种为"内行""内外行""外行"，两种为"内行""外行"。"内行"即由各该业学徒出身而开铺的营业。"内外行"，即各该业出身的学徒，开铺营业，缺乏资本，邀约外行合伙者。"外行"即非各该业学徒出身，而开铺营业，纯粹雇用客师工作者。入会资格不同，入会费亦有别，"内行"最少，"内外行"较多，"外行"最多。会员入会后，如有刁师拐徒、营业各种纠纷，可请公会处理，而公会所经经费，亦须会员负担。不入会者，不得经营该业。（李为宪："昆明市12个同业公会调查"，载李文海主编：《民国时期社会调查丛编》，福建教育出版社2004年版，第288页。）

〔2〕　苏州市档案馆编：《苏州丝绸档案汇编》（上），江苏古籍出版社1995年版，第145~149页。

〔3〕　如会员必须"遵守章程、遵守业规、服从议决案、缴纳会费、不侵害他人营业、不兼营不正当营业、不得损害公款"，有违犯上列"各款之一或其他重大情节者，经执行委员会议决，轻则予以警告，重则宣布除名或令其退职"。（上海档案馆：《上海市绸缎业同业公会章程》S230-1-13。）另外，"会员有不遵守本会章程及议决案，或有破坏本会之行为，或欠缴会费者，得由会员大会予以警告或除名等处分"。[苏州市档案馆编：《苏州丝绸档案汇编》（上），江苏古籍出版社1995年版，第157页。]

〔4〕　在云锦公所报送苏州总商会与地方官署备案的章程中关于组织方面的规定仍然称为司月或司年，"推职员代表三人，以姓名行之。会计四庄，司年二庄，司月二十四庄，均以庄号行之"，代表办理内外事务。[苏州市档案馆编：《苏州丝绸档案汇编》（上），江苏古籍出版社1995年版，第19页。]苏州丝业公所则规定"选举代表二人……雇用司事三人，司年二家……逐月推轮"，仍承行会旧制。[苏州市档案馆编：《苏州丝绸档案汇编》（上），江苏古籍出版社1995年版，第36页。]

宽松，会员数量激增。从 1918 年《工商同业公会规则》及施行办法颁布到 20 世纪 20 年代初的工商同业公会多采取"会董制"，即由总董总揽其事，副董与董事分阶段担其责，董事数量则视会员多少与事务多少而定。《工商同业公会规则施行办法》第 2 条规定："工商同业公会得设立事务所，置总董一人，副董一人，董事十人至十五人，均为名誉职。"[1]"会董制"较"司月制"人工明确。[2]大体上，会董制在司月制的基础上有了较大进步，基本上形成了较为完善的组织架构。不过，在具体的专项办事机构以及监督机构方面仍存在严重欠缺，没有形成内部的权力制衡机制。南京国民政府成立后，着手对商会、工商同业公会进行整顿和改组，注重加强同业公会的组织建构与职责规范。1929 年 8 月颁布的《工商同业公会法》第 9 条规定："同业公会置委员七人至十五人，由委员互选常务委员三人或五人，就常务委员中选任一人为主席。"按此规定，各地工商同业公会大体都改"会董制"为"执监委制"。[3]执监委制较之会董制有着跨越式的进步。这一方面体现在分工方面；另一方面就是形成了制衡式的权力结构。无论是司月制、会董制还是执监委制，主要还是就宏观的权力结构而讲的，具体的制度本身还包含着一系列的运作规范。这包括同业公会各成员及机构的产生办法、职责范围以及相互关系等。就同业公会的发展时段而言，从北洋政府时期到南京国民政府时期，同业公会的治理结构逐步趋于完善，组织趋于健全。

手工业同业公会作为新式的手工行业管理组织，在组织运作方面与手工

---

〔1〕 彭泽益主编：《中国工商行会史料集》（下册），中华书局 1995 年版，第 986 页。

〔2〕 以 20 世纪 20 年代初建立的苏州铁机丝织业公会为例，在纵向层级上，铁机丝织业公会内人分数等：会员、董事、副董、总董。总董、副董是公会的最高领导和次级领导，通常各设 1 人；董事并无定数，视会员多少而定。会员是公会的基本构成元素。公会规定："凡在吴县全境范围内华商所设之各铁机厂，得以广东或经理代表之。"会员大会是最高权能机构，由全体会员组成。董事由会员公选，总董、副董由董事互选之，"总董、副董、董事均以二年为任期"。[苏州市档案馆编：《苏州丝绸档案汇编》（上），江苏古籍出版社 1995 年版，第 120 页。]

〔3〕 苏州铁机丝织业公会在修行章程中规定："额定执行委员九人，其中互选常务委员三人，会计委员一人，候补执行委员三人。"其职责为处理通常事务并对外代表公会，执行会议议决事项等，另专设监察委员与候补监察委员，均由会员选举之。监察委员之职责是"稽查本会全年经济之出入，审查本会各种进行之事业，检举执行事务之错误"。执、监委分别组成执、监委员会。除这些主要机构外，公会另聘任常年法律顾问、文牍书记、常驻庶务员等办理交涉及文书、日常事务。[苏州市档案馆编：《苏州丝绸档案汇编》（上），江苏古籍出版社 1995 年版，第 139~141 页。]

业行会相比有一个明显进步，那就是实行了选举制。[1]不过，各手工业同业公会并非实行普遍的民主选举制度，而是依据资本额及其承担会费的多少来确定代表人数及表决权数。企业、行号的资本额越大，承担的会费越多，派遣到公会的代表人数越多，其表决权数也越多，至多者一会员企业可以拥有7个表决权数，这意味着在选举以及公会决策中也拥有更多的发言权。事实上，表决权数在同业公会的发展过程中一直存在着一定的争议。许多同业公会依据承担会费多少来划分会员等级即由于此。1938年后，南京国民政府在有关司法解释中对表决权数与资本额的比例作了规定。就总体而言，这种选举权数的规定主要利于行业的中上层企业，而小型企业在同业公会的声音则很微弱。在以资本额计算表决权数的基础上，同业公会实行着一种实力与民主相结合的选举方法。同业公会的理监委由会员大会选举产生，再由理、监事互选常务理、监事，再由常务理事中选出理事长，得票多者当选。

同业公会的会员大会、理事会、监事会以及各专项委员会依据章程和业规形成了较为有效的会议和议事制度。同业公会的会议主要分为三种：年会、常会和特会。年会每年一次，多在年底或年初举行，由全体会员参加，主要是检查上届公会的工作绩效，选举下届公会成员，报告政府有关本行业的政策。常会主要是执、监委员会议或执、监委联合会议，一般定期举行。由于公会的日常工作主要由常委会处理，各项决议也往往在此作出，所以常委会在公会的运行中占有极为重要的地位。苏州云锦纱缎业公会规定："每年开年会一次，每月开会员大会一次，执行委员会二次，监察委员会一次。"[2]特会也可被称为临时会议，遇有关系行业大局的紧要事件或超过1/5的会员要求召开会员大会时，可临时召开。

各级会议都遵循一定的议事程序，一般分为提议、讨论、决议执行三大环节。常会必须有超过半数的执、监委到会方可召开，主持会议的主席临时推选。首先由相关委员提出议题。议题包括报告上次会议决议执行情况和现时需要解决的问题，如有上次会议未决或执行过程中情形有变者与新问题一

---

[1] 选举制作为现代民主制的内容之一，与手工行会的推举制或轮流制有着根本的不同，它的实行可使会员得以充分利用公会的组织机构反映自己的意见，并在较大程度上避免少数实力雄厚的企业垄断公会的权力。

[2] 苏州市档案馆编：《苏州丝绸档案汇编》（上），江苏古籍出版社1995年版，第29页。

起交付众委员讨论。讨论时各抒己见，可以互相讨论，然后以记名投票方式按多数议决。决议产生后，由执、监委监督执行。会议过程均有文书记录，以备核查。同业公会的例会议事制度是推进公会业务的制度保证，就民国时期同业公会的运行情况来看，这套例会议事制度是颇有成效的。同业公会会议召开问题，昆明地区似乎有些不同。据李为宪先生调查，当时该地区的各公会大多没有定期会议，有事才开，无事不开，事小开委员会，事大开会员大会。开会地点，大会多在商会，委员会在茶馆或主席家。召集多用通知，或为个别通知；或为一同通知，由工友传递。[1]

　　手工业同业公会是公益性的非营利组织，《工商同业公会规则》《工商同业公会法》以及此后的修正法规均规定同业公会不得为营利事业。各公会大多没有固定财产。[2]一般来说，手工业同业公会的经费[3]主要来自入会费、事务费及捐款。入会费由初入会者缴纳，事务费则由会员按月缴纳，以维持日常开支，皆有定额，遇有紧急事务经费不敷时临时召集会员大会筹措，另有捐助款项时亦列入公会预算。入会费以及事务费大多是依据会员资本额大小按一定比例确定，缴纳会费多者在派遣代表名额方面享有优先权。各公会

---

〔1〕　李为宪："昆明市 12 个同业公会调查"，载李文海主编：《民国时期社会调查丛编》，福建教育出版社 2004 年版，第 288 页。

〔2〕　李为宪："昆明市 12 个同业公会调查"，载李文海主编：《民国时期社会调查丛编》，福建教育出版社 2004 年版，第 288 页。

〔3〕　以苏州铁机丝织业公会为例，其经费来源主要有二：一是会员之入会费，入会者按经营资本大小分为甲、乙、丙、丁四等，分别缴纳不等数额的费用；一是月费，"凡属同业所货品酌提公会费，惟不得逾货值千分之二"。[苏州市档案馆编：《苏州丝绸档案汇编》（上），江苏古籍出版社 1995 年版，第 140 页。]吴县电机丝织业同业公会为保持收支的稳定，特别规定"于必时得设置基金或筹措临时经费"，以备不时之需。[苏州市档案馆编：《苏州丝绸档案汇编》（上），江苏古籍出版社 1995 年版，第 306 页。]同业公会经费的来源一般与政府当局无关。各同业公会筹集经费的方式可谓"八仙过海，各显神通"。其中多数来源于会员交纳的会费，这种会费有一次性的入会费，也有分期分批交纳的。会费数目根据各行业具体情况而定。同业公会的经费还来源于向各会员征收的捐税，数额则按年或月根据会员的经营收入或主要设备拥有量来核定。如济南商埠钱业公会规定："本会常年经费由董事编制预算案交会员会议通过后，由会员分担之。"济南商埠棉业公会则规定："本会常年经费由会员担任之，其负担方法由各花行卖花一包抽取铜元一枚。"公会则专设调查员随时督察，对以多报少者实行处罚，以此确保同业团体常年经费的落实。当时，同业团体向会员征收的捐税名目还包括创办捐、建筑捐、注册捐和特别捐等。如 1946 年 12 月济南市钱业同业公会筹备选举，由各银号交纳了选举费 2 万元。有的同业公会接受会员的自动捐款，也有的由挂靠企业承担日常开支费用，还有来自公会所办的经济实体的盈利收入等。

都制定了严明的会计制度和经费审查制度，对于经费之支出也做了详细的规定。同业公会经费的所有支出，主要是商会经费、书记工友薪资、笔墨纸张茶资等一切费用和举办神会时的念经费。[1]

三、工会

近代工会是雇工的团体组织，"以产业或职业为区分之标准，其组织纯为阶级之联合，有时且无国境可言"[2]。"工会是近世组织，以工人为主体。"[3]工会的宗旨是改善作为社会弱势群体的劳动者的待遇，提高他们的地位。

（一）手工业者工会的组织结构和形式

近代工会一般以"某某业职业工会"的名称出现，会员来自"凡年龄在16岁以上，同一职业或产业之脑力或体力之男女劳动者，家庭及公共机关之雇佣，学校教师职员，政府机关事务员"。[4]工会为法人，"以产业组织为主。因特殊之情形，经多数会员之同意，亦得设职业组织。已设立同一性质有两个或两个以上者，应组织工会联合会，以谋联合或改组。工会或工会联合会得与别省或外国同性质之团体联合或结合"[5]。以地域为基础，在各行业职业工会之上，通常还设有总工会。"各乡之有织造业者，皆有织造工会之设立，又有织机总工会，合全省机工而为一体，势力颇为雄厚。"[6]杭州工会为三级制，"先于一业中之各厂各店结为一小组工会，再合为一同业总工会，再加入于杭州总工会"。[7]职业工会与总工会之间是上下级的隶属关系，各职业工会也即分工会是总工会的会员单位。"总工会为各分工会之上级机关。各分

[1]　李为宪："昆明市 12 个同业公会调查"，载李文海主编：《民国时期社会调查丛编》，福建教育出版社 2004 年版，第 288~289 页。

[2]　彭泽益编：《中国近代手工业史资料（1840-1949）》（第 3 卷），中华书局 1984 年版，第 254 页。

[3]　"湖南广东工会情形"，载《中外经济周刊》1925 年 5 月 9 日。

[4]　于恩德："北平工会调查"，载李文海主编：《民国时期社会调查丛编》，福建教育出版社 2004 年版，第 42 页。

[5]　于恩德："北平工会调查"，载李文海主编：《民国时期社会调查丛编》，福建教育出版社 2004 年版，第 42 页。

[6]　"广东妇女职业之调查"，载《中外经济周刊》1926 年 7 月 17 日；彭泽益编：《中国近代手工业史资料（1840-1949）》（第 3 卷），中华书局 1984 年版，第 256 页。

[7]　彭泽益编：《中国近代手工业史资料（1840-1949）》（第 3 卷），中华书局 1984 年版，第 258 页。

工会之工作须于每星期呈报一次。总工会有指导、训练分工人之责任。"〔1〕

"凡在各工会工业范围内的工人，都得为该工会会员，并无何种限制。但按工会之章程，凡年在16岁以下之工人，不得为该会会员。"〔2〕凡会员入会，须履行必要的入会手续，填写志愿书，经会员2人介绍方可。对于退会，尚未发现有相应的史料。入会志愿书的形式如图1-2所示：

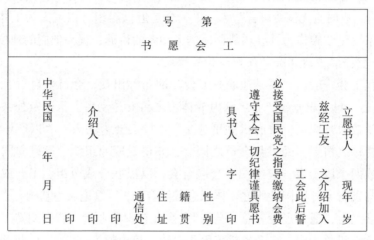

图1-2 工会入会志愿书〔3〕

在近代中国，一般来说，手工业工人都会选择入会。"其不入会者，不得在工会所在地范围以内自由工作。其入会者，皆得享增加工资权利，并得将拟加工资数目及待遇条件如津贴、群众运动参加费等项，缮呈总工会或市政府请示察阅，于批准后据以向资方要求，此入会之利益也。"〔4〕

民国时期，近代中国工会一般都是受国民党指导而成立的，而各工会的章程又都是按着工会组织条例规定的，所以各工会组织机构大致相同。工会

〔1〕 于恩德："北平工会调查"，载李文海主编：《民国时期社会调查丛编》，福建教育出版社2004年版，第44页。

〔2〕 于恩德："北平工会调查"，载李文海主编：《民国时期社会调查丛编》，福建教育出版社2004年版，第33页。

〔3〕 资料来源：李文海主编：《民国时期社会调查丛编》，福建教育出版社2004年版，第33页。

〔4〕 "南京丝织业之近况"，载《经济半月刊》1927年第4期，第14~15页，转引自彭泽益编：《中国近代手工业史资料（1840-1949）》（第3卷），中华书局1984年版，第265页。

的组织机构大体有：①工会的基本组织：各工会都以小组为基础，每小组以 5 人以上 10 人以下组成。每三组为一小支部，每组设组长 1 人，每支部设干事 2 人。②执行委员会。执行委员会由代表大会选举执行委员组成，执行委员一般为 9 人或 11 人。下常设总务股、组织股、训练股、宣传股。③常务委员会。由执行委员会互相推举 5 人或 7 人组成，主要是办理工会的一切日常事务。④全厂代表大会或全厂工人大会为各工会最高机关，每半年举行一次，若有特别事故，得举行临时代表大会，由执行委员会召集。全厂代表大会闭会期间，以执行委员会为最高机关。⑤特种委员会。凡有特别事故，执行认为有必要时，可以设立特种委员会。全体大会每半年开会一次。常务委员会负每日之责。特种委员会随时召集。工会各组织机构的会期均有一定的要求。[1] 工会的经济来源约有三种：入会费、每月会费、特别入款。

（二）手工业者工会的组织嬗变

工会作为中国近现代社会的产物，是适应社会时代的要求而产生和发展起来的。时代的变迁要求工会这种社会组织不断反思自身在整个社会体系中的位置——是什么、干什么、扮演什么角色、对谁承担责任、履行什么样的责任等。

工业革命之前，工会与同业公会统一于旧式行会之中，工人与雇主一起工作，彼此间的境况相差不远，存在着共同的利益，行规不仅谋求行东、业主的利益，对于保障伙计、学徒的职业、工资待遇及其升迁前途也是有利的。薄弱的阶级意识或被彼此间的脉脉温情（如伙计、学徒与雇主间那种剪不断、理还乱的血缘、地缘关系）所掩盖，或为命运观念所主宰，伙计、学徒难以组织起来对抗雇主。但是，随着资本主义生产关系的发展，雇主与工人间的阶级分野逐渐明晰起来，雇主从劳动生产中分离出来，两者的温情被不可逾越的贫富鸿沟所代替，工人失去劳动资料，不得不出卖劳动力，与雇主订立"自由"劳动契约，"于是伙计与徒弟多变而为自由营业者，行会亦变而为工会"。[2]然而，所谓自由不过是在经济上为强者的雇主雇用与解雇工人的自

---

〔1〕　小组会议每月开会一次；每支部会议每月开会一次；小组组长联席会议每两星期开会一次；支部干事联席会议每两星期开会一次；执行委员会会议每星期开会一次。

〔2〕　彭泽益编：《中国近代手工业史资料（1840—1949）》（第 3 卷），中华书局 1984 年版，第 254 页。

由，工人不得不接受苛刻的条件，结果工资低廉、劳动时间延长，随时有被解雇、失去工作的危险，以致发生疾病，遭受伤害，身心俱受摧残，生活极不安定。在早期资本家原始积累时期，寄希望于雇主发仁慈之心，改善工人的劳动待遇，无异于与虎谋皮。只有个体之间联合起来，以团体的力量与雇主对立，必要时采取罢工、怠工等手段，才是改善自己待遇的唯一途径。同时，由于工人觉悟提高，工作更加集中，团结比较容易，工会组织从旧式行会中分离出来。"民国八年时，工会运动即已应运而生，尔后乃日盛一日，由南而北，由都会而内地，工会遍全国矣。"〔1〕〔2〕

　　五四运动前后，随着工人运动的高涨，工人反对资产阶级的斗争更加频繁。〔3〕罢工斗争使工人认识到了组织团体的重要性，加速了雇工行会从旧式行会中分离出来的势头。这些雇工行会的主体是雇佣工人，其宗旨与职能主要是维护工人利益。"手工业的行会在工运初期大部屹立不动"，当工会运动兴起时，"旧有行会的组织受着时代潮流的震撼却渐渐地动摇，时日既久，蜕变颇多"。到了1934年，他们大多转化成了工会，"工会在大都市里颇有取行会而代之之概"。〔4〕如根据1929年3月国民党广东省政府的调查报告，国民党在清党反共中大批解散工会以后，广东全省尚存的"180个劳动组合内，有74个是由旧式行会改造而来的"。由此可见，早期手工业者工会是在利益冲突日益尖锐的情况下从旧式行会中分离出来的，它一开始就是作为雇主的

---

〔1〕 彭泽益编：《中国近代手工业史资料（1840-1949）》（第3卷），中华书局1984年版，第254页。

〔2〕 近代中国的劳资斗争中，出现了一个名为"合美会"的组织。"合美会者，即缝尚工人所立之会也"，是一个与鞋业东家组织——财神会相抗争的工人组织。[见民国三年五月的靴鞋行财神会碑文，参见［日］仁井田升：《北京工商ギルド资料集》（三），第489~490页。]类似的早期雇工团体在其他地方也不鲜见：佛山木材大料行中东家组织称广善堂，西家称敬业堂；佛山漆盒行中东家称同志堂，西家称彩联堂；佛山朱砂平红染纸行中，东家称同志堂，西家称至宝社；等等。也有东家行与西家行名称一致的：佛山丝织业的土布行，东家行与西家行都称兴仁堂，东家行会馆匾额题名"博望侯古庙"，西家行馆题名"博望侯庙"，只有一字之差。[刘明逵、唐玉良主编：《中国工人运动史》（第1卷），广东人民出版社1998年版，第465页。]

〔3〕 如第一次世界大战期间，各地工人以增加工资、缩短工时、改善劳动条件和福利待遇、承认工人团体为诉求的罢工斗争达185次。[刘明逵编：《中国工人阶级历史状况》（第1卷第2册），中共中央党校出版社1985年版，第34页。]

〔4〕 彭泽益编：《中国近代手工业史资料（1840-1949）》（第3卷），中华书局1984年版，第254页。

对立面而存在的。

　　如上所述，手工业者工会的前身是雇工行会。雇工行会的设立在当时受到雇主行会的抵制和官府的严禁。同业公会与工会的宗旨及功能表明，两者的利益是对立的。作为资产阶级同业团体的工商同业公会以维护业主利益为诉求，而业主的利益在资本主义早期在很大程度上是以剥削雇佣工人为前提的。工会的存在价值是提高工人的待遇，减少雇主对工人的剥削，因此，两者的对抗不可避免。早在从旧式行会中分离出来时，雇工行会就遭到了雇主行会的破坏与反对，即使在工会运动蓬勃兴起之时，工会的成立也并非一帆风顺，同业公会总是极力阻挠这个旨在维护工人利益的组织。在上海新药业药房职工组织职工会时，新药业同业公会理事长黄楚九即以"应加入商民协会"为由，不允单独成立。与同业公会相比，工会合法地位的获得较为艰难。在北洋政府的统治下，工会活动始终处于非法状态。尽管如此，北洋政府几次未竟的工会立法活动，至少已经表明他们认识到工会作为一个重要的社会团体的合法地位的历史必然性。京汉铁路工人大罢工后，农商部奉黎元洪之命，拟定《工人协会法草案》15条，允许工人组织工人协会。1925年五卅惨案后，农商部重拟《工会条例草案》25条，对工会的成立做了明确规定。受孙中山影响，南京国民政府对工会仍然相当重视，多次制定、修改了以工会法为中心的法律体系，试图将工会活动完全纳入党治之下。1929年南京国民政府颁布的《工会法》从形式上承认了工会存在的合法性。可见，工会从成立到获得雇主和官府的认可的道路是曲折、艰难、漫长的。

　　民国时期尽管工会组织大量出现，但"现时我国手艺工人的工会，有的只披上新式工会的外衣，内部依然为旧式的行会，有的只改变了一部分，成为一种半新半旧式的组合，有的已经完全成为新的工会组织。比较起来说，在通海的大都市里，完全蜕变的手艺工人工会占着多数，而在内地的都市，行会的劳力依旧潜伏着。这类新兴的手艺工人工会所担负的任务，大致与旧日的行会相仿，不过有好些个工会对于工人的教育和其他的福利，也予注意，而同时把从前的把持垄断的恶习逐渐抛除。这在手艺工人工会运动本身上说，不能不算是一个很大的进步"。"中国旧有的行会组织团结得非常的坚固，因着它的历史的久远和组合的普遍，它事实上便把握着无上的权威。例如生产的操纵，价格的垄断，行规的厘订，以及工价的规定，无一不是养成职业独占的恶习。我国手工业数千年来不能向上发展却不能不归因于行会的把持。

现时旧有的行会已渐次的失其昔日地位，新兴工会起而代之。这现象虽好，可是这种任其自然的改变却非常的迂缓。旧有积习依然在潜伏着，我国如不想手工业发达则已，如想手工业发达，便不能不设法把此方面的障碍摒除。"[1]可见，近代中国的手工业者工会在性质上参差不一，在功能上也相当复杂。

（三）手工业者工会内部秩序的维系

工会组织最重要的目的是促进工人生活的改善。换言之，即求提高工会地位，减少工作时间，增加工资等项。因此，工会的工作业务[2]基本上是围绕这个目标来开展的。

如前所述，近代中国手工业者工会以行业和地域为标准实行小组工会、同业工会、总工会等多级制，上下之间有隶属、指导关系。他们有自己的组织条例、组织机构和集会方式，有维护本行业、地区内工人权益和整体秩序之职能。

在全面了解近代中国手工业社会存在的几种组织形态的同时，有一点是需要指出的，由于近代中国的半殖民地半封建社会的性质，在整个近代后期，以上组织形式均同时并存，只是存在的程度有所不同而矣。"在工业化过程上，传统行业固然要没落下去，这是不可避免的事。但是有些行道是不能工业化的。……所以有些行道，似乎应取一种保护政策，使其在工业化的过程

---

〔1〕 郭子勋："中国手艺工人的行会和工会"，载《民族杂志》第 2 卷第 11 期，第 1723~1724 页，转引自彭泽益编：《中国近代手工业史资料（1840-1949）》（第 3 卷），中华书局 1984 年版，第 267~268 页。

〔2〕 依照民国十三年（1924 年）十一月国民政府颁布的工会条例，工会的业务主要有：①主张并拥护会员间之利益。②会员职业介绍。③与雇主缔结团体契约。④为会员之便利或利益而组织之合作银行储蓄机关及劳动保险。⑤为会员之娱乐而组织之各项娱乐事务、会员恳亲会及俱乐部。⑥为会员之利益或便利而组织之生产消费、购买住宅等各种合作社。⑦为增进会员之知识、技能而组织之职业教育、通俗教育、劳动讲演班、研究所、图书馆及其他定期不定期之出版物。⑧为救济会员而组织之医院或诊治所。⑨调解会员间之纠纷。⑩关于工会或工会会员对雇主之争执或冲突事件，得对于当事者发表并征集意见，或联合会员作一致之行动，与与雇主之代表开联席会议执行仲裁，或请求主管方面共推第三者参加主持仲裁，请求主管行政官厅派员调查及仲裁。⑪对于有关工业或劳工法制之规定修改、废止等事项，得陈述其意见于行政官厅、法院及议会，并答复行政官厅、法院及议会之咨询。⑫调查并编制一切劳工经济状况及同业间之就业、失业暨一般生计状况之统计及报告。⑬其他种种之有关于增进会员之利益、改良工作状况、增进会员生活及知识之事业。

中，仍然占其一个地位。再者行会组织，有许多优良的遗产，……"[1]

第三节　近代中国手工业组织的基本功能[2]

随着由传统农业社会向近现代工业社会迈进，近代中国手工业组织也逐渐发展起来，并在中国社会的历史进程中担当着独特的功能，其在各方面产生的多重作用和影响令人瞩目。

会馆、公所在手工业行会组织产生后就成了一处处理行业共同事务的公共空间。"除了举办祀神和慈善活动之外，也作为捐款成员贮货、歇宿与设置官颁度量衡器具的活动场地，并且还提供成员共同议定商业契约、商议工资争议、协议营业规则甚或贷放团体公共捐款等功能。"[3]总的来说，手工业组织强调团结同行，摒弃伪诈，统一行业追求，提高行业地位。一句话，就是加强团体的竞争力，其与行业利益紧密相关。存留下来的大量手工业碑刻史料、地方档案记载和1927年的《工艺同业公会规则》、1936年7月28日的《工商同业公会章程准则》以及1938年分类颁布的《工业同业公会法》《商业同业公会法》《输出业同业公会法》的有关规定，都记述了这一点。应该说，手工业组织通过自身的组织存在、活动和社会责任体系，形成了一股强大的

---

〔1〕　萧远浚："昆明市28个商业同业公会的研究"，载李文海主编：《民国时期社会调查丛编》，福建教育出版社2004年版，第197页。

〔2〕　手工业组织在地方事务中也扮演着十分重要的角色。清代上海会馆、公所在地方事务中即发挥着重要作用，其具体表现主要是对地方公益事业的捐助、对地方政府所需行政经费的报效以及代办某些政府税捐、代地方政府对同业成员实行有效的管理，以及晚清政府社会剧变之时对地方自治的积极参与等几个方面。（张忠民："清代上海会馆公所及其在地方事务中的作用"，载《史林》1999年第2期。）事实上，手工行业组织在这方面的功能也在不断扩展，"会馆的设立，起初主要目的是保护各省间往来贩运的商人和远离家乡移民的权益，但后来会馆逐渐发展到政治、宗教、社会各方面都有相当影响的机构"。各会馆都有"首事"与地方官进行公务联系，参与当地税捐征收、消防、团练、重大债务清理、赈济款项的筹措和发放、育婴堂的管理等，由此愈来愈多地参与事务。"震巽木业公所（公会）作为民间工商团体，历来担负着消除官商隔阂、沟通官商联系的职责。"（朱榕："上海木业同业公会的近代化——以震巽木商公所为例"，载《档案与史学》2001年第3期。），在许多城、镇、乡，地方事务若没有会馆首事的参与是难以进行的。（朱英："中国行会史研究的几个问题"，载《江西社会科学》2005年第10期。）

〔3〕　邱澎生："由苏州经商冲突事件看清代前期的官商关系"，文献源自论文天下论文网：www.lunwentianxia.com。

社会力量，在近代中国社会的大系统中发挥着重要的社会功能。本节我将集中阐述中国近代手工业社会组织的基本功能。

一、行业纠纷的解决

现有史料表明，手工业社会"同业发生纠纷，首先由行头解决，不服方由'会馆'、'公所'董事裁决。又不服，方讼官"〔1〕。可见，解决同业纠纷是手工业组织的一项经常性事务，从内容上看，这些纠纷可以分为事务纠纷、劳资纠纷、业务纠纷等。

（一）事务纠纷

手工业社会的事务纠纷是指手工行业内或行业间在收徒、财物、房产、日常琐事等非业务性质问题上发生的矛盾冲突。这类纠纷一般不经官府而由手工业组织自行解决。通常的做法是召集各方当事人到祖师牌位前进行调解。有的行业还要求冲突各方先向祖师行礼。在祖师面前评判是非，实际是运用了手工业团体中的伦理准则来化解矛盾。在这一特定场合中营造的氛围往往会使各方意识到同是祖师的弟子，应当彼此团结，而不应自伤和气，这多少有助于缓和愤怒的情绪，呼唤出各方深明大义的理性。况且，祖师在上，神明可鉴，又有助于冲突各方开诚布公地分析问题，从而促成纠纷的解决。当然，祖师信仰并不是万能良药，所以一些手工业行会还制定了规章，凡违反者都要受到惩罚。惩罚的方式不外乎经济制裁、停业整顿、赔礼道歉等。对于理亏者，往往还要求其出钱请酒、请戏以示赔罪。

（二）劳资纠纷

手工业社会的劳资纠纷是指雇主与雇工之间在工资标准、劳动待遇、雇用合同等方面所发生的根本利益冲突。"清代乾隆以后，随着资本主义萌芽的发展以及手工业作坊内部阶级结构的变化，行会的内在矛盾已经开始暴露。"〔2〕这首先表现为行会的分裂。〔3〕行会内部剥削和压迫进一步加剧，掌柜与学徒帮工之间的矛盾进一步尖锐化，帮工、学徒在斗争当中逐渐积累了经验，因而

---

〔1〕 张研：《清代经济简史》，中州古籍出版社1998年版，第453页。

〔2〕 刘永成、赫治清："论我国行会制度的形成和发展"，载南京大学历史系明清史研究室编：《中国资本主义萌芽问题论文集》，江苏人民出版社1983年版，第129页。

〔3〕 即广大的帮工组织了自己的"行""帮""党""会馆""西家行"等，以与作坊主的"公所""会馆""东家行"等组织相对抗。

在斗争方式上，采用了联合起来进行罢工。以北京靴鞋行为例，晚清工人们不仅受到资方的残酷剥削，而且饱受通货膨胀的严重威胁。极低的工资导致工人们不足以维持全家的起码生活水平。所以，从咸丰年间开始，工人便向资方展开了要求增加工资的罢工斗争。据碑文记载，靴鞋行工人的罢工，声势浩大，时起时伏，持续了三年之久。光绪八年（1882 年），靴鞋行工人"又有齐行罢工之举"，并成立了工人自己的斗争组织——"合美会"。鸦片战争后，劳资纠纷日益突出。针对这种情况，一些行业制定了约束工匠的条款。这些规定大体包括两方面内容：其一是预防工人滋事的措施。如长洲县、吴县的踹匠条约就规定了踹匠入坊必须有保人，而且踹匠之间要四人互保，一人犯事，三匠同坐。在踹匠的居住区，保丁更是日夜巡察以备不测。此外，行会还规定踹匠不得夜间外出，不得结义会盟，以免滋生事端。其二是禁止工人组织行会、举行罢工的规定。如吴县的布商行会就勾结官府，认定工匠成立会馆是事实，将为首之人重杖枷号示众，并且由官府出面立碑永禁。

（三）业务纠纷

手工业社会的业务纠纷是指手工行业内在产品规格、产品质量、原料质量、产品价格等方面存在的矛盾冲突。手工业组织的重要职责之一就是"评议入会同业之争执或和解之"[1]，其办法是由争执双方"各执其理，均可持据至公会订期邀集董事会开会公判曲直，以免同室操戈而杜讼累"[2]。例如，天津面粉公司同业公会章程明确规定："同业中因营业而互起龃龉时，由本会评议排除解之。"[3]上海绸缎业同业公会规定应办理的事务之一就是"关于同业或非同业与同业因营业上之争执受合意之请求为谋公允之解决"。[4]上海书业公会以维护同业版权为己任。章程第二章第 3 条规定"遵照著作权法、版权法保护版权，及依照出版法第 7 条办理维持同业公认之版权"；第 19 条规定"入所者版权被人侵及，本所开会公断评理，如单方不服，本报应助其秉公办理"；第 26 条规定"未入本公所及退出本公所之同业，如有破坏著作

〔1〕　上海市档案馆：《上海震巽木业公会章程》S145-1-7。

〔2〕　上海市档案馆：《上海震巽木业公会上海木业营业章程》S145-1-7。

〔3〕　天津市档案馆、天津社会科学院历史研究所、天津市工商业联合会：《天津商会档案汇编（1912-1928）》（第 1 册），天津人民出版社 1992 年版，第 283 页。

〔4〕　苏州市档案馆编：《苏州丝绸档案汇编》（上），江苏古籍出版社 1995 年版，第 141 页。

版权及本所公认版权，除据理办法外，同业皆与断绝交易往来，并登报宣布出所理由"。[1]从实际情况来看，书业组织还是以和平解决版权纠纷为多，为此专门制定了《评理章程》6 条。该章程第 1 条规定"关于同业交涉来公所评理者，公众会同和平调处"；第 3 条规定"两造不得直接说话，静听公正人辩驳，以免冲突"[2]。

当行业组织面临来自外部的侵犯、滋扰时，手工业者往往会收缩一体、抱成一团，表现出团结一致的精神。这里所说的"外部纠纷"包括了官府的无偿科索和苛捐杂税、地痞流氓的寻衅滋扰以及来自其他行业的敌视、侵犯等。倘若外行骚扰作梗，也同样公议办理，所需花费由公费报销。北京玉雕业还郑重宣布，如因会务被他人欺凌，视为全行公敌，集合全体一致抵制。

二、公益活动的举办

救济同行等"善举"是各手工行业成立行业组织的主要目的，也是各行业在呈请备案时自述缘起的一个共同点。手工业社会的行业公益活动，主要包括"同业救济"和"同业教育"两大事项。

（一）同业救济

近代中国，手工业者多异地谋生，风险莫测，需要手工业组织来保障。同时，当成员因受官府科敛"补苴无术"，而不能维持正常经营而失业；有时或因天灾影响市场和原料，致使整个行业的生产陷于停整顿，成员往往因此也"多废业"。遇到这类情况，组织便采取同行互助救济的措施，并求助于当地官绅"支援"，通常用捐赈的形式对同行失业贫困者及其家属给以钱米调剂，使其得以维持生计。例如，同治八年（1869 年）十二月苏州布业碑记："商等均系布业为生，同业自遭兵祸，孤苦无告者居多，甚至半为饿殍，目击心伤，实难坐视，爰于同治丙寅秋季，同业公议，各伙友愿于薪俸内，每千捐钱十文，店主人亦复照数捐助，抵充办善经费。积至年余，为数尚寡，不敷周急之用。戊辰春，再为劝募。各庄各坊交易内，每千捐钱两文，亦各乐从，集存公所。按期分给月米钱文，兼助丧葬等费。业于去冬，举行其事，

自此同业之孤寡，均赖以生养死葬，不致饿殍暴露。"[1]因此，手工业组织大多把兴办善举、周济贫困、养老送终作为"第一要务"，对于年老孤贫、病残无依者，生贴养赡，死助殓葬，规定"捐厘助济绸业中失业贫苦，身无无备，以及异籍不能回乡，捐资助棺，酌给盘费，置地设冢等善事，自当永远恪遵"[2]。同治七年（1868年）银楼业建怀安所强调"将来整顿行规，兴办善举"。[3]梳妆公所的碑文上记述："同业公议善举：如有伙友年迈无依，不能作工，由公所内每月酌给膳金若干。如遇有病，无力医治，由公所延医诊治给药。设或身后无著，给发衣衾棺木，暂葬义冢。"[4]基于生存和情感的需要，在同业公会时期，同业公益活动仍然得以继续，有的同业公会还有所扩大。资助公益慈善事业被纳入同业公会的日常工作，会员有责任承担"关于同业之公益事项互相协助之义务"[5]。天津洋服商同业公会章程规定："本公会会员或工人，有无处为业者，得由本公会设法推荐，如无从设法而衣食不周，愿回故乡无川资者，得由本会会员二人之介绍，酌给川资送回"，"有贫苦而遭不测者，得由本公会赠给寿具葬费"。[6]

同业公会同业救济的内容与手工业行会时期类似，主要包括救济不能谋生的年迈伙友、抚恤孤寡、贫病死葬、协助川资、因公救济等事项。不少同业公会为此制定了专门的条文，设立了专门的职能机构。在经费方面，则主要从来自会费的公共基金中支出。上海木业同业公会的章程与营业规则中有专门的规定："同业之中如有失业流落异地者，可告公会资遣回家；倘有不测

---

〔1〕　第32号碑文"苏州府为布业公议捐资设立尚始公所办理同业善举永禁地匪棍徒不得阻挠滋扰碑记"，载江苏省博物馆编：《江苏省明清以来碑刻资料选集》，生活·读书·新知三联书店1959年版，第55页。

〔2〕　"苏州府为绸缎业设局捐济同业给示立案碑"（道光二十三年），载苏州博物馆、江苏师范学院历史系、南京大学明清史研究室合编：《明清苏州工商业碑刻集》，江苏人民出版社1981年版，第26页。

〔3〕　江苏省博物馆编：《江苏省明清以来碑刻资料选集》，生活·读书·新知三联书店1959年版，第157页。

〔4〕　江苏省博物馆编：《江苏省明清以来碑刻资料选集》，生活·读书·新知三联书店1959年版，第118页。

〔5〕　上海市档案馆藏木业同业公会档案：《上海震巽木业公会章程》S145-1-7。

〔6〕　天津市档案馆、天津社会科学院历史研究所、天津市工商业联合会：《天津商会档案汇编（1912-1928）》（第1册），天津人民出版社1992年版，第253页。

病故而无力成殓，又无亲友者，亦可告由公会给资成殓，送回梓里，以安幽魂而尽同业之谊。"[1]有实力的手工业同业公会设置专门的公益科、抚恤部或福利科，负责救济同行及社会的贫病孤寡者，或成立慈善会、同义善会、长生会、怀安会之类的组织，专门负责该项工作。[2]

（二）同业教育

同业教育也是手工业社会公益事业的重要内容之一。同业教育主要包括两个方面：一是同业子弟教育；二是同业职业教育。

手工业行会时期同业举办子弟教育事业的较为普遍。例如，苏州石业公

---

〔1〕 上海市档案馆藏木业同业公会档案：《上海震巽木业公会上海木业营业章程》S145-1-7。

〔2〕 上海柴炭业为"赈恤同业中人六项贫苦而设名曰同义善会"的公益组织，对"老年残疾无依、孤寡无靠、穷途落魄、贫病无医、棺殓无资、营葬无力，此六项皆得一体给发"抚恤金。（上海市档案馆：《上海同义善会征信录》S304-1-4。）苏州云锦纱缎业公会专设抚恤部，"凡贫苦同业，身故孤寡无依者"，经会员具报，委员会通过查实后，给予凭证，可"按月来会领费，定额一百六十户，每户以三大口为限，男至十六，女至二十岁，及有能力自给并三个月不来领费者，均停给之。额满后具报者依次存记，遇缺递补之"。[苏州市档案馆编：《苏州丝绸档案汇编》（上），江苏古籍出版社1995年版，第27~31页。]上海市书业同义会成立于1919年3月，设立专门机构"以尽同业慈善义务为宗旨"，创办初期"先从施医药棺木及留养穷老无告者以为入手，其余善事逐渐扩充"。（上海市档案馆藏书业同业公会档案：《上海市书业同义会暂定草章》S313-1-42。）上海煤炭业同业公会的同业救济活动比较丰富。同业公会设立了专门的慈善机构，有稳定的资金来源，还有详细的资助条款。同业公会运用捐助购置了"锱山里楼屋二十三幢、门楼一间、地基一亩五分六厘，每年收有租金四千六七百元"，成立上海煤业同仁慈善会，制定章程，"以赈恤同业中人之贫寒者及其身故后家属之孤寒而无依者为宗旨"。"凡同业中人年在60岁以上不能谋业又无人终养者，或虽未满60岁而公残废实在不能别谋营生者，每年赠洋18元"，若有子女而未成年者按前相应规定抚恤；"同业中人有失业无依流落上海实在无力回里者，邀同行号及纳捐人作保，由本会查明每名赠洋2元以作盘川，但每人以一次为限"；"同业中人失业无依病殁上海，实在无力棺殓者，其家属得邀同业行号及纳捐人作保，由本会代向各会馆领取棺木并给赠洋10元，如回籍安葬者，加给赠洋10元，若非真实失业不得援以为例"。由于资金比较充足，同业公会不仅救济入会会员本人，对于贫寒者及身故后之家属也予以救济。其具体抚恤标准如下："同业中人身故后其父若每年老别而无可依者由本会每年发给养费洋12元，如父母存者则合给养费18元，皆给至终身为止"；"同业中人身故后其妻有志守节而别无可依者，由本会每年发给恤费洋18元，有子则依其子年满20岁始行停给，若无子女给至终身而止，若非实在守节或出外另谋生活者不在此例"；"同业中人身故后妻在而子女年幼者或子或女每年加给恤费洋6元，子则年满14岁，女则年满16岁停止加给，若一家人口众家，每户亦只得以两人为限"；"同业中人年幼子女，其父母俱亡孤苦无依者每人每年给其恤费洋12元，委托其亲族留养至成年为止，若其子已满14岁，其女已满16岁者，则不给恤费"。同业公会还尽力帮助其子弟成才，"同业中人身故后其子堪造就者，由本会转送至本公会所设立之学校肄业，免其学膳寄宿等费，毕业后由本公酌量介绍营业"。（上海市档案馆：《上海煤炭业同仁慈善会章程》S304-1-4。）

所在光绪三十二年（1906 年）设置了知新蒙小学堂，"延师教授同业子弟"[1]。历史悠久的苏州云锦公所自建立起就一直重视办理同业教育。"业中诸先辈继再顾及贫寒子弟无力向学，并继念孤寡无依。困苦万状，难以言宣，是以有设立蒙养义塾，培植业中清寒子弟求学向上之愿，而再筹措□恤业中孤儿寡妇之月贴恤金，公所中全年支付，亦属一大宗款项也。"后云锦公所"经前清庚申之乱，劫灰之余，遗址仅存。迨同治十三年由同业醵资修复"，仍坚持举办义塾、恤嫠、消防等公益事业。[2] 1921 年前后，云锦公所又决定创办学堂，其规模较前更大，"名额暂以二百名为限，以后如须增减，由同业全体议决行之"[3]。日益扩大的公益事业使公所财政压力极大，不过，为了使公所重视公益的传统保持下去，公所仍在竭力维持。"追查云锦公所每项支付，完全端赖同业集体中辅贴，并认缴每月常费暨特别费，为日常支配外，尚有微余。……"由于营业不景气，云锦所中，"对素抱志愿兴学恤寡孤之源流，亦将受到影响，引以为不止"。[4] 苏州云锦纱缎业公会为减轻同业贫寒家庭之苦，教育同业子弟，也特意设立了纱缎小学："凡同业中寒苦子弟，经会员保送查实者，得免费入学，其余均酌收学费，每月额定费用由本公会担任支给。"上海书业同业公会于 1930 年设立私立书业崇德小学，招收学生 80 名。这些业内学校的规模已经相当大，对同业来说，足可称为福利了。

应该说，同业职业教育，在手工业行会时期还不存在，当时手艺传授途径主要是学徒制度。职业教育乃手工业同业公会为提高本业职员及学徒知识素质而举办，以培养人才，服务行业发展为宗旨。例如，上海书业创办有学徒补习所，每期定额 30 人，课程分国文、算术、习字、地理、尺牍、英文等，"无论何业学徒来会补习者，向来一概不取学费"。[5]

三、日常事务的管理

手工业组织在全面推进本行业事务、维护行业利益和协调社会关系方面

---

〔1〕　苏州博物馆、江苏师范学院历史系、南京大学明清史研究室合编：《明清苏州工商业碑刻集》，江苏人民出版社 1981 年版，第 133 页。

〔2〕　苏州市档案馆编：《苏州丝绸档案汇编》（上册），江苏古籍出版社 1995 年版，第 115 页。

〔3〕　苏州市档案馆编：《苏州丝绸档案汇编》（上册），江苏古籍出版社 1995 年版，第 20 页。

〔4〕　苏州市档案馆编：《苏州丝绸档案汇编》（上册），江苏古籍出版社 1995 年版，第 32~33 页。

〔5〕　上海市档案馆：《书业商会十年概况》S313-1-4。

发挥着举足轻重的规范性领导、有效性监督和服务性管理的职能。考诸藏档和有关史料，其日常事务的管理集中表现在以下方面：

（一）学徒帮工的限收

严格限制招收学徒和使用帮工的数目[1]，是手工业组织尤其是手工业行会条规的一项基本内容。例如，湖南长沙京刀店条规规定："带学徒弟者，三年为满，出一进一"，"如违不遵，罚戏一台敬神"。[2]长沙补铺条规："一议带徒，三年一出一进，毋得滥规，违者议罚。一议店家带徒弟，三年为满，设席出师，倘年限未满，同行不得雇请，如有请者罚戏一台。一议店员人带徒弟，出钱八百文入公，一月交清，违者议罚。"[3]戥秤店条规："一带外路人为徒弟，罚戏一部。徒弟仍然毋许留学，违者倍罚。一新带徒弟，入会银五钱，如徒弟未满三年，恐有人诱出者，查出引诱之人，罚钱二两四钱入会，其徒仍归本店。"[4]香店条规："徒弟进师，三年为满，出一进一。进师之日，应上钱一串一百文入帮，即交值年人收管存公。倘有不遵者，罚戏一台敬神。"[5]靴帽店条规："琢坊铺户，新带徒弟，上会银一两，或叔侄兄弟在店学习者，均遵一体，以一年半为满，方可再带徒弟，不得以作入帮。倘有不遵，查出罚银二两。"[6]角盒花簪店条规："一议徒弟，三年出师，帮师一年，入帮钱一千二百文，三个月交清，如违师傅带出。一议带徒弟铺户，三年两个，出一进一，毋得借为弟兄亲戚，一人搭琢，不能擅带，如违傅众公

---

[1] 为严格限制作坊规模的扩大和阻止竞争的发展，行会对于违规多收学徒的行为，其处罚手段十分严厉，有的极为残酷，以致置之死地。据载："苏州金泊作，人少而利厚，收徒只许一人，盖规例如此，不欲广其传也。有董司者，违众独收二徒。同行闻之，使去其一，不听。众忿甚，约期召董议事于公所。董既至，则同行先集者百数十人矣。首事四人，命于众曰：董司败坏行规，宜寸磔以释众怒。即将董裸而缚诸柱，命众人各咬其肉，必尽乃已。四人者率众向前，顷刻周遍，自项而足，血肉模糊，与溃腐朽烂者无异，而呼号犹未绝也。比邑候至，破门而入，则百数十人木立如塑，乃尽数就擒，拟以为首之四人抵焉。"（黄钧宰：《金壶七墨·卷二·金泊作》。）虽然这条材料反映出了行会对"败坏行规"的董司所采取的行动，已经超越了行会的权力范围，因而触犯了刑法，受到了官府的惩处。但是，它也反映了广大手工业者要求限制经营规模、排斥竞争的强烈愿望。而为了阻止自由竞争的发展，必须限制作坊经营规模的扩大。要做到这一点，必须首先严格规定帮工和学徒的人数。这是行规内容的重要组成部分。

[2] 彭泽益编：《中国近代手工业史资料（1840-1949）》（第1卷），中华书局1984年版，第190页。

[3] 彭泽益编：《中国近代手工业史资料（1840-1949）》（第1卷），中华书局1984年版，第191页。

[4] 彭泽益编：《中国近代手工业史资料（1840-1949）》（第1卷），中华书局1984年版，第191页。

[5] 彭泽益编：《中国近代手工业史资料（1840-1949）》（第1卷），中华书局1984年版，第191页。

[6] 彭泽益编：《中国近代手工业史资料（1840-1949）》（第1卷），中华书局1984年版，第191页。

议。"〔1〕木行条规："各铺店新带徒弟，必须查明，言定三年为满，出一进一，不得寄名重带，外班徒混杂拜师，出入会钱三百二十文，交值年收清，如违议罚。"〔2〕裱店条规："学艺门徒，三年为满，入师时，出备香资八百文，如未清不学，善（化）邑不得续行重带。出师原请各店家设席三桌，今公议免酒席，只出钱二串文。如满师之日，若不出钱入公，公议各店不请，如有不查明白误请者，罚钱一串文，除罚外，原在某师学习，罚某师赔此徒弟出钱二串文，均系入公帮差。倘半徒不学，公同不请开店，以作外行论。公议不带外省徒弟，如带者，公同议罚。"〔3〕江苏吴县蜡笺纸业行规议明："收徒年限"，"六年准收一徒"。〔4〕广东佛山石湾陶瓷业行规议定："每店六年教一徒，此人未满六年，该店不准另入新人。"〔5〕

（二）店铺作坊的限开

限制店铺作坊开设地点和数目〔6〕，以及禁止外地人在本地开设店铺作坊，也是手工业组织防止竞争的一项内容。湖南长沙、湘乡等地的行会组织，对于各业手工作坊开设的地点和数目均作了严格的规定。例如，长沙京刀条规规定：

〔1〕 彭泽益编：《中国近代手工业史资料（1840-1949）》（第1卷），中华书局1984年版，第191页。

〔2〕 彭泽益编：《中国近代手工业史资料（1840-1949）》（第1卷），中华书局1984年版，第191页。

〔3〕 彭泽益编：《中国近代手工业史资料（1840-1949）》（第1卷），中华书局1984年版，第191~192页。

〔4〕 苏州博物馆、江苏师范学院历史系、南京大学明清史研究室合编：《明清苏州工商业碑刻集》，江苏人民出版社1981年版，第104页。

〔5〕 王宏钧、刘如仲："广东佛山资本主义萌芽的几点探讨"，载《中国历史博物馆刊》1980年第2期，第66页。

〔6〕 在规范本地开坊的同时，手工业组织也严禁外地人在本地开业。如长沙靴帽业行规议定："与外处同行来此合伙开店者，罚银五两，戏一台，仍然毋许开店。"[彭泽益编：《中国近代手工业史资料（1840-1949）》（第1卷），中华书局1984年版，第180页。]长沙木业行规规定："内行不得与外行合伙，倘合伙，查出议罚。"[彭泽益编：《中国近代手工业史资料（1840-1949）》（第1卷），中华书局1984年版，第180页。]长沙裱糊业行规议明："内行不准与外行隐瞒合伙，查明公同议革。"[彭泽益编：《中国近代手工业史资料（1840-1949）》（第1卷），中华书局1984年版，第181页。]此外，有的地方还限制城镇以外的手工业产品输入本地。长沙京刀业规定："外来京刀，内行外行，毋得发售，及登上行者在外带来货，不准出售。如违将货充公，给巡查人钱四百文。"[彭泽益编：《中国近代手工业史资料（1840-1949）》（第1卷），中华书局1984年版，第196页。]长沙戥秤业条规议定："往来挑担上街，只贸易三日，要在此长贸者，入会钱扣银二两四钱，入会之后，仍只上街，毋许开店。"[彭泽益编：《中国近代手工业史资料（1840-1949）》（第1卷），中华书局1984年版，第196页。]湖南益阳铸厂条规规定："同行百货，不准自装往外贱售。"（《湖南商事习惯报告书》"九矿属商类"，第6页。）

"嗣后新开店者，必须上隔七家，下隔八家，双户为一，违者禀究。"[1]长沙戥秤业行规规定："新开店者，要隔十家之外，方许开设，违者公罚。"[2]长沙明瓦业行规："一议我等开设店铺者，每街两头栅内，只准开设一家，不准开设二家。两头栅内无铺店者，听凭开设。一议进师之后，即将入帮之钱交清，出师之日，开设铺店一人进师，只可开设一家。店内人等，毋得冒名重开，如有假冒重开者，一概不准。一议行同诸色人等，不准挑担上街发卖，如有不遵规者，将担打烂，公同议罚。"[3]湘乡制香业行规规定："新开香主，上隔七家，下隔八家。议定以后，内行开者，除出捐项外，被钱二百八十文，新添外行合伙开者，捐钱一千二百文，又出牌费钱八百文章。倘不遵者，不许司务帮琢，违者罚帮琢人钱一千文入庙。"[4]长沙炭圆店条规："我等铺户，向有老店，朝阳巷三省一街两店，其余并无别处再有共街。凡我同行议定之后，倘开新店，逐一隔街转湾，以度规矩，买卖同边，条规如违，公行公议。"[5]长沙角盒花簪店条规："新开铺面，不得对门左右隔壁开设。现老开者，不下为例，并出招牌会钱二千四百文归公。"[6]新宁冶坊条规："一铁货只准本店销售，不许下乡零卖，如违议罚。"[7]

（三）价格规格的划定

划一手工业产品的规格、价格和原料的分配乃是手工业行业组织的基本任务。针对手工业产品的规格与质量，苏州银楼业规定："兴利之道，先事革弊。如有以低货假冒，或影射他家牌号，混蒙销售易兑者，最足诬坏名誉，扰害营谋，一经查悉，轻则酌罚，重则禀官请究。"[8]安化染坊业议定："一议各染坊，凡染青，要细加工作，先将布底深染，虽旧而颜色不改，如有浅染弄弊减价掣骗，查出重罚。一议各染坊，凡赐雇者，当面量记尺寸，注明何

---

[1]《湖南商事习惯报告书》"六制造商类"，第39页。

[2] 彭泽益编：《中国近代手工业史资料（1840-1949）》（第1卷），中华书局1984年版，第195页。

[3] 彭泽益编：《中国近代手工业史资料（1840-1949）》（第1卷），中华书局1984年版，第195、196页。

[4] 彭泽益编：《中国近代手工业史资料（1840-1949）》（第1卷），中华书局1984年版，第195页。

[5] 彭泽益编：《中国近代手工业史资料（1840-1949）》（第1卷），中华书局1984年版，第195页。

[6] 彭泽益编：《中国近代手工业史资料（1840-1949）》（第1卷），中华书局1984年版，第195页。

[7] 彭泽益编：《中国近代手工业史资料（1840-1949）》（第1卷），中华书局1984年版，第196页。

[8]"安怀公所公议暂行简章碑"，载苏州博物馆、江苏师范学院历史系、南京大学明清史研究室合编：《明清苏州工商业碑刻集》，江苏人民出版社1981年版，第175页。

等色气，须细加工，不可潦草，以出色为要。"〔1〕益阳烟匠条规："每烟捆轻重，遵照宪断，每毛捆只准五十三斤为度，不得加多减少，如违公同禀案。一撕叶无论何地头烟及秋伏，脚叶头尾，均须好歹索用，扯筋折净，不得草率，尤不得任意挑选，只图自己工资，不顾店东货本。"〔2〕苏州染坊业章程："吾行洋蓝哗布染坊一业，向有成规：一议原布对开；一议洋标对开；一议斜纹三开；一议粗布三开。"〔3〕

针对手工业产品的价格，湖南新宁冶坊条规："铁货出售，只准照依定价，不准高抬，亦不许减价发卖。"〔4〕长沙明瓦业行规："一议定价之后，必须俱遵一体，不得高抬减价，如有高抬减价私买者，查出罚钱二串文入公。一议无论值年前人，查实减价发规，以及私买隐瞒不报者，罚钱一串文。一议城内买货者，不论多少，俱照零卖时价，不得照贩货减卖，如有减少者，查出罚钱二串文入公。"〔5〕长沙角盒花簪店条规："一议吊插方烟盒，每件钱六文。一议明花钩，每幅钱四十文，黑素钩，每幅钱七文。一议大梳每把钱三十文，七八厘梳每把钱十五二十文，二三梳每把钱十五文，四五拢梳十七文，边目每把钱十文。一议龙头占寸嘴，每百钱二百五十文，小大凤嘴子每百钱八九百文。一议扁簪花簪雕空并豪猪箭四面簪每百钱一百文，琵琶簪每百钱一百一十文。一议直攀指每件钱六文，横攀指每件钱七文。一议戒指细货，每百钱六十文。一议辫插香牌，每百钱二十五、二十文（？）。一议长嘴，每百钱五百文，中嘴，每百钱三百五十文。一议扇柄，每百钱八百文，小烟牌，每百钱八文。一议短末（茉）莉花，每百钱四十文。以上均系骨角手工同行公议。"〔6〕巴陵圆木条规："门市生意，务宜货真价实，公平交易，不得巧取相欺，倘有狡猾等情，我等一经查出，公同报局处罚。"湘乡香业条规："罗汉香每千价一百二十文，观音花值价一百文，尺八蓝柄每千价一百文，新尺八

〔1〕　彭泽益编：《中国近代手工业史资料（1840-1949）》（第1卷），中华书局1984年版，第193页。

〔2〕　彭泽益编：《中国近代手工业史资料（1840-1949）》（第1卷），中华书局1984年版，第193页。

〔3〕　"苏州府为哗布染坊业建立公所议定章程办理善举给示晓谕碑""安怀公所公议暂行简章碑"，载苏州博物馆、江苏师范学院历史系、南京大学明清史研究室合编：《明清苏州工商业碑刻集》，江苏人民出版社1981年版，第83~84页。

〔4〕　《湖南商事习惯报告书》"九矿属商类"，第16页。

〔5〕　彭泽益编：《中国近代手工业史资料（1840-1949）》（第1卷），中华书局1984年版，第193页。

〔6〕　彭泽益编：《中国近代手工业史资料（1840-1949）》（第1卷），中华书局1984年版，第194页。

香上铺六十文。"〔1〕安化染坊业条规:"各染坊生意,各遵议规,不许坏规,如不加工作,私行减价诓夺各情,查出公同罚钱十串文。"〔2〕

针对手工业原料的分配,长沙明瓦业条规:"我行货物,因时价昂贵,如有城厢内外到得有货者,知音必须晓众,公分派买,毋得隐瞒独买,如有隐瞒独买者,公议罚钱二串文入公,货仍归公派买。"〔3〕长沙制香业规定:"料香店,每月料二十盆,五八月十八盆,腊月十七盆,月小十九盆,倘有多补少扣,出进每籫钱一十三文,余规各照老例。"〔4〕长沙角盒花簪训条规:"铺户琢坊,出进货物,不得抢夺谋卖,如违议罚。"〔5〕巴陵圆木条规:"承当宪差,署中一呼莫不百诺。以后洪江铺市,各处北货,运圆木货物来岳城发卖者,宜向各店言明,公平议价,公同派售,不得私行挑往各街小巷滥卖,以乱规章。如若不遵,公同□禀局。"〔6〕新宁冶坊业议定:"买煤只准商订公分,照价卖用,不许添减上下,致碍同行。"〔7〕

(四) 工资标准的确定

规定统一的工资水平是手工业行业组织的另一职能。如长沙制香业规定:"一议客师每月俸钱一串八百文,每日酒烟钱十文。一议粗香店,每日客俸钱七十文,每籫出进钱十三文,五八腊歇工五天外,每月歇工三天。正月初九日起手,外歇工一天,其余少歇一天,照余数扣算。多歇一天,照滚数扣算。规矩各照老例,如有新开料香店,各照旧规。"〔8〕长沙角盒花簪业规定:"客师在铺户做货,治角者每日伙食费三十文,治骨者每日米一升,钱四文,归铺照时价扣算。若有阳奉阴违滥做,低价包外,外加伙食,希图长留者,即作犯规,永不得入行,内有知情隐匿,扶同不报者,查出罚钱八百文入公。"〔9〕长

---

〔1〕 彭泽益编:《中国近代手工业史资料(1840-1949)》(第1卷),中华书局1984年版,第194页。

〔2〕 彭泽益编:《中国近代手工业史资料(1840-1949)》(第1卷),中华书局1984年版,第195页。

〔3〕 彭泽益编:《中国近代手工业史资料(1840-1949)》(第1卷),中华书局1984年版,第192~193页。

〔4〕 彭泽益编:《中国近代手工业史资料(1840-1949)》(第1卷),中华书局1984年版,第192页。

〔5〕 彭泽益编:《中国近代手工业史资料(1840-1949)》(第1卷),中华书局1984年版,第193页。

〔6〕 彭泽益编:《中国近代手工业史资料(1840-1949)》(第1卷),中华书局1984年版,第193页。

〔7〕 彭泽益编:《中国近代手工业史资料(1840-1949)》(第1卷),中华书局1984年版,第193页。

〔8〕 彭泽益编:《中国近代手工业史资料(1840-1949)》(第1卷),中华书局1984年版,第189页。

〔9〕 彭泽益编:《中国近代手工业史资料(1840-1949)》(第1卷),中华书局1984年版,第189~190页。

沙裱店条规："请长年客师工价多少，同议定登簿为凭。约请零工每天工钱一百文，晚工钱六十文，内有客师舞弄情弊，移（遗）失客货等物，善（化）邑同行不请。倘若再请，公同议罚店主钱三串文入公，交值年人收管。所有各署衙门差务，每工钱六十文，倘有客师承认包差，不与店户相干，客师亦无卡索等情，如有卡索，公同不请。其包差公价，每天六十文，酒烟钱十二文，大月差章内，暮云铺、马号、马鞍山、桐木桥四处请客师去，每人工钱三百文，倘有客师不去，私包折钱，约查出公同不请。衙内带差，每票折钱一百五十文，近处茶钱，每票折钱五十文。"[1]木业条规："公议公做外，各有主题，工夫起厂，先请我班帮做，后请外帮，犒期五日一次，不得少缺。上梁日酒烟钱点心发钱十二文。帮做伙计，进厂之日，不得异生枝节，停住工夫，如违议罚。"[2]益阳烟匠条规："每工价遵照宪断，每日给官板足制钱一百十五文正，不得徇情私受毛钱，如有徇情受用等弊，公同禀究。"[3]有些地方，如苏州的造纸、染坊和佛山石湾的陶瓷等手工行业，还根据作坊工种的不同和技术要求的难易、工作量的大小和花费时间的多少规定了帮工不同的工价。

四、官府差役的承应

近代中国手工业社会依然承担着官府的差役[4]，即便国法对此有所禁止

---

〔1〕彭泽益编：《中国近代手工业史资料（1840-1949）》（第1卷），中华书局1984年版，第190页。
〔2〕彭泽益编：《中国近代手工业史资料（1840-1949）》（第1卷），中华书局1984年版，第190页。
〔3〕彭泽益编：《中国近代手工业史资料（1840-1949）》（第1卷），中华书局1984年版，第190页。
〔4〕"国家税收，由行业组织统一包收包纳，或督促同业交纳等。"（张研：《清代经济简史》，中州古籍出版社1998年版，第454页。）光绪三年（1877年）十月初十日《新报》"如充官漆匠谕"：上海县正堂莫，为出示召充事。据唐秋涛呈称：身兄唐熙衡在日，原领官漆匠头执照，现因物故歇业，声求验销，另行召充等情，并缴印照到县。据此，除批示外，合行出示召充。为此示仰阖邑漆业工匠人等知悉：尔等如有熟悉油漆工作，愿充匠头者，着即出具认保各结，赴案投候验充，或由漆业公所联合议举接充，以便承应差务。慎毋观望延误。切切。特示。（彭泽益主编：《中国工商行会史料集》（下册），中华书局1995年版，第695页。）光绪八年（1882年）二月二十三日《新报》"催充水木匠头示"：特用府在任候补直隶州特援江南苏州府长州县正堂万，为出示晓谕催充事。案照水木作匠工头，有承值各宪暨本县衙门一切差使之责，前因本邑匠头范裕丰故后，叠经示谕召充，迄未据有投充。兹已二月下旬，合再查案出示催充。为此示仰各作人等知悉：如有熟习差务，自愿投充斯役匠头者，立即备具认保各结，呈县听候，验充给谕承值工匠差务专责，毋得观望ு延。切切特谕。（彭泽益主编：《中国工商行会史料集》（下册），中华书局1995年版，第703页。）光绪八年（1882年）二月二

或限制。[1]有时，他们还不得不联合起来抵制官府制度和惯例外的额外需索。例如，光绪二年（1876年）六月十八日《申报》所载的"机董斥退案"就典型地反映了这一状况：

> 金陵机户捐董事某，为厘捐总办素所信任。今年新丝出市，某又另立章程，额外加厘，以冀迎合上意。由是干犯众怒，机房各户联名具禀，执香环跪苏府轿前，经苏府收呈详抚宪。抚宪饬查，即将某斥退，另换新董矣。窃思抽厘助饷，本为国家权宜之计。司其事者势假虎威，贪囊刻括，公私颠倒，上下交征，抑何其不思之甚也。[2]

这里董事某干犯众怒的原因是其为冀迎合上意而对出市新丝额外加厘，而不是捐厘本身。对机户来说，为国纳税是必须履行的天经地义的义务，因为"抽厘助饷，本为国家权宜之计"。

又如，自乾隆二十四年（1759年）定下的木匠当值条例至近代"日久禁弛，渐滋杂派"，木匠仍不能免除规定外的勒索。[3]为维护自身利益，抵制额外的勒索，木匠组织了大兴公所，并以公所名义，将官府颁布的旧章勒石立碑。

（接上页）十四日《新报》"召充木牙小甲示"：补用府在任候直隶州特援江南苏州府长州县正堂卓异加一级万，为出示召充事。案照本植事宜，向有木牙小甲承值各大宪差徭。前因悬缺节经示召，迄未投充。兹已春暮，合再示催，为此示仰本城木业人等知悉：尔等如有熟谙木植差务，愿充木牙小甲者，务即书县认保各结呈县，以便验充。倘有旧役情愿复充，亦即具结禀；候谕饬充役，均毋再延，切切特谕。（彭泽益主编：《中国工商行会史料集》（下册），中华书局1995年版，第703页。）

〔1〕清初地方官府有司科派十分严重，如浙江天台"各行各铺各夫各匠，无一项不扰累，竹木钉铁、灰石油麻、棕箬绸布，什物无一件不科派"，"民之苦无穷"。[（清）戴兆佳：《天台治略》卷一。]这种状况后期有所改变。雍正二年（1724年），清官方严禁有司私自科派之弊，指出："直省衙门派累里下，锢习已久……凡一应工科食物器皿等项，有一项设立一项总甲，支值官府，名为当官。所有需用之，票差总甲，从各铺刻期即缴，因而总甲串通奸胥蠹役，以当官为名，从中渔利。或借端多派，运回私室，或指官吓诈，娄财入己。即发官价，亦必低潮折扣，十不偿五，奉法小民惟有隐忍。更有甚者，百工技艺佣人等，多系贫苦之家，缺一日之工，即少一日之食，而官府罔恤民艰，凡工作匠役，亦必设立总甲，派定当官，某月则某人当某衙门，以次轮转伺候，督工则呵斥鞭笞，工食则迟延短少"，如此种种应"严行禁止"。（《清朝文献通考·卷二三·职役》。）

〔2〕《申报》光绪二年（1876年）六月十八日，载彭泽益主编：《中国工商行会史料集》（下册），中华书局1995年版，第691页。

〔3〕参见江苏省博物馆编：《江苏省明清以来碑刻资料选集》，生活·读书·新知三联书店1959年版。

可见，在近代中国，地方官衙林立，官府经常向手工业者"出票借取"，吏胥差役复假借名义，上下其手，中饱私囊。因而，手工业者曾不断吁请政府下令禁止吏胥差役的骚扰。仅《江苏省明清以来碑刻资料集》及书末附录的《未收碑刻简目》所载的资料，涉及这方面的就有18件之多。

在此，行会、同业公会作为一种行业治理组织成了手工业抵制官府额外需索的重要工具。同时，在手工业同业组织的行规中，协助国家履行一定的职能、应付封建政权的官差、负责替代官府向工商业者摊派徭役、征收赋税也是重要内容。民国时的昆明市新农业同业公会就有这样的记载："常奉到市商会转达党政机关之命令，如参加公共活动与献纳国难捐等。但对于前者，因会员人数甚少，收入会费有限，俱少有参加；对于后者，以义不容辞，常有表示，然均由甲、乙两等会员设法摊派，其中尤以甲等会员献纳者为多。"[1]所以，各手工行业组织一般都将承值应差事宜列入行规，强制手工业者遵办，违者则予禀究。例如，湖南湘潭木业规定："本地（湘潭）工匠与外来工匠，分为二厂，以应官差。"[2]长沙木业规定："□枋店每年承办长善四整口棺木，照例各□枋铺公办，如违有□，公同禀究。一议每年议举轮当值年首士，专听各宪差事，并文武科场一切大小工程，均由头人派拟办理，不得阴奉阳违，隐匿瞒差。当差须听头人驱使，毋得推抗误差。大小木文柜箱胎官轿□枋等，倘城厢内外开设收买，木店还有科场各宪法差事，各行各差，无得借端推诿，照例听差。倘各处古庙贡院文武衙门工夫，或差或民，理应公办，不得隐瞒，必须通知同行中人。"[3]

清末民初，手工各行各业成立的同业公会中有一些是由封建行会组织转化来的，另外一些则受到官府的严格"监督管理"，它们都成了官府巧取豪夺的工具。换言之，承担正常和非正常税收的缴纳成了手工业者要履行的义务。以上海震巽木业公会为例，该公会于1930年经改组成为具有法人资格的国家合法组织，更进一步强化了作为既是政府授权委办有关洋木业的政策法律和

---

〔1〕　郭士沅："昆明市12个同业公会调查·昆明市新农业业商业同业公会"，载李文海主编：《民国时期社会调查丛编》，福建教育出版社2004年版，第426页。

〔2〕　张云礮等：《嘉庆湘潭县志》卷三十九，转引自彭泽益编：《中国近代手工业史资料（1840~1949）》（第1卷），中华书局1984年版，第197~198页。

〔3〕　长沙，《木行条规》道光三十年（1850年），转引自彭泽益编：《中国近代手工业史资料（1840~1949）》（第1卷），中华书局1984年版，第197~198页。

管理洋木业的代理人，同时又作为经营洋木业的民间代表，肩负着向政府提出维护本行利益的责任代言人这样一种复杂的双重身份地位。震巽木业公会作为行业组织，与政府之间的联系基本上都是有关行业税收的，即如何敦促同业执行政府合理的税捐与向政府反馈同业对不合理税捐的意见。

本章小结： 在近代中国，手工业社会的状况与经济社会的发展相适应。鸦片战争后，受"西学东渐"的影响，国家从法律层面上加强了对社会各领域的调控。在此背景下，手工业社会组织获得了新的发展，出现了结构的重组，由传统行会分转合并诞生了新的手工业缘组织——同业公会，并进而分化诞生了代表雇工利益的组织——工会。由此，以行会、同业公会、工会这三种手工业者组织为主体，手工同业者共同构成了近代中国的手工行业经济社会文化共同体——手工业社会。解决行业纠纷是手工业社会组织的一项基本功能。

近代中国手工业社会的纠纷形态

　　"纠纷"是关系人之间的利益对立，他们各自主张自己的利益，处于相互之间没有达成妥协的状态。[1]早在明末清初，行会组织大量成立之后，许多手工业者之间的行业竞争性质也发生了改变，"不再只是个人与个人之间的竞争，而加上了团体与团体间进行商业竞争的特色"[2]，"无论是经商发卖或是组织生产，商人都免不了会碰上一些与经商活动直接或间接相关的冲突事件，严重者则成为与经商冲突有关的事件"[3]。在手工业者从事生产经营的过程中，经常遭遇到哪些实际的商事冲突和纠纷？这些纠纷又具有什么样的形态和特征呢？

　　纠纷的形态是指纠纷的不同种类及其具体的表现形式。确定纠纷的种类是研究解纷问题之前提和基础，只有对纠纷进行科学的分类并对各种纠纷的具体表现形式进行深入的剖析，才能更加精准和具体地认识纠纷、解决纠纷。由于研究方法的不同或者理论视角的有别，在纠纷种类的划分或归纳上也就有所区别。学界比较通行的方法是首先确定划分纠纷的不同标准，然后根据这些标准归纳出纠纷的种类。本书以纠纷涉及当事人的性质为标准，将手工业社会纠纷分为同一行业内部的"行内纠纷"、不同行业之间的"行际纠纷"、手工业者与手工业社会外部之间的"涉外纠纷"三大类。

---

　　[1]　[日]高见泽磨：《现代中国的纠纷与法》，何勤华、李秀清、曲阳译，法律出版社2003年版，第10页。

　　[2]　邱澎生："由苏州经商冲突事件看清代前期的官商关系"，载 https://www.lunwentianxia.com.

　　[3]　邱澎生："由苏州经商冲突事件看清代前期的官商关系"，载 https://www.lunwentianxia.com.

第一节　手工业社会内部的纠纷

对于近代中国手工业行业内部的纠纷，本节着重考察这些纠纷的表现形态、纠纷内容，即争什么、为什么而争、纠纷频率和当事人本身的特点等。为方便叙述，本节以纠纷主体的属性为标准，将手工业社会的纠纷分为同一行业内部的纠纷（简称"行内纠纷"）[1]和不同行业之间的纠纷（简称"行际纠纷"）[2]。

一、同一行业内部的纠纷

（一）晚清时期手工业同一行业内部的纠纷

清朝晚期（1840年至1911年），内有农民起义，外有列强欺侮。中国手工业既面临内部资本主义发展的冲击，又面临着外国资本的挤压。中国近代工业——包括手工业——的发展是一种"战争冲击式发展"：每一次大的外来战争在带来军事冲击的同时，也带来了制度冲击、工业冲击和资本冲击；每一次冲击既给近代中国手工业社会制造了更加严峻的生存环境，也在改变着手工业社会内部的力量对比、阶级结构和利益结构。基于此，以附表2-1"晚清时期中国手工业社会的同一行业内纠纷"为例，笔者把晚清时期中国手工业同一行业内部纠纷的形态和特征作如下的描述和概括。

从纠纷的主体来看，这一时期中国手工业同一行业内部的纠纷可被分为以下三个层次：其一，本帮与客帮之间的纠纷，如附表2-1中的2、5、30、35、46，占5.4%；其二，不同工种之间的纠纷，如附表2-1中的28、29、31、47、52，占5.4%；其三，同帮同工种之间的纠纷，这主要有以下纠纷类型：一是同属劳工地位的手工业工匠之间的纠纷，如附表2-1中的4、18、22，占3.3%；二是劳资之间的纠纷，如表2-1中的1、3、6、7、9、12、13、15、16、20、21、25、26、36、37、38、39、42、43、44、45、48、50、53、54、55、56、57、58、61、62、63、64、66、67、68、69、70、71、72、73、74、75、76、77、78、80、81、83、84、55、86、87、88、89、90、92，占

---

[1]　这里的"行内纠纷"，含同类行业之间的纠纷。
[2]　这里的"行际纠纷"，专指不同类行业之间的纠纷。

62%；三是行坊之间的纠纷，如附表 2-1 中的 17、40、41、49、50、51、59、65，占 8.7%；四是行业组织与其成员之间的纠纷，如表附 2-1 中的 8、10、14、24，占 4.3%；五是工匠中的工头与一般工匠之间的纠纷，如附表 2-1 中的 11、19、23、27、32、33、34、82、91，占 9.8%。以上统计表明：首先，这一时期的手工业纠纷主要发生在同帮同工种之间（占 89.1%）。其中，又主要体现为劳资之间的纠纷（占 62%），工头与一般工匠之间、行坊之间的纠纷也比较突出，分别占 9.8% 和 8.7%。至于行业组织与其成员之间、工匠与工匠之间的纠纷，也不能忽视，分别占 4.3% 和 3.3%。其次，本帮与客帮之间的纠纷、不同工种之间的纠纷也比较常见，两者共占 10.8%。

从纠纷的客体来看，主要有以下纠纷类型：一是业务市场纠纷，如附表 2-1 中的 2、4、6、17、23、28、29、30、40、43、47、50、52、75，占 15.2%；二是劳工市场纠纷，如附表 2-1 中的 1、7、9、12、13、21、36、37、42、59、87，占 12%；三是工资纠纷，如附表 2-1 中的 3、11、18、19、20、26、27、39、45、50、53、54、55、57、58、61、62、63、64、66、68、69、71、72、73、74、77、78、79、80、81、82、83、84、85、88、90、91、92，占 42.4%；四是名誉纠纷，如附表 2-1 中的 46、67，占 2.2%；五是私立行头纠纷，如附表 2-1 中的 22，占 1.1%；六是产品价格纠纷，如附表 2-1 中的 38、40、41、49，占 4.3%；七是生活待遇及劳动收入纠纷，如附表 2-1 中的 16、32、33、34、35、48、56、65、70、86，占 10.9%；八是收徒纠纷，如附表 2-1 中的 8、25、44、51，占 4.3%；九是会费纠纷，如附表 2-1 中的 5、42、48，占 3.3%；十是捐税纠纷，如附表 2-1 中的 14、15，占 2.2%；十一是行规纠纷，如附表 2-1 中的 76，占 1.1%。以上统计表明，在纠纷标的或客体上。首先，工资纠纷成了这一时期手工业社会内部占主打地位的纠纷（占 42.4%）；其次，有关劳工市场的纠纷也很突出（占 12%）；再次，业务市场纠纷和生活待遇、劳动收入纠纷也比较明显，分别占 15.2% 和 10.9%；最后，产品价格纠纷和收徒纠纷也开始凸显，均占 4.3%。应该说，不管是工资，还是就业、生活待遇等，这些都与手工业者个人的切身利益乃至生计息息相关，因此，涉及这些方面的纠纷在同一行业内部纠纷中占的比重就较大。

综合上述两种分类标准所统计的情况来看，纠纷主体与纠纷客体之间存在一定的契合关系，本帮与客帮之间的纠纷、不同工种之间的纠纷多体现在业务市场方面，劳资之间的纠纷多体现在工资和劳工市场方面，行坊之间的纠纷多体现在业务市场、产品价格方面，行业组织与成员之间的纠纷多体现在行业公产方面，工匠中工头与一般工匠之间的纠纷多集中于生活待遇、劳动收入方面。这些均不同程度地表明，此时手工业社会内部的阶级分化已经很明显且两者之间的矛盾突出。

由附表2-1的情况分布可以看出，与鸦片战争前相比，这一时期围绕"工资"的劳资纠纷剧增。这与该时期外国资本主义对中国商品输入扩大和中国境内资本主义大工厂工业兴起而导致的中国手工业解体有关。据载："苏省各机户织匠，每阅数年必有把行之举，听其音，近似帮行，盖吴误民与帮音，实相似也。娄门一带，业此者最多，上年此曹以庄号不消，客货停办，遂致歇业者，十居七八"[1]，"自从洋钉输入中国，一千个以上靠打土钉为生的手工工人已经不能继续工作了，……现在福州土钉业的生意如此萧条，以致大商号都在裁减职工"[2]。可见，这一时期的纠纷形态和原因无不与经济有关。为此，笔者将这一时期的同一行业内部的"行内纠纷"概括为"经济诱发型纠纷"，此种诱因已经具有了深层的国际因素。随着国内手工业市场日益被卷入国际市场和劳资之间的阶级分化加剧，加上战争冲击式发展模式的影响，手工业行业内的经济诱发型纠纷将具有更加浓厚的利益对立和阶级对立色彩。

（二）民国时期手工业同一行业内部的纠纷

至民国时期（1912年至1949年），近代中国工业和手工业发展的"战争冲击式模式"仍然发挥着重要的作用。但是，中华民国的建立在中国近代史上毕竟是一场具有重大政治意义的事件，加上1919年五四运动、新文化运动的冲击和1921年中国共产党的成立，中国近代史在制度、文化和政治上发生了根本的变化。因此，战争冲击式模式必然与"政治渗透式模式"结合起来发挥作用。当然，从根本上讲，战争也是一种政治，并且战争的最终目的也是要实现政治目的：要么是实现改朝换代和征服，要么是参与政治分肥。基于此，以附表2-2"民国时期中国手工业社会的同一行业内纠纷"为例，我把民国时期中国手工业同行业内部纠纷的形态和特征作如下的描述和概括。

---

[1]《申报》光绪十年（1884年）正月三十日，转引自彭泽益编：《中国近代手工业史资料（1840-1949）》（第2卷），中华书局1984年版，第280页。

[2] North China Herald, Feb. 6, 1891, p. 162.

从纠纷的主体来看，集中体现为劳资之间纠纷、行业组织与其成员之间纠纷、工匠（人）之间纠纷三类。其中，劳资之间的纠纷仍是民国时期中国手工业社会同一行业内纠纷的舞台主角，附表2-2所列纠纷中，就有454起，占99%；行业组织与其成员之间纠纷，如附表2-2中的10、153；工匠之间的纠纷，如附表2-2中的7。

从纠纷的客体来看，绝大部分是工资纠纷，共395起，占86.2%。其次是生活待遇纠纷，共43起，占9.4%。其他的纠纷情况是，涉及刁师拐徒的4起，附表2-2中的9、96、108、295；管理、权益、就业的均为2起，附表2-2中的19和23、339和409、350和423；违约的3起，附表2-2中的33、73、168；产品格价、会费、侵公、行业组织事务、物价、爱国、供货、入会、开除、另立组织的均1起，分别是附表2-2中的7、10、26、44、247、351、370、394、396、415。

综合以上两种分类标准所得的情况可知，民国时期的手工业同一行业内纠纷形态、特征与晚清时期的基本一致，劳资纠纷占据手工业同一行业内部纠纷的重要位置，而劳资之间的纠纷又以"工资"纠纷为首；再加上生活待遇方面的纠纷，可以说，劳资纠纷均与经济有关。由附表2-2分布的情况来看，随着时间的推延，劳资之间的工资纠纷趋向普遍和频繁。需要指出的是，民国时期手工同业中行坊之间的纠纷极为少见。

作为本书对近代中国手工业社会同一行业内部纠纷形态、特征进行分析所使用的附表2-1、附表2-2，从时间和空间来说，其年份时间跨度分别是1845年至1909年、1912年至1936年[1]，应该说，均基本涵盖了晚清、民国这两个时期的主要时空；从地域空间来说，涉猎了近代中国受外国资本影响较大、商品经济发展和对外开放程度较高的东部沿海地区和中部沿江地区，应该说，这些地区基本反映了近代中国手工业当时的状况；从史料内容来说，彭泽益先生等学者留下来的丰富资料汇编和上海、天津、湖北等这些最先开

---

〔1〕 1937年至1949年，中国进入全面抗日战争和解放战争时期，当时的民国政府对经济发展无暇顾及，战争高于一切。且在这一时期，国民党所统治的"白区""国统区"与共产党所有效管理的"红区""革命区"处于同存分治局面。这段时间的"红区""革命区"手工业社会纠纷情况不在本书的研究之列，这在本书"导论"中已作了交待；在当时国民党代表中央政府进行治理的"白区""国统区"内，因深受战争、政治斗争因素影响，手工业处于畸型发展状态，故这一时期不属本书的着力关注之点。

放通商地区的档案及这些地区留下来的大量碑刻都生动地记述了近代中国手工业发展的图景。可以说，以上两附表较好地反映了近代中国手工业同一行业内部纠纷的情况。

二、不同行业之间的纠纷

对于近代中国手工业社会内部不同行业之间的纠纷，即"行际纠纷"，我仍着重考察这类纠纷的形态、内容、起因、频率以及当事人的属性、特点等，但是鉴于这类纠纷在数量上远少于前述的同一行业内部的纠纷，即"行内纠纷"，集中分析可能更能体现这类纠纷的特征和规律。当然，前文所提出的"战争冲击式发展模式"和"政治渗透式发展模式"仍然适用于此类纠纷。下以附表2-3"近代中国手工业社会的行际纠纷"所列材料来加以分析说明。

从纠纷的主体来看，体现为不同性质行业之间的纠纷。

从纠纷的客体来看，主要有以下纠纷类型：一是业务市场纠纷，如附表2-3中的4、6、8、9、10、13，占46.2%；二是产品价格纠纷，如附表2-3中的2、5、7，占23%；三是行规纠纷，如附表2-3中的1；四是不法行为，如附表2-3中的12；五是产权纠纷，如附表2-3中的3、11。上述统计表明，业务市场争夺和产品竞价是近代中国手工业社会内部行际纠纷的主要内容。

综合上述两种分类标准所得出的纠纷类型统计情况，不同性质行业之间的纠纷多体现在业务市场和产品价格方面。可见，与前述行内纠纷相比，近代中国手工业社会的行际纠纷在形态和原因上仍属于经济诱发型纠纷，但市场因素的作用比较突出，因而可以更具体地将之称为"市场诱发型纠纷"。其中，市场准入问题或者确切地说市场争夺取代前述行内纠纷中的"阶级"成了致纷的重要因素。值得注意的是，根据附表2-3，并结合附表2-1、附表2-2所列情况，可以发现：不同行业之间的纠纷多见于晚清时期的近代手工业社会，至于民国时期的手工业纠纷则多体现为同一行业内的劳资纠纷。这与甲午战争后（尤其是民国五四运动后）近代中国所面对的国内外形势有关。甲午战争后，民族矛盾上升为近代中国的主要矛盾，联合同业、加强团结、一致对外成了这个时期手工行业共同的任务。因此，甲午战争后（尤其是民国时期）行际纠纷并不多见。

第二节 手工业者与手工业社会外部的纠纷

从掌握的史料来看，近代中国手工业者与手工行业外部也存在纠纷，表现为：一是与宗教组织之间；二是与牙人牙行之间；三是与商人之间；四是与官府之间。在上述的纠纷关系中，手工业者与商人之间的纠纷、手工业者与官府之间的纠纷较常见。现以个案的形式对上述纠纷的形态和特征予以简述。

一、手工业者与宗教组织的纠纷

在近代中国，手工业者与宗教人士之间的纠纷虽不多见，但这些纠纷在性质上多为群体性纠纷，而且处理稍有不当便极易危及一方安宁，故易引起官方重视、舆论关注。例如，发生在清光绪三年（1877年）七月扬州的"万佛楼罢工案"就是因寺僧和官府处理不当而由小案演变成大案的：

> 昨报重修万佛楼一事。万佛楼即扬州兴教寺也。本月二十日开工后，木工泥匠凡数百人，各有总目、散目之分，总目向寺僧揽工而委督工之役于散目，散目分饬各工匠做工，而归总于总目，向例然也。行中规例，每工扣钱六文，归诸总目，总目酌分于散目，而散目例不得扣，近似总目不能如例，各散目邀至福来茶室，聚商两日不决，而踵至者日凡百数十人，几至用武。寺僧虑肇事停工，密报其事于县，甘泉徐邑尊即带三班皂役，微服诣验，果见百余人聚讼，声势汹汹，因即械为首八人带署讯究，责以不应聚众，各予笞责七百板。八人极口称冤，邑尊谕以聚众打架，难免酿成命案，即以小惩大，诚已算便宜，因训斥而释之。随知为寺僧所报，复与寺僧结怨，相率停工云。[1]

本案前半为手工业工匠内部纠纷，后半为手工业工匠与寺僧纠纷。扬州兴教寺重修过程中，兴教寺寺僧担心手工业工匠内部因工资纠纷久拖未决而影响到工程的施工，遂密请官府干预，导致为首的8名手工业工匠遭笞责。事后，工匠获悉招致官府介入的是寺僧，遂记恨于后者，并通过停工来报复寺院。

---

[1]《新报》光绪三年（1877年）七月二十九日，转引自彭泽益主编：《中国工商行会史料集》（下册），中华书局1995年版，第694~695页。

二、手工业者与牙人牙行的纠纷

在封建社会，牙行在交易中起着"评物价""通商贾"，代封建官府统制市场、管理商业的作用。牙行经营是一种封建特权，牙户开设牙行，首先要向地方官府领帖，缴纳牙税，有"官给印信凭簿"，每月将"作坊主住贯姓名、路行字号，货物数目"登簿，送官府查照。这种牙户称"官牙"。他们"取（牙）用为养赡之资"，有代官府征税之职责。他们只在市场交易中充当买卖双方之中介，并不从事商品的贩运，亦不垫付资本，以向买卖双方抽收佣金为主要收入。牙行分上、中、下三等，按等级向官府缴纳牙帖之帖费及年税。当然，也不乏那些无帖"私牙"的存在。如苏州的酒行，就有官牙和私牙的竞争。官牙领帖"代客销售，因被无帖私牙领卖短减"。为了抵制私牙"欺隐霸抗"，酒业成立了醴源公所，并规定今后"须凭官牙较准公□交易"，"每□置酒五十八斤"，"无□设即属私牙"。[1] 清代乾隆年间就一再宣布"一切牙行脚夫，把持垄断，久奉禁革"，但牙行把持垄断的情况仍然层出不穷，使买卖双方不能自主。例如，织席机户，"每投牙销售，任其抽用，而各镇各牙搀搭禁钱，高抬洋价，明则抽用，暗则射利"，抽用比"昔年增加数倍"。[2]

牙人牙行在城镇市场交易中处于统治地位。如《安亭志》所称："市中贸易必经牙地，非是市不得鬻，人不得售。"外地手工业者将产品卖到某一个地方，通常做法是将货物整批卖给牙行，或由牙行代售；外地手工业者在本地收购生产原料，通常也是通过牙人来进行。牙人牙行在交易中也是一个中间人，既是商人、官府收购产品和手工业者收购生产原料的代现人，又是相当一部分手工业产品的销售者。他们的触角伸至穷乡僻壤，在各村市镇建立据点，发挥"包买主"的作用，散布于农村市场上的各个角落。牙人的收益，一般而言是分摊商品利润的一部分，因而与手工业者之间存在着利害矛盾。随着手工业经济的发展，牙人牙行常凭借官府颁发之牙帖，垄断交易，把持市场，任意上下，百般克扣，对生产者来说，无疑是一种额外的沉重负担，使他们之间因利害冲突而对立。

---

〔1〕 道光二十四年（1844年）《醴源公所议定公□勒石永守碑》。

〔2〕 同治十三年（1874年）《严禁席行买卖草席克扣病民碑》。

从总体上看，手工业者与牙人牙行之间的纠纷在形态和原因上仍属于与行际纠纷相似的"市场诱发型纠纷"，但更具体的原因则在于一方当事人的垄断、勒索、讹赖等违反行规行为。手工业者对于牙人牙行的垄断之举，主要的应对方法是通过官府谕令，禁革牙行借端需索、有司滥发牙帖等弊端。例如，在光绪二年（1876年）二月发生山西的"私牙单锡朋抽用铅锡铜行案"中，受害人铜铺牛根林就是采取借助官府颁发谕令的方式予以解决的：

> 钦命南城察院晓谕事：本年二月初十日都察院札文，据山西民人牛根林呈控单锡朋恃伊胞兄单文升系六品军功，与粮□□□□□交发给牙帖，领帖告示，令铅锡铜行商贩人等抽用等情，是否属实，亟宜讯明，遵照比例□□□□□，应抄录原呈并原告，札交南城秉公办理等因。（略）据锡朋供认充当经纪，呈验牙帖。当即饬令单锡朋将牙帖自行缴销，并谕令牛根林等□□□□□紧开门。复经屡次提讯，据单锡朋供称，现因抽收牙用铜觔增价，该铜铺均各歇业。我不□□□□愿当堂缴销牙帖来转咨顺天府告退经纪等语。质之牛根林等，均各允铜行，一得开门，分别□□□结完案。并修文将单锡朋牙帖，移送顺天府，转饬查销在案。咨准顺天府复称：前准贵察院移称，□据都察院札文，牛根林呈控单锡朋等抽收铅锡铜牙用，……按当将原帖执照，分别札文交查销去后。兹据藩司将原帖查销，详报卖铅锡铜觔，务各遵照定例，……毋许霸开总行抽收牙用，致滋事端。倘有不肖之徒，霸持□夺，……私立行规等弊，或被人首告，或经本院访闻，定行从严惩办，决不宽贷，毋谓言不早也。[1]

在本案中，单锡朋挟势私开牙行，私制牙帖，勒索铜铺牛根林等人，并导致铜行抗议，遂闭门歇业。为此，牛根林向都察院呈控单锡朋，后者亦对其违法行为供认不讳。为杜绝此类事件再次发生，南城察院除勒令单锡朋缴销牙帖外，还发布谕令，严禁私立牙行。

为固化解纷成果，牛根林等铜铺受害人还将此事抄件传知同行，以儆效尤之徒：

---

〔1〕"炉圣庵碑"〔光绪二年（1876年）七月〕，载彭泽益选编：《清代工商行业碑文集粹》，中州古籍出版社1997年版，第3~4页。

窃谓裕国课而安……，道贵并权，假公令以济私图，法难姑贷。我铅锡铜行商贩人等，在京交易者不啻千万，向来购买铜觔，祗在崇文门外税务司处纳税，并无吏胥扰累，牙税抽用，是以……工匠得谋其生。数百年来，日新月盛，熙往攘来，群相庇于化日光天之下，日深年久也。乃于光绪二年正月间，突有宝丰大炉厂单锡朋，攒买牙帖，冒充经纪，添设重税。彼时单锡朋曾邀我行同众面议，凡铅锡铜觔，无论或买或卖，具按三分抽用。贫资者，指头微利，所获几何？奉于官者，原有定例。抽于牙者，向无此项。其时诸行友，未遽应允。越数日，而督粮厅陈公出示晓谕，令铅锡铜觔，一体纳用。传闻之下，众志惊惶。致都中铜局，一概闭门歇业者，数月有余。于是大铎村铜铺牛银林激于公愤，呈控都察院唐大人案下。经京畿道监察御史齐、刘二位大人讯明情由，札交南城察院王大人秉公办理。王玉芝、牛银林、冯永贞情愿咨部大人公断，随集人证。伊公称认私添牙用。古□□□□明情弊，单锡朋将牙帖缴销，我行一律开门。又蒙出示晓谕，铅锡铜觔务各遵照定例，毋许霸开总行，抽收牙用，致滋事端云云。[1]

三、手工业者与商人的纠纷

在手工业者与手工行业外部之间的纠纷中，与商人之间的纠纷较为常见。如发生于清同治十一年十月的"沙船商控舱霸强揽修缝案"：

据船号众商巨顺享、郁森盛、桑锦记等禀称：切商等均业沙船，南北贸易、并承运粮米。查沙船上坞修理舱缝一事，最关紧要，稍或粗懈即有发漏等弊。向来舱缝工匠，皆凭船主自择，从无把持等事。匠作巴图主顾，自能认真修舱，坚固可靠。讵料近来船匠每有硬揽生意，恃强霸舱之事。倘船主固所舱欠坚，欲换他匠，辄敢纠众争夺，斗殴滋事，以致另换之匠，不敢承修，耽误时日。如其不换，则又潦草粗率，不顾利害，难免意外之虞，伏念沙船放洋贸易，出入风涛，修舱之工拙，实合船身命与合船货物所关。迩来承运粮米之责，更宜慎重。似此硬揽把持，霸舱贻误，若不禀求出示严禁，

---

[1] "炉圣庵碑"[光绪三年（1877年）二月]，载彭泽益选编：《清代工商行业碑文集粹》，中州古籍出版社1997年版，第4~5页。

窃恐刁风日炽，互相效尤。有误于贸易，即有误于运务等情到县。[1]

在本案中，在修理舱缝业中，旧例是沙船主自择舱缝匠。但一些舱霸破坏旧例，硬揽生意，纠众争夺，引发了船主与舱霸之间的纠纷。为此，沙船主请求县府出面严禁。

手工业者与商人之间的其他纠纷见附表2-4"近代中国手工业者与商人之间的纠纷"。由表所示，从纠纷的主体来看，主要有以下纠纷类型：一是制衣业与商人之间的纠纷，如附表2-4中的12，占4.3%；二是食品业与商人之间的纠纷，如附表2-4中的2、3、20，占13%；三是当地各业与商人之间的纠纷，如附表2-4中的4、5、6、8、9、10、14、15、16、17、18、21，占52.2%；四是装饰业与商人之间的纠纷，如附表2-4中的11、13，占8.7%；五是制碱业与商人之间的纠纷，如附表2-4中的1，占4.3%；六是裁缝业与商人之间的纠纷，如附表2-4中的7、19，占8.7%。以上统计表明：首先，全社会性的中国民众与华洋商人的纠纷占很大比重；其次，食品业紧随其后。从纠纷的客体来看，几乎都是国人对洋货的共同抵制。

综合上述个案及附表2-4两种分类标准所得出的纠纷类型统计情况，可以发现，手工业者与华商之间的纠纷体现在市场占有方面，属于经济类的"市场诱发型纠纷"；与洋商之间的纠纷基本上体现在对洋货的抵制方面，属于典型的"政治诱发型纠纷"，具体的原因在于国人对民族自尊的捍卫。与前述对行内市场诱发型纠纷的分析相似，此种诱因已经具有深厚的国际背景，并且可以合理地假定，只要遭外国强权欺凌的境况存在，此种纠纷就只能是有增无减。

四、手工业者与官府的纠纷

在慈善救济中，官府认为民间社会捐输是天经地义的事情，手工业社会也表面上认为事关善举义不容辞，但事实上捐输时并不总是那么心甘情愿。所以，官府往往指派甚至逼迫手工业者捐款，而手工业者却是能拖则拖，能赖则赖，能少缴则少缴。如1907年永定河水患发生后，直隶总督袁世凯曾

---

〔1〕《申报》同治十一年（1872年）十月二十日，转引自彭泽益主编：《中国工商行会史料集》（下册），中华书局1995年版，第684页。

"传谕"天津商会总理"劝募赈款，散放急赈，以补官款之不及"[1]。

手工业者与官府间因捐税等而引发的纠纷情况如附表2-5所列。从纠纷的主体来看，主要有以下纠纷类型：一是木工、漆工、水泥工与官府之间的纠纷，如附表2-5中的5、7、9、11、12、20、21，占31.8%；二是酒坊、茶工与官府之间的纠纷，如附表2-5中的1、6，占9.1%；三是铜铁业与官府之间的纠纷，如附表2-5中的10，占4.5%；四是地方各业手工业者与官府之间的纠纷，如附表2-5中的2、3、4、8、9、14、17、18、19，占40.9%；五是盐业与官府之间的纠纷，如附表2-5中的13、15、16，占13.6%；六是锡箔业与官府之间的纠纷，如附表2-5中的22，占4.5%。以上统计表明：首先，传统手工业与官府之间的纠纷较为普遍；其次，新兴手工业与官府之间的纠纷比较少见；再次，手工行业与官府之间的政治性因素的纠纷在地方各行业中带有普遍性；最后，手工业社会与官府之间的纠纷多呈现出群体性的特点。

从纠纷的客体来看，主要有以下纠纷类型：一是捐税纠纷，如附表2-5中的1、3、4、5、6、9、15、16，占36.4%；二是物价纠纷，如附表2-5中的7、8，占9.1%；三是政治纠纷，如附表2-5中的10、11、12、18，占18.2%；四是工资纠纷，如附表2-5中的14、17、20、21，占18.2%；五是待遇纠纷，如附表2-5中的17、19，占9.1%。上述统计表明：捐税、工资和政治性因素是近代中国手工业社会与官府之间纠纷的主要内容。

综合上述两种分类标准所得出的纠纷类型统计情况，传统手工业者与官府之间的纠纷多体现在捐税和工资、物价、待遇等经济利益方面，属"经济诱发型纠纷"。但受五四运动、新文化运动和新兴政治精英的影响，手工业者与官府之间的纠纷在五四运动之后带有一定的政治色彩，如附表2-5中的10、11、12。有手工业者参与的全民性反对政府举动，属"政治诱发型纠纷"。

本章小结：近代中国手工业社会纠纷中，从纠纷的主体范围来说，主要体现在其内部，既有行内纠纷，也有行际纠纷，前者多发生于劳资之间，后者常见于行坊之间；相对来说，手工业者与手工行业外部之间的纠纷也即涉外纠纷较少，且与商人、官府之间的纠纷多；手工业社会的内部纠纷中，又主要体现在同一行业内部，不同行业之间的纠纷较少。从纠纷的客体来说，

---

[1] 天津市档案馆、天津社会科学院历史研究所、天津市工商业联合会：《天津商会档案汇编（1903-1911）》，天津人民出版社1989年版，第2152~2153页。

手工业社会内部的行内纠纷主要体现为劳资之间的工资纠纷，行际纠纷则基本体现在业务市场和产品价格方面；在手工业者与手工行业外部的涉外纠纷中，与商人间主要是市场占有和全民性抵制洋货方面，与官府间主要体现为经济权益和政治愿望的群体性诉求。从纠纷的类别来说，行内纠纷属"经济诱发型"，行际纠纷属"市场诱发型"，涉外纠纷则既有"市场诱发型"的，如手工业者与牙人牙行之间的纠纷，也有"经济诱发型"与"政治诱发型"兼而有之的，如手工业者与商人之间的纠纷（与华商之间多属"经济诱发型"，与洋商之间多属"政治诱发型"）和手工业者与官府之间的纠纷（五四运动前多属"经济诱发型"，之后多属"政治诱发型"）。

第三章

近代中国手工业社会的解纷主体

解纷主体是指基于维护权益、息事宁人的理念，为消灭、缓解和控制纠纷，参与解纷活动的个体、集体或其他组织。经过对有关史料的分析与梳理，笔者发现近代中国手工业社会对其内外纠纷进行解决的主体有作为当事人的手工业者和手工业行会、手工业同业公会、手工业者工会等手工业组织。在下文中，笔者将从解纷主体属性的角度对近代手工业社会内外纠纷的解决者予以分析，当然主要是以手工业社会内部纠纷为分析模本。

第一节　作为当事人的手工业者

当纠纷发生时，作为当事人的手工业者首先可能想到的是依靠自身的力量去解决，即所谓的"个体的自力解决"。在这里，笔者不讨论此种个体自力解纷的模式，而仅通过史料概括出此种解纷模式中既是当事人又是解纷者的手工业者的一些属性和特征。

手工业社会内部的纠纷多与手工业者有关，他们通常难以置身事外；手工业社会与外部社会之间的纠纷也常与手工业者有关，他们通常作为当事人之一出现。作为当事人，手工业者身陷利益的纠葛；作为解纷者，他们不得不进行利益权衡，谋求以最小的成本获取最大的利益，并最终消灭纠纷。当然，对发生在行业内外的纠纷，从理论上讲绝非个人私事，但在作为当事人的手工业者主要以己力解纷的场合，毕竟有别于行业组织（指行会、公会和工会）出面解纷的场合。

从史料上看，作为当事人的手工业者依凭己力所解决的主要是限于本行业内部的纠纷，即手工业者与同行或行业组织之间发生的纠纷。当然，在解纷过程中，作为当事人的手工业者通常不会仅凭单个人的力量解纷，他们必须联合起来，形成一股强大的社会力量才能最终解纷。退一步讲，那些仅凭单个人力量解纷的案例通常也无法吸引舆论的眼球，从而没能被反映在史料中，我们自然也无从获知。由此，笔者将作为当事人的手工业者充当解纷主体的情况概括为"集群式解纷者"，并且假定，"此种集群式解纷者随着近代工业化进程的推进将最终向团体式解纷者发展"。同时，笔者的这一假定也符合传统行业在向近代行业转变过程中由无组织向有组织发展、由自发维权向自觉维权发展的规律。

作为当事人的手工业者个体联合起来解决行业纠纷的案例在近代中国俯拾皆是，且社会影响重大。例如1934年的上海银楼业，"减薪风潮，连日双方调解"[1]，"外作工人风潮，要求恢复三六制，经数度交涉无效"[2]，"外作工人，反对克扣工资怠工后，经自行谈判无效，是日有工人姚鑫荣等十二人，于大东门银楼公所，实行绝食"[3]。同年的上海银炉业，"公估两局工人失业纠纷，经劳资双方最后商讨，得有结果解决。资方发给救济工人生活费二万元，由工人代表金家茂等领取，依照工人失业团登记发给，分为每名三十元、二十元、十元三等发给"[4]。在这里，纠纷在当事人——劳资双方的协商下得到有效解决。在近代中国，当事人通过协商解纷的不少，如"上海各号阳伞业工潮，新大陆等二十余家，经直接交涉了结，是日复工"[5]。

附表3-1"近代中国手工业社会解纷主体之一：作为当事人的手工业者"所列体现出了以下几个特点：一是第一解纷主体均为当事人，当然是个体之集合。二是当事人最先考虑的解纷方式是协商，同时辅之以群体暴力。三是解纷效力低，甚至是零。四是纠纷均属于同一性质行业内部，其中属工匠与工匠之间纠纷的有6、13、15、17、18，占20%；属工匠与工头之间纠纷的有

---

〔1〕《劳动季报》1934年第1期，第232页，转引自彭泽益编：《中国近代手工业史资料（1840-1949）》（第3卷），中华书局1984年版，第603页。

〔2〕《劳动季报》1934年第1期，第240页，转引自彭泽益编：《中国近代手工业史资料（1840-1949）》（第3卷），中华书局1984年版，第603页。

〔3〕《劳动季报》1934年第2期，第207页，转引自彭泽益编：《中国近代手工业史资料（1840-1949）》（第3卷），中华书局1984年版，第603页。

〔4〕《劳动季报》1934年第1期，第234页，转引自彭泽益编：《中国近代手工业史资料（1840-1949）》（第3卷），中华书局1984年版，第604页。

〔5〕《劳动季报》1934年第2期，第215页，转引自彭泽益编：《中国近代手工业史资料（1840-1949）》（第3卷），中华书局1984年版，第605页。

2、7、8、9、10、12、22、23、24，占36%；属行业组织与其成员之间纠纷的有1、25，占8%；属劳资之间纠纷的有4、5、11、14、16、19、20、21，占32%；属工头与工头之间纠纷的有3，占4%。以上纠纷统计情况表明，在当事人作为解纷主体参与解决的纠纷中：首先，工匠与工头之间的纠纷较为普遍（占36%）；其次是劳资之间的纠纷（占32%）；最后是工匠之间的纠纷（占20%）。由此，笔者的一个初步结论是，集群式解纷者最倾向于采取"先礼后兵式"的"文武解纷方式"，而且易于导致暴力解纷，且矛头往往首先指向其直接压迫者（如工头）。当然，这一结论后半部分的限定条件是，此时处于转型中的手工业者的组织化程度比较低。

第二节　手工业行会

如前所述，在近代中国，解纷是手工业行会的职能之一。本书在此将对作为解纷者的手工业行会的一些属性和特征予以集中阐述。通过研读史料，笔者发现：

首先，解纷是很多行会的成立初衷。手工业行会，"或因某行至某时同行者人数渐多，同行之事务和纠纷须有人解决，或同行间之利益须共同维护，因而有组织的必要"[1]。"只要有行会组织的行业和地方，行会的强制力量必然存在并发生它应有的作用。"[2]"一切手工业者必须依靠行会的保障。……机匠的作坊同时也是行会的基本单位。机房殿即是行会，它一方面保护会员利益，一方面又有约束会员的作用。"[3]

其次，解纷是手工业行会的重要职能。虽然"行会的主要职能是限制行内和来自行外的竞争"，[4]同时，它还是一个联系感情、践行善举的组织，但是，"行会也是一个仲裁是非的机关，倘若行会成员不服行规，或彼此之间产

〔1〕萧远浚："昆明市28个商业同业公会的研究"，载李文海主编：《民国时期社会调查丛编》，福建教育出版社2004年版，第201页。

〔2〕郑天挺主编：《明清史资料》（下），天津人民出版社1981年版，第258页。

〔3〕郑天挺主编：《明清史资料》（下），天津人民出版社1981年版，第278页。

〔4〕王宏钧、刘如仲："广东佛山资本主义萌芽的几点探讨"，载南京大学历史系明清史研究室编：《明清资本主义萌芽研究论文集》，上海人民出版社1981年版，第464页。

生纠纷，行会就自行组成审理机构，予以审理"[1]。同行的人发生纠纷时，先由行会来仲裁，"各位同仁一致认为，倘若彼此有钱财纠纷，应提交行会集议仲裁解决"[2]，"行会是以平息纠纷为目的，总是大事化小，小事化无，非不得已时才予以惩罚，这样法院里减少了不少的生意，也免了不少的事"[3]。"凡是有关本行业的重大事件，由会馆集会公议，以调节同行业之间的各种矛盾。会馆的出现，表明工商业者已经从作坊和作坊、铺户与铺户之间的竞争，发展到依靠会馆组织调节本行业的内部矛盾，引用集体力量维护同行或同乡在市场上稳操胜算。"[4]不仅如此，行会通常还会替会员出头解决会员与外部社会之间的纠纷。"如果遇到官吏的勒索、枉曲的诉讼和顾客的争议，加入行会者可以指望行会施以援手，而未入会者，则处于孤立无援折境地，只靠个人的力量不足以应付外来的欺凌。"[5]

最后，解纷也是行会负责人（理事、董事）的主要职能。行会的最高职员是理事，通常被称为董事。其对内的职责除了监理行会的一般事务（如银钱的出入及善举的办理），最主要的就是在会员间发生纠纷时为之和解仲裁。"会员相互间在工商业上发生纠纷时，须由会馆董事仲裁；事情重大者，更召集全体会员来公同评判是非曲直，以处理之。"[6]而其对外的职责则主要是在与政府或其他团体交涉时，董事代表行会去折冲其间。行会会员与外界的争执由董事出头谈判，诉讼时也是一样。[7]也就是说，行会的代表是董事，而董事在处理内外事务时也是以行会的名义来进行的。"于是会馆事务，悉归号商经理"[8]说的就是此意。又如"正乙祠公议条规"所述："行中有事，必

---

〔1〕　高其才：《多元司法：中国社会的纠纷解决方式及其变革》，法律出版社 2009 年版，第 67 页。

〔2〕　转引自［英］S. 斯普林克尔：《清代法制导论——从社会学角度加以分析》，张守东译，中国政法大学出版社 2000 年版，第 117 页。

〔3〕　戴嘉祺："昆明市帽业行会及其手艺人的研究"，转引自李文海主编：《民国时期社会调查丛编》，福建教育出版社 2004 年版，第 438 页。

〔4〕　洪焕椿："论明清苏州地区会馆的性质及其作用——苏州工商业碑刻资料剖析之一"，载《中国史研究》1980 年第 2 期，第 13 页。

〔5〕　王翔："近代中国手工业行会的演变"，载《历史研究》1998 年第 4 期，第 69 页。

〔6〕　全汉升：《中国行会制度史》，百花文艺出版社 2007 年版，第 113 页。

〔7〕　全汉升：《中国行会制度史》，百花文艺出版社 2007 年版，第 104 页。

〔8〕　"重修商船会馆碑记"［光绪十八年（1892 年）］，载彭泽益选编：《清代工商行业碑文集粹》，中州古籍出版社 1997 年版，第 84 页。

须告请当年会首。若事关重大，实系不公不法，值年会首出知单，传请通行，到馆公评"，"现年会首，一岁之内，大小事件，务要相闻。殿宇墙垣，应修应补，不时巡察。及守祠之人，若容留匪类，甚至酗酒呼卢，或罚或黜，俱要当年裁夺"。[1]

上述所举史料表明，行会内发生纠纷时，首先要在行会内解决，并尽可能在行会内得到了结，不能直接诉诸官府。"会员若不把纷争案件交与会馆办理，而一开首就直接诉之于法庭，那会馆便要处罚他。又，会员与外界发生争执时，必先诉之于会馆，由会馆为之出头处理，以免孤单软弱地被人欺负。"[2]可见，行会作为"团体式解纷者"具有维护本团体自治和成员权益的自觉倾向，但其前提条件是行会的传统组织形式和权威力量未受近代商会、工会等的侵蚀。

手工业行会在同业纠纷的解决中始终发挥着其应有的解纷主体作用。如见于民国三年（1914年）的"靴鞋行财神会碑文"所载：

考我行自前清咸丰年间，当十大钱流通市面，银价日昂，因之，缝、尚、切、圈、排五行工人，每年借此增价，则各号受其累者固已久矣。后经商君瑛约会同行人等，设立靴鞋行财神会，为行中会议公事之所。当时在会者二十余家，不在会者约有百家。然缝、尚者每增价时，必先要求在会者，如不允则罢工；其不在会者，做活如故。至于会者，恐生意之停滞，不得不俯允其增；而不在会者，随亦一律增之。缝、尚者既如此，而切、圈、排三行之工价，亦遂因此而增焉。所以后开之新号，皆不欲入会也。至光绪八年，缝、尚工人又有齐行罢工之举。本行绅商傅君养园，见此情形，不忍坐视，以为屡受工人之挟制，不能不设法维持。因与会中各号商议，分为四路，外东、外西、内东、内西，即分往不在会之各号，婉言劝导，以明利害相关之故。且言：愿入会者，请与二十八日，在天福堂面商一切。至日，各号毕集，幸皆踊跃从公；其不在会者，由是而尽入会矣。前后共计一百二十家之数。至于议论增价之事，公同商酌，务筹以对待之方。遂议定由四月初一日，新入会者概不发活。且公推外东隆庆郝君恭谨、外西大安鲁君国兴、内东天兴韩

---

〔1〕"正乙祠公议条规"〔康熙六十年（1721年）七月〕，载彭泽益选编：《清代工商行业碑文集粹》，中州古籍出版社1997年版，第35、36页。

〔2〕全汉升：《中国行会制度史》，百花文艺出版社2007年版，第113页。

君清麟、内西三顺王君清泉等四人，联名在中城司控告合美会。夫合美会者，即缝、尚工人所立之会也。……〔1〕

本案乃劳资双方在加薪问题上之争。代表资方的财神会为抑制劳方一再以罢工相要挟之举，在派代表分头做劳方思想工作——"婉言劝导，以明利害相关之故"——的同时，联名控告劳方（其组织为"合美会"），借助官府"出示晓谕，……不许合美会人拦阻"，最终实现"自息讼而后，二十二年之久，未起争端"的目标。这里，作为本案中纠纷的解决主体，财神会的作用彰显无遗。

第三节　手工业同业公会

手工业同业公会是手工业者的行业组织。同业公会按照民国二十七年（1938 年）之规定，分为三种，即工业同业公会、商业同业公会、运输同业公会。同业公会的前身是行、帮等行会组织。本书所述之同业公会专指工业同业公会中的手工业同业公会。一般来说，除由"行"或"帮"演变而成为同业公会外，其余"系遵照国民政府公布之《人民团体组织法》组成之"，这些新起的公会，"则均称为'某某业同业公会'"。

根据同业公会业规精神，在纠纷发生后，该业同业公会是解纷的主体。据李为宪先生所做的调查，同业公会的一项基本工作就是处理纠纷。〔2〕如民国二十七年（1938 年）二月五日由昆明市商会审查修正的"昆明市木箱业同

---

〔1〕　彭泽益选编：《清代工商行业碑文集粹》，中州古籍出版社 1997 年版，第 15~16 页。

〔2〕　同业公会"各业纠纷以'勾师'（又称'刁师'）、'拐徒'（注：所谓勾师拐徒，即是甲店所雇用的技师，或所招收的学徒，于未解雇或未满期以前，被乙店设法雇去，或诱去做工，不通知甲店主人期间不论长短，均一律名勾师拐徒。参见郭士沅："昆明市 12 个同业公会调查"，载李文海主编：《民国时期社会调查丛编》，福建教育出版社 2004 年版，第 372 页。）为多。'勾师'即甲会员勾引乙会员所雇用之客师，使某客师辞退乙会员的雇请来接受甲会员的雇请，即是使某客师不为乙会员工作而为甲会员工作。勾引的方法，不限于甲会员直接进行。'拐徒'即拐引同业的学徒，使其离开原来就学之商店另行就学于旁的商店"。（李为宪："昆明市 12 个同业公会调查"，载李文海主编：《民国时期社会调查丛编》，福建教育出版社 2004 年版，第 289 页。）"有时会员间因买'黑货'（注："黑货"即学徒、客师偷出来卖的货物，其价当然低廉。）而起纠纷。""此外营业方面，如卖价过低，不足他家成本，也容易发生纠纷"等也需要同业公会出面来解决。（李为宪："昆明市 12 个同业公会调查"，载李文海主编：《民国时期社会调查丛编》，福建教育出版社 2004 年版，第 289 页。）

业公会业规"就有这样的规定："凡经营本业者，无论会员或非会员，应得恪遵本业业规，如有违背者，得由会议处"，"凡同业制造之木箱，务须工坚料实，由会审查始得售卖，并由公定标准价值，不得任意滥价，亦不得高抬蒙混"，"同业如系合伙者，应先将其合约抄送本公会备查"，"同业如有变更牌号或迁移地址，或宣告停业，均须报告本公会备查"，"同业会员雇退客师须双方立约，订明期限工资，邀请同业会员证明，批载簿记。在雇约期内务须照约实行，不得中途辞退，如有特别原因，或双方不能相处时准予解约，并须报请本公会备查"，"同业会员招收学徒，须由介绍人负责向本公会领取师约"，"同业不得刁师拐徒，离间引诱，一经查实，提会议处"[1]。"会员有选举权、被选举权，会员间的买卖争夺、刁师拐徒及一切纠纷，亦得请求公会处理，请求须用书面，不报不理"[2]，"本会以'维持增进同业之公共福利及矫正弊害'为宗旨（业规第二条），处理会员间的纠纷，如刁师拐徒之类，当然是主要的工作"[3]，"勾师拐徒都是开会处理"，"勾师拐徒一切纠纷可请公会处理"[4]，"会员间之纠纷、债务以及'勾师''拐徒'，均可报告公会为之调解"，"本会的主要工作为调解会员间的纠纷。以历年的情形观之，结果尚好"，"同业发生纠纷向公会申请时，由委员过半数开会解决"，"会员因业务或会员间发生纠纷，可申请公会解决，但双方须具书面报告，否则不理。会员营业欺哄，有人报告，公会要予干涉"[5]。"勾师拐徒之纠纷，因而发生。负解决之责者，为执监联席会议。"[6]

又如昆明市打锡业商业同业公会，"会员发生欠债、勾师吵嘴等纠纷，得报

---

〔1〕 李为宪："昆明市 12 个同业公会调查"，载李文海主编：《民国时期社会调查丛编》，福建教育出版社 2004 年版，第 311~312 页。

〔2〕 李为宪："昆明市 12 个同业公会调查"，载李文海主编：《民国时期社会调查丛编》，福建教育出版社 2004 年版，第 313 页。

〔3〕 李为宪："昆明市 12 个同业公会调查"，载李文海主编：《民国时期社会调查丛编》，福建教育出版社 2004 年版，第 315 页。

〔4〕 李为宪："昆明市 12 个同业公会调查·昆明市籐器业商业同业公会"，载李文海主编：《民国时期社会调查丛编》，福建教育出版社 2004 年版，第 319 页。

〔5〕 李为宪："昆明市 12 个同业公会调查·昆明市籐器业商业同业公会"，载李文海主编：《民国时期社会调查丛编》，福建教育出版社 2004 年版，第 326~327 页。

〔6〕 郭士沅："昆明市 12 个同业公会调查·昆明市丝线业商业同业公会"，载李文海主编：《民国时期社会调查丛编》，福建教育出版社 2004 年版，第 418 页。

由公会处理"[1]；铜器业商业同业公会，"会员间之纠纷、债务以及'勾师''拐徒'，均可报告公会为之调解"[2]；裱画业商业同业公会，"会员因业务或会员间发生纠纷，可申请公会解决，但双方须具书面报告，否则不理，会员营业欺哄，有人报告，公会要予干涉"[3]；打铁业商业同业公会，"同业不得刁师拐徒，一经查实，提会议处"，"同业会员如违反本业规，得提会议处"[4]。

可见，同业公会处理的纠纷主要有雇佣纠纷、定价纠纷、诈骗纠纷和债务纠纷等，可以说涉及同业公会内部的方方面面。它作为团体式解纷者的情形与行会虽然在外观上相似，但作为一种新的行业组织形式，具有与行会不同的组织能力、动员能力和解纷能力。一句话，同业公会已经具有了若干与工业化、数目化、法治化相联系的"近代性"特征。

对于手工业同业公会的解纷主体角色，我们从下例民国时昆明市木箱业商业同业公会受害人丁寿安向同业公会送呈的"声请书"中便可知概略：

具声请人丁寿安，年45岁，原籍通海，现住昆明市维新街72号，职业木活，为倒（捣）乱制陷，据此各情，恳请开会主持妄为，以禁欺弱事。情因昨经新华号前来找做药材木箱，彼此买卖，业已数年，岂料物质价高，商之意见既经买价高昂，理合两与加点。殊知即被同行人陈全保探隙情形，不惟赓照我价，反敢将价减少，以致争夺卖。似此无理破坏行规，一致接踵效尤，其不但于我个人吃亏，而生活何以为倚，即同行一般人等，亦被其该恶奸谋之害，结果视若奈何。惟有上项情形，声请主持办法，以维同行谋生计，实沾铭感，为此倒（捣）乱实在等情，谨呈同业公会主席余公鉴。

　　　　　　　　　被告人陈全保（住金碧路公园对门）

　　　　　　　民国28年2月10日具声请人丁寿安印[5]

---

　　[1]　李为宪："昆明市12个同业公会调查·昆明市打锡业商业同业公会"，载李文海主编：《民国时期社会调查丛编》，福建教育出版社2004年版，第341页。

　　[2]　李为宪："昆明市12个同业公会调查·昆明市打锡业商业同业公会"，载李文海主编：《民国时期社会调查丛编》，福建教育出版社2004年版，第327页。

　　[3]　李为宪："昆明市12个同业公会调查·昆明市裱画业商业同业公会"，载李文海主编：《民国时期社会调查丛编》，福建教育出版社2004年版，第330页。

　　[4]　李为宪："昆明市12个同业公会调查·昆明市裱画业商业同业公会"，载李文海主编：《民国时期社会调查丛编》，福建教育出版社2004年版，第336页。

　　[5]　李为宪："昆明市12个同业公会调查·昆明市木箱业商业同业公会"，载李文海主编：《民国时期社会调查丛编》，福建教育出版社2004年版，第314~315页。

这份"声请书",虽然文字欠通,别字盈篇,笔者却一字不改地录在上面,以存真实。由"恳请开会主持妄为""声请主持办法""谨呈同业公会主席余公鉴"可知,同业公会在这起纷争的平息过程中,地位举足轻重。相关资料表明,经同业公会的从中调处,这起纠纷最终的处理结果是:这件木活"生意"仍归丁寿安照原价承做。

第四节 手工业者工会

手工业者工会是民国时期依法成立的法人组织,其活动有法律依据,也受法律保护。根据民国十三年(1924年)十一月国民政府颁布的工会条例,"第三条 工会与雇主团体立于对等地位。于必要时,得开联席会议,计划增进工人之地位及改良工作状况,讨论及解决纠纷或冲突之事件"。[1]依据该条例,工会的职责共有13项。其中涉及解纷职能的有两项:"(九)调解会员间之纠纷。(十)关于工会或工会会员对雇主之争执或冲突事件,得对于当事者发表并征集意见,或联合会员作一致之行动,或与雇主之代表开联席会议执行仲裁,或请求主管方面共推第三者参加主持仲裁,请求主管行政官厅派员调查及仲裁。"[2]由此可见,工会的解纷职能是有法律依据的。

手工业者成立自己的工会组织,旨在维护自己的权益。"查北平工会组织最重要之目的,为促进工人生活之改善。换言之,即求提高工人地位,减少工作时间,增加工资等项。"[3]因此,为解决工人问题,成立工会极为重要。"湘潭靴鞋业工人,生活颇为困难,其代价亦较省方低微,但各店经售之货物,其值则较省方高昂。仅二三年,各店主多一变而为便便大腹贾。工人胼手胝足,日获不过二三角。自知无团结精神,致受虐待若此,乃于本年十月,组织履鞋工会。"[4]"据调查所得该业(指纹制业,笔者注)职工,并杭垣、

---

〔1〕 于恩德:"北平工会调查",载李文海主编:《民国时期社会调查丛编》,福建教育出版社2004年版,第42页。

〔2〕 于恩德:"北平工会调查",载李文海主编:《民国时期社会调查丛编》,福建教育出版社2004年版,第43页。

〔3〕 于恩德:"北平工会调查",载李文海主编:《民国时期社会调查丛编》,福建教育出版社2004年版,第37页。

〔4〕 《国际劳工通讯》1937年第1期,转引自彭泽益编:《中国近代手工业史资料(1840-1949)》(第3卷),中华书局1984年版,第618页。

绍兴、湖州等处约共有二千余人，素无工会之设立，确实人数，颇不易稽考。平时因竞争营业，彼此削盘扣价，视为固然，同业初不问有若何之联络。去冬（1926 年）浙省宣布自治后，各业均纷纷组织工会，该业亦相继成立纹业工会，厘定章程，划一价目，设会于大东门纯阳庵巷云。"[1] 如上所述，工会的工作目标之一是解决劳资纠纷。

手工业者工会是劳资纠纷解决的重要主体。手工业工人成立工会后，要做的就是为工人利益与雇主交涉。例如，杭州锡箔业，1936 年经营者"共有四十六家，去年因市面不景气，资方乃有减少工资之举，上下每间原为二元二角二分，中间为一元二角一分，每间均减除二角，当时曾引起工人一致之反对。……本年箔销转佳，市面活动，锡箔业工人因向资方请求恢复旧有劳资协约（每间增二角），资方置若罔闻。劳工不得已提请杭州市总工会筹备会解决，本月七日曾由总工会筹备会召集劳资双方谈话，当时资方允于九日作完满答复。及期，仍一味延宕，全市五千三百六十余锡箔业打工，已于十日实行总罢工。……此次工人方面所提要求：一、恢复去年经市府裁减一成工资，二、将原有箔业公所，划出一部份房屋作为工会会所，三、由资方向工会会员扣取会费等三条件"。[2] 又如，杭州布业，"旧有团体，惟布店之资本家，立有布业会馆，为该业议事之所，布厂工人，迄未有团体之组织。至去冬（1926 年）因浙省政局变更，杭垣各布厂工人，亦有布厂之工会发起，嗣以浙省恢复原状，该会遂等虚设。至本年（1927 年）二月间，各工会均得公开办事，该会亦遂重行组织，改订会章，采用委员制，公选委员长及各委员"。[3] 杭州布业工人自工会成立后，即向厂方提出要求条件二十余条。[4]

手工业者工会是劳资冲突解纷结果的主要维护者。例如，1934 年的南京

---

〔1〕 "杭垣纹制工业之调查"，载《中外经济周刊》1927 年 8 月 6 日，第 25 页，转引自彭泽益编：《中国近代手工业史资料（1840-1949）》（第 3 卷），中华书局 1984 年版，第 261 页。

〔2〕《国际劳工通讯》1936 年第 12 期，第 175 页，转引自彭泽益编：《中国近代手工业史资料（1840-1949）》（第 3 卷），中华书局 1984 年版，第 617 页。

〔3〕 "杭州最近劳资间之交涉情形"，载《中外经济周刊》1927 年 7 月 2 日，第 12~14 页，转引自彭泽益编：《中国近代手工业史资料（1840-1949）》（第 3 卷），中华书局 1984 年版，第 261~262 页。

〔4〕 "杭州最近劳资间之交涉情形"，载《中外经济周刊》1927 年 7 月 2 日，第 12~14 页，转引自彭泽益编：《中国近代手工业史资料（1840-1949）》（第 3 卷），中华书局 1984 年版，第 262~263 页。

机缎业发生工潮后，"经党政机关调解了结，近日资方拟将调解原则推翻，工会乃派理事金品三等三人率领工人六十余，组织请愿团，向党政机关请愿"。[1]

工会解决劳资纠纷的主要利器是罢工、怠工等集体行动。现以民国十七年（1928）六月起至民国十八年（1929年）四月止这一时期北平几宗典型的手工业劳资纠纷解决中工会的作用为例来加以说明。有关纠纷之原因、经过、结果，列表如次：

表 3-1　手工业者工会作为解纷主体的几起案例[2]

工会	日期	经过	结果
平民习艺厂工会	12 月	因局长措施不当，反对局长	无结果
毯业工会	7 月 9 日	燕京地毯工人因待遇不良，要求改善而罢工。	总工会厂主工人协商完全复工。
毯业工会	11 月 30 日	永年地毯工人要求改良待遇，并请开除工组代表而怠工。	社会局劝导复工。
毯业工会	11 月 29 日	毯业工人全体请愿罢工七日，提出十三条：（一）恢复原来工眼寸码。（1）难活七寸。（2）小活七寸。（3）普通活九寸，（4）恢复剪工每五工加一工。（二）取消扣钱苛刻。（三）遇有新出花样，工眼寸码须与工会同订之。（四）开除工人、订定工厂新章程，须经工会同意。（五）休假初一、十五照常发给工资。（六）追	由社会局、市党部、工人代表、厂主协商除一、五、十三等项，余均妥洽。

---

〔1〕《劳动季报》1934 年第 2 期，第 214 页，转引自彭泽益编：《中国近代手工业史资料（1840-1949）》（第 3 卷），中华书局 1984 年版，第 604 页。

〔2〕资料来源：于恩德："北平工会调查"，载李文海主编：《民国时期社会调查丛编》，福建教育出版社 2004 年版，第 38~39 页。

续表

工会	日期	经过	结果
		出燕京以小秤出大秤收之扣款。（七）取消永年经纬制度。（八）改良宿舍及饮食。（九）拨给教育费。（十）扣除饭费以两毛为限，回家者得免之。（十一）杂毛照前例归工人。（十二）补发庆祝克复津东工资。（十三）停工期不得扣除饭费。	

从表3-2的解纷结果上看，尽管解纷过程也借助了社会局、市党部等外部力量，但仍是以工会为主，且以罢工、怠工等相威胁。"而各工会与雇主间，无不提出增加薪金，改良待遇之要求，其间有经仲裁手续，或双方磋商，互订协约者，亦有延搁未经妥洽者，其已订有协约者。"[1]可见，作为团体式解纷者，与前述群体式解纷者及行会、同业公会相比，其更倾向于采取罢工、怠工、请愿、协商等和平手段解纷。这也印证了前文笔者所提出的"组织化程度越高的手工业者越倾向于采取和平手段解纷"的假设。

从手工业工人的角度看，在与资方发生纠纷时，工会也是其首先求助的对象。"绍兴矸箔业工人，以各铺主屡减工资，请工会速向商铺交涉，增加工资，以维持生计"[2]，"上海银楼外作器皿工场，工人三百余，因各银楼业主将民国十七年所订工价，每件一元三角六分，内计业主二成，工人八成；近改换一律以八折发给；引起工人反对，经工会交涉"[3]，"在积善寺召开全体大会，到有各机关代表指导，议决办法五项如下：（一）原有三六工资，上次大会决议工人忍痛通过之二二，并减低饭金，板作□花工资减低二成，作主否认提出复议，请公决案，议决通过；（二）本会前聘之顾问傅宝林、陈瑞卿，及干事等，与工会规章不符，应一律撤消名义案，议决通过，并登报

〔1〕　彭泽益编：《中国近代手工业史资料（1840-1949）》（第3卷），中华书局1984年版，第258页。

〔2〕　《劳动季报》1936年第8期，第189页，转引自彭泽益编：《中国近代手工业史资料（1840-1948）》（第3卷），中华书局1984年版，第611页。

〔3〕　《劳动季报》1934年第1期，第230页，转引自彭泽益编：《中国近代手工业史资料（1840-1948）》（第3卷），中华书局1984年版，第602页。

声明；（三）恢复三六工资问题，推定代表，向党政机关请愿案，议决，推黄文斌等九人；（四）请愿后，限四天内，派员调解，如无结果，全体工友，一致怠工援助案，议决通过；（五）组织怠工委员会案，议决通过，推王小泉等五人为委员"[1]，随后"工会开第三次怠工委员会议，讨论事项二件及怠工纪律四条如下：（一）组织调查队，调查各作怠工情形，推定陶伯义，顾永泉，单鸿泉，金元寿，等二十人为调查委员。（二）资方汤兆能殴伤工友马阿福，经过调查确系事实，议决，警告汤兆能，并呈报党政机关。怠工纪律——怠工委员会昨发布怠工纪律如下：（一）怠工期内，未经过调解决定，工人不得私自复工。（二）会员破坏怠工纪律者应受群众公敌。（三）如有工贼走狗，被资方利用者，受怠工委员会严厉处置。（四）工友私自减资结账，一经查明者，永远开除会籍。（五）资方原有工资结算，工人自动怠工援助，亦受怠工委员会之命令"[2]，"上海牙刷工人，昨由工会派代表请愿，声称厂方不履行行例，暑天已过尚不恢复平素工作，减少工时之结果，仅使工人工资缩降而已"[3]。又如，"长沙市靴鞋业工人，因生计困难，在二十年协定之工资，被店主陆续减低，以致不能维持生活，已请求靴鞋工会，负责向同业公会提出恢复原价，靴鞋业公会函达工会，承认照现在工资稍为增加。工会接到此函后，复与该会各执委磋商，将二十年及现在工价互相比较，无奈相差太远。工会方面，为顾全环境艰难，及各贫小铺店起见，碍难满足工人之要求，决将工价根据现时生活环境，一再斟酌核低，务求平允。但以此为最后及最低限度之标准工资，决不能再予变更"[4]再如，"上海南北市纸裱作场工人，近因闸北严家阁路三一五号李鸿泰纸裱作故意多雇学徒，减跌工价，并分向各方兜揽生意，直接有妨碍全市纸裱作营业，间接影响全市工友生计。故该作工人群起不满，当经报告纸裱等职业工会交涉，要求将多雇

〔1〕《劳动季报》1934年第1期，第230页，转引自彭泽益编：《中国近代手工业史资料（1840-1948）》（第3卷），中华书局1984年版，第602~603页。

〔2〕《劳动季报》1934年第1期，第232~233页，转引自彭泽益编：《中国近代手工业史资料（1840-1948）》（第3卷），中华书局1984年版，第603页。

〔3〕八月二十二日N.C.D，《国际劳工通讯》1935年第12号，第115页，转引自彭泽益：《中国近代手工业史资料（1840-1948）》（第3卷），中华书局1984年版，第611页。

〔4〕《国际劳工通讯》1936年第12期，第176页，转引自彭泽益编：《中国近代手工业史资料（1840-1948）》（第3卷），中华书局1984年版，第617页。

之学徒予以解雇，并不得减低工价，……"〔1〕

本章小结：近代中国手工业社会有着自身活动的畛域，依一定的规则有序建构，形成了一个相对稳定的有机整体，具有相应的调控机制和社会功能。解纷是手工业社会组织的一个基本功能。从解纷主体属性的角度看，近代中国手工业社会的解纷主体有作为当事人的手工业者、手工业行会、手工业同业公会和手工业者工会，它们或独立行事或协同为之，共同致力于手工行业纠纷的解决。

---

〔1〕《国际劳工通讯》1936年第8期，第127~128页，转引自彭泽益编：《中国近代手工业史资料（1840-1948）》（第3卷），中华书局1984年版，第616页。

第四章

近代中国手工业社会的解纷方式

解纷方式也称解纷途径，是指解纷活动中主客体之间的中介和纽带，是纠纷解决的主体以一定的行为模式来解决纠纷的方法、举措和过程。[1]尽管有些纠纷能够通过当事人之间的妥协和谈判得到解决，但是由于纠纷的产生本身就意味着对立双方利益存在较严重的冲突，所以通过自力的方式达成妥协的困难通常比较大。因此，在绝大多数情况下，纠纷的解决需要有一个、数个个体或者机构以中立第三方的身份介入当事人之间的纠纷，通过斡旋、协调为当事人消除对抗性状态提供契机，或者直接作出强制性的决定以消除纠纷双方对抗性的状态。[2]可见，解纷的方式往往是多元的。附表2-1"晚清时期中国手工业社会的同一行业内纠纷"、附表2-2"民国时期中国手工业社会的同一行业内纠纷"、附表2-3"近代中国手工业社会的行际纠纷"、附表2-4"近代中国手工业者与商人之间的纠纷"、附表2-5"近代中国手工业者与官府之间的纠纷"、附表3-1"近代中国手工业社会解纷主体之一：作为当事人的手工业者"中出现的诸"解纷方式"就是最好的佐证。

第一节 手工业社会内部多元解纷

纠纷的发生是所有团体内部都必然存在的社会现象，不过手工业社会内纠纷的多发性及其复杂性在今天看来往往令人难以置信。相对于纠纷发生原因的多样性和纠纷过程的复杂性而言，手工业社会解纷的渠道并不是单一的，

---

[1] 参见公丕祥主编：《纠纷的有效解决——和谐社会视野下的思考》，人民法院出版社2007年版，第150页。

[2] 李章军："替代性纠纷解决程序之研究"，载《河北法学》2004年第12期。

而是多样的、多元的。在这种多元的解纷方式中，围绕着手工业社会纠纷的不同类型、纠纷争议的程度、双方当事人的关系、纠纷争议对象的严重性等，人们往往会选择更适宜的一种或者几种方式，而这种选择的过程往往也是手工业者在实现自身利益诉求过程中的"博弈"，其核心就是解决彼此间的纠纷而不问解纷的方式，这似乎也印证了中国民间社会中的普通民众所具有的一种朴素的"价值选择"。[1]从总体上看，近代中国手工业社会内部解纷的方式有当事人间自行协商、第三方调解、行内仲裁、借力制裁和自力救济等五种。

一、当事人间自行协商

协商是当事人之间解纷的一种惯用方式，主要体现为权益受损一方主动找另一方理论，力求双方达成和解，从而化解纠纷。在纠纷发生伊始，双方当事人往往会进行"理论"。权益受损一方，首先采用的做法往往是与对方理论，并试图阻止对方的侵权行为，而并非寻找双方都认识的第三方来调解甚或到官府控诉。很明显，受损方此举的目的是使对方终止侵权行为，维护自己或者公众的利益。例如，在下述发生于1936年4月的"广州牙刷业工人罢工案"中，劳资双方最终采取派代表协商的方式解决了纠纷：

广州市牙刷抿扫行工人，近因要求资方恢复原日工资定额，遭资方拒绝，发生纠纷。该行工人，已于本月二十一日实行罢工。二十三日召集全体工人开会应付，兹将各情探志如下：查制造牙刷行，全市共三十余家，工人三千余众。自社会不景气后，加以上海牙刷侵占市场，业务一蹶不振。工人制牙刷骨柄，原定工金是尾每百枚一元五角，三方每百枚二元，圆面每百二元，杏尾每百枚三元，珠榄每百枚三元，方樽每百枚三元，自销路呆滞后，各种工作工资已减至六七折之间。而工人方面，以社会生活程度日高，减工资后生活异常困苦，乃推出代表向资方请求，恢复九折之原额。二十日劳资双方代表开谈话会，资方只允照七八折之数，双方意见距离尚远，仍无结果。二十七晚劳资双方代表再度会议，结果双方已各让步。工人要求恢复工金，资

---

〔1〕 韩秀桃："明清民间纠纷的解决及其现代意义——以徽州法律文书为中心"，载何兵主编：《和谐社会与纠纷解决机制》，北京大学出版社2007年版，第109页。

方代表已答允一律恢复八折。惟工人代表，以是晚资方只系口头答复，乃于二十八日推派代表五人，分赴各家签字盖章，以为根据，各家亦已盖章承认。工人方面，乃于是日下午三时许，召集全体工友大会，报告交涉经过，工人已一致愿意复工。一场罢工潮遂圆满解决，即日复工。[1]

在上述劳资纠纷发生、工人罢工后，双方解纷的办法是通过会议来协商，即"劳资双方代表开谈话会"。此次会议由于"资方只允照七八折之数，双方意见距离尚远"，因此"仍无结果"。为此，"劳资双方代表再度会议"，经过协商，"结果双方已各让步。工人要求恢复工金，资方代表已答允一律恢复八折"。至此，这起纠纷得到了结。

在下述发生于1936年的"南海陶业工人罢工案"中，劳资双方也是通过派代表协商的方式来解纷的。

广东南海石湾陶明堂专造陶制茶缸粥塔，全行四百余工人，年来陶业衰落，各陶商多自行工作，不雇工人，几许交涉，始协议雇回，而工资减发二、三成。当时工人以生意冷淡，尚无若何纠纷，月来渐届旺月，工作日多，以工金低廉不足仰事俯畜。各工人于去月二十五日召集工友，开会讨论，决议要求资方增五成发给工值，以补数月低折损失，并函资方限五日答复。逾期一周，尚未接到资方答复。三日议决实行总罢工。由各工人盖章互证，必得完满解决始开工。十二日特由陶明堂假座下约安乐街时乐酒楼，召集全行工友，并请资方代表到场，作最后之谈判，以谋解决。经数度磋商，结果由该行理事长提出，要求资方提至五成发给。资方亦以各走极端，彼此均蒙损失，遂即席通过接纳。各工人以要求胜利，乃在该时乐楼设宴欢宴，并放爆竹庆贺，随于十三日全体复工。[2]

上例中，因资方减资、增加工时，酿成罢工纠纷。纠纷发生后，劳方主动请资方派代表来协商，坐在一起"作最后之谈判，以谋解决"。经数度磋商，双方各作出让步，并达成协议：资方同意将工资提至五成发给，而劳方

---

〔1〕《国际劳工通讯》1936年第19期，第125页，转引自彭泽益编：《中国近代手工业史资料（1840-1949）》（第3卷），中华书局1984年版，第616页。

〔2〕《国际劳工通讯》1936年第11期，第108页，转引自彭泽益编：《中国近代手工业史资料（1840-1949）》（第3卷），中华书局1984年版，第619页。

也"随于十三日全体复工"。纠纷最终得到圆满解决。

近代手工业社会中，纠纷发生后，力图通过协商解决的例子还很多。如前述苏州金箔业，"同行中之人，闻之无不大怒……众工匠俱各愤怒不平，其势汹汹、会集定计，召董司者于某日来公所议事"[1]；无锡泥木业，"本月二十日开工后，木工泥匠凡数百人，各有总目、散目之分，总目向寺僧揽工而委督工之役于散目，散目分饬各工匠做工，而归总于总目，向例然也。行中规例，每工扣钱六文，归诸总目，总目酌分于散目，而散目例不得扣，近似总目不能如例，各散目邀至福来茶室，聚商两日不决"[2]；武汉裁缝业，"武汉各缝工，于端节后俱停作议价。……故散工不服，纠集多人，与各店主争议"[3]；上海泥水业，"各散匠怀恨已久，……昨日千百成群，齐至鲁班殿喧嚷不休"[4]；木工业，"本埠之宁绍帮木匠；凡由作头雇用，向例每日一粥二饭，所给工价，每洋一拾升五十文。现在该匠等以上工甚早，须作头改为每日三顿饭，工洋照衣牌作价，其遂日饭菜，亦须讲究。故连日在城内公输子庙评理。作头尚未允从，而众口哓哓，异常喧闹"[5]，"众匠于是聚而议曰，不于斯时革去积弊，更待何时？于是群趋于鲁班庙中，捐取衔牌，巡行各工之所，勒令停工会议"[6]；纱缎业，"现届机匠，以赋闲日久，思将此项扣串，一律免扣，月之念五日清晨，……齐赴各庄，请予免扣"[7]；踏布业，"质之赵等称：罗等乃踏洋布者，小的等向踏本布，今罗等硬夺生意，向之论理，不敢强

〔1〕 "苏州金箔作董司为工匠咬死"，载《申报》同治十一年（1872年）十一月廿一日，转引自彭泽益主编：《中国工商行会史料集》（下册），中华书局1995年版，第685页。

〔2〕 "万佛楼停工纪实"，载《新报》光绪三年（1877年）七月二十九日，转引自彭泽益主编：《中国工商行会史料集》（下册），中华书局1995年版，第694-695页。

〔3〕 "缝工长价"，载《申报》光绪六年（1880年）五月二十二日，转引自彭泽益主编：《中国工商行会史料集》（下册），中华书局1995年版，第699页。

〔4〕 "停工挟制"，载《沪报》光绪八年（1882年）四月二十二日，转引自彭泽益主编：《中国工商行会史料集》（下册），中华书局1995年版，第703页。

〔5〕 "木匠聚议"，载《申报》光绪八年（1882年）四月二十二日，转引自彭泽益主编：《中国工商行会史料集》（下册），中华书局1995年版，第704页。

〔6〕 "论工匠聚众"，载《新报》光绪八年（1882年）四月三十日，转引自彭泽益主编：《中国工商行会史料集》（下册），中华书局1995年版，第705页。

〔7〕 "机户织匠把行"，载《申报》光绪十年（1884年）正月三十日，转引自彭泽益主编：《中国工商行会史料集》（下册），中华书局1995年版，第708页。

夺"[1];建筑业,"颐和园工程处工匠,……辄于月初纠众挟制,意图增长工价,相持十数日,竟无一人作工。……厂商责其悖理违规,互相争辩。至四月十七日,木匠多人又向厂商寻衅,……"[2];烟业,"该伙等为之辩论,……意欲另议行规"[3];弹棉业,"因违背行规,被同业王士金纠集同业,邀至畅园茶肆评理,争论不已"[4];制镜业,"同业曹阿福心存嫉妒,不准朱收集学徒……前日曹仍不甘心,父子三人纠唤朱同至凝和桥老虎灶吃讲茶,未分曲直"[5]。

可见,在近代中国手工业社会中,当事人之间的协商属于罢工甚至是暴力威胁下的"压力式协商",而不是今天我们所讲的纯粹和平式协商。上述史料表明,在手工业者作为群体式解纷者的场合,此种压力因素极易演变为肢体接触等热暴力;而在以行会、公会和工会作为团体式解纷者的场合,此种压力因素通常表现为罢工等冷暴力。

二、第三方调解

尽管有些纠纷能够通过当事人之间的协商得到解决,但是在当事人无法自力解决的情况下,他们也会求助于业内中立的第三方。行业组织的负责人、同行中的能人是手工业者日常人际关系网络的基本组成部分,也是后者遇到纠纷无法自力解决时求助的首选。其中,手工业组织负责人具备调解纠纷的有利身份,在处理其成员之间的日常纠纷中发挥着重要作用。例如,"淮阴木瓦□漆四业,大小工日薪均五角,现各镇长拟改为大工四角,小工三角,四业工人开会反对,嗣经调解,当经改定大工每日工资仍为五角,小工则为四角

---

〔1〕 "踏布作争夺生意",载《申报》光绪十三年（1887年）十二月初九日,转引自彭泽益主编:《中国工商行会史料集》（下册）,中华书局1995年版,第710页。

〔2〕 "帝京景色",载《申报》光绪十七年（1891年）五月初二日,转引自彭泽益主编:《中国工商行会史料集》（下册）,中华书局1995年版,第714~715页。

〔3〕 "烟店东伙争议",载《字林沪报》光绪十九年（1893年）五月十四日,转引自彭泽益主编:《中国工商行会史料集》（下册）,中华书局1995年版,第717页。

〔4〕 "沪南琐录",载《申报》光绪十九年（1893年）九月初六日,转引自彭泽益主编:《中国工商行会史料集》（下册）,中华书局1995年版,第717页。

〔5〕 "同业忿争",载《申报》光绪二十年（1894年）三月二十六日,转引自彭泽益主编:《中国工商行会史料集》（下册）,中华书局1995年版,第718页。

五分"〔1〕，"上海银楼外作业孙万隆作场全体工人，因反对克扣工资罢工，经调解，议定五项办法，宣告复工"〔2〕，"开滦矿砖窑工人争工资工潮，三十日调解成立，砖窑废除包工制，免去剥削，各工程由工人自包，罢工期内工资矿方发半数，三十一日全体工人复工"〔3〕。

调解是指纠纷发生后，双方当事人在中立第三方的主持下，互谅互让、和平协商、自愿解纷的活动。一般说来，它是当事人在无法私下协商解纷的情况下所寻找的一种解纷方式。对于调解的结构，学界有不同说法，但基本上都包含了"纠纷""双方当事人""第三方""和解协议"等要素。〔4〕调解的常态体现为一名旨在帮助当事人达成和解协议的第三方的介入，即当事人在中立第三方的参与下进行解纷。

在当事人将纠纷交由特定的第三方调解之时，实际上已决心将该纠纷社会化。事实上，此时双方的矛盾升级了，纠纷的范围有所扩大。换言之，纠纷的性质有了变化。因此，纠纷到了需要采取调解的方式来解决之时，便说明：当事人面对发生的纠纷已无能为力，他们已不能利用自身的力量解决纠纷。此时就需要第三方介入纠纷，通过其对当事人的说和工作，缩短存在于当事人之间的差距，其结果是当事人对解纷的自愿性有了限制或缩减，自主性也有了弱化。体现在调解过程中便是当事人要看在调解主持者的面子上限制、缩小自己的自主性。

当然，当事人之所以选择调解，原因主要有：其一，双方在解纷问题上还有一定的共同语言和共同的基础，还有和平解决的希望。其二，双方还存在继续维系关系的愿望，希望能够将纠纷化解掉，重新来过，继续合作。其三，力图节省解纷的成本。其四，对对方已失去了绝对的信任，希望借助双方以外的其他力量参与解纷，确保纠纷能够尽量获得公平的解决，并借助社

---

〔1〕《劳动季报》1934年第2期，第224页，转引自彭泽益编：《中国近代手工业史资料（1840-1949）》（第3卷），中华书局1984年版，第605页。

〔2〕《劳动季报》1934年第3期，第195页，转引自彭泽益编：《中国近代手工业史资料（1840-1949）》（第3卷），中华书局1984年版，第606页。

〔3〕6月1日《申报》，《国际劳工通讯》1935年第10号，第128页，转引自彭泽益编：《中国近代手工业史资料（1840-1949）》（第3卷），中华书局1984年版，第608页。

〔4〕参见齐树洁："纠纷解决机制的演变与ADR的发展"，载《福建法学》2002年第1期；〔日〕高见泽磨：《现代中国的纠纷与法》，何勤华、李秀清、曲阳译，法律出版社2003年版，第11页。

会力量监督解纷结果的兑现。调解的特点是中立第三方不作出决定，最终处分权由双方当事人掌握。调解的取向及调解人的作用各有不同：有时仅仅是为当事人提供一个协商场所，有时则提供具体的解纷方案供当事人参考。

行会不仅对内部财务纠纷有权裁决，而且对成员之间一般性纠纷也有调停的职能。[1]在手工业社会解纷过程中，充当调解者的第三方的，有手工业行业组织。如木工业，"昨日相约停工，嗣经该公所司事者许为持平酌核，听候调处，众人方散"[2]；绸缎业，"绸捐局因之毫无进益，委员窘甚往诉于县，立谕机绸两业董事，出为调处"[3]；珠玉业，"各延公正人，并举董事代表从中调停，久悬未结"[4]。上述的"公所司事""两业董事""董事代表"代表的均是手工业行会。充当调解者的，也有同业中人。如制镜业，"日前纠同无赖将朱锯子夺去，嗣由同业友人袁某解劝，将锯送还"[5]。

手工业社会中同业人士调解纠纷的一种重要形式是"吃讲茶"[6]。如木

---

[1]　[美]玛高温："中国的行会及其行规"，载彭泽益主编：《中国工商行会史料集》（上册），中华书局1995年版，第10页。

[2]　"木匠聚议"，载《申报》光绪八年（1882年）四月二十二日，转引自彭泽益主编：《中国工商行会史料集》（下册），中华书局1995年版，第704页。

[3]　"机绸互争"，载《沪报》光绪十四年（1888年）九月初一日，转引自彭泽益主编：《中国工商行会史料集》（下册），中华书局1995年版，第711页。

[4]　"上海县为京帮珠玉业借用苏帮公所贸易告示碑"，载彭泽益选编：《清代工商行业碑文集粹》，中州古籍出版社1997年版，第79页。

[5]　"同业忿争"，载《申报》光绪二十年（1894年）三月二十六日，转引自彭泽益主编：《中国工商行会史料集》（下册），中华书局1995年版，第718页。

[6]　所谓"吃讲茶"也叫叫人头，具体做法是，当事双方齐集茶店，边喝茶，边论说，请茶客或特邀中人加以评断，理屈的一方偿付茶资及所需费用。据胡祖德《沪谚外编·新词典》载："'吃讲茶'：因事争论，双方往茶肆中，将事由宣之于众，孰是孰非，听凭公论。"如果双方唇枪舌剑后达成谅解与妥协，则当场请调解人将红、绿两种茶混在碗中，双方各持一碗一饮而尽，然后喝酒碰杯，以示了结。又据黄式权《淞南梦影录》卷一载："失业工人及游手好闲之类，一言不合，辄群聚茶肆中，引类呼朋，纷争不息，甚至掷碎碗盏，毁坏门窗，流血满面扭至捕房者，谓之吃讲茶，后奉宪谕禁止，犯则科罚店主。然私街小弄，不免阳奉阴违。近且有拥至烟室，易讲茶为讲烟者，益觉肆无忌惮矣。"徐珂在《清稗类钞·棍骗类·上海地棍之吃讲茶》中，对吃讲茶也作过详细的诠释。该书是这样记载的："吃讲茶者，下等社会之人每有事，辄就茶肆以判曲直也。凡肆中所有之茶，皆由负者代偿其资，不仅两造之茶钱也。然上海地棍之吃讲茶，未必直者果胜，曲者果负也。而两方面之胜负，又各视其人之多寡以为衡，甚且有以一言不合而决裂用武者，官中皆深嫉之，悬为厉禁。"可见，吃讲茶有时确能消除一些矛盾，解决一些存在的问题。但是应该承认，由于近代手工业者终究是一个缺乏有效教育的群体，所以有时单靠理喻绝不可能彻底解决问题。在这种场合下，所谓的吃讲茶也可能变成一种颠倒黑白、混

工业，"行中规例，每工扣钱六文，归诸总目，总目酌分于散目，而散目例不得扣，近似总目不能如例，各散目邀至福来茶室，聚商两日不决"[1]；弹棉业，"黄某者，在沪南开设弹棉花店，因违背行规，被同业王士金纠集同业，邀至畅园茶肆评理，争论不已"[2]；制镜业，"前日曹仍不甘心，父子三人纠唤朱同至凝和桥老虎灶吃讲茶，未分曲直"[3]。

在近代手工业社会中，纠纷经中人调解，双方当事人达成合意后，一般会签订一份"和解约"。例如，发生于清道光二十五年（1845年）的王原氏和解约：

> 立杜绝明白人王原氏，因一北膏腴村亲戚兴讼，承王瑞祥、王耀南、王世彦从中处和。除路有度前帮赊取棺材价银六两五钱外，再帮给钱五千文、麦三斗作殡埋伊岳并其妻兄，以了其事，已后现不得胡言乱语。恐有后患，故立杜绝为证。
>
> 中人（王世彦、张有德、王瑞实、王耀南、王登午）[4]

又如，发生于民国二十八年（1939年）的"昆明市鞋业同业公会学徒纠纷案"的和解约：

> 具协意和解人杨恩寿、文海，住昆明市青云街、卖线街第318、132号，为因学徒纠纷一案，现经双方协意和解，杨恩寿愿将学徒杨吉祥送交文海收管，文海愿将鞋一双送还杨恩寿，自经此次和解之后决不再滋事端，倘再发

（接上页）渭是非的活动。这时甚至连吃讲茶的地点都会变成大动干戈的场所，矛盾双方旧恨未消，新仇又添，于是"武"的一手就将登场了。如果"吃讲茶"失败，谈判讲和不成，纠纷双方就会退出和谈，有的立即动用武力，拼个你死我活；有的则约定时间、地点、人数而决一胜负。结局当然是胜者益凶，称霸一方；败者为寇，让出地盘或财产。不过，纠纷的双方不论死伤多少、后果如何严重都绝不能告官，若违反了这条不成文的规矩，就会被全行业人视为"不吃硬"的败类，在行内永远抬不起头来。

〔1〕 "万佛楼停工纪实"，载《新报》光绪三年（1877年）七月二十九日，转引自彭泽益主编：《中国工商行会史料集》（下册），中华书局1995年版，第695页。

〔2〕 "沪南琐录"，载《申报》光绪十九年（1893年）九月初六日，转引自彭泽益主编：《中国工商行会史料集》（下册），中华书局1995年版，第717页。

〔3〕 "同业忿争"，载《申报》光绪二十年（1894年）三月二十六日，转引自彭泽益主编：《中国工商行会史料集》（下册），中华书局1995年版，第718页。

〔4〕 田涛、[美]宋格文、郑秦主编：《田藏契约文书粹编》（第1册），中华书局2001年版，第62页。

生其他，双方甘受处分，理合出具协意合解切结报请

 钧会鉴核谨呈

 昆明市鞋业公会

杨恩寿

具协意和解人　　呈

文　海

中华民国 28 年 8 月 9 日[1]

和约的签订既是纠纷了结的文本见证，也是对当事双方进行有效约束的一种条件。

可见，近代中国手工业社会的调解从形态上看大致可以被分为"单方压力式调解"和"中人权威式调解"两种。在前一种调解模式下，压力因素仍是罢工、公开抵制等冷暴力；在后种调解模式下，中人的权威多属于组织性权威甚至是行政性权威，当然，在一些情况下也是纯粹的草根权威。

三、行内仲裁

仲裁是指根据协议或事后约定，双方当事人将纠纷提交第三方予以裁决的解纷方式。一般来说，仲裁之启动是依据双方当事人在协议中事先拟定的仲裁条款。当然，在纠纷发生后，双方当事人也可以约定通过仲裁解纷。行内仲裁是近代中国手工业社会常用的解纷方式之一。不过，在近代手工业社会，仲裁之启动更多是依据行内惯例进行的。如发生于光绪二十七年（1901年）十月二十八日的"穗垣鞋行禁私雇工人案"：

省垣券鞋行合义堂工人，因物价昂贵，生计难谋，联行辍业，求各东主每鞋一双，加工银五厘。未经允许，遂叠出搔扰，致将城西双观桥某店东殴伤。惟是各工皆借艺业糊口，停工既久，衣食无资，多有意图复业者。当有福德里□店潜雇工人操作，事被东家行查知，以其私违定章，于十四晚招集行众，在濠畔街会馆秉公核议。嗣以事属初犯，勒令二店不得仍前私用工人，

---

〔1〕 郭士沅："昆明市 12 个同业公会调查·昆明市鞋业商业同业公会"，转引自李文海主编：《民国时期社会调查丛编》，福建教育出版社 2004 年版，第 396 页。

再违议罚。[1]

本案中，对违规私雇工人的福德里□店，代表资方利益的东家行采取的就是行内仲裁，做法是召集行众在会馆"秉公核议"，最后的裁决是"勒令二店不得仍前私用工人"，确保仲裁结果得到遵守的举措是"再违议罚"。

又如，发生于光绪十四年（1888年）四月初六日的"钱江麦浪案"：

杭垣染坊中，各色染价，向有定例。二月中贯桥，旁新开日新染坊，其主系绍兴人，家道殷实，故店屋既高且大，晒台亦备，极崇宏煌煌，招纸遍贴通衢，略谓凡染各色绸布，均照旧章格外减价云云。一时城厢哄动，生意颇形热闹。他坊闻之，不得不因之减价，以致互相纷乱。然日内因靛青来价甚昂，染价亦须加贵。于是各染坊会议于公所，定四月朔日为始，务将染价一律遵照旧例，不得私相低减。违者察出公罚，各坊并筹款敬酬神戏两台。前月三十日，在下城二圣庙开演，本月初一日，在上城佑圣观开演。晚间设筵于公所，同行毕集，共相欢饮而散。[2]

本案中，染坊之间染价纠纷也是通过行内仲裁来解决，做法是同行行众集中公所开会，共同议定四月朔日之后，各染坊的染价要按照原来确定的标准来执行，不得相互压价。保证仲裁结果效力的措施是"违者察出公罚"，形式是罚请戏两台。

仲裁由仲裁者作出，其裁决对当事各方均有约束力。如，上述"钱江麦浪案"中，违规的染坊在行业作出仲裁之后，就按照裁决意见分别于三月和四月在下城和上城两地各请了一台戏并宴请行众。这里，行内仲裁结果得到了很好的遵守。

在近代手工业社会解纷过程中，从手工各行业的业规来看，常见的仲裁结果或处理办法有：处以罚款、责令赔偿、罚戏谢罪、羞辱人格、责令停业、勒令开除和联合抵制。

---

[1]　"穗垣鞋行禁私雇工人"，载《中外日报》光绪二十七年（1901年）十月二十八日，转引自彭泽益主编：《中国工商行会史料集》（下册），中华书局1995年版，第718页。

[2]　"钱江麦浪"，载《字林沪报》光绪十四年（1888年）四月初六日，转引自彭泽益主编：《中国工商行会史料集》（下册），中华书局1995年版，第710页。

（一）处以罚款

对违规者，处以经济处罚，这在手工业社会最为常见。而经济处罚的最基本体现是罚款。"会员若违反规则，……通常以罚款为多。"[1]如苏州银楼来安怀公所就规定，"如有以低货假冒，或隐射他家牌号，混蒙销售易兑者，最足诬坏名誉，扰害营谋，一经查悉，轻则酌罚，重则禀官请究"[2]；染业，"倘徒弟捐入乱规者，罚洋一百元，捐入公所"[3]；皮行业，"有行中见贼偷盗去生熟皮章货物，本行人不准买。如有买者，公议量力罚款"[4]。又如，昆明市木箱业，"本会成立以来，刁师的事情处理过一次，……刁师大约是客师常因工资与雇主发生龃龉，他家从而刁唆，使客师离开原雇主，另受他家之雇。这种事情的处理是勒令客师回到原雇主处工作，刁师者处罚国币1元，作为公会经费"[5]；籐器业，"勾师拐徒都是开会处理，凡上账不清即受他家之雇，即是'勾师'，处理时对于客师及勾师的人各出罚金1元。拐徒则只拐徒的人国币1元"[6]；铜器业，"凡本行各户铺东对于工友不愿意合作者，辞退后听其自便。若二比情愿相投，仍愿工作时，他铺暗中刁唆，以利相诱，引入他铺帮工者，一经查出，规定罚铺东新币20元，工友新币10元，缴入本会查收"，"凡各铺东雇请工友，须以该工友证书为凭，若无证书，不得徇情招雇，以杜一切纠纷，如有违误者，罚铺东新币5元"，"学徒有学不满期未谢师者，私自逃出，无论本会各铺户不得徇情收留，若收留乾罚新币10元"，"凡外行经营本业者，须纳登记费新币100元，由本会发给同业会员证后方准营业，违者加倍处罚"，"凡外省及外县同业师友开设铺面，缴纳登记费新币60元，违者罚新币100元。遇外省及外县同业师友来滇，若不开铺，在家内做活者，缴纳登记费新币40元，至本行请外县同业师友做活者，仍向公

---

[1] 全汉升：《中国行会制度史》，百花文艺出版社2007年版，第104页。

[2] 彭泽益主编：《中国工商行会史料集》（上册），中华书局1995年版，第452页。

[3] "苏州哔布染司同业章程碑"［同治九年（1870年）四月二十八日］，载彭泽益选编：《清代工商行业碑文集粹》，中州古籍出版社1997年版，第108页。

[4] "新立皮行碑记"，载彭泽益选编：《清代工商行业碑文集粹》，中州古籍出版社1997年版，第24页。

[5] 李为宪："昆明市12个同业公会调查·昆明市木箱业商业同业公会"，载李文海主编：《民国时期社会调查丛编》，福建教育出版社2004年版，第315页。

[6] 李为宪："昆明市12个同业公会调查·昆明市籐器业商业同业公会"，载李文海主编：《民国时期社会调查丛编》，福建教育出版社2004年版，第319页。

会报请登记，并缴纳登记各费，不遵者议罚"[1]；打铁业，"会员如不自报公会，经公会调查得时，始行入会则加重会费，以示惩罚，加重大概一倍"[2]；棉花业，"倘有不遵规矩者，公同酌议罚款，不得推诿，公同负责各守规章，勿得废弛如具文"，"本行所请师友原订期限，中途不能辞退，任意受他人之聘，违者罚东家洋50元，帮工罚二月薪水"[3]；帽业，"铺户居家制出之帽须加盖自己招牌方可售卖，有不遵者查出将原货充公，另议罚金"，"摆设摊子专销熟货之人货品系自造者无论取自何家者均须盖有牌号方能沾销，如无牌号之货不得售卖，如违罚银20元"，"有假冒他人招牌，关系刑事之处分，如被人指确实证据，应由公会罚银100元"，"凡各铺号所雇帮工应请介绍1人为中证，预先说明规则，协定合同契约，载明薪水，年限以一年为率，不得中途废止，规定自正月起至年终止始可另议。如帮工不遵规则罚银20元，铺号不遵规则罚银20元"，"有刁师拐徒，损人利己者查出罚银40元"[4]，"既经宣布其过失之学徒，别号概不得收留，如有故意容留者，罚银20元"[5]。武陵丝业也规定，各路丝觔在常德"无论多寡"，"卖客必须至行报数，归行代书起票呈局"，倘"有意贪图便宜，私相授受，一经查出，每丝百两各罚钱一千文，以充谢费"[6]。昆明市丝绒业，在发生的勾师纠纷中规定，"该会同业均附设染房，并雇用技师染丝，所以在业规上有严禁勾师之规定。凡勾师者，如经告发，而有证明，即将该技师罚金数角或者1元，并逼令其仍回原店工作。勾家则加倍处罚"[7]；在发生的拐徒纠纷中，"一经告发，而有证

<hr>

[1] 李为宪："昆明市12个同业公会调查·昆明市打锡业商业同业公会"，载李文海主编：《民国时期社会调查丛编》，福建教育出版社2004年版，第324~325页。

[2] 李为宪："昆明市12个同业公会调查·昆明市裱画业商业同业公会"，载李文海主编：《民国时期社会调查丛编》，福建教育出版社2004年版，第337页。

[3] 郭士沅："昆明市12个同业公会调查·昆明市棉花业商业同业公会"，载李文海主编：《民国时期社会调查丛编》，福建教育出版社2004年版，第405、406页。

[4] 戴嘉祺："昆明市帽业行会及其手艺人的研究"，载李文海主编：《民国时期社会调查丛编》，福建教育出版社2004年版，第440页。

[5] 戴嘉祺："昆明市帽业行会及其手艺人的研究"，载李文海主编：《民国时期社会调查丛编》，福建教育出版社2004年版，第441页。

[6] 彭泽益主编：《中国工商行会史料集》（上册），中华书局1995年版，第212页。

[7] 郭士沅："昆明市12个同业公会调查·昆明市丝绒业商业同业公会"，载李文海主编：《民国时期社会调查丛编》，福建教育出版社2004年版，第418页。

明，……拐家则议罚金，斟酌情形由 1 元起，至 10 元止"〔1〕。

（二）责令赔偿

对于纠纷中存在的经济损失，仲裁机构一般都会作出受害方获得相应赔偿的裁决。如昆明市木箱业，"本会成立以来，……拐徒的事情处理过两次，……拐徒的处理要看情形来定，如学徒自愿受拐，则由拐徒之家赔偿原老板所给予学徒之伙食、冠戴一切费用。如非学徒自愿受拐，则由拐徒之家照客师工资赔偿原老板"〔2〕；铜器业，"学徒有学不满期未谢师者，私自逃出，无论本会各铺户不得徇情收留，若收留乾罚新币 10 元。学徒对于收留铺户两愿学习时，自学业日期起至逃出日期止之伙食费，归学徒赔偿，自将学徒名誉取消，不准入业。其老师如有虐待学徒，经本会查明确实者，免其赔偿"〔3〕；打铁业，"同业会员招收学徒，须向本公会领取师约，按期学艺，不得中途辍学，如有其事，责由学徒赔偿业师损失费"〔4〕；打锡业，"凡有志愿入本业学习艺业者须邀请妥保，出具保结后，订立师约，方得学习。若中途废学，由保人负偿一切费用。其学习期限须视其资质如何，双方同意决定之"〔5〕；鞋业，"凡学徒未经正式毕业在学习期间即不安分私往他号工作者，收留之人应以违背会章论，由会议罚学徒；仍由业师领回教管，倘再不听约束，……并问保人或父兄赔偿学膳等费"〔6〕；丝绒业，"同业招收学徒由本会制发师约，出师后任其自便，如有中途辍学，应赔师膳费"〔7〕，在拐徒纠纷中，"一经告发，而有证明，即逼令学徒仍回原店，如其不愿，则勒令赔师膳

〔1〕 郭士沅："昆明市 12 个同业公会调查·昆明市丝绒业商业同业公会"，载李文海主编：《民国时期社会调查丛编》，福建教育出版社 2004 年版，第 418 页。

〔2〕 李为宪："昆明市 12 个同业公会调查·昆明市木箱业商业同业公会"，载李文海主编：《民国时期社会调查丛编》，福建教育出版社 2004 年版，第 315 页。

〔3〕 李为宪："昆明市 12 个同业公会调查·昆明市打锡业商业同业公会"，载李文海主编：《民国时期社会调查丛编》，福建教育出版社 2004 年版，第 325 页。

〔4〕 李为宪："昆明市 12 个同业公会调查·昆明市裱画业商业同业公会"，载李文海主编：《民国时期社会调查丛编》，福建教育出版社 2004 年版，第 336 页。

〔5〕 李为宪："昆明市 12 个同业公会调查·昆明市打锡业商业同业公会"，载李文海主编：《民国时期社会调查丛编》，福建教育出版社 2004 年版，第 340 页。

〔6〕 郭士沅："昆明市 12 个同业公会调查·昆明市鞋业商业同业公会"，载李文海主编：《民国时期社会调查丛编》，福建教育出版社 2004 年版，第 394 页。

〔7〕 郭士沅："昆明市 12 个同业公会调查·昆明市丝绒业商业同业公会"，载李文海主编：《民国时期社会调查丛编》，福建教育出版社 2004 年版，第 418 页。

费，……"〔1〕；帽业，"凡有志愿学本行艺业之人，应央请荐保人 1 人，尽三个月内到本会领取志愿书一张、学生束一扣，由本会查明身家清白，即行收用，并缴纳银 3 元，其学业日期照二十六条规定，倘学期未满借故辞退，当邀保人到场，追赔膳费"，"凡营帽业者对于交易上必须雇全信用，不得以伪乱真，欺蒙买主，倘在甲号已买货品或已成盘之生意，乙号不能再向买主减价迁就及暗中破坏，违者请求赔偿损害"〔2〕。

（三）罚戏谢罪

对违规者罚其请戏以向同行谢罪，应该说是手工业社会解纷手段中的一大特色。这种处罚手段在近代中国手工业社会中比较常见。例如，长沙铜业规定，"毋许私自减价贱售，花银祇照市价，公平交易，不许私情高作分文，如有不遵，一经查出，罚戏一台敬神，另加酒席钱四串八百文"〔3〕；靛行，"今将罚约列后，如犯罚约者，在行馆神前跪叩，高香一封，罚钱九十千文，以备办酒席三桌公用；罚戏一天，请开行大家，在戏园恭候。罚香银廿五两，存行馆以备祀神、修理行馆使用"〔4〕；正乙祠公议条规规定，"倘有挟私党恶，假公左袒，其偏袒之人，罚戏敬神。其首事之人，置备神前香烛，并备火食，以供众人，不得忽略。恐日后各生怠惰之心，不能合众为一也"〔5〕；豆腐业，"上城在佑圣观演戏一天，下城在盐桥蒋庙演戏一天，以整店规。倘有私收小钱，及私自改样减价者，即罚戏一台"〔6〕；杭州印染业，"各染坊会议于公所，定四月朔日为始，务将染价一律遵照旧例，不得私相低减。违者察出公罚，各坊并筹款敬酬神戏两台。前月三十日，在下城二圣庙开演，本

〔1〕　郭士沅："昆明市 12 个同业公会调查·昆明市丝绒业商业同业公会"，载李文海主编：《民国时期社会调查丛编》，福建教育出版社 2004 年版，第 418 页。

〔2〕　戴嘉祺："昆明市帽业行会及其手艺人的研究"，载李文海主编：《民国时期社会调查丛编》，福建教育出版社 2004 年版，第 441 页。

〔3〕　彭泽益主编：《中国工商行会史料集》（上册），中华书局 1995 年版，第 461 页。

〔4〕　"靛行规约"〔光绪十年（1884 年）一月〕，载彭泽益选编：《清代工商行业碑文集粹》，中州古籍出版社 1997 年版，第 19 页。

〔5〕　"正乙祠公议条规"〔康熙六十年（1721 年）七月〕，载彭泽益选编：《清代工商行业碑文集粹》，中州古籍出版社 1997 年版，第 36 页。

〔6〕　"豆腐店整规"，载《申报》光绪十三年（1887 年）闰四月二十二日，转引自彭泽益主编：《中国工商行会史料集》（下册），中华书局 1995 年版，第 708 页。

月初一日，在上城佑圣观开演"[1]。需要指出的是，戏台通常搭建在会所神灵的神位前。由此看来，行会对违规者，罚其在行业神前请戏公演，是有其深层次考虑的。个中重要因素是令其当面向同行大众公开谢罪。

(四) 羞辱人格

对违规者进行人格羞辱是手工业社会解纷手段的另一特色。例如，皮行业，"学手艺者，徒也，以三年为满，不许重学，不许包年。谁要重学包年者，男盗女娼。公同商议，每年本行学徒弟者二、三、四个人，不许多学。在沟者，许作银鼠皮、红狐腿皮。不在沟者不许作。不遵行规，男盗女娼。……谁要相容，男盗女娼，不许瞒心昧己，俱是一样也"[2]，"有行中见贼偷盗去生熟皮章货物，本行人不准买。……不依规矩者，公举伊贼同谋"[3]。这里，对于违规者，男的称之为"盗"，女的称之为"娼"，或均称为"贼"。又如银楼业，"充当司年，如有擅将公款暗济私囊，或冒开费用，以致账目不符者，察出公同理斥。以后不得临当司年，以重公项，而端人品"[4]。

(五) 责令停业

对一个作坊或店铺来说，由停止导致的损失是致命的。一些手工行业规定有这一项的处罚。如据民国二十七年 (1938 年) 昆明市打铁业同业公会营业规则规定："凡新开业者，须邀请同业二人以上之介绍登记，领取会员证书，并缴纳入会费，始得营业。其会费分别规定如下：内外行之区别，共分四种。1. 内行新业者，缴会费国币 5 元。2. 内外行新开业者缴会费国币 10 元。3. 外行新开业者缴会费国币 15 元。4. 凡摆摊而未开铺者，入会费得照上项规定减半缴纳。如违反上项规定得呈请政府停止营业。"[5]又据民国二十八年 (1939 年) 昆明市同业公会《各县市商业同业公会章程准则》的规定：

---

〔1〕"钱江麦浪"，载《字林沪报》光绪十四年 (1888 年) 四月初六日，转引自彭泽益主编：《中国工商行会史料集》(下册)，中华书局 1995 年版，第 710 页。

〔2〕"老羊皮会馆匾额"〔光绪十三年 (1887 年) 三月〕，转引自彭泽益选编：《清代工商行业碑文集粹》，中州古籍出版社 1997 年版，第 22 页。

〔3〕"新立皮行碑记"，载彭泽益选编：《清代工商行业碑文集粹》，中州古籍出版社 1997 年版，第 24 页。

〔4〕"银楼业安怀公所议定简单十则"〔光绪三十二年 (1906 年)〕，转引自彭泽益选编：《清代工商行业碑文集粹》，中州古籍出版社 1997 年版，第 117 页。

〔5〕李为宪："昆明市 12 个同业公会调查·昆明市裱画业商业同业公会"，载李文海主编：《民国时期社会调查丛编》，福建教育出版社 2004 年版，第 336 页。

"公司行号不依法加入本会或不缴纳会费或违反章程之决议者，得经执行委员会之决议，予以警告，无效时得按其情节轻重，依照商业同业公会法第二十六条规定之程序为下列之处分：（一）元以下之违约金。（二）有时间之停业。（三）永久停业。前项第二款、第三款之处分非经主管官署之核准不得为之"〔1〕再据昆明市布疋业同业公会业规："凡新开业者须邀请同业会员2人以上之介绍到会登记，领取会员证书，并缴纳入会费，始得营业。其已营业而未入会者，亦同其。会费分别规定如下：甲、内行新开铺者缴会费10元。乙、内外行新开铺者缴会费20元。丙、外行新开铺者缴会费30元。丁、凡摆摊而未开铺者入会费得照上项规定减半，如违反上项规定，得呈政府停止营业。"〔2〕

（六）勒令开除

开除出行，应该说是较重于停业的一种处罚。这种规定在很多行业中都有体现。例如，"石湾陶工，南海县属石湾镇翠贤行，乃做腐乳塔茶瓶等陶器等业工人集团，该行工人，数达三百余人，各陶场多聚于下约三了涌一带。但该行定例，每间陶场商号所制出之陶品估价，值百抽一，按月清交该行，以充经常费及工友寿金。历年办理，有案可稽。现各陶商借口陶业滞销，多不如数清缴，因而积欠数月之久，以致该行经常费及工友寿金，发生问题。该地乃迭次开会讨论补救办法，毫无效果。十日该行理事会，特再召集紧急会议，借谋彻底解决，并请资方举派代表列席，惟无切实答复。工方以资方不顾工人利益，故意延宕，遂即席决议，定于十三日起全体暂行罢工。并提议折衷办法，如资方能于最短期间清理抽头银者，准其工作，否则实行制止。如工人违背议案，暗为资方工作，则永远开除会籍，以示惩戒"〔3〕又如，长沙药业，"开设生药店及医症卖药，总要以真药发给，毋得以假药哄骗射利，倘有哄骗，一经查明，公同逐革"〔4〕；长沙绸布业，"同行人务须循规蹈矩，

---

〔1〕　郭士沅："昆明市12个同业公会调查"，载李文海主编：《民国时期社会调查丛编》，福建教育出版社2004年版，第371页。

〔2〕　郭士沅："昆明市12个同业公会调查·昆明市布疋业商业同业公会"，载李文海主编：《民国时期社会调查丛编》，福建教育出版社2004年版，第410页。

〔3〕　《国际劳工通讯》1936年第12期，第180页，转引自彭泽益编：《中国近代手工业史资料（1840-1948）》（第3卷），中华书局1984年版，第620页。

〔4〕　彭泽益主编：《中国工商行会史料集》（上册），中华书局1995年版，第446页。

各守本分，倘有苟且不法情弊，一经查实，公同议革，永不准本行贸易，毋得徇情隐匿"[1]；长沙古玩店业，"门市间收各色新旧货物，须当斟酌，如遇形迹可疑之人，务必询访问明，方可收买，如有贪利滥收，致遭□□，公同议革"[2]；正乙祠公议条规，"诚恐不肖之徒，非义图利，不循本分营谋，身干法纪，辱及同行。此等甚为可恶。吾辈务要留心查访，察出真迹。会同本行，鸣鼓立逐。切勿容隐，以坏行中颜面也"[3]；珠玉业，"为此示仰地甲诸色人等知悉：须知该处市场，系苏州珠玉各帮筹款建设，专为该帮贸易之所，不许京帮入内摆摊，以免纠葛。倘有无赖棍徒借端滋扰，准即就近禀局，禁阻驱逐"[4]；银楼业，"柜作伙友，或有亏欠，以及他项纠葛，因而借端自歇，非将前项情事理楚，后首不得雇用。若情节较重者，公议出业"[5]；昆明市藤器业，"同业单玉科铺内客师万海泉，品行不正，为害全体客师风化，败坏同业名誉，恳请大会速急革出本业，而免日后发生染患，贻害同业客师风化"[6]；鞋业，"凡技师学徒如有偷窃货物售卖，一经失主报告公会查明赃证确实者，……情节重者得革出本行，永不雇用"，"凡学徒未经正式毕业在学习期间即不安分私往他号工作者，收留之人应以违背会章论，由会议罚学徒；仍由业师领回教管，倘再不听约束，即永远革出本行"[7]；棉花业，"如有破坏规章者，公同议决驱逐出行，不得预先告之"[8]；帽业，"技师帮工如有中途借故辞退者，经处分后，仍应同原铺主工作，有不遵守规

〔1〕彭泽益主编：《中国工商行会史料集》（上册），中华书局1995年版，第259页。

〔2〕彭泽益主编：《中国工商行会史料集》（上册），中华书局1995年版，第398页。

〔3〕"正乙祠公议条规"〔康熙六十年（1721年）七月〕，载彭泽益选编：《清代工商行业碑文集粹》，中州古籍出版社1997年版，第36页。

〔4〕"上海道为苏州珠玉帮新建市场禁止滋扰告示碑"〔宣统元年（1909年）〕，载彭泽益选编：《清代工商行业碑文集粹》，中州古籍出版社1997年版，第81页。

〔5〕"银楼业安怀公所议定简单十则"〔光绪三十二年（1906年）〕，彭泽益选编：《清代工商行业碑文集粹》，中州古籍出版社1997年版，第117页。

〔6〕李为宪："昆明市12个同业公会调查·昆明市藤器业商业同业公会"，载李文海主编：《民国时期社会调查丛编》，福建教育出版社2004年版，第321页。

〔7〕郭士沅："昆明市12个同业公会调查·昆明市鞋业商业同业公会"，载李文海主编：《民国时期社会调查丛编》，福建教育出版社2004年版，第394页。

〔8〕郭士沅："昆明市12个同业公会调查·昆明市棉花业商业同业公会"，载李文海主编：《民国时期社会调查丛编》，福建教育出版社2004年版，第405页。

则者，斥出本行，不准再营本行工业"[1]；丝绒业拐徒纠纷中，"一经告发，而有证明，即逼令学徒仍回原店，如其不愿，则勒令赔师膳费，并永远革出本业"[2]。

（七）联合抵制

在事关全体同业利益之时，同业联合抵制仍是最有效的制裁对方的办法。这一办法在同业公会发展过程中一直得到普遍运用，违规者如受到同业排斥，其业务往往无法开展，最后不得不服从处罚。昆明市棉花业就有这样的规定："有背师逃走或半途而废，均不得入行，勒令改业。"[3]类似的规定也见于铜器业，"凡本行各户铺东对于工友不愿意合作者，辞退后听其自便。若二比情愿相投，仍愿工作时，他铺暗中刁唆，以利相诱，引入他铺帮工者，一经查出，规定罚铺东新币 20 元，工友新币 10 元，缴入本会查收。如不遵守业规永不得雇用"，"凡各铺东雇请工友，须以该工友证书为凭，若无证书，不得徇情招雇，以杜一切纠纷，如有违误者，罚铺东新币 5 元，仍将工友取消"，"学徒有学不满期未谢师者，私自逃出，无论本会各铺户不得徇情收留，若收留乾罚新币 10 元。学徒对于收留铺户两愿学习时，自学业日期起至逃出日期止之伙食费，归学徒赔偿，自将学徒名誉取消，不准入业。其老师如有虐待学徒，经本会查明确实者，免其赔偿"[4]；布疋业，"同业雇用之店员及招收之学徒，如有营私舞弊及不正当行为者，轻则自行警戒，重则报由本公会查明，……并通知同业永不雇用"[5]；丝绒业，"同业招收学徒由本会制发师约，出师后任其自便，如有中途辍学，……并不许再入本业"[6]。

---

[1] 戴嘉祺："昆明市帽业行会及其手艺人的研究"，载李文海主编：《民国时期社会调查丛编》，福建教育出版社 2004 年版，第 440 页。

[2] 郭士沅："昆明市 12 个同业公会调查·昆明市丝绒业商业同业公会"，载李文海主编：《民国时期社会调查丛编》，福建教育出版社 2004 年版，第 418 页。

[3] 郭士沅："昆明市 12 个同业公会调查·昆明市棉花业商业同业公会"，载李文海主编：《民国时期社会调查丛编》，福建教育出版社 2004 年版，第 406 页。

[4] 李为宪："昆明市 12 个同业公会调查·昆明市打锡业商业同业公会"，载李文海主编：《民国时期社会调查丛编》，福建教育出版社 2004 年版，第 324~325 页。

[5] 郭士沅："昆明市 12 个同业公会调查·昆明市丝绒业商业同业公会"，载李文海主编：《民国时期社会调查丛编》，福建教育出版社 2004 年版，第 412 页。

[6] 郭士沅："昆明市 12 个同业公会调查·昆明市丝绒业商业同业公会"，载李文海主编：《民国时期社会调查丛编》，福建教育出版社 2004 年版，第 418 页。

四、借力制裁

近代中国手工业社会在解决某一行业内部纠纷时，有时也会借助手工业社会内其他相关行业的力量来帮助解纷。如发生于光绪七年（1881年）四月初五日的"南昌丁坊酒业坏规米行制裁案"。

南昌有所谓丁坊酒者，以秫米酿成，色、香、味三者全无，惟价格便宜，故本地人多嗜之。其酒作，闻省内共有二十七家，凡出售皆有一定价值，究减不究加。如定价每担二千文，有能售至加倍者，亦无人过问，若少售三、五十文，则群起而相攻，谓之坏规。然欲令坏规者俯首受罚，其权又不在同业，而在米行。盖众酒作一有此种事，即向米行告知，嘱其不再粜米与某作，如仍照旧粜与，则我等自后皆不落行，将自招客矣。故米行亦遂如约。讵驯至今日，米行竟忘其只为自己生意起见，一若酒作隶其管辖者，遇有坏规之作，居然雷厉风行，收其斗斛，而众酒作亦俱愿其越俎代庖，反自抽手而作壁上观，此事之最无理取闹者也。日前德胜门某作有减价售酒一事，广润门外之米行，即照此办法，该作略与争论，米行几至下其招牌，始经街邻排解，某作情愿罚戏一台，并请米行及同业酒席，事方和谐云。[1]

本案中，酒坊间在酒价问题上发生纠纷时，双方既没有进行必要的协商，也没有邀请业内人士或组织来调解，更没有组织行内仲裁，而是借助与酒坊存在生产原料供求关系的米行力量来制裁同行中坏规的一方。制裁办法是"不与粜米与某作"，以此迫使其就范。酿酒业以此达到解纷的目的。当然，这里所借助的力量仅限于手工业社会内部，而非外部，只不过这种"力量"是手工业社会内本手工行业之外的其他手工行业罢了。

五、自力救济

自力救济又称自力解决，是指通过自己的单方力量解决纠纷、获得权利救济。自力救济有别于协商，后者是当事双方之间的共同行为，而前者仅局限于当事一方（多为受害方）。从法律社会学的角度看，自力救济当属广义上

---

[1] "南昌丁坊酒业坏规米行制裁"，《申报》光绪七年（1881年）四月初五日，转引自彭泽益主编：《中国工商行会史料集》（下册），中华书局1995年版，第739~740页。

的私力救济。但本书所指的手工业社会解纷过程中的自力救济，严格地说还不能属于法律意义上的私力救济。法律上的私力救济是指当事人的合法权利遭侵害时，在法律许可范围内，不借助司法程序，而依靠自身实力通过实施自卫或自助行为救济被侵害的权利。从手工业社会纠纷中受侵害一方所采取的手段来看，应该说均非法律许可之范围。因此，自力救济并非完全意义上的私力救济。

自力救济不仅包括当事人本人的解纷行为，还包括个人借助其他私人力量的解纷行为。自力救济是历史最悠久的解纷方式，通常被看作司法外行为。在许多情况下，当事人基于自我保护而实行自救。人们寻求自救时还会诉诸各种规范，包括道德和法律规范。它是当事人不通过法律程序依私人力量解纷，但在这一过程中，私人却会有意无意地借助法律的力量来强化自身，最终实现权利救济之目的。实现、保障或恢复权利是自力救济的主要目的。

（一）诉诸暴力

自力救济虽不能等同于诉诸武力、强力、暴力，但当然包括武力，且武力的作用有时非常大。需要指出的是，自力救济中的暴力行为可能令复杂的纠纷简单化，但纠纷转化为决斗等实力的博弈形式，也可能令简单的纠纷复杂化，如冲突激化导致"民转刑"。从史料来看，在近代中国手工业社会中，当受害人求告无门时，倾向于诉诸暴力解纷。如苏州金箔业，"同行中之人，闻之无不大怒，强行禁止"〔1〕；木作业，"去秋各散匠曾纠众违规，……及兹初七日散匠李阿小等，复纠聚多人，在鲁般庙演戏饮酒，违谕更立石碑。……散匠及纠同二百余人打至其家，拳石交下，……然散匠尚恃强不服，县差亦畏其众，不敢指拿"〔2〕；江西箔业，"各匠自知未合，亦遂允于次日兴工。……一闻此言，齐向前谓汝何人斯，敢挠众议，老拳便挥。甲遁入房，匠随涌入，门窗尽破，复有出而号召者。……顷刻聚集五六百人，前后围住，即有三四千人由城上扒屋，声如鼎沸"〔3〕；南京伞业，"宁郡各工匠向有把持

〔1〕 "苏州金箔作董司为工匠咬死"，载《申报》同治十一年（1872年）十一月廿一日，转引自彭泽益主编：《中国工商行会史料集》（下册），中华书局1995年版，第685页。

〔2〕 "木匠逞蛮"，载《申报》光绪三年（1877年）七月十三日，转引自彭泽益主编：《中国工商行会史料集》（下册），中华书局1995年版，第694页。

〔3〕 "铺主受辱"，载《申报》光绪六年（1880年）三月二十二日，转引自彭泽益主编：《中国工商行会史料集》（下册），中华书局1995年版，第698~699页。

恶习，动辄聚众挟制，而伞骨匠尤甚。兹闻有伞匠方顺德，见奉化江沛章、江良士等以伞避载至宁郡求售，遂挟同伞匠骨首王□、杨云宝等拉货擒人"[1]；上海瓦木业，"众匠于是聚而议曰，不于斯时革去积弊，更待何时？于是群趋于鲁班庙中，捆取衔牌，……有不从者，则取其斧斤以去"[2]；上海踏布业，"罗等称：有主顾嘱踏本布，被赵等在路上夺去"[3]；北京瓦木业，"至四月十七日，木匠多人又问厂商寻衅，一言不合，竟敢放炮号召他厂木匠，纷纷聚集，……木匠约集千余人，亦各手持巨斧"[4]；武汉木作业，"今年值武帮单刀会期，文帮有数十人入阁喧哗，旋以干戈从事。其时文帮人少，不敌武帮之凶横，纷纷败北，归诉其主，欲与武帮抗衡。……次日在某茶室齐集百余人，交相谓曰：彼皆离心离德，我亦何妨倒戈相向。遂各执器械，将本帮各主招牌打碎，无敢出而阻者。直至次日，其锋仍锐不可当"[5]；上海制镜业，"同业曹阿福心存嫉妒，不准朱收集学徒。日前纠同无赖将朱锯子夺去，……昨日曹父子又纠同专制铜首饰之阿池……等约十二余人，在县署西首清泉楼茶馆，将朱殴击，碗盏纷飞，拳脚交下"[6]；广州鞋业，"省垣券鞋行合义堂工人，……未经允许，遂叠出搔扰，致将城西大观桥某店东殴伤"[7]；杭州木作业，"杭省木工，以绍台二帮为最多，近以钱贱物贵，……各工匠蜂扭某作头攒殴"[8]；嘉兴建筑业，"嘉兴南城外，有建筑工人千余，

〔1〕"聚众挟制"，载《申报》光绪六年（1880年）十一月十五日，转引自彭泽益主编：《中国工商行会史料集》（下册），中华书局1995年版，第702页。

〔2〕"论工匠聚众"，载《新报》光绪八年（1882年）四月三十日，转引自彭泽益主编：《中国工商行会史料集》（下册），中华书局1995年版，第705页。

〔3〕"踏布作争夺生意"，载《申报》光绪十三年（1887年）十二月初九日，转引自彭泽益主编：《中国工商行会史料集》（下册），中华书局1995年版，第710页。

〔4〕"帝京景色"，载《申报》光绪十七年（1891年）五月初二日，转引自彭泽益主编：《中国工商行会史料集》（下册），中华书局1995年版，第714~715页。

〔5〕"一字忿争"，载《申报》光绪十八年（1892年）五月二十九日，转引自彭泽益主编：《中国工商行会史料集》（下册），中华书局1995年版，第716页。

〔6〕"同业忿争"，载《申报》光绪二十年（1894年）三月二十六日，转引自彭泽益主编：《中国工商行会史料集》（下册），中华书局1995年版，第718页。

〔7〕"穗垣鞋行禁私雇工人"，载《中外日报》光绪二十七年（1901年）十月二十八日，转引自彭泽益主编：《中国工商行会史料集》（下册），中华书局1995年版，第718页。

〔8〕"木工纠众跪香要求加薪"，载《时报》光绪三十二年（1906年）闰月二十七日，转引自彭泽益主编：《中国工商行会史料集》（下册），中华书局1995年版，第719页。

因资方延未发薪，引起十余工人殴毙工头王阿四一人"[1]。

诉诸暴力对于纠纷中的受害一方来说是寻求解纷的一种手段，如纠纷得到解决，暴力作为解纷的一种方式手段也合情理。近代中国手工业社会纠纷中当事人以暴力手段解纷的案例不少，但也有相当部分案例表明，诉诸暴力后非但于解纷无补，反而会导致纠纷升级、恶化，甚至由民转刑。从这个角度来说，暴力不仅不是解纷手段，相反倒是使纠纷升级、恶化的"催化剂"。因此，诉诸暴力之是否属于解纷手段，有待依据具体案情来审定。

（二）齐行罢工

在中国封建社会后期，统治阶级的经济剥削和政治压迫日益残酷，行会组织内部宗法关系严密、阶级矛盾激化。在一部分带有资本主义性质的手工作坊和手工工场里，雇主和雇工之间的矛盾日益加深。当时的原始资本家（作坊主、工场主、大商人）为了扩大剥削所得，往往会克扣工匠工价，或者拖欠工资，进行种种虐待，使工匠的最低生活难以维持。因而雇主和雇工之间的关系，从最初的"相依为命"发展到了"齐行叫歇"。

与此同时，近代中国有关手工业方面的法制落后，对工匠、学徒等弱势群体的权利保护不力，雇主和帮工之间也缺乏正常的沟通和协商机制，从而导致帮工只能采取罢工、怠工、示威等极端方式集体维权。工匠的罢工斗争从清康熙以后几乎便没有间断。例如，江苏锦业，"同业曹阿传、顾廷等创立行头，……图欲另改名目，仍立公所，……今曹阿传虽故，有王沛等结党成群，又起风波，喊歇停工"[2]；上海木作业，"本埠之宁绍帮木匠，凡由作头雇用，向例每日一粥二饭，所给工价，每洋一拾升五十文。现在该匠等以上工甚早，须作头改为每日三顿饭，工洋照衣牌作价，其遂日饭菜，亦须讲究。……作头尚未允从，而众口哓哓，异常喧闹。昨日相约停工"[3]，"兹悉宁绍两帮作头，

〔1〕《劳动季报》1934 年第 2 期，第 219 页，载彭泽益编：《中国近代手工业史资料（1840－1948）》（第 3 卷），中华书局 1984 年版，第 605 页。

〔2〕"长洲元和县永禁宋锦业人等设立地头行规以及另改名目仍立公所碑记"［光绪四年（1878年）十一月十九日］，载彭泽益选编：《清代工商行业碑文集粹》，中州古籍出版社 1997 年版，第112 页。

〔3〕"木匠聚议"，载《申报》光绪八年（1882 年）四月二十二日，转引自彭泽益主编：《中国工商行会史料集》（下册），中华书局 1995 年版，第 704 页。

均以向章如是，不允更改。于是两帮匠人约齐停工"[1]；上海织布业，"现届机匠，以赋闲日久，思将此项扣串，一律免扣，月之念五日清晨，……齐赴各庄，请予免扣，每合数十人为一起，叫嚣奔逐，口呼把行"[2]；北京瓦木业，"颐和园工程处工匠，……辄于月初纠众挟制，意图增长工价，相持十数日，竟无一人作工"[3]；芜湖烟业，"该伙等为之辩论，……现闻该伙等一概停工不做，意欲另议行规"[4]；杭州木作业，"杭省木工，以绍台二帮为最多，近以钱贱物贵，一再罢工，要求作头增加工资"[5]；句县瓦木业，"句容县地方瓦木两匠，……遂于日前一律罢工，要求各作头酌加工价"[6]；武汉裁缝业，"武汉各缝工，于端节后俱停作议价"[7]；上海泥水业，"各散匠怀恨已久，纠约停工，昨日千百成群，齐至鲁班殿喧嚷不休"[8]；上海木作业，"众匠于是聚而议曰，不于斯时革去积弊，更待何时？于是群趋于鲁班庙中，……巡行各工之所，勒令停工会议"[9]；广州鞋业，"省垣券鞋行合义堂工人，因物价昂贵，生计难谋，联行辍业"[10]；北京瓦木业，"日前午后有

〔1〕 "木匠被拘"，载《申报》光绪八年（1882年）四月二十四日，转引自彭泽益主编：《中国工商行会史料集》（下册），中华书局1995年版，第704页。

〔2〕 "机户织匠把行"，载《申报》光绪十年（1884年）正月三十日，转引自彭泽益主编：《中国工商行会史料集》（下册），中华书局1995年版，第708页。

〔3〕 "帝京景色"，载《申报》光绪十七年（1891年）五月初二日，转引自彭泽益主编：《中国工商行会史料集》（下册），中华书局1995年版，第714页。

〔4〕 "烟店东伙争议"，载《字林沪报》光绪十九年（1893年）五月十四日，转引自彭泽益主编：《中国工商行会史料集》（下册），中华书局1995年版，第717页。

〔5〕 "木工纠众跪香要求加薪"，载《时报》光绪三十二年（1906年）闰月二十七日，转引自彭泽益主编：《中国工商行会史料集》（下册），中华书局1995年版，第719页。

〔6〕 "瓦木匠感受铜元之激刺"，载《申报》宣统元年（1909年）六月初八日，转引自彭泽益主编：《中国工商行会史料集》（下册），中华书局1995年版，第719页。

〔7〕 "缝工长价"，载《申报》光绪六年（1880年）五月二十二日，转引自彭泽益主编：《中国工商行会史料集》（下册），中华书局1995年版，第699页。

〔8〕 "停工挟制"，载《沪报》光绪八年（1882年）四月二十二日，转引自彭泽益主编：《中国工商行会史料集》（下册），中华书局1995年版，第703页。

〔9〕 "论工匠聚众"，载《新报》光绪八年（1882年）四月三十日，转引自彭泽益主编：《中国工商行会史料集》（下册），中华书局1995年版，第705页。

〔10〕 "穗垣鞋行禁私雇工人"，载《中外日报》光绪二十七年（1901年）十月二十八日，转引自彭泽益主编：《中国工商行会史料集》（下册），中华书局1995年版，第718页。

瓦木匠役五百余人，……而木厂不允，故众匠役，齐行会议耳"[1]。又如，道光二十七年（1847 年），烛业店伙张国安、周晋山、徐鸿宾、王永盛等，为要求增加工资，"倡议把持，扇众歇业"[2]；光绪三年（1877 年），硝皮裘业各店作帮伙张志兴等，"勒众停工"[3]；光绪四年（1878 年），织宋锦机业工匠王沛等，"结党成群，又起风波，喊歇停工"[4]。

以上所举是现存手工业碑刻所反映的部分情况。但已足以说明近代手工业社会内部劳资纠纷出现后，雇工被迫通过罢工来解纷这种自力救济举动的存在。"苏郡每以齐行把持，致起讼端，最为恶习"[5]，由此可见罢工已是习以为常。

这些罢工都是由经济上的原因引起的。"近时上海、汉口、天津、广东、武昌、厦门、镇江等处，时常同盟罢工，皆因彼等之生活问题为其直接之动机。米价及一切生活必需之品，虽暴涨至百分之五十，甚至贵至一倍者，而其所得之工资仅仅增加百分之二三十，且彼等实际上所得之工资，皆系铜币，铜币价值又日见低落，欲维持最低限度之生活，已属不能。故彼等之罢工，皆为生活困难所迫。"[6]广大工匠反对雇主克扣工银，实行苛刻的经济剥削；或者是反对作坊主解雇工人。"至其（罢工）要求条件，大半系为薪水，次则为待遇。"[7]各地各行工人纷纷起来要求加薪，也就无怪其然了。

（三）另立组织

另立组织是指手工业者在纠纷发生后从原组织中脱离出来成立自己的组织，以不合作的形式抵制对方，维护自身权益。这种自力救济方式通常与前述几种自救方式结合使用，或是在前述几种自救方式无效后不得已而采取的。

---

[1] "匠役齐行"，载《大公报》光绪三十年（1904 年）五月二十四日，转引自彭泽益主编：《中国工商行会史料集》（下册），中华书局 1995 年版，第 719 页。

[2] 道光二十七年（1847 年）《烛业伙友听凭店主自行择用碑》。

[3] 光绪三年（1877 年）《禁裘业帮工伙徒阻工霸业碑》。

[4] 光绪四年（1878 年）《禁革枕宋锦机业人等设立行头名目碑》。

[5] 光绪二十五年（1894 年）《禁书坊印手把持市碑》。

[6] 张正成："上海劳工之状况"，载《农商公报》1925 年第 13 期，转引自彭泽益编：《中国近代手工业史资料（1840-1949）》（第 3 卷），中华书局 1984 年版，第 344 页。

[7] "中国之劳动问题"，载《中外经济周刊》1925 年第 135 号，第 8 页，转引自彭泽益编：《中国近代手工业史资料（1840-1949）》（第 3 卷），中华书局 1984 年版，第 344 页。

例如，在齐行罢工未达目的时，手工业者只能团结起来建立自己的组织，以对抗原行业组织。

另立组织的自救方式源远流长，清末苏州染匠许浩然等为反对布商"瑞记倡减染价，苛给司酒"而成立仁义公所（亦称众义堂），与布商行会培德堂公所相抗衡。染匠在仁义公所的支持下，把瑞记布号"三百余元之夏布扣住作抵，更又停领染布，把持坊业"，使印花布业销货"减少七成，商业受其影响，已非浅鲜"。[1]

另立组织与罢工等自救方式相同，也是由雇主和雇工的利益分歧日益加深，后者为维护其经济利益，改善自身待遇所致。[2]据学者考证，另立组织之动机计有："（一）工人因为生活最低的需要不能维持，根据生存竞争原则，一致聚合起来，作生存的奋斗。（二）工人因为工业制度变迁后，工资少，工作时间长，生存既不能维持，待遇又极苛苦，所以要组织工会，谋求待遇之改善。（三）工会因处于这种同一环境之下，感觉同一之痛苦，所以才有共同组织之要求。（四）工人与雇主自由订定契约，雇主可以随时辞退或开除工人，因之工人常有失业的危险，所以工人才团结起来反抗雇主。（五）受别地方工会组织工会之影响。"[3]当然，另立组织之自救方式也跟当时的政治形势变化有关。

由以上叙述可知，近代中国手工业社会中的自力救济并非单个人的自力救济，而是一种群体式或团体式自力救济，且其具体救济手段也多为聚群式的热暴力（例如肢体接触）或冷暴力（例如罢工、抵制）。此种自力救济的解纷模式自然多为法制所不容，但于保护被侵权人的权利确有实际的作用，因而也具有一定程度的正当性，笔者在此将之称为"合目的性的私力救济"。[4]

在近代中国，手工业社会内部解决纠纷的方式可以说是多种多样、纷纭复杂的。总的说来，既有血腥的暴力，也有谦逊和自助的避让与和解，更有

---

〔1〕 江苏省博物馆编：《江苏省明清以来碑刻资料选集》，生活·读书·新知三联书店1959年版，第40~42、65~66页。

〔2〕 S. D. Gamble, *Peking, a Social Survey*, New York, 1921, p. 171.

〔3〕 于恩德："北平工会调查"，载李文海主编：《民国时期社会调查丛编》，福建教育出版社2004年版，第28页。

〔4〕 参见李可：《权利·权威与公正》，黑龙江人民出版社2010年版，第308、320页。

文明的仲裁。解纷方式呈现出了多元化的特征，诸解纷方式并非孤立地存在，而是在共同、相互配合、有机地发挥着作用。

第二节 手工业社会借助外力解纷

在近代中国，手工业社会纠纷的解决主要依靠内部集体和组织来实现。当然，对于一些纠纷，尤其是对于内部力量无法解决的纠纷，手工业社会也会借助自身外部的力量来解决。这些外部力量，有个人的，也有组织或者机构的。前者，如漆业"两行之人，分党帮助，后经旁人排解，暂散"〔1〕；印书业，"许（指倡立行规、霸占各店、收徒添伙、勒加印价的印手许怀顺——笔者）等自知理□，挽人调处，具结销案，给示禁约在案"〔2〕；水果业，"向来京师各种货物，行店皆不止一家，惟红果行（即山楂红也）只天桥一家，别无分行，他家亦不能开设，盖呈部立案也。相传百余年前，其家亦以性命博得者。当时有两行，皆山东人，争售贬价，各不相下，终无了局。忽一日有人调停，谓两家徒争无益，我今设饼撑于此（即烙饼之大铁煎盘也，大者如圆桌面），以火炙热，有能坐其上而不呼痛者，即归其独开，不能争论。议定，此家主人即解下衣，盘坐其上，火炙股肉，支支有声，须臾起立，两股焦烂矣。未至家，即倒地死，而此行遂为此家独设，呈部立案，无得异议焉。故至今只此一家也"〔3〕。后者，主要有劳资评断委员会、总工会、商会、保甲、同乡，甚至是江湖、官方。

一、借助劳资评断委员会

"劳资纠纷评断委会员"又称"劳资仲裁委员会"，出现于民国时期，先是一临时机构，后成常设机构。据于恩德先生对当时北平工会的调查："北平工会自成立之后，发生劳资冲突十余次，所以为调解劳资冲突起见，而有仲裁委员会之设立。仲裁委员会皆设于临时，例如火柴工会及永年毯厂之冲

---

〔1〕 "漆匠互斗"，载《字林沪报》光绪十八年（1892年）五月初十日，转引自彭泽益主编：《中国工商行会史料集》（下册），中华书局1995年版，第715页。

〔2〕 "崇德公所印书行规碑"［道光二十五年（1845年）六月二十八日］，载彭泽益选编：《清代工商行业碑文集粹》，中州古籍出版社1997年版，第118页。

〔3〕 梁溪坐观老人：《清代野记》卷上。

突，皆由临时组织之仲裁委员会裁决。现又设立一永久机关，由 30 人组成之。"[1]"至省垣方面劳资仲裁会之组织，则由省工人商民妇女三部各派一人，市工人商民两部各派一人（因福州市参加该会合组不另设分会），总工会二人，商民协会（由各商店或公司所组）派一人，司法筹备处派一人，政务委员会派一人，公安局政治部派一人，共同组织，以（国民党）省党部工人部长为主席，该会会所设在城内贡院省党部内，业已成立，定名为福建劳资仲裁委员会，以其为福建全省劳资仲裁机关也。"[2]劳资评断委员会的人员组成如下所述：

荆沙劳资纠纷评断委员会议纪录

日期：民国三十二年五月二十七日下午三时

地点：本会

出席人：

枚振国（县政府）

何庭芳（沙市警察局）

徐鹤松（沙市商会）

王荆璜

方□彬（参议会）

王梦非

华兰亭（总工会）

任先知（江陵分团）

许成义（码头工会）王瑞卿代

李卓茂（大律师）

刘子□

张片卿（县警察局）

切警公

---

[1] 于恩德："北平工会调查"，载李文海主编：《民国时期社会调查丛编》，福建教育出版社 2004 年版，第 45 页。

[2] "福州厦门两处劳资仲裁会之组织"，载《中外经济周刊》1927 年第 226 期，第 45 页，转引自彭泽益编：《中国近代手工业史资料（1840-1949）》（第 3 卷），中华书局 1984 年版，第 348 页。

主席：枚振国

记录：切警公

开会记录

甲：报告事项（略）

纱厂纠纷评断结果

一、沙市纱厂原有工友现失业者一再要求厂方复工，现时该厂行将复业，对于此批失业工人应如何处置案

决议——失业男女工友经登记合用者，尽先尽量用。在合用男女工友未用完以前，不得另用其他工友。

二、关于此次在厂工友与失业工友斗殴事件应如何解决案

决议——复工问题既已解决，此次斗殴事件姑予不究，免伤会员工友情感，至受伤工友医药费，请由厂方自动负责至。关于厂规由本会函请肖经理办理。

三、据报厂内有一部分工友抗不入会，以致工会无法约束而每次肇事者均为非会员，应如何处理以杜隐患案

决议——由总工会与厂方肖经理共同督饬办理工友入会手续，并限于两星期内办竣，以免纠纷发生。[1]

以上所录档案中的出席人，即劳评会组成人员，大体包括地方政府代表、地方警察局、商会、地方参议会代表、总工会、律师等人士。当然，不同地方不同行业，可能也会有所区别。但基本上都要包括当事人、地方官府代表、民间组织人士这三类人员。

手工业社会对即使经由其他民间社会组织出面也没法解决的纠纷，常借助于劳资评断委员会来解决。如民国三十七年（1948年）十二月发生的"沙市棉花输出业工资纠纷案"中，作为资方的棉花输出业同业公会就提出了请求劳资评断委员会出面仲裁的要求。[2]

劳资评断委员会是民国时期劳资纠纷的重要仲裁机构。当劳方、资方的代表组织均无法解决存在于劳资双方之间的纠纷时，劳资评断委员会的作用

---

[1]　荆州市档案馆：沙市商会8-1-8。

[2]　荆州市档案馆：沙市商会8-1-29。

就显得尤为重要和突出了。福建劳资仲裁委员会就明确其任务有四："（甲）劳资两方如有不适用之条例，可筹义改良办法，俾免纠纷；（乙）接受工商纠纷任何一方面之起诉；（丙）调查劳资两方发生纠纷之真相，议定公平办法，饬知双方遵守；（丁）凡经本会判决之案，任何一方有不遵守者，得议决惩办之。"[1]

二、借助总工会

当纠纷涉及面较广，为手工业者工会权限所不及时，其所隶属的地方"总工会"就成了手工业社会解纷所借助的力量。作为各分工会（也即职业工会）之上一级机关，总工会对分工会有"代分工会谋幸福。遇有劳工冲突时，有调处之责"。[2]前述的上海银楼外作工潮，"经数度交涉无效"[3]后，"工人陈永长等十七人绝食"[4]，"经总工会竭力劝导劳资双方让步，拟定调解办法了结，绝食工人亦于是日复食"[5]。因此，总工会是手工业社会解决内部纠纷时常需借助的重要调解力量。在涉及劳资纠纷时，不管是劳方还是资方，代表它们各自利益的组织在无法通过双方来解决时往往会共同借助于地方总工会来解决。现以发生于民国三十六年（1947 年）五月的"沙市染坊业劳资工资纠纷案"为例来说明。以下是沙市染坊业同业公会呈报给江陵县总工会的情况报告书：

> 窃敝业工友此次任意罢工，兹将经过情形，详报如后，查染业工人工资情形特殊，每家染坊雇用一人，每月拾柒万元，用二人以上者，一人拾柒万，其余拾五万月资，伙食、剃头、草鞋、丝烟费用，均由店主供给，且有恶例，

---

[1] "福州厦门两处劳资仲裁会之组织"，载《中外经济周刊》1927 年第 226 期，第 45 页，转引自彭泽益：《中国近代手工业史资料（1840-1949）》（第 3 卷），中华书局 1984 年版，第 348 页。

[2] 于恩德："北平工会调查"，载李文海主编：《民国时期社会调查丛编》，福建教育出版社 2004 年版，第 44 页。

[3] 《劳动季报》1934 年第 2 期，第 207 页，载彭泽益编：《中国近代手工业史资料（1840-1949）》（第 3 卷），中华书局 1984 年版，第 603 页。

[4] 《劳动季报》1934 年第 2 期，第 210 页，载彭泽益编：《中国近代手工业史资料（1840-1949）》（第 3 卷），中华书局 1984 年版，第 603 页。

[5] 《劳动季报》1934 年第 2 期，第 210 页，载彭泽益编：《中国近代手工业史资料（1840-1949）》（第 3 卷），中华书局 1984 年版，第 603 页。

名为月工，实分一年为上下二季，上季自正月初一起至五月底止，下季自六月初一起，至腊月半止，上季虽在贰月初十上工，亦以五个整月算钱，下季虽在七月二十上工，腊月半止，亦以七个整月算钱，腊月半后，如有工作，更加特别酬劳，闰月另加，按敝业全年工作，仅三月数在做，余皆空闲，以三数月劳力，换取全年工资，除伙食外，净得至贰百余万之多，较比木瓦工、踹布工，可谓独优，又无随时失业之虞，况目前物价虽涨，但伙食既由店负责，实与工人影响甚少，且工资在去年底，只七万四千、六万四千两等，今年贰月，该工人等见各家染坊，略有生意，化靛在缸，乘机要挟，一跃增至拾柒万元，及拾五万元，敝业为成本计，被迫忍痛接受，但双方约定，本年不得再加，不卜该工人等，违背前议，提请再加。敝业万难同意，况近来多数染坊，已无布可染，亏累甚距，原有工价，已感负担不易，加钱闲玩，更何以堪！该工人等，不体时艰，一次商谈，即行罢工。敝业店主，多能亲自染布，在罢工期间，亲自染做，以维成本，该工人等竟谓，如老间自做，决以力拼，意在肇事。敝业深感不幸，除将以上情形报请沙市商会外，亟应备文恳祈大会，设法制止该工人等无理要挟，及法外行为，以安秩序，是为至祷！

　　谨上

　　江陵县总工会理事长

　　　　　沙市坊业同业公会理事长吴占茂[1]

　　从该报告中可以看出，代表资方的沙市染坊业同业公会面对工人动辄罢工要挟的行为已显得忍无可忍。因此，在将情况上报沙市商会的同时，即"除将以上情形报请沙市商会外"也呈文给江陵县总工会，恳祈其"设法制止该工人等无理要挟，及法外行为，以安秩序"。

　　接到沙市商会转来的函件后，江陵县总工会作出了回复，电文如下：

　　沙市商会徐理事长勋鉴：准贵会松□字第二四号□，转沙市染坊业同业公会呈以工人要求增加工资碍难接受，以致罢工，希予制止等由。准此。查该职业工会呈请要求，资方自古历四月初一日起照原工资增加百分之八十。

---

〔1〕　荆州市档案馆：8-1-8，沙市商会（民国三十四年至三十六年，1945~1947年）。

业经本会转请劳资评断委员会仲裁在案。至于罢工一节，据称并无其事，且与事实不敷。现既转请仲裁，相应电复查照，静候劳资评断委员会解决为荷。理事长章兰亭[1]

这份电文回电非但没有作出对工人行为予以制止的答复，相反倒是为工人的行为进行了辩护。总工会尽管没有就沙市染坊业同业公会的要求给商会作出肯定的回应，但也算为此事做出了努力：将事情提交劳资评断委员会进行仲裁，"静候劳资评断委员会解决"。

这样的事例在民国时期很多，又如发生于民国三十六年（1947 年）六月的沙市棉花业与堆栈业之间的业务纠纷，其解决也是通过借助总工会来实现的。[2]

三、借助商会

手工业社会调解内部纠纷时，也常借助商会来实现。如印染业"现复由商会派委职理处，职再重行劝导，王等亦已自知理屈，愿将扣货夏布交还瑞记，并允自后概不停领停交、挟制把持染布、勒索酒资，及洋价允照钱业公所市面作准，亦不再行勒短；尺六尺八阔之夏布，仍照旧章结算"[3]。商会与各行业之间存在一定的上下隶属关系，而各行业与官府之间发生关系的一条很重要途径是商会。这种情况由民国江陵县政府给沙市商会的函件中可知："本署为明瞭沙市各业组织情形，是起特请将贵会所辖各会理事长姓名、住所简明册送□份，以便参考为荷。此致沙市商会。"[4]因此，行业间发生纠纷时，邀请共同的上属——商会出面解纷也就不足为奇了。在 1935 年发生的杭州清和坊宓大昌烟栈劳资纠纷中，尽管调解未果，但市商会还是扮演了重要的解纷者角色。据《国际劳工通讯》载："清和坊宓大昌烟栈，开设有年，营业向称发达。兹因工友冯全法等四十余人，要求资方分发红利问题，致劳资

---

〔1〕 荆州市档案馆：8-1-8，沙市商会（民国三十四年至三十六年，1945~1947 年）。

〔2〕 荆州市档案馆：8-1-8，沙市商会（民国三十四年至三十六年，1945~1947 年）。

〔3〕 "吴县谕禁布号发染印花布匹务须随时交货酒资亦照旧章结算银洋查照钱业公所市面作价不准再有停领停交挟制把持勒加酒资抑短洋价情事碑记"，载彭泽益选编：《清代工商行业碑文集粹》，中州古籍出版社 1997 年版，第 109 页。

〔4〕 荆州市档案馆：8-1-18，沙市商会（民国三十七年至三十八年，1948~1949 年）。

双方发生纠纷。经该栈经理王雅庭允许每人分发红利五元，而劳方以其数过少，全体工友总辞职。经市商会派员黎醒明调解仍无结果。"[1]

商会自诞生之日起便将调处工商业者之间的各类纠纷作为一项主要的职能。"商会成立后，政府不仅提升商务总会地位，使商会总理具有与地方官平行往来公文书的权力，甚至主动赋予优先协调该地商业纠纷的司法职能。"[2] 清末《奏定商会简明章程》的制定，充分肯定了商会这种民间组织具有了受理工商业纠纷的权利。1916 年《商会法》和《商会法施行细则》经过修改再次公布，商事公断处的职责被正式确定为"调处工商业之争议"和"商会之争议"。1928 年南京国民政府颁布了《商事公断处章程》，均规定商事公断处设于商会，商事公断处对工商业者之间发生的争议，以息诉和解为主旨予以仲裁解决，但其裁决必须经由双方当事人同意才发生法律效力，当事人不同意，可以再起诉至法院解决。

由此可见，在民国时期的商事公断处，其职能主要是解决工商业纠纷，以保护工商业规矩，维护行业规则并减少相应的损害，从而最终在息讼的基础上最大限度地维系团体中工商业者之间既有的情感。手工业组织在解决手工业社会纠纷的过程中，往往也会借助商会来进行调息。下以"张金业与金线业纠纷案"来加以说明。

明清以来，苏州的行会制度日趋完备和成熟，即使是相近的行业，也往往各立门户，自建行会。如金箔一项，分为贴金箔和切金箔两个行业。贴金箔业制作张金，切金捎灶则用张金捻制金线，1873 年彼此立有金箔公所和圆金公所，从原料的收购到产品销售，均畛域分明、互不侵越。光绪三十二年（1906 年）五月，金线业十余户联名向长洲县衙禀控张金业商户违规从郊区采购金线，交"盗袭制造"，"任意越项攫夺"，抢夺了本属金线业的生意。县衙为此警告张金业圆金所司董，令其"循照旧章"，各做各业，"毋许平空

〔1〕《国际劳工通讯》1936 年第 16 号，第 88 页，载彭泽益编：《中国近代手工业史资料（1840-1949）》（第 3 卷），中华书局 1984 年版，第 613 页。

〔2〕清末苏州商会仲裁商业纠纷司法职能的制度沿革与个案研究，参见马敏："商事裁判与商会——论明清苏州商事纠纷的调处"，载马敏：《马敏自选集》，华中理工大学出版社 1999 年版，第 281~303 页；邱澎生："禁止把持与保护专利：试析清末商事立法中的苏州金箔业讼案"，载《中外法学》2000 年第 3 期，第 311~328 页。

攫夺，以安生业"。[1]张金业不服县衙判决，指责金线业"奸控讼制，希图把持"，并反告金线业一些商户偷挂张金招牌，坏了张金业生意。县衙无从判断谁是谁非，故照会商务总会传集双方处理。商会接手此案后，传集两业董事公议，决定仍照行会旧规，"各归本业"，张金业永不收乡工金线，金线业则不再到南京、杭州、上海、镇江等地收买张金，"如违认罚"。双方签字画押，"永远遵守"。[2]

岂知事隔数月，双方又故态萌发，互相抢夺对方生意，并不遵守原订议约。商会在得到金线业违约证据后，处以十倍罚款。然而，金线业却抗不遵罚，理由是苏州张金业"所造之货更不如前"，"不能合用"。这实际上就是要打破张金业在苏州长期以来的市场垄断。张金业一方则以应划清手工业制造与商业贩卖的界限为由，认为金线业即使享有专利，也只是在于"捻金线"的制作过程，一旦制成产品，进入市场，他业即有购买或不购买的权利，因此主张张金业既应有收购乡工金线的自由，也应有自捻金线的权利。在旧的行规已无约束力的情况下，商会无奈，只好于光绪三十四年（1908 年）结案，照章议令金线、张金两业退出商会，以示惩罚。[3]

借助商会处理手工业社会纠纷的例子还有很多。例如 1906 年 7 月，"苏州纱缎业请求商会出面弹压机工罢工案"[4]；1909 年 5 月，"苏州云锦公所司年求助商会弹压机工罢工案"[5]；1934 年，"南京市纸业与机工，因工资问题发生纠纷，商会出面调解"[6]。1946 年 5 月，"沙市染坊业劳资工资纠纷案"[7]。

以上是关于资方请商会出面解决与劳方纠纷的案例。行坊与行业公会发

---

〔1〕 "长洲县谕饬圆金公所"，载章开沅、刘望龄、叶万忠主编：《苏州商会档案丛编》（第 1 辑·一九〇五年——九一一年），华中师范大学出版社 1991 年版，第 574 页。

〔2〕 "张金业公兴公司与金线业绣章公司议约"，转引自章开沅、刘望龄、叶万忠主编：《苏州商会档案丛编》（第 1 辑·一九〇五年——九一一年），华中师范大学出版社 1991 年版，第 578 页。

〔3〕 "理结金线、张金两业纠讼案记录"，转引自章开沅、刘望龄、叶万忠主编：《苏州商会档案丛编》（第 1 辑·一九〇五年——九一一年），华中师范大学出版社 1991 年版，第 588 页。

〔4〕 苏州市档案馆藏档乙 2-1，251/5。251 为卷宗号，5 为页码。

〔5〕 苏州市档案馆藏档乙 2-1，143/16。143 为卷宗号，16 为页码。

〔6〕《劳动季报》1934 年第 2 期，第 210 页，载彭泽益编：《中国近代手工业史资料（1840-1949）》（第 3 卷），中华书局 1984 年版，第 604 页。

〔7〕 荆州市档案馆：8-1-8，沙市商会（民国三十四年至三十六年，1945～1947 年）。

生纠纷时，同样也请商会来解决。例如，民国末年的"荆州九华棉行诉余传华案"。在该案中，九华棉行因受到不公正待遇而起诉同业公会理事长余传华，请求商会解决。对九华棉行经理李铸久"呈为假公凌蹋妨害营业声请仲裁"的要求，商会的意见是"已予调解"。[1]

手工业社会在处理华洋同行之间的纠纷时，更多的时候需要借助商会来解决。从现有资料来看，商会似乎是近代中国唯一能够理处华洋商事纠纷的民间社会组织。《奏定商会简明章程二十六条》中就有 2 条是专门就华洋纠纷的处理而对商会的授权。该章程第 15 款规定"凡华商遇有纠葛，可赴商会告知，总理定期邀集各董，秉公理论，从众公断。如两造尚不折服，准其具禀地方官核办"；第 16 款规定"华洋商遇有交涉龃龉，商会应令两造各举公正人一人，秉公理处，即酌行剖断，如未能允洽，再由两造公正人合举众望夙著者一人，从中裁判。其有两造情事，商会未及周悉，业经具控该地方官或该管领事者，即听两造自便。设该地方官领事等判断未尽公允，仍准被屈人告知商会，代为伸理。案情较重者，由总理禀呈本部，当会同外务部办理"。[2]

四、借助保甲

保甲，是手工业社会调解内部纠纷所借助的外部力量之一。据同治八年（1869 年）十二月苏州布业碑记所载，在提请苏州府出台"永禁地匪棍徒不得阻挠滋扰布业善举"的告示时，尚始公所要求官府将告示的效力范围延及至地保，而不仅限于布业同仁，即"示仰各该地保及布业人等知悉"。而依照告示，尽管办善举只是布业内部事务，但对布业内部秩序的维护，地保也有不可推卸的责任，"如有地匪棍徒借端阻挠滋扰"，地保难逃其责。如"地保狗纵"，将与地匪棍徒一道，"并惩不贷"。[3]

这里的"地保"即地缘社会中保甲组织的"保甲长"。地保，是保甲长

---

〔1〕　荆州市档案馆：8-1-8，沙市商会（民国三十四年至三十六年，1945～1947 年）。

〔2〕　彭泽益主编：《中国工商行会史料集》（下册），中华书局 1995 年版，第 974 页。

〔3〕　第 32 号碑文"苏州府为布业公议捐资设立尚始公所办理同业善举永禁地匪棍徒不得阻挠滋扰碑记"，载江苏省博物馆编：《江苏省明清以来碑刻资料选集》，生活・读书・新知三联书店 1959 年版，第 55 页。

的一个别称[1]。上例中，尚始公所之所以主张官府把告示内容周知至地保，很可能是考虑到对于行业外那些地匪棍徒的胡作非为，公所自身无能为力治之，而只能借助于保甲这一类官府认同的地缘组织。[2]毕竟，作为乡里的综合性乡治组织[3]，保甲对地匪棍徒的打击合情、合理、合法，对地匪棍徒也更具有约束力和震慑作用。如见于光绪二十年（1894年）三月二十六日《申报》的"同业忿争"所载：

　　朱德卿住居二十铺，向做洋镜，博取蝇头以糊其口。同业曹阿福心存嫉妒，不准朱收集学徒。日前纠同无赖将朱锯子夺去，嗣由同业友人袁某解劝，将锯送还。前日曹仍不甘心，父子三人纠唤朱同至凝和桥老虎灶吃讲茶，未

---

[1]　马克斯·韦伯说："这种自治官（地保）应当在上级政体与自治体之间建立联系，不管在哪里，只要这种制度发挥着职能，地保总要在县太爷计里呆上些时候，为的是给他通气。"（[德]马克斯·韦伯：《儒教与道教》，王容芬译，商务印书馆1995年版，第148页。）

[2]　类似的情况也见于手工其他行业，如刻书业，见于道光二十五年（1845年）六月二十八日的"崇德公所印书行规碑"载："徐老三等出具不敢霸持收徒切结，各在案。但印书人众，贤愚各别，抑恐日后再生别端，禀乞勒石永禁等情到县。据此，除批示外，合行勒石示禁。为此仰书坊铺户及印手人等知悉：自示之后，印价仍照旧章，……添伙收徒，应听书坊各店，随时雇收，……如敢故违，许书坊各铺指名禀县，以凭究办。地保徇隐，察出并处。"（参见"崇德公所印书行规碑"，载彭泽益选编：《清代工商行业碑文集粹》，中州古籍出版社1997年版，第118~119页。）见于同治十三年（1874年）三月十四日的"吴县为重建书业公所兴工禁止地匪借端阻挠碑"也载："兴工在即，恐地匪藉端阻挠，有妨工作，粘呈碑示并抄章程，禀叩给示禁约等情到县。据此，除批示外，合行给示禁约。为此示仰该司事暨地方人等知悉：现据金绅等在石幢□内重建书业公所，如有地匪借端阻挠，有妨工作者，许即指名禀县，以凭提究。该地保徇隐，察出并处。"（"吴县为重建书业公所兴工禁止地匪借端阻挠碑"，载彭泽益选编：《清代工商行业碑文集粹》，中州古籍出版社1997年版，第119页。）红木作业，见光绪十九年（1893年）七月的"长元吴三县梳妆公所议定章程碑"（彭泽益选编：《清代工商行业碑文集粹》，中州古籍出版社1997年版，第122~124页。）水木业，见光绪十二年（1886年）十月的"长元吴三县规定水木两作每作每月捐钱三千文按月存储公所办理同业善举碑"（彭泽益选编：《清代工商行业碑文集粹》，中州古籍出版社1997年版，第128~129页。）石作业，见光绪三十二年（1906年）的"石业公所建立学堂兼办善举碑"。（彭泽益选编：《清代工商行业碑文集粹》，中州古籍出版社1997年版，第129~130页。）蜡烛业，见光绪二十年（1894年）六月的"蜡烛业公议规条碑"（彭泽益选编：《清代工商行业碑文集粹》，中州古籍出版社1997年版，第132~133页。）缠绳业，见光绪二十四年（1898年）正月的"采绳公所管理经费及拟办同业善举规章碑"。（彭泽益选编：《清代工商行业碑文集粹》，中州古籍出版社1997年版，第138~139页。）

[3]　陈会林：《地缘社会解纷机制研究：以中国明清两代为中心》，中国政法大学出版社2009年版，第62页。

分曲直。昨日曹父子又纠同专制铜首饰之阿池、黄腐泉荣、已革营兵阿三及阿九等约十二余人，在县署西首清泉楼茶馆，将朱殴击，碗盏纷飞，拳脚交下。旁人咸股栗不敢赘一词，旋有该处地甲到场调处，两造纷纷散去。[1]

这里，手工业者朱德卿与曹阿福两人因纠纷而发生暴力冲突后，当地保甲组织的甲长出面加以调处，最后"两造纷纷散去"。

手工业社会借助保甲来解纷的案例不少。如道光二十五年（1845年）十二月苏州绸纱缎料房各业房在奉宪核定批准勒石永禁各条中，即有"嗣后如有机棍'行首'仍犯前项不法情事，许被害之户即将来人扭交地保，先行带县禀究，以杜差役阻庇"，并规定"倘或聚众摆围、人势众多、地保不能禁止者，许该地保立即遵示赴府禀报，以凭饬拿"。[2]

五、借助同乡力量

同乡，以地缘为纽带，通过地缘关系联结在一起。手工业者外出谋生，往往是同乡相约。因此，手工业者之间发生纠纷后，有时也请同乡出来主持公道。如1934年上海发生的阳伞业工潮，就是"经靖江同乡会劝告"后解决的。在同乡会的主持下，"劳资双方让步，是日签字了结：一、工人月工工资，原在十元以上者加四成，十元以下者加五成，二、女工每缝伞一顶，工资至少一分二厘，包骨在外，（优于本办法者仍旧）三、原工价以件计算者，仍照件给资，论月给资者，照第一项办理，四、罢工期间之工资，减半给付"。[3]

六、借助江湖力量

在近代中国，在手工业社会纠纷解决过程中，作为当事人自力解决、私

---

〔1〕《申报》光绪二十年（1894年）三月二十六日，转引自彭泽益主编：《中国工商行会史料集》（下册），中华书局1995年版，第718页。

〔2〕转引自郑天挺主编：《明清史资料》（下），天津人民出版社1981年版，第236页；南京大学历史系中国古代史教研室编：《中国资本主义萌芽问题讨论集（续编）》，生活·读书·新知三联书店1960年版，第417页。

〔3〕《劳动季报》1934年第2期，第217页，转引自彭泽益编：《中国近代手工业史资料（1840-1949）》（第3卷），中华书局1984年版，第605页。

力救济的一种手段，就是借助江湖社会的力量，通过武斗来解决。如光绪三年（1877 年）正月二十九日《申报》"浆坊械斗"所载：[1]

苏之浆坊，统共七家。其行规每向店铺领货，须得按坊公摊，不准私自括浆。有陆寿者，不守行规，今正为其余六坊察出，公同议罚，呼陆吃茶。陆先得信，密遣其弟赶至猪行河头，纠合群不逞二三十人。念三日下午，集于湖田长春园茶室以俟。时浆坊各匠，亦数十人，陆续踵至，未及理论，一声喧嚷，便互相斗欧。坊匠措手不及，向前数人，均被群不逞击破头颅，势将不支。嗣幸义慈汛官闻知，率领兵弁赶往弹压，拿住陆寿等三四人。当夜备文移县，刻下尚未传讯，未知作何判结也。

这里，陆寿密遣其弟"纠合群不逞"对同行其余六坊大打出手，即属从江湖社会找人"摆平"性质。发生于光绪二十年（1894 年）三月二十六日《申报》的"同业忿争"[2]所述的"同业曹阿福心存嫉妒，不准朱收集学徒。日前纠同无赖将朱锯子夺去"，也涉及了请江湖人士来解决纠纷的问题，"无赖"即江湖中人。

七、借助官方力量

在近代中国，手工业社会的纠纷多因行业经济利益和财产权益之争而起，有时非内部组织或借助其他民间社会力量所能解决。即便能够大体解决，但亦常难两全，因此有时只好借助于当地官方力量参与解纷。

近代中国手工业组织同当地官方一般都有一定的联系。有的行会负责人本身就是官僚，"他们依靠官府势力，解决本行业在竞争中所遇到的矛盾"[3]。苏州的大多数工商业碑刻都是刊布地方政府的文告和禁令，其内容或者是核定工价；或者是禁止"市棍滋扰"；或者是禁止"捏名苛派冒收"；或者是禁

---

〔1〕 "同业忿争"，载《申报》光绪三年（1877 年）正月二十九日，转引自彭泽益主编：《中国工商行会史料集》（下册），中华书局 1995 年版，第 694 页。

〔2〕 "同业忿争"，载《申报》光绪二十年（1894 年）三月二十六日，转引自彭泽益主编：《中国工商行会史料集》（下册），中华书局 1995 年版，第 718 页。

〔3〕 洪焕椿："明清苏州地区资本主义萌芽初步考察——苏州工商业碑刻资料剖析"，载南京大学历史系明清史研究室编：《明清资本主义萌芽研究论文集》，上海人民出版社 1981 年版，第 422 页。

止"窃用物料"；或者是禁止"倡议滋事"；或者是禁止"借端科派"；或者是永禁"叫歇"。实践中，手工业组织也要常常借助官方力量弹压内部纠纷，对会员进行控制。例如，清代苏州的机匠"倡为帮行名色，挟众叫歇"，踹匠的"传单约会，众匠停踹，索添工银"，当时的手工业组织无不勾结官府，加以弹压。

手工业组织借助官方力量解决手工业纠纷的现象在民国时期已较为普遍。民国十三年（1924 年）国民政府颁布的《工会条例》的第 16 条规定："行政官厅对于管辖区域内之工会对雇主间发生争执或冲突时，得调查其冲突之原因，并执行仲裁，但不为强制执行。关于公用事业之工人团体与雇主冲突状况扩大或延长时，行政官厅经过公平审慎之调查及仲裁手续以后，如双方仍相持不下，得执行强制判决。"〔1〕如"广东新会葵扇行因减工发生风潮，迄今数月，各走极端，无从解决。该县政府据元记隆扇号状以被压迫妨碍营业请予维持，进行调处决定：一、元记隆、朝合和、护记、合焊记等号遵照同仁号行规自三月十二日起所做葵扇一律不□尾。如有规犯愿受同仁号行规处罚。二、各号前被同仁号革出，自遵照同仁号行规后，即恢复行籍，双方认为满意，惟工人减薪案尚未解决"〔2〕。又如"上海阳伞业华利时等五十三厂工人罢工风潮，资方态度强硬，经党政机关派员调查真相，召集劳工谈话，定日内调解"〔3〕，"湖州机织工潮经党政机关调解，工人允五日复工"〔4〕。

手工业社会解纷在两个方面是与国家司法相通的：一是在制度上，手工业组织解决的是"民间细故"纠纷，得到国家司法机关的授权或默认，如造纸业、印书业行会行规的订立要通过官府颁布；二是在程序上，手工业社会解纷与国家司法有连接机制，如蜡□业、红木梳妆业同业违犯行规，行会要依靠官府"重申""示禁"。手工业社会解纷机制与国家解纷机制之间的衔接

〔1〕 于恩德："北平工会调查"，载李文海主编：《民国时期社会调查丛编》，福建教育出版社 2004 年版，第 43 页。

〔2〕《劳动季报》1934 年第 2 期，第 211 页，载彭泽益编：《中国近代手工业史资料（1840-1949）》（第 3 卷），中华书局 1984 年版，第 604 页。

〔3〕《劳动季报》1934 年第 2 期，载彭泽益编：《中国近代手工业史资料（1840-1949）》（第 3 卷），中华书局 1984 年版，第 604 页。

〔4〕《劳动季报》1934 年第 2 期，第 215 页，载彭泽益编：《中国近代手工业史资料（1840-1949）》（第 3 卷），中华书局 1984 年版，第 605 页。

具体在两个方面：其一，引入官方力量；其二，移交官方处理。

（一）引入官方力量

这里所谓的"引入官方力量"属"请愿""求援"性质，是指当事人在靠自己力量和借民间组织解纷无望时，被迫转向官方，请官方出面调解或仲裁。

手工业者作为受害方亲自引入官方力量解纷的，如"慈溪北乡，成衣、泥水、木匠、篾匠为该地乡镇长无端减低工价事，曾吁请县府设法救济，经县府指令仍维原有工价，不得减少。讵雇主方面近仍照低减工价计付，故一般工人为生活计，特于本日再呈县府，请转令各乡长遵办"[1]；"龙游县缝业工人，为反对城区镇联合，非法减低工价，呈请党政维持旧价"[2]；"吴淞豆腐业工人，因每日所得仅二角七分，不能生活，派代表向（国民党）党部请愿，经调解决定每日增加工资四分而告解决"[3]；"南通城区端布工人一百余人，因厂方无故将每匹工资减低三厘及要求另组合法工会等事，全体罢工，并向党政请愿"，"南能端布业劳资纠纷，经党政召集双方代表，议定以后每匹工资仍为二分五厘等项，遂告解决"[4]。又如，"嘉兴萃华袜厂于五月三十日停工，积欠工资甚巨，延期未发，数百女工因生活维艰，向党政请愿，要求厂方即日发给"[5]；"石湾陶业工人，因反对东家减薪，一部份自行息工，以致发生纠纷，尚未解决。讵各号于工人息工后，以利用女工薪资低廉，纷纷雇用壮年女工，代替各项工作，嗣为工人方面采悉，一致严重反对。前日特在保业堂前会馆，召集全体工人会议，讨论对付，结果决定先致函东家各号，请将所雇女工，一律开除，否则如有发生纠纷，东家应负其

〔1〕《劳动季报》1934 年第 2 期，第 226 页，载彭泽益编：《中国近代手工业史资料（1840－1949）》（第 3 卷），中华书局 1984 年版，第 606 页。

〔2〕《劳动季报》1934 年第 3 期，第 200 页，载彭泽益编：《中国近代手工业史资料（1840－1949）》（第 3 卷），中华书局 1984 年版，第 606 页。

〔3〕《劳动季报》1934 年第 3 期，第 201 页，载彭泽益编：《中国近代手工业史资料（1840－1949）》（第 3 卷），中华书局 1984 年版，第 607 页。

〔4〕《劳动季报》1935 年第 4 期，第 158 页，载彭泽益编：《中国近代手工业史资料（1840－1949）》（第 3 卷），中华书局 1984 年版，第 607 页。

〔5〕《劳动季报》1935 年第 6 期，第 156 页，载彭泽益编：《中国近代手工业史资料（1840－1949）》（第 3 卷），中华书局 1984 年版，第 608 页。

责，一面呈请该管公安分局，予以取缔"[1]；"兰溪蜜枣厂女工千余人，因厂方私涨洋价，擅用旧秤，侮辱女性，酿成罢工，致起冲突，女工受伤多人，纷往法院跪香请验，城中秩序大乱，现正由党政调处"[2]；"象山各业工人因县府减低百业工资，最高者只二角五分，且有每工一角二分者，特联名呈请党政救济"[3]；"杭州市舒莲记扇庄，为数百年来老店，名震中外，讵今秋后，以营业不支，乏款进用货料，故将全部工场停止，并将工人三十五名，一并停歇。迭经工友向庄主舒承志交涉，不得要领，故呈请市政府请求调解，勒令复工"[4]；"上海南北市纸裱作场工人，……故该作工人群起不满，……经党政机关劝导后，于二十八日复工。讵各工人复工后，该作主对工友之要求，仍予拒绝，致引起全市同业反响。当于昨日上午八时起，又联合宣布罢工，并呈报党政机关请求救济"[5]；"兹悉锡箔工人闻讯后，推派代表王伯明、赵焕浩、金吴生等，以锡箔工人之工资，较他业工友为更低，民国十六年经党政当局派员彻查，召集劳资双方酌定工价，订立合同呈准备案，俾资遵守"[6]；"杭州市锡箔业工人，要求恢复原有每甲大洋一角五分六之工价（现在每甲一角四分），资方未允，现申请市府解决"，"杭州市政府召锡箔业劳资代表，调解工资事"[7]。

　　工会代表手工业工人出面引入官方力量解纷的，如"上海银楼外作器皿工场，工人三百余，因各银楼业主将民国十七年所订工价，每件一元三角六分，内计业主二成，工人八成；近改换一律以八折发给；引起工人反对，经

　　[1]　6月14日《工商日报》，《国际劳工通讯》1935年第10号，第122~123页，载彭泽益编：《中国近代手工业史资料（1840-1949）》（第3卷），中华书局1984年版，第609页。

　　[2]　《劳动季报》1935年第7期，第150页，载彭泽益编：《中国近代手工业史资料（1840-1949）》（第3卷），中华书局1984年版，第611页。

　　[3]　《劳动季报》1935年第7期，第152页，载彭泽益编：《中国近代手工业史资料（1840-1949）》（第3卷），中华书局1984年版，第611页。

　　[4]　10月27日《东南日报》，《国际劳工通讯》1935年第14号，第86页，载彭泽益编：《中国近代手工业史资料（1840-1949）》（第3卷），中华书局1984年版，第612页。

　　[5]　7月30日《新报》，《国际劳工通讯》1936年第8期，第127~128页，载彭泽益编：《中国近代手工业史资料（1840-1949）》（第3卷），中华书局1984年版，第616页。

　　[6]　10月4日《东南日报》，《国际劳工通讯》1935年第14号，第85页，载彭泽益编：《中国近代手工业史资料（1840-1949）》（第3卷），中华书局1984年版，第611页。

　　[7]　《劳动季报》1936年第9期，第177页，载彭泽益编：《中国近代手工业史资料（1840-1949）》（第3卷），中华书局1984年版，第613页。

工会交涉无效。十七日有单聚宝元春和等三家，首先怠工；今有洪培记正和汤元记叶树昌等家工人，共约一百五十余，一致加入怠工；银炉业工会呈请党政机关调解"[1]，"经党政机关召集银楼业同业工会及新同行公会进行调解，决定日内正式由社会局召集双方解决"[2]；"南京缎机业工潮，经党政机关调解了结，近日资方拟将调解原则推翻，工会乃派理事金品三等三人率领工人六十余，组织请愿团，向党政机关请愿"[3]，"南京市工人福利委员会，是日会商办法二项如下：……二、呈请党政机关，转令各资方，须爱护工人不得虐待"[4]；"杭市全体箔业工人一千一百余人，因受资方种种剥削，致起纠纷，呈请杭市党政机关救济，并派代表请愿，现市府为明了真相起见，对该案拟再进行调解，决定派员详细调查后，再召集双方代表进行劝告以弭纠纷，而资救济"[5]；"杭市慎清堂五十家箔作坊，因工作稀少，开支浩大，不得已向工友磋商核减民国十六年间工会成立增加之二成工资，以维劳资双方目前之衰落局势，借可共同生活，曾呈请市府调解。以折中办法，核减一成，劳方因受失业工友怂恿，不肯退让。延至三十日下午三时，在市府召集慎清堂箔业公所与箔业打工，开减低工资纠纷仲裁会，……其仲裁决定，本劳资双方之利益兼顾主张，决定在本年冬至节前所有工资，依照前原定工资，不增不减。冬至节后，照原定工资酌减一成"[6]；"上海全市时装成衣工人五百余名，为反对资方，折扣工资，一致怠工。经党政调解，先行复工，静候当局处置"[7]，"上海时装成衣工人工资，自前年订定固定价格，并经党

〔1〕《劳动季报》1934年第2期，第210页，载彭泽益编：《中国近代手工业史资料（1840-1949）》（第3卷），中华书局1984年版，第602页。

〔2〕《劳动季报》1934年第2期，第240页，载彭泽益编：《中国近代手工业史资料（1840-1949）》（第3卷），中华书局1984年版，第603页。

〔3〕《劳动季报》1934年第2期，第214页，载彭泽益编：《中国近代手工业史资料（1840-1949）》（第3卷），中华书局1984年版，第604页。

〔4〕《劳动季报》1934年第2期，第219页，载彭泽益编：《中国近代手工业史资料（1840-1949）》（第3卷），中华书局1984年版，第605页。

〔5〕11月1日《东南日报》，《国际劳工通讯》1935年第15号，第142页，载彭泽益编：《中国近代手工业史资料（1840-1949）》（第3卷），中华书局1984年版，第612页。

〔6〕12月31日《东南日报》，《国际劳工通讯》1936年第16号，第87页，载彭泽益编：《中国近代手工业史资料（1840-1949）》（第3卷），中华书局1984年版，第612页。

〔7〕《劳动季报》1936年第8期，第195页，载彭泽益编：《中国近代手工业史资料（1840-1949）》（第3卷），中华书局1984年版，第612~613页。

政机关备案，乃福州路大华新大等时装公司，近借口市面不景气，将规定之工资，概予折扣。各工人因一年之中，仅赖此秋末冬初之数月工作所得，维持一年之生计，因此前晚全市五百余工人，自动怠工，要求资方恢复原有工资，并向各方请愿，六日在市党部正式调解。旋由工会代表通知各会员，暂行复工，静候当局处置。截至十一日，已有四百余工人复工"〔1〕；"绍兴染司职业工会，以义和染坊违反劳资协约，雇用外帮工人，请求救济。当由公安局召集双方调解，议定以挂一漏万得雇用外帮，不得无故开除工人，不得克扣工资等办法而告解决。讵资方对该项办法并不遵守，仍任用外帮工人，工会特再呈准公安局派警执行"〔2〕；"上海婺源帮制墨业劳资纠纷，党政机关派员调解，并令饬制墨劳会劝导复工"，"上海婺源帮制墨业劳资纠纷，经党政调解，工会劝导，已有郎桂山、时永有等店，资方允照原有工资发给，故该两店工人已于本月复工"〔3〕；"杭州市经营锡箔者，共有四十六家，去年因市面不景气，资方乃有减少工资之举，上下每间原为二元二角二分，中间为一元二角一分，每间均减除二角，当时曾引起工人一致之反对。嗣由市府社会科出而调解，允待市面稍佳，即复旧观，工人接受劝告，照常工作。本年箔销转佳，市面活动，锡箔业工人因向资方请求恢复旧有劳资协约（每间增二角），资方置若罔闻。劳工不得已提请杭州市总工会筹备会解决，本月七日曾由总工会筹备会召集劳资双方谈话，当时资方允于九日作完满答复。及期，仍一味延宕，全市五千三百六十余锡箔业打工，已于十日实行总罢工。杭州市锡箔业工会打工部工人，因接受党政机关劝告，原允于十二日复工，讵工作未及一小时，资方言词不逊，故又告中止。此次工人方面所提要求：一、恢复去年经市府裁减一成工资，二、将原有箔业公所，划出一部份房屋作为工会会所，三、由资方向工会会员扣取会费等三条件。原于该业劳资协约内均有规定，似不能认为过分。资方除工资已允增加半数外，其余迄未有诚

---

〔1〕 12 月 6 日《申报》，《国际劳工通讯》1936 年第 16 号，第 90 页，载彭泽益编：《中国近代手工业史资料（1840-1949）》（第 3 卷），中华书局 1984 年版，第 613 页。

〔2〕《劳动季报》1936 年第 9 期，第 177 页，载彭泽益编：《中国近代手工业史资料（1840-1949）》（第 3 卷），中华书局 1984 年版，第 614 页。

〔3〕《劳动季报》1936 年第 9 期，第 181 页，载彭泽益编：《中国近代手工业史资料（1840-1949）》（第 3 卷），中华书局 1984 年版，第 615 页。

意接受表示，故纠纷迁延，无此解决"[1]；"长沙市靴鞋业工人，因生计困难，在二十年协定之工资，被店主陆续减低，以致不能维持生活，已请求靴鞋工会，负责向同业公会提出恢复原价，靴鞋业公会函达工会，承认照现在工资稍为增加。工会接到此函后，复与该会各执委磋商，将二十年及现在工价互相比较，无奈相差太远。工会方面，为顾全环境艰难，及各贫小铺店起见，碍难满足工人之要求，决将工价根据现时生活环境，一再斟酌核低，务求平允。但以此为最后及最低限度之标准工资，决不能再予变更。惟工会职员为根据目前环境，顾及店主与工人生活状况，已与资方曾作数度磋商，未照工人请求，秘密将工资核减，冀图和平解决一事，未得工人同意，于是二十三日……举行会员大会，一致否认工会与资方秘密协订工价，坚决停工反对。旋自动整队径向省市（国民党）党部，市政府请愿，要求依照原来协议工资迅予解决。……二十五日，党政当局继续召集劳资双方，作再度之协商。首由党政委员仍根据劳资秘密协议之工资表为原则，一再劝谕双方退让，始克略具头绪。惟所隔者，仅包月一项。旋经党政决定办法三项：一、全部工价，照双方原议认可；二、云飞，美利长，五福三店包月一项，限工会明日提会报告，再行签约；三、自明日午前一律开工。劳资双方乃遵照办法，昨已通过全体工友，照常工作"[2]；"绍兴染司职业工会，以义和染坊违反劳资协约，雇用外帮工人，请求救济。当由公安局召集双方调解，议定以后不得雇用外帮，不得无故开除工人，不得克扣工资等办法而告解决。讵资方对该项办法并不遵守，仍任用外帮工人，工会特再呈准公安局派警执行"[3]。

（二）移交官方处理

这里所谓的"移交官方处理"，属"控告""告状"性质，是指纠纷当事人将通过非诉讼解纷方式仍无法解决的行业纠纷交由官方去处理。如"京市中华门外西街底长兴木器店，老板张金木，日前午后三时，因所雇工友陈新安，向张某讨索工钱，双方言语不合，致生口角，旋由老板张某提起木梢当

---

[1]《国际劳工通讯》1936年第12期，第175页，载彭泽益编：《中国近代手工业史资料（1840-1949）》（第3卷），中华书局1984年版，第617页。

[2]《国际劳工通讯》1936年第12期，第176页，载彭泽益编：《中国近代手工业史资料（1840-1949）》（第3卷），中华书局1984年版，第617~618页。

[3]《劳动季报》1936年第9期，第177页，载彭泽益编：《中国近代手工业史资料（1840-1949）》（第3卷），中华书局1984年版，第614页。

武器，向陈某头顶猛击，伤重惨死。另一工友，李西江，出名具状首都地方法院，闻法院据状后，签传凶手张金木收押"[1]；"龙游南乡纸槽工人，要求增加工资，纠众罢工，已有多日。今经县公安局暨各乡长之劝导，劳资商谈妥洽，增加工资二分，即日复工。肇事槽工二人，解送县府法办"[2]；"苏州成衣业同业公会主席陈玉麟，有斧头党嫌疑，解镇江究办"[3]；"杭州市舒莲记扇庄劳资纠纷一案，经市商会数度调解无效，资方对于欠发劳方两月工价，毫无诚意发放，而对于停工期间坚不退让。现市商会已将此案办理经过情形，呈报市政府"[4]。

从史料记载来看，将纠纷移交官方依法依规处理，这在清末的手工业社会中已较为普遍。如"窃硝皮同业，前于同治十二年七月，在吴邑北利四图官宰衙口，购地建立裘业公所，筹办同业老病孤寡无力医药殓葬等事，禀奉升府宪李暨前县宪高给示禁约在案。均系各店作捐资兴办，与帮伙无涉。迨本年五月，因有刁伙张志兴等，阻收外帮学徒，勒众停工，霸业滋扰。经生吴文彬等赴案禀控"[5]；"武汉各缝工，……故散工不服，纠集多人，……惟为首之三十家，仍愿兴讼"[6]；"日前有罗咸秀、周金松、周永全、辛春荣、袁明清、唐永春、唐悦楼、周永春等，投上海县控被赵锡夫、周永祥、吴延芳等硬夺踏布生意"[7]；"因违背行规，被同业王士金纠集同业，……

〔1〕 12月14日《中央日报》，《国际劳工通讯》1936年第16号，第85页，载彭泽益编：《中国近代手工业史资料（1840-1949）》（第3卷），中华书局1984年版，第613页。

〔2〕《劳动季报》1935年第4期，第156~157页，载彭泽益编：《中国近代手工业史资料（1840-1949）》（第3卷），中华书局1984年版，第607页。

〔3〕《劳动季报》1934年第3期，第187页，载彭泽益编：《中国近代手工业史资料（1840-1949）》（第3卷），中华书局1984年版，第606页。

〔4〕 12月4日《东南日报》，《国际劳工通讯》1936年第16号，第87页，载彭泽益编：《中国近代手工业史资料（1840-1949）》（第3卷），中华书局1984年版，第611页。

〔5〕 "吴县规定裘业公所工伙不准私立行头名目把持各店作收用外帮徒伙擅议罚规以及阻工霸业碑"[光绪三年（1877年）十二月]，载彭泽益选编：《清代工商行业碑文集粹》，中州古籍出版社1997年版，第136~137页。

〔6〕《申报》光绪六年（1880年）五月二十二日，转引自彭泽益主编：《中国工商行会史料集》（下册），中华书局1995年版，第699页。

〔7〕《申报》光绪十三年（1887年）十二月初九日，转引自彭泽益：《中国工商行会史料集》（下册），中华书局1995年版，第710页。

旋扭至十六铺巡防局请讯"〔1〕；"各工匠尚不满意，分与作头为难，日前互扭至钱塘县署"〔2〕；"各作头因被其旷误工作，复又禀县请示"〔3〕；"光绪八年十二月间，有牙行六吉、六合、广豫三店，突兴讹赖之举。凡各行由津办买运京之货，每件欲打用银二钱。众行未依，伊即在宛平县将纸行星记、洪吉、源吉、敬记四号先行控告，未经讯结。九年二月间，适有鲁琪光侍御条陈场务，向有牙行藉差派累情事。随便奉上谕，永行禁止。四月间，在干果行之永顺义、颜料行之全昇李、烟行之德泰厚等，在大兴县将牙行呈控"〔4〕。北京的靴鞋行与工人发生纠纷后，就是借助于"中城司""提督衙门及顺天府大（兴）、宛（平）两县等衙门"来解决。如碑文所述："且公推外东隆庆郝君恭谨、外西大安鲁君国兴、内东天兴韩君清麟、内西三顺王君清泉等四人，联合在中城司控告合美会。……奉城宪当堂公断：……如合美会人不遵本司官口派，准各号另觅工人做活。……各号另觅工人，不许合美会人拦阻"，"乃合美会人不服堂断，又在提督衙门及顺天府大、宛两县等衙门控告，犹冀推翻前案，……而各署均不受理，俱将案卷送交中城察院归案讯办。"〔5〕

事实上，并非所有的手工业纠纷均可移交官方处理。对此，手工行业的行规有明确的规定。如"常年遵循旧规定期，各匠及学徒满师者，均□□□□□□俾以便稽查。如有在外向同业索扰，假公济私者，禀究！……如有无赖私刻行单，在外撞骗者，□□公同禀送究治"〔6〕；"许怀顺、焦茂春、李锦山倘再来苏滋扰，禀候提讯递籍"〔7〕；"如有以低货假冒，或影射他家牌

〔1〕《申报》光绪十九年（1893年）九月初六日，转引自彭泽益主编：《中国工商行会史料集》（下册），中华书局1995年版，第717页。

〔2〕《时报》光绪三十二年（1906年）闰月二十七日，转引自彭泽益主编：《中国工商行会史料集》（下册），中华书局1995年版，第719页。

〔3〕《时报》光绪三十二年（1906年）闰月二十七日，转引自彭泽益主编：《中国工商行会史料集》（下册），中华书局1995年版，第719页。

〔4〕"京师正阳门外打磨厂临汾乡祠公会碑记"〔光绪九年（1883年）〕，载彭泽益选编：《清代工商行业碑文集粹》，中州古籍出版社1997年版，第54页。

〔5〕"靴鞋行财神会碑文"〔中华民国三年（1914年）〕，载李华选编：《明清以来北京工商业会馆碑刻资料选编》，文物出版社出版1997年版，第164页。

〔6〕"上海县为水木业同行议定规条告示碑"〔同治七年（1868年）〕，载彭泽益选编：《清代工商行业碑文集粹》，中州古籍出版社1997年版，第60~61页。

〔7〕"崇德公所印书行规碑"〔道光二十五年（1845年）六月二十八日〕，载彭泽益选编：《清代工商行业碑文集粹》，中州古籍出版社1997年版，第118页。

号，混蒙销信易兑者，最足诬坏名誉，扰害营谋。一经查悉，轻则酌罚，重则禀官请究"；"柜作伙友，或有亏欠，以及他项纠葛，因而借端自歇，非将前项情事理楚，后首不得雇用。若情节较重者，公议出业，或禀官请究"[1]；"如遇匪徒捏名冒收，紊乱公议，容身等随时禀究"[2]。又如"凡属同业抗不入会及不守规则者，报请上级机关，按照行政执行法罚办"[3]；"凡技师学徒如有偷窃货物售卖，一经失主报告公会查明赃证确实者，由会请官厅或司法机关惩治"[4]；"以上三项原为免除劣货充斥，共维营业起见，如有违背者，一经公会派员查实，定行开会从重议处，并得呈报官厅惩治"[5]；"同业雇用之店员及招收之学徒，如有营私舞弊及不正当行为者，轻则自行警戒，重则报由本公会查明，送请政府惩治"[6]；"有假冒他人招牌，关系刑事之处分，如被人指出确实证据，应由公会罚银 100 元，如不依罚反行违抗者，应报明总商会转函法院照律惩处，俾照警戒"[7]。

正如法人类学者们所指出的那样："在一定意义上说，法律就是在特定时空下的特定规则。这些规则的制定是通过小地方的习俗惯例与大的社会环境中的原则、政策和国家法律之间长期的互动来实现的。这样的互动表现在具体的纠纷解决中，就应当是一个运用多项原则来作出决策的过程。如此一来，其中就隐含着一个法律多元的过程。可以说，在一起民间纠纷的解决过程中，看到国家法律以及其他权力关系对纠纷解决的多方位、多层次的

〔1〕 "银楼业安怀公所议定简单十则"［光绪三十二年（1906 年）］，载彭泽益选编：《清代工商行业行业碑文集粹》，中州古籍出版社 1997 年版，第 117 页。

〔2〕 "苏州府为钢锯公所成立经费由该业捐助禁止匪徒捏名苛派冒收碑"［光绪五年（1879 年）闰三月］，载彭泽益选编：《清代工商行业碑文集粹》，中州古籍出版社 1997 年版，第 136 页。

〔3〕 李为宪："昆明市 12 个同业公会调查·昆明市打锡业商业同业公会"，载李文海主编：《民国时期社会调查丛编》，福建教育出版社 2004 年版，第 340 页。

〔4〕 郭士沅："昆明市 12 个同业公会调查·昆明市鞋业商业同业公会"，载李文海主编：《民国时期社会调查丛编》，福建教育出版社 2004 年版，第 394 页。

〔5〕 郭士沅："昆明市 12 个同业公会调查·昆明市丝绒业商业同业公会"，载李文海主编：《民国时期社会调查丛编》，福建教育出版社 2004 年版，第 411 页。

〔6〕 郭士沅："昆明市 12 个同业公会调查·昆明市丝绒业商业同业公会"，载李文海主编：《民国时期社会调查丛编》，福建教育出版社 2004 年版，第 412 页。

〔7〕 戴嘉祺："昆明市帽业行会及其手艺人的研究"，载李文海主编：《民国时期社会调查丛编》，福建教育出版社 2004 年版，第 440 页。

影响。"[1]因此，运用碑刻、档案史料中关于手工业社会借助官方力量参与行业纠纷解决的实证研究正说明了上述关系的现实可操作性。

　　本章小结：在近代中国手工业社会，手工行业纠纷当事人通常通过协商、调解、仲裁、借力制裁、自力救济等方式解决纠纷，在遇到纠纷无法自力解决和依靠自身组织无法解决时，通常倾向于借助自身外部的力量来解决。但手工业者在借助外力时也并非毫无选择，他们通常按照亲疏关系和便利程度诉诸劳资评断委员会、总工会、商会等解纷外力，至于保甲和官府等行政性力量，则是手工业者万不得已时才考虑诉诸的解纷外力。因而这里实际上存在一个"依亲疏程度选择解决内部纠纷之外力"的定理。当然，这一定理可能因纠纷的激烈程度和刑民性质而必须被做局部的修正。

---

　　〔1〕　赵旭东：《权力与公正——乡土社会的纠纷解决与权威多元》，天津古籍出版社 2003 年版，第 7 页。

第五章

近代中国手工业社会的解纷程序

程序是指人们为完成某项任务或达到某个目标而预先设定好的行为方式和步骤。[1]解纷程序是指人们实施解纷行为所遵循的方式和步骤。从总体上说，解纷程序既从正面向人们展示了实现实体权利、履行义务的方式和步骤，又从反面规定了一旦权利受到侵害后获得救济的途径。可以说，程序是法律的生命形式，是实现实体权利、履行义务的合法方式或必要条件。

"一个社会的目标不应当是消灭纠纷，而应是减少纠纷尤其是恶性纠纷，而减少恶性纠纷的主要方法就是建立一套有序的纠纷解决程序装置，防止纠纷扩大化、恶性化，从而实现一种长治久安的社会局面。"[2]对于解纷过程来说，它不可能在当事人之间做到无可争议的利益判定，这本身就是不可能的。作为一种程序，解纷制度只能保证"任何人不得成为自己案件的法官""给予双方当事人平等注意"这些程序公正的基本要求得到满足。[3]对于纠纷解决来说，无论是当事人之间合意解纷的程序，还是纠纷的解决是否为规范所规制，解纷方式的选择都应当与具体纠纷的情形相符合。对于社会破坏性较小的纠纷，可以采用较大合意、较小规范性的解纷方式。但是，在任何情况下，在解纷的合意性和规范性方面，都应当符合程序正义的基本要求。在合意性方面，必须保证当事人享有得到倾听的权利、获得公正裁判的请求权和上诉权；在规范性方面，必须保障解纷结果在最低程度上的可预见性，否则，纠纷的解决就将完全处于一种无序和不确定的状态。

---

〔1〕　胡平仁："法社会学的法观念"，载《社会科学战线》2007 年第 3 期。

〔2〕　何兵：《现代社会的纠纷解决》，法律出版社 2003 年版，第 7 页。

〔3〕　何兵主编：《和谐社会与纠纷解决机制》，北京大学出版社 2007 年版，第 14 页。

除去当事人自身合意解纷的协商情况[1][2]，在引入第三方解纷者的场合，仅靠当事人双方的行为无法启动解纷程序。这时就需要当事人的参与，通过各种途径邀请作为第三方出现的解纷者。也就是说，当事人首先要有能力发动解纷的程序。在解纷的过程中，当事人同样应当有充分的参与，有学者将此举解释为纠纷解决的"自治性"[3]。个人总是其自身利益的最佳决定者。从理论上说，如果每个人都能够作出最有利于自己的选择，整个社会的资源配置也将达到最优。虽然这种自身利益最大化的要求是纠纷产生的原因之一，但是一旦纠纷进入解决程序，当事人作为结果的直接承担者仍然应该享有对解纷中的具体事项发表意见的权利，尤其是当这种意见是由纠纷各方主体所达成的合意时，解纷者必须对其给予足够的重视。除此之外，在解纷过程中，还应当给予当事人充分的机会，让其对与解纷有关的所有事项充分发表意见，为解纷方案被当事人接受打下基础。

司法向来不是解决所有纠纷的万能之钥，尤其是在传统习俗固化久远的手工业社会。史料表明，正式的法律和诉讼难以满足社会解纷的需求，而一种建立在法治基础上的多元化解纷机制更符合手工业社会可持续发展的需要。法社会学的研究表明，当矛盾发生时，人们首先会力图避免纠纷，回避不了的时候多采取协商和交涉的办法来化解。只有在这些非正式解纷机制都缺乏的场合，诉讼才被作为最后的手段。[4]这就意味着，在（特别是民事纠纷）当事人面前，是一个由多种解纷方式组成的选择体系。其实，由于社会资源的稀缺，即便在社会主体之间存在着纠纷，当事人也不愿意这种利益的冲突一直存在下去，他们渴望相互间利益的不确定状态能够为一种确定、和谐的秩序所取代，可是"任何人不得成为自己案件的法官"，实现这种确定性的任务一般由当事人之外的中立第三方来完成。并且，由于当事人自身对确定性的要求，他们有可能通过合意选定一个解纷者；在他们达不成这种合意的时候，社会同样无法容忍不确定状态的长期存在，这时纠纷将被强制解决，纠

---

〔1〕 在这种情况下，纠纷当事人更多的是根据其内心中固有的道德或法律规范作出和解或妥协。

〔2〕 刘荣军：《程序保障的理论视角》，法律出版社 1999 年版，第 26 页。

〔3〕 张居盛："ADR 与我国代替性纠纷解决机制的建立"，载《政法学刊》2004 年第 4 期。

〔4〕 这种情况在各社会中都有普遍意义。See R. Schwartz, "Social factors in the Development of Legal Control: A Case of Israeli settlement", *Yale Law Journal*, vol. 63 (1954), p. 471. 季卫东：《法治秩序的建构》，中国政法大学出版社 1999 年版，第 29 页。

纷解决[1]者将由公权力指定，它所作出的裁决因为有了国家强制力的保障而必须得到执行。

在近代中国手工业社会，纠纷的有效解决从总体上说经历了以下两个阶段、四个步骤（非必经步骤）：第一阶段，通过非诉讼解纷机制，将纠纷解决在手工业社会内部。其包括两个基本步骤：第一步，通过手工业社会自身的解纷机制，竭力将纠纷化解在手工业社会内部；第二步，借助手工业社会外部的民间解纷机制，努力把纠纷解决在手工业社会内部。第二阶段，借助诉讼解纷机制，争取先将纠纷解决于手工业社会内部，最后也力争把纠纷解决在手工业社会外部。它也包括两个基本步骤：第一步，借助诉讼解纷机制，努力达成合意，将纠纷解决于手工业社会内部；第二步，借助诉讼解纷机制，完全通过司法途径，将纠纷解决于手工业社会外部。目的是及时了结纠纷，避免走向恶化，最大限度地减少和降低纠纷给国家、社会和个人带来的破坏和影响。

第一节　依靠行业组织：通过民间解纷机制解决

"中国拥有精致的律令制度，拥有以皇帝为顶点的官僚制度，但是人民有了纠纷大部分不向官府起诉，而是通过地缘、血缘和同业行关系中的头面人物的调解来获得解决。"[2]史料表明，近代中国手工业社会存在广泛的"解纷需求"。古代以至近代中国虽然制定了很多而且具有较高水平的法典，但传统中国社会却不是一个由法律来调整的社会。每当纠纷发生时，人们通常是求助于一些法律之外的团体和程序，而不是求助于正式的司法制度。近代国门洞开之后，尽管西法被大量移植于中华大地，但由于时局的动荡，自洋人华的审判制度所发挥的作用受到了很大的限制。[3]与此同时，传统的非诉讼

---

[1]　纠纷解决的之所以存在，一是因为纠纷当事人自身无法就纠纷的解决达成合意；二是由于社会作为一个整体不能容忍纠纷当事人的权利义务关系长期处于一种不确定的状态。

[2]　［日］仁井田升：《中国法制史》（增订版），岩波全书 1963 年版，第五章"审判"、第六章"调停和解"。［日］高见泽磨：《现代中国的纠纷与法》，何勤华、李秀清、曲阳译，法律出版社 2003 年版。

[3]　法律作用的发挥需要安定的环境，动荡多变的社会状况将会大大削弱法律的作用。参见苏力："反思法学的特点"，载苏力：《制度是如何形成的》，中山大学出版社 1999 年版。

解纷机制依然发挥着巨大的作用，政府也大力鼓励。例如，1930 年国民党政府颁行的《民事调解法》详细规定了纠纷双方的调解步骤并赋予了调解以强制执行力。除此之外，政府还颁布了大量的自治法规，将民事纠纷引入调解程序。[1]非诉的关键是调解。"初级管辖及人事诉讼事件，非经调解不和息后，不得起诉。其他诉讼事件，经当事人请求调解者，亦同。"[2]调解在这里成了诉前必需的程序。就解纷的方法而言，并不是所有的纠纷都必须通过"司法判决"这一正式的诉讼程序来解决。"许多冲突和争议并不涉及法律问题，完全能够通过某种非正式的方式，在不危及社会和平的情况下得到解决。"[3]

一、解纷的首选：通过行业组织内部的机制解决

手工业社会，作为手工业者工作、生活的共同体，有其自身的运行系统。手工业纠纷有其自己的解决机制。这种机制是为纠纷的及时解决和社会秩序的恢复和维护而存在的。因此，手工业纠纷发生后，手工业社会首先是设法通过其自身的解纷机制来解决。尽管并非所有的手工业纠纷均能通过手工业社会自身的解纷机制得到解决，但这种解纷机制至少也为纠纷的了结发挥了自己应有的作用。对于这点，笔者已于本书第四章"近代中国手工业社会的解纷方式"的第一节"手工业团体内部多元化的解纷方式"中作了阐述，这里就不再重复了。

---

〔1〕 参见谢振民编著：《中华民国立法史》（下），张知本校订，中国政法大学出版社 2000 年版，第四章"自治法部分"。

〔2〕 民事调解条例立法原则［民国十八年（1929 年）十二月十一日送立法院］，来源：中国法律文化网。详细内容如下："一、为求杜息人民争端，减少法院诉讼起见，于第一审法院附设民事调解处。二、民事调解处以推事为调解主任。但经当事人请求，应许其各于具备下列资格之人中，推举一人助之。1. 中华民国国民年在三十岁以上者。2. 有正当职业者，但现任司法官及律师，不得充助理员。3. 通晓中国文义者。三、初级管辖及人事诉讼事件，非经调解不和息后，不得起诉。其他诉讼事件，经当事人请求调解者，亦同。四、调解由一造请求者，经调解处通知相对人，而相对人无正当理由不到场者，酌科罚锾。五、当事人均经到场者，调解期限为七日，逾期者，以调解不和息论。但经双方同意延期者，不在此限。其相对人受通知后无正当理由不到场，除在途期间外，经过五日者，亦以调解不和息论。六、调解和息，应由书记官将和息结果，记载于登记簿，与法院判决者，有同等之效力。七、不得以任何名义征收费用。"

〔3〕 ［英］彼得·斯坦、约翰·香德：《西方社会的法律价值》，王献平译，郑成思校，中国人民公安大学出版社 1990 年版，第 42 页。

二、解纷的次选：借助行业之外的社会力量解决

这里，手工业社会在解纷过程中所借助的外部解纷机制是指手工业社会之外的其他民间社会解纷机制。对于手工业社会自身所无法解决的纠纷，手工业组织是如何借助手工业社会之外的其他民间社会解纷机制来解决的呢？笔者于本书第四章"近代中国手工业社会的解纷方式"的第二节"团体借助外力解纷的方式"也作了阐述。以下不妨通过下述"沙市纱厂失业工人复工案"来作进一步的认识：[1]

案由：沙市纱厂失业工人马盛炎等于五月二十五日到会报告：沙市纱厂自复厂来，要求复工，故意拖延已有八日之久。该厂定于二十五日（本日）试车即行开工。工人等前往该厂询问复工情形。刚到厂门外即被该厂游主任德成喝令厂内工人及门警关闭铁门，将马盛炎等□着即打。计去问情形者仅十余人，被打伤之男工人四名，女工人三名。

本案中，受害者马盛炎等失业工人为复工，首先考虑的是通过自身力量解决，"前往该厂询问复工情形"，但"刚到厂门外即被该厂游主会德成喝令厂内工人及门警关闭铁门"，还被痛打了一回。无奈！只得求援于本业组织——产业工会。或许非工会能力所及，于是，江陵县沙市棉纺业产业工会筹备会主任忻运楚为此事而于五月二十二日专门给荆沙劳资评断委员会呈文：

一、查本会于五月二十日召开第七次筹备会议讨论原有失业工人复工问题。经决议，公推本会指导员蒋国楠主任、忻运楚向厂方要求复工等语记录在卷。

二、经指导员蒋国楠筹备主任、忻运楚于本月二十一日向厂方负责人再三要求，原有失业工人复工问题经负责人游德程答，以尚未闻开工，须待萧经理来沙解决等语。

三、查此案送经本会向厂方要求而萧经理亦有尽量雇用之诺。言□者厂方宁愿夜间加工或调派甲部门之工人作乙部门之工作，而对失业工人均无复工之迹像。此次经主任当面要求，亦无具体之答复。各失业工人以生活所迫，

---

〔1〕 荆州市档案馆：8-1-8，沙市商会（民国三十四年至三十六年，1945～1947 年）。

纷纷请求前来。除分呈江陵县总工会外，理合将经过情形拟实呈请鉴核，迅予评断实为公便。

荆沙劳资评断委员会收到工会来文后，提出的拟办意见是"移送总工会核议，见复再办"。

江陵县总工会依劳资评断委会员的拟办意见，在五月二十六日，由理事长章兰亭将经调查得到的沙市纱厂劳资纠纷具体情况电告荆沙劳资评断委员会。电文如下：

荆沙劳资评断委员会勋鉴：

（一）据沙市棉纺业产业工会本月二十五呈称：

1. 查沙市纱厂失业工人要求复工情形，迭经呈报并于日前呈请钧会转请劳资评断会，予以评断在案。

2. 本（二十五）日晨五时许，有男女失业工人二三十人至厂方，要求各在厂工友予以援助。于数小时内暂不进厂俟！劳资评断委员会解决后再行复工。钜正交涉间，该厂工程师游德程主使未经入会之工人三十余人手持铁器，蜂涌进厂。其门警尹队附将铁门紧闭，致将失业男工谭席珍、汪玉清、周诗云、张良富，女工韩秀英、吴凤英等殴成重伤，并有女工一名被殴堕胎，姓名不详，尚在调查中。以上受伤情形已经江陵地方法院检查处验明伤痕，属实。

3. 本会当即召开筹备员紧急会议。关于约束会各情业，经议决记录在卷。

4. 查本会自筹备来，对于在厂工友一再通告、登记。乃该厂工程师游德程阻止其亲属故旧。拒不来会登记而每次肇事者，均为些未经登记之非会员。本会实无法约束。此种情形经本会紧急会议，一致通过。关于非会员，除此次肇事主犯应静依法解决外，其余应坚决要求厂方予以除名，以绝祸端等语记录在卷。

5. 理合将本日失业工人受伤情形，并检同记录一份，呈请钧会迅予转请劳资评断委员会予以公断，实为公便等情。

（二）附会议记录一份，据此查此案发生后，当经本会召集各男女失业工人代表及该会筹备员等到会加以垂询。（附谈话笔录）。复据沙市纺织股份有限公司警卫室队附尹镇藩等便笺，陈明到会互相参照，则该主任忻运楚所呈各情似无不实之处。相应抄同各原件，电请贵会予以公正之评断为荷。

相关附件五件：

三十六年五月二十五日紧急会议事项记录

一、关于本日所发生事件，本会应如何处置请公决。

决议：

（1）全体筹备员负责约束各员会，不得参加任何一方滋事。

（2）在未得到厂方确切保障以前暂向厂请假，以免发生冲突。

（3）将本会经过情形呈报总工会。

二、关于失业工人复工问题应如何办理案。

决议：静候荆沙评断委员会暨总工会处理。

三、关于失业工人受伤问题应如何解决请公决案。

决议：

（1）依法解决。

（2）慰问受伤失业工友。

四、关于少数抗不入会之非会员屡次肇事应如何处理案。

决议：除此次肇事祸首应候依法解决外，其余应坚决要求厂方予以除名。

三十六年五月二十五日上午九时为纱厂失业工人受厂方殴伤事谈话笔录

问：棉纺业筹备主任忻运楚——今天上午是如何打起来的？

答：失业工人要求复工，失业工人要求我向厂方交涉。游工程师答复他们（指失业工人）如能等就等，不能等就各找生路。我将这话答复他们。他们觉得已经失望，便请求劳资评断委员会及总工会评断，今天早晨他们失业工人，到厂门口要求去这。王名汤民，门警尹队附关的铁门，其余几个是未有入会的工人，都帮忙打了的，并且是游工程师的主谋。

问：你何以晓得是游工程师的主谋呢？

答：他们非会员，曾经派人到事务所请示游工程师以后，他们才拿铁器、家伙去打失业工人的。

问：是哪个到事务所去的呢？

答：我们站在河边堤上，看见有人向事务处跑去，再等一会，去的人就跑来了，看见他们非会员集了合，就去打的，我们会员们都跑开了。

问：袁玉山、毕鸿章、王天贵，你们所见到的情形如何？

答：完全与忻主任所见到的一样。

问话人：理事长章兰亭

答话人：忻运楚、袁玉山、毕鸿章、王天贵

记录人：谢大坤

证明人：蒋国楠、邓瑞廷

三十六年五月二十五日为纱厂失业工人受厂方殴伤事谈话笔录

问：男工马盛炎——你们上午到厂里做什么事去的？

答：听说厂方已经开车，我们昨工已经无望，今日上午我们到厂门口要求在厂工人同情我们，暂时停止几小时工作，候劳资评断委员会今天解决了再上工不迟。

问：你们去了多少人呢？

答：一次去了三十多人，男工少些，女工多些。

问：如何打起来的？

答：我们等到游工程师来了，他（他指游工程师）带了几十人来了，就冲进厂去，同将我们的工友抓了几个进厂去了，并将铁门关了，失业工人就被打伤了。

问：你们向游工程师要求，他如何答复呢？

答：他一言不发，带工人冲进厂就打起来了。

问：是那人先动手打的呢？

答：游工程师指挥邱根涛、毛珍臣、陈□文、袁治民等先动手，却不是纱厂的工人。

问：是哪些人关的铁门呢？

答：是门警尹队附关的，庄深斌就拿起斧头就乱砍。

问：你们共有多少人受伤呢？

答：男工四个受重伤，女工受伤的有两个，一个堕胎的，还没有查出姓名来。

问：许国良——你说情形怎样？

答：与马盛炎说的是一样的。

问：你说的都是真的么？

答：完全是真的。

问话人：理事长章兰亭。

答话人：马盛炎、许国良

记录人：将国楠

证明人：邓瑞廷

三十六年五月二十五日为纱厂失业工人被厂方殴伤事谈话笔录

问：失业工人张鱼鲜——今天的事是怎样闹起来的？

答：我们听说厂方不用沙市女工，我们是到厂方要求准许我们做工的。

问：你们一共去了多少人呢？

答：我们去了三十多人，女工多些，男工少些。

问：怎样打起来的呢？

答：我们在厂门口站了一点多钟，游工程师的私人就跑到事务所去报告，游工程师马上就带了三十余人拿的铁器就打我们。

问：打你们是那一个先动手的呢？

答：是邱根涛、毛珍臣、陈春又（即邱春又）、袁治民，门警尹队附将铁门关了，拖进去的人都打伤了，其余的人，我们认不清白，但不是沙市的工人。

问：你们一共受伤了多少人呢？

答：男工重伤三个，还有一个受伤甚重。女工有两个受轻伤，一个堕了胎的不知是哪一个，还未查出来。

问：你们说的话都是实在的么？

答：完全是实在的。

问：女工王太秀，你说的情形是怎样的？

答：与张鱼鲜所说的完全一样。

问话人：理事长章兰亭

答话人：张鱼鲜、王太秀

记录人：谢大坤

证明人：蒋国楠、邓瑞廷

纱厂警卫室队附尹镇藩、警士赵全云为沙市纱厂失业工人受伤事的情况汇报

二十五日清晨六时许，厂大门外群集男女数十人，议论纷纷，阻止厂内工人，不许入内，但厂内工友有数十人要进厂吃饭。厂外工友与厂内工人发生粗语。一个要进厂，一个不许进厂门。乃冲进厂门，发生斗殴，结果厂外工友伤一人，厂工友四名，姓名毛珍臣、王吉云、邱学广、蒋汉斌。

在将纱厂情况电告荆沙劳资评断委员会的同时，江陵县总工会也于同日（五月二十六日）告知沙市商会，请求商会予以支持。呈文如下：

为兰请事：窃本厂自去年返沙进行复工以来，因机件尚未运齐，工作范围未能扩充，故雇用工友，为数不少。本年正月间，有本市一部分工友组织江陵县沙市棉纺业产业工会筹备处，除登记失业工友外，并向本厂工友召收会员，惟加入者甚少。本年三月间，该筹备处乘本厂萧经理松立来沙之便，推派代表向萧经理洽请容纳该处会员工友。当由萧经理书面答复容俟。本厂机件运齐全部复工时，再视各种需要，依照体格年龄并于上次撤退时，领有解散费者，尽量设法容纳。该代表等咸认为满意而退，似此情形所有该处登记工友理宜静候办理，乃本月二十五日清晨六时许，突有该处会员男女工友七十余人蜂涌而来，把持本厂大门，阻止厂方工友入厂工作，要求挟罢工，遂发生冲突，双方工友受伤者数人并击毁本厂门口、时钟一口。本日工作完全停止。如此纠众殴斗实影响本厂复工，前途甚大并有危害社会治安之虞。相应将经过情形报请鉴核备案，并赐予支持以求合法解决，不胜感祷之至。

根据江陵县总工会的调查反馈情况，五月二十七日下午三时荆沙劳资评断委员会召开评断会，对沙市纱厂发生的劳资纠纷进行评断。评断会记录如下：

出席评断会的当事人有：
纱厂失业工人部分代表：许和良（男）、张鱼鲜（女）、马盛炎（男）、张良秀（女）
沙市棉纺业产业工会筹备会主任：忻运楚
沙市纱厂经理：萧松立
评断会议题是：沙市纱厂失业工人复工问题
评断会会议记录：
日期——民国三十六年五月二十七日下午三时
地点——本会
出席人：枚振国（县政府）
　　　　何庭芳（沙市警察局）

徐鹤松（沙市商会）

王荆璜

方□彬（参议会）

王梦非

章兰亭（总工会）

任先知（江陵分团）

许成义（码头工会）王瑞卿代

李卓茂（大律师）

张汉卿（县警察局）

彭警公

主席：枚振国

记录：彭警公

开会记录：

甲、报告事项（略）

乙、议决事项

纱厂纠纷评断结果

一、沙市纱厂原有工友现失业者一再要求厂方复工，现时该厂行将复业，对于此批失业工人应如何处置案

决议——失业男女工友经登记合用者，尽先尽量录用。在合用男女工友未用完之前，不得另用其他工友。

二、关于此次在厂工友与失业工友斗殴事件应如何解决案

决议——复工问题既已解决，此次斗殴事件姑予不究免伤。今后工友情感至受伤工友，医药费请由厂方自动负责至。关于厂规由本会函请肖经理办理。

三、据报厂内有一部分工友抗不入会，以致工人无法约束，而每次肇事者均为非会员。应如何处理以杜后患案

决议——由总工会章理事长与厂方肖经理共同督饬办理工友入会手续，并限于两星期内办竣以免纠纷。

由"沙市纱厂失业工人复工问题案"的解决过程来看，其流程如下：案发当事人之受损方（失业工人）──→棉纺业产业工会──→劳资评断委员

会——→总工会——→劳资评断委员会、商会（本案纠纷由劳资评断委员会作出仲裁）。

本案中，纱厂失业工人在复工问题上首先选择的是直接与代表资方的游工程师进行交涉。无果后才选择自己的"娘家"——工会来调处。当然，纠纷最终是经由总工会通过劳资评断委员会得到解决的。这里，不管是总工会，还是劳资评断委员会、商会，都属手工业社会外部的民间组织。

第二节 经由官方机构：借助行政权威力量解决

近代中国手工业社会成员在通过自身力量、所属组织无法解纷时，通常会将目光投向商会、总工会等本行邻近组织，以尽量将纠纷化解在手工业社会内部。即使在将纠纷提交官府后，当事人——连同官府——在很多情况下最终也还是会依靠本行邻近组织解决。

一、解纷的尾选：官府压力下的合意解决

在近代中国手工业社会发生纠纷时，内部解决纠纷的最后一线希望是求助官府。即使纠纷被提交给官府，后者鉴于纠纷的复杂性、自身能力的有限性和当事人合作的长期性等考虑，也会争取将纠纷合意解决在手工业社会之内。下面，笔者将以"张金业与金线业纠纷案"[1]来加以剖析。

1. 长洲县为不许挽夺金线作业事谕饬圆金公所

光绪三十二年五月（1906 年）

谕饬事。据金线同业宋恒昌单记、张恒盛、韩侍记、刘文记、张协兴、邹永春、洪元兴、周永泰、袁顺兴、徐恒顺、徐源盛、陆同兴、张胜记、金永顺禀称：窃手艺营糊，各有专门。苏城系金箔生业者，分门别类，其间□金箔一项，切金箔一项，贴金箔一项，即张金作，又首饰包金一项，身等金线作亦一项。历来各安其业，前人恐后紊乱妨业，彼此立有公所，恪守成规，并同业中善举事宜，从无越俎挽夺。各项之中贴金箔即张金作其业最优，皆

---

[1] 章开沅、刘望龄、叶万忠主编：《苏州商会档案丛编》（第 1 辑·一九〇五年——一九一一年），华中师范大学出版社 1991 年版，第 574~589 页。

居奇货，并不教授外姓。身等金线作业，苏地生意非比从前。故金线作户大小祇二十余家，造货需用张金作卖金箔，与购来往犹如船靠水行。上年同业在旧立坐落长邑间邱巷内嘉凝公所汇议商情，整顿业规，厘定原办同人无依养老□恤善举。当经禀蒙前宪许颁给示谕，暨长宪遵饬会同元、吴两宪法一体给示在案，原为维持同业大局，今不料彼贴金箔即张金作业中有张祥泰、刘泳顺、朱天利、方公茂既登优业，尚复瞵视身等金线一项。伊等盗袭造，较占上手，因向客帮抖〔兜〕揽滥售，任意越项挽夺，又挖身业散伙做工竟图一棒打尽，使身等幼务共业，从无蹶失，糊口与善举无着，殊出情切。无如伊等悍然，顾有意侵扰。身等无门可告，因念当青天在上，待民如子，若不陈求苏困，势致坐以待毙。为此，沥情禀叩电察，恩赐示谕贴金箔即张金作张祥泰等，推己及人，各安各业，毋再挽夺。并请饬该业圆金公所司事传知理导，以杜阳奉阴违，挽全生业，同人感深再造。等情，到县。据此，查此案前奉府宪札：要宋恒昌单记等禀请循旧章办理善举，众情允洽，各宜遵守，由府给示饬县一体晓谕，等因。业经本县会同给示在案。据禀前情，除批示外，合行谕饬。为此，谕仰圆金公所司董即便遵照。理令张祥泰等循照向章，各做各业，毋许平空挽夺，以安生业，取具遵结呈县备核。如果抗违不遵，禀候提究，该司董毋任偏袒，致干未便。切切。

本案中，金线业与金箔业乃两个关系密切但又业务有别的手工行业，当两者发生纠纷时，由于觉得双方之间不存在互达合意的可能，即"身等无门可告"，所以转而求助于官府来解决。毕竟"青天在上，待民如子"。金线业觉得"若不陈求苏困，势致坐以待毙"，即如果不求助于官府，自己就只能等死了！因此，该业面对纷争，就毫不犹豫地"沥情禀叩电察"，请求官府出面调解，即"恩赐示谕贴金箔即张金作张祥泰等，推己及人，各安各业，毋再挽夺"，"并请饬该业圆金公所司事传知理导，以杜阳奉阴违，挽全生业，同人感深再造"。在此，作为当事一方的金线业只是请官府出面调解而非裁判。

2. 刘云峰等请讯惩宋恒昌禀文及长洲县批示

光绪三十二年六月初四日（1906 年 7 月 24 日）

圆金公所司年刘云峰（即泳顺）、同业张祥泰、朱天利、方公茂等禀。为奉谕声明求赐提案讯惩而儆把持事。

切［窃］身等于五月二十六日接奉宪谕内开：据金线同业宋恒昌单记等以身等盗袭伊业，越项挽夺等词在台具控，蒙恩钧谕身等理令张祥泰等各做各业，毋许凭空挽夺，以安生业，取具遵结，呈候备核，等谕。捧诵之下，应遵何□。伏查系金箔生业，虽各有专门，实则同本分枝，即金线各作，素向身等撺买张金，切丝捻线发卖，犹如身等撺买乡工金线，彼此营生。况伊业朱森泰、吕永兴、李同盛等亦挂张金招牌，此是生意买卖接续相沿，历来如是。其所控身业挖伊散伙做工，更属荒谬。第伊捻金线一帮，素来蛮霸，即伊同行尚有城乡之别，而城中各店不许雇用乡工，定有罚规。可想身等何能挖其散伙。至身等所撺乡线系是薰黄，与伊真金名同货异，毫不相关。乃今宋恒昌等有意奸控讼制，希图把持，缘奉谕饬为迫。匍辖成明，禀求伏乞大老爷电鉴，俯赐饬提宋恒昌、张恒盛、韩侍记等到案讯惩，以儆把持而安生业。再，此次奸控，竟有未知列名者居多，实由张宝兴向身等勒捐起见，一经宪读，定必水落石出。沾仁上禀。

计抄粘 钧谕

批：候照会商务总会传集两造理处复夺。

这里，官府对解纷的介入对金箔业显然产生了影响。遭金线业起诉，并接到长洲官府"循照向章，各做各业，毋许平空挽夺，以安生业，取具遵结呈县备核。如果抗违不遵，禀候提究，该司董毋任偏袒，致干未便"的调解意见后，金泊业不服，并向长洲官府提出抗诉，指出"宋恒昌等有意奸控讼制，希图把持"，为此，"禀求伏乞大老爷电鉴，俯赐饬提宋恒昌、张恒盛、韩侍记等到案讯惩，以儆把持而安生业"，即请求官府将金线业有关人员法办。

基于金线业、金箔业均各执一词，对于金箔业的抗诉，当地官府并没有马上对双方当事人作出新的裁决意见，而是批复"候照会商务总会传集两造理处复夺"，先交由两业所隶属的商务总会来处理，然后再根据其处理意见作出裁决。可见，官府在此将纠纷转交给了双方当事人的邻近组织商会来调解而没有作出诉讼意义上的裁判。

3. 刘云峰等为请裁判公断与宋恒昌等纠纷禀苏商总会

光绪三十二年六月（1906 年）

圆金公所司年刘云峰谨禀商会总台大人钧座：敬禀者：窃身原籍镇江，现在护龙街双林巷口开设泳顺张金作，并有同业方公茂、朱天利均遵遗业，至张祥泰是身故父之徒弟。系金箔生业分门别类，各有专门。身等贴金箔即张金作，向来生意买卖恪循旧章，往来交易，即兵祸迄今已历四十余载，相安无异。乃今有金线作之张宝兴即恒盛，意图把持，纠合同业宋恒昌等，在长邑以身等盗袭伊业、越项挽夺等情，捏词妄控，于上月二十六日蒙长邑尊谕饬取结呈核。接奉之下，不胜骇异。经身等于本月初四日沥情具诉，奉批。候照会商务总会传集两造理处复夺，等谕。窃查身等擤买乡线，系是薰黄，与伊真金名同货异，绝不相关。况宝兴之师强义兴，历与身等回货往来即是薰黄，且有旧欠，即张宝兴亦与身等擤购，均有旧账可证。显见其奸控讼制，希图把持。事由张宝兴向身等勒捐未遂起见，兹奉批饬，为合抄粘县谕及具诉禀底，并检历年往来帐簿禀呈，伏乞电鉴，俯赐裁判公断，俾循旧章而安生业。并求严斥张宝兴等勿再妄冀把持，实为公便。同业戴德上禀。

计抄粘县谕及具诉禀底并检帐簿。

圆金 刘云峰、张祥泰

具呈

方公茂、朱天利

由上可知，根据长洲官府的批复精神，金箔业先将自己的意见向商务总会反映，请求其"俯赐裁判公断，俾循旧章而安生业"，即请求商务总会进行实地调查，以作出客观、公正的评断。

4. 张金业公兴公司与金线业绣章公司议约

光绪三十三年四月初十日（1907 年 5 月 21 日）

张金业公兴公司，由商会议定，永远不收乡工金线。言明汇货到本公司照市价公批，张金市价照箔涨落，以昭平允，如违议罚。徐万祥、刘泳顺、张祥泰、朱天利。

金线业绣章公司，由商会议定，不以南京、杭州、上海、镇江乡庄收买张金。如有汇货张金价到本公司，照市公批，如违议罚。张云峰、戚饭牛。

光绪三十三年四月初十两造公司议定，永远遵守。

根据金箔业反映的意见，商会对金箔业、金线业的业务范围作出界定，明确规定不管是哪一方"如违议罚"，都必须"永远遵守"。

5. 绣章公司为控圆金公司把持金线业事致苏商总会节略

谨将圆金公司蓄意把持屡起衅端恐酿众怒节略情形胪叙上陈事。

为张金业中首领徐梅庵、张熊占等□认金线利重，暗将张金擅向各乡户专换销场最广之四种金线，曾经云等一再与伊婉言理论，非惟不肯停换，反而出言蛮霸。由是在长洲县禀控，蒙经苏前宪法当堂集讯，秉公明断，谕令各归各业，嗣后不准掉换，妄夺隔行利权，各具遵结在案。散业自经争回之后，同行公议惟此四处之线所得余均归入祖师公积项下，免得谁人可做，谁不可做，自启争端。岂知徐梅庵当时虽不敢违逆，事后贪求之心终觉难已，遂致派令同业认股设立圆金公司，取其可以挟制把持，当将张金价目骤涨二成，使散业明受其亏，作此一网兜尽之计，以为泄忿妙策也。但梅庵等诡诘性成，至二三月间故态复萌，仍向乡户掉换，并且故意抛大进价，抑短销售数目。此等作为，不独勿遵宪断，实欲扰乱金线行规。至于散业各货名目繁多，共有二百余种。出入行务纷歧，故于今春为始选择交易较大者，共集十余家，另立公司，名曰绣章。当即具陈议墨，初意欲将各店牌名开奉，禀请贵会注册，各立各标。因蒙贵绅指示，据云：总立与分立情同一辙。总之，入会以后，无论何家，有事则理，若分立反觉琐耳。所以四月间因彼阳奉阴违，仍有换线之弊，即将绣章出名呈请贵会提议，当经贵绅二面理劝。自今以后，一面不准私换金线，一面不能别处买金。是时彼此遵议，当时签字明确。在云意为从此和平，定可勿再起衅。不料徐、张二人专事苛求，责令同业每家各派一人，同至胥门城外，或一、二人或三、四人分候街头巷口，若见金线业人，不拘何人，均需轧住搜查。倘非苏货，尽其所有全行绝［截］住。于是八月初十日宦荣泰被拿四上，二十五日陆泳泰被取去十上。在彼以为，既经签字，今见别路之货，极应拿住。独不知出面签押者，乃绣章之名。绣章公司祗云等十余家之公司，非通业公所可比。通业公所建创于乾隆年间，名称嘉凝也。再者，公司入会之时，假使每店各立一标，及今有事签押，一押祗有一店之名，难道可将通业各户包罗在内也？且业此金线者统有七百余户，既有如是之众，一时通知尚难，况人心不齐，在云等数人有何能力可以悦服众心，事事一呼百应？若云公司出名，既已签押在前，凡公司有名之店，定能恪守议约，断不轻于尝试，致蹈背盟恶习．但徐梅庵明知散业绣章与嘉凝有别，何以押签绣章之名，当日并无一言，及今将公司无名各户之资，妄行强夺？显系有心寻衅。然则金线作多人众，照此横行无忌，势必激成众怒，设或暴动，有何人命出入，至时与绣章公司无涉何也？因其所取之金系公司无名之店之货，故今先行分剖明白，免致梅庵弄巧成拙。至于目前下所取宦、陆二姓之金愿否交还，惟凭伊等酌量。假令见金垂涎，诬作应罚，执意不还，在众乡户亦将集议对付之策。故云深恐酿成不测之祸，为特缕陈颠末申告贵商会，伏求众绅大力察言观色核议判，俾得指破迷津，消弭祸患，微业幸甚，云等幸甚。

可能是受长洲官府在金箔业抗诉问题上处理态度的影响或启发，金线业在面对金箔业"圆金公司蓄意把持屡起衅端"的情况时，没有直接去找官府，而是效仿金箔业，将情况反映于商会，求助于商会来主持公道。理由是"深恐酿成不测之祸"。为此，金线业"特缕陈颠末申告贵商会，伏求众绅大力察言观色核议判，俾得指破迷津，消弭祸患"。在此，作为当事另一方的金钱业没有向官府控诉而是请求邻近组织商会出面裁决。

6. 长洲县为张金、金线两业不得互夺利权事谕饬张金业

光绪三十三年四月二十四日（1907 年 6 月 4 日）

在任候选道苏府长洲县正堂苏为谕饬事。案据金线同业宋恒昌等禀，被贴金箔朱天利等越俎搀夺，经本县集讯断令，两造各归本业，不准混越僭夺，以起争端。嗣后张金业不得捻金线，捻金线不得做张金，各取具遵结附卷。兹据金线同业张立保等禀，以今春张金业张祥太、刘泳顺、朱天利、方公茂等踏故辙，并有张金业徐春福胆敢出头，包揽乡工各色线，嘱勒售与彼，则有意广收贱售，更盛于前，一味恃蛮把持，且将张金货价高抬居奇，使金线业腹背受敌，虽蒙商务总会公议，各归本业，虽允签字，惟恐日久玩生，复萌故智，则金线一业之绝灭可立而待也。求请约示，禁约乡工不准私相售卖调换，并求谕饬，等情到县。据此，除给示禁约外，合饬谕禁各安各业。为此谕仰该张金业徐寿福、张祥太、朱天利、方公茂、刘泳顺等知悉，须知各

有本业，毋庸再挽越致起争端。自谕之后，张金业若再不知自爱，如抗违不遵，仍捻金线以及收买乡工各色金线，抑藉口调换等情，一经告发，定即从严惩办，决不宽贷。该业等毋［务］各自爱，永远遵守。金线业亦不准做张金，各安本业，毋再违抗，切切。此谕。

右谕张金业准此。

可能是考虑到商会的作用有限，也可能是向商会反映意见后一直没有得到来自商会的支持。在自身权益仍不断受到金箔业侵害时，金线业并没有再向商会反映诉求，而是再次选择直接求助官府，"求请约示"。基于金箔业"一味恃蛮把持，且将张金货价高抬居奇，使金线业腹背受敌"，"虽蒙商务总会公议，各归本业，虽允签字，惟恐日久玩生，复萌故智，则金线一业之绝灭可立而待也"，官府应金线业之求，责罚金箔业，指出"须知各有本业，毋庸再挽越致起争端"，强调"自谕之后，张金业若再不知自爱，如抗违不遵，仍捻金线以及收买乡工各色金线，抑藉口调换等情，一经告发，定即从严惩办，决不宽贷"。同时，也告诫金线业"不准做张金，各安本业，毋再违抗"。在此，作为当事另一方的金钱业为解纷不得不游走于官府和商会之间。

二、解纷的回归：官调民结下的业内解决

在官方裁决效力有限的情况下，官府往往只能发挥调解人的作用，纠纷的最终解决仍然得依靠业内组织——比如商会。下面仍接着以上述的"张金业与金线业纠纷案"[1]来加以阐析。

7. 徐万祥等为控张云峰等违背议约事致苏商总会禀文

光绪三十三年八月（1907 年）

具禀公兴张金公司徐万祥、刘泳顺、张祥泰、朱天利为违议挽夺查获外路张金陈请议置事。

切［窃］维金业一道分门别类，向本各有专门，原无挽夺之理，悉有旧规遵守。惟商等张金一业较之捻金线资本轻重远殊，盖彼业皆赖商等，做成张金放切后，庶可捻为金线。去年捻金线业之张立保即云峰，戚和卿即饭牛，

---

［1］ 章开沅、刘望龄、叶万忠主编：《苏州商会档案丛编》（第 1 辑·一九○五年——一九一一年），华中师范大学出版社 1991 年版，第 574～589 页。

嫉□商等，在长邑诬控。业奉苏邑尊断令各归各业在案。今正彼此组织公司，附入商会。因张云峰等仍哓哓不已，复于四月初十日禀请开会公议。商等不收乡工金线，因捻金线亦不准收买外路张金。如有主顾，祇可彼此批买，各归利权。两造在公互允签字可稽。商等自经会议之后，兢兢恪守，未敢稍存意见。独业捻金线之张云峰等阳奉阴违，私心自用，祇知陈列阻截商业不许收买乡工金线，而彼等则仍从外路购买张金，以致张金者生意日见清淡，屯积货头至八千余元之巨。商等皆因未经查获真凭实据，不敢造次。自五月起，张云峰等所立绣章公司锁闭，不事本业，暗将资本专收外路张金，有意搅乱。每有乡工金线上城投销无主，往往徒劳空回。此中奸诈百出，实难尽言。现于七月三十日由本公司在买客手中查获甫从张云峰家内买来外路张金四上，经同业验明无异。本公司留存一上备查，其余随时呈验，并将本公司原货附呈一上，以示真伪。第张云峰等前既在会议明签字，兹又违议挽夺，不议究何居心。若不求请开会议置，商业大有妨碍。为此，谨禀总协理鉴察验明货物，应如何议置之处，以儆挽夺而维商界。不胜感仰之至。上禀。

不知是慑于官府之威，还是对官府感到失望，抑或是对商会抱有信心。总之，在面对金线业"张云锋违背协议"，"暗将资本专收外路张金"时，金箔业并没有再找官府来解决，而是仍诉求于商会，要求商会"鉴察验明货物"，加以处置，"以儆挽夺而维商界"。可见，公开进行法律博弈的同时，双方当事人暗地里一直在进行不正当的商业竞争。

8. 苏商总会裁决绣章公司违约罚款字据

光绪三十三年八月初十日（1907 年 9 月 17 日）

八月初十日提议张金、绣章两业事。曾于本年四月初十日经本会议定，两业永守议约，均已签字存案。现绣章公司违背议约，私购上海张金四上，实价两元九角六分。经张金公司查获到会，公同议罚，照价拾倍核算，该款归入张金业公兴公司。此后如两业有违议者，照此十倍议罚，所获之货仍归原主。均各应允签字为据。

光绪三十三年八月初十日

张金业公兴公司刘云峰、徐梅安、张熊占

金线业绣章公司张云峰、寿子鹤

议罚款二十九元六角由张云峰约九月初九日缴会

接到金箔业的申诉请求后，商会就其诉金线业绣章公司违约一事，作出裁决，"照价拾倍核算，该款归入张金业公兴公司"，并规定，"此后如两业有违议者，照此十倍议罚，所获之货仍归原主"。为确保裁决效力，商会规定"均各应允签字为据"。

9. 金线同业为声明不受绣章公司所订议约约束事禀苏商总会文

光绪三十三年九月十五日（1907 年 10 月 21 日）

奉禀商会。

总协理二位仁翁大人电鉴：启者：吾业金线一宗创始以来，均是一业所造。被兵乱之时，同业四处纷散。但平复之后，仍旧一处，重整行规。金线一宗，名目甚多，各家做各样生意。连年以来，业中失察，以致被张金业即攉金作侵沾利权，与乡人掉换，自己发料，将金线贱售主顾，败坏吾业。我行无人出头，均是自悔自心，屡被攉金作数家侵占利权，只有数种金线。近年该业心狼［狠］，欲夺全权生计，向来各家所做之货，欲想样样要做。吾业生意，均要被他专去。况且攉金作自亦攉金赚钱，兼售金线赚钱，故有两业。金线稍赚微利，亦可脱去。所以吾业利权被他夺去，只有尾微之生意，何能得活。因此，上年业中张云峰甚为不平利权被其占去无人顾问。为此，控与长邑苏宪台下，蒙批准各归各业，毋许挽夺，讯在案下，张金业原立切结在案。岂知去冬徐春福、张熊占、刘云峰等邀集同行，硬劝各家认股，要立公司，货物进出均归一处卖买，兼仍售金线业货，硬云卖买交易亦可做得。张金一业只有二十五家，虽有拾余家自原［愿］认股，余者大半均是硬压认股，以为团聚。今春各将股本取出，独有不原［愿］认者股本缺乏，该首人代借代押，硬书借据认利，以抵此款。立名公兴公司，入与商会，欲压我业权利。故此，我业不得而已亦立公司。金线只有四样：机房金线、栏干金线、缠子金线、洋庄金线。此四项均归公司所做，余者一概不做。立名绣章，亦入与贵会，均可评议。岂知今年生意全无，公兴公司仍买金线，所以绣章公司之货无人顾问。况吾业入会只有公司一家，商标为凭，一业之中，城内外连乡间共有数百家均未入会，岂能张云峰一人作主。况四月内签字，只有公司不进外路之货，同业亦未包下，张云峰亦未通知同业不买外货，则［只］知公司不买之货。况张金公兴所造之货更不如前。上年未立公司，各有主顾，货物比肩，你好我比你更好，生意愈推愈广。该立公兴欲想一网帐［张］尽之计，不能买别处之货。货物亦不考博，愈卖愈歹，要好者，只有此种。我业受此买货之气不浅，亦无所思。在志之家，往申加上货价，再贴寄费，比公兴货合大数分。此亦自愿出价，因用户均□明亮，故走此路实在不得而已。况我业之货色甚多，或有绣货所用，或有行头所用，或有下县批发所用，或有客帮所用，此数需用度共有百余种名目。公司金线只有绣章所造，前被获申地货物之家，亦不在公司之内，岂能捉生替死。各店各有利权，惟公司金三概不交易，此亦是经理人前途常未表明。况且张金公兴所出之货亦无厘捐局包认货捐，每月捐款若干，此乃可作官货，该亦未认捐款，何为申地货物以为私货。况申地擢金与苏同气连枝，擢金只有一尊祖师，岂能如此无理，均用凶横手段硬夺吾业做手货物以为证据，此货是未入会之家所买，因苏地该公司货不能合用，故走此路。所购况价比公兴合大数分，与该公司无涉，何能重罚。倘绣章公司自买上海货片，应当重罚，或十倍，或百倍，理所当然。在贵会诸执事则知其一，不知其二，该擢金之言均是官面说话，所作不端可恶之事，贵会岂能知晓。再者，该在业常有怨言，无可伸雪。况舞弊亦有数次，彼业怨恨一节与吾等无敢［干］。总而言至［之］，该经理货不考博，非商贾之道也。再，我业等向该公司交易货片，仍照前样不考究之货，莫怪吾业未入诸家均往外路进货耶。故此草字告禀入陈，不胜盼祷之至。敬请钧安。

金线同业公具

九月望日泐。

由于金线业已加入商会，"金线只有四样：机房金线、栏干金线、缠子金线、洋庄金线。此四项均归公司所做，余者一概不做。立名绣章，亦入与贵会，均可评议"，是商会会员，因此金线业要受商会的管理和约束。所以，当发现同为商会会员的绣章公司的所作所为有悖于商会时，金线业的其他成员即发出了"不受绣章公司所订议约约束"的声明，并将此事"禀苏商总会"。由此可见，商会对手工行业具有约束力。

10. 金线同业为控徐梅庵不遵县谕事呈苏商总会文

光绪三十四年七月二十八日（1908 年 8 月 24 日）

谨将违谕玩法复萌故智禀请究办情由恭呈申告商务总会绅长大人钧鉴：所有张金业中之徐梅庵、张熊占、朱天利等将金换线揽夺生业利权一节，曾于前年空经长洲县苏前宪当堂断结，谕令各有各业，不准再行换线，给示遵行在案。当时生意以为经此秉公明断，定能永远遵守。岂知梅庵等顽固性成，不知法纪，了案至今甫及年余，以前公庭对簿理屈畏葸之状，都已忘却。竟于今春胆敢阳奉阴违，依旧暗向乡户私行换线，甚将生业行规扰乱，故意贬价，兜揽主顾，以致平时金线交易日形清减。为此，生等目击通行生计攸关，殆有贻害无穷之势。为虺勿摧，为蛇若何？趁此图谋未久，尚易范围之际，禀求商务局宪札县究办，此禀现经蒙恩俯准所请矣。想一经究办，定必恪遵宪谕，不致再萌故态也。回思去年彼业创立公司，有心高抬张金价值，涨至七角八分一上，是以捻造金线成本太巨，无所沾光，万不得意 [已] 转向外路购买，此乃彼等自将生意阻绝，并非生等不与相交。后至年底彼业众心不孚，遂将公司分散。自散之后，张金价目即渐减削，至今每上只买五角有另，所以造线者仍买本地各作之货。然而梅庵前次换线托言生等不买伊货所致，将金换线者欲泄其忿，及今既买其金而又犯之，试问梅庵亦将何以自解，抑另有别辞可藉乎？噫嘻！梅庵等三人居心险诈，谋为不轨，可谓至且极矣。所有现在具禀请办缘由，理合详叙颠末，恭呈阁下。仰祈台阅，上邀洞悉一切下情也，是幸。此上。

金线同业公启

对于官府的判决，按理说当事人必须无条件服从。但金箔业之徐梅庵等人却是另类！我行我素，"顽固性成，不知法纪，了案至今甫及年余，以前公庭对簿理屈畏葸之状，都已忘却。竟于今春胆敢阳奉阴违"。该奈之如何？作为纠纷另一方的金线业，尽管恨之痛切，但还是先寄希望于商会从中调处，即"仰祈台阅，上邀洞悉一切下情也"。可见，在近代中国手工业社会中，官府判决的实效大为可疑。但从下文可知，民间组织裁决的实效也好不到哪里去！

11. 长洲县为请转谕张金、金线两业不得互挽夺事照会苏商总会

光绪三十四年十月（1908 年）

长洲县为照会事。案奉农工商务总局宪批金线公所总经理宋恒昌等禀，玩视宪谕，复萌故智，求请札行严惩由。奉批：查该抄粘县示公允明晰，该商等自应遵断办理，各安各业。徐梅庵等既以张金为业，即不应兼涉金线，今复任意挽夺，殊属不合。据禀前情，仰长洲县即速查明确情，秉公核办。倘徐梅庵等实有挽夺私售情事，即行照案由县提究，以示惩儆。此批。禀抄发，等因，到县。奉此，查此案曾于三十二年十月间经宋恒昌等禀，蒙敝前升县苏传集两造讯谕，各归各业，不准混越僭夺，具结存案。嗣据张立保等禀请给示，又经谕禁在案。兹奉批饬前因，当即饬役查明徐梅庵等是否实有挽夺私售情事，禀候核办。旋据张金业商徐梅庵等以金线、张金两业上年均入商会，议定金线一业不向各埠收买张金，张金一业亦不向乡户调换金线，如违议罚，立有合同。乃金线业仍向各处私收张金两次，开会议罚，禀请照会查复等情。即据金线公所经理张立保禀称：张金业方公茂即方阿福私售金线，将货扣留，呈求提案惩究等情。又经批示提讯并准贵会将该两业纠讼原由移会过县，饬据该设解讯前来。据宋恒昌张立保供称，所控徐梅庵等挽夺金线一案，今蒙断令各归各业，不得挽夺。以后所用张金，准在苏地一业购买。如往别处购办张金，听凭照罚十倍，愿具结。又据徐梅庵、方阿福供称：窃宋恒昌等控身等情，今蒙讯断，金线一业永远在苏地一业价买张金，不许在外处购买。先行试办三月，设有查出，照十倍议罚。张金一业亦不调换乡工金线，情愿遵断，各等供。据此，当堂饬取两造遵断切结，省释完案。兹又据张金业商人徐梅庵等联名沥禀无从试办缘由，禀请仍准调换乡工银线等情前来。查此案，业经敝县当堂讯结，具结附卷且系仍照该两业原议，自应遵照办理。张金业既已遵断天前，何又反悔于后？查该业向在贵会注册，合行照会。为此照会贵会，请烦查照。希即秉公理劝，传谕该两业遵照堂谕及前立议约办理，均不准互相挽夺，以免争竞，而维商业。是所厚望。切切。须至照会者。

右照会苏州商务总局 ［会］

可能是考虑到商会裁决效力的有限，金线业在向商会反映诉求的同时，

又再次向官府提起申诉，控金箔业的违约和不是，请求官府出面予以严加制止。由于官府早已作出判决，因此官府无须作出另判，而是照会商会，"请烦查照"，责令其"秉公理劝，传谕该两业遵照堂谕及前立议约办理，均不准互相搀夺，以免争竞，而维商业"，即要求商会召集现金线、金箔两业来进行调解，了结纷争。可见，当事人只有凭借官府和商会的双重压力才可能迫使对方遵守已经达成的裁处协议。

12. 徐梅庵为请向长、吴二县报告判定纠纷情形致苏商总会节略

光绪三十四年十月二十九日（1908 年 11 月 22 日）

具节略张金业公兴公司代表徐梅庵。敬启者：敝业前年被金线业张立保等觊觎□业，在长署诬控挖伊业散伙、私捻金线一案，蒙苏前升宪法断令，各安各业，以后张金业不得捻金线，捻金线业不得做张金，各在案。本则敝业并不挖伊散伙、私捻金线，实由张立保向敝业刘云峰勒捐不遂起见。所以，如此断法敝业甚愿。不意至去年春间，张立保又欲奸控，是以与该业先后投入贵会。又经贵会于四月初十日公同议定，以张金业不向乡工收换金线，金线业不向各埠收买张金，如违议罚，立有议约存会稽考。虽是权宜之计，如能各守议规，亦无不可。讵该业口是心非，从无一次向敝业购买张金。乃于去年七、八月先后获住外路私货两次，由贵会照约议罚。因其抗拒公论，斥逐出会。但敝业半年以来，张金无路可销，大受影响，不得已于十月内据情陈明，以该业已经出会，无约可遵，定于十一月初一日起仍照向章与乡工换买金线，又经贵会允准。不料张立保因斥逐出会，变羞成隙，今年七月间又发讼制害人，在长署奸控。八月二十四日，蒙赵宪集讯，谕令再照商约，先行试办三月。奈同业均以张立保等野蛮异常，必然阳奉阴违，况公司已散，力难复叙，金线业已经出会，无约可守，即以无从试办等词具禀。又蒙赵宪法秦镜高悬，照析批示云：候照会商会秉公劝谕金线业，以后不得搀夺等语，各在案。本月二十日贵会接奉长宪照会，承邀同金线业已于二十四日常会开议。贵会判云：兹奉照会内开：商会秉公劝谕等情，金线业早已出会，议约作废。张金业九月初一日具诉长署之禀，以无从试办，亦是实情。现在各安各业，不必再照议约，免起争端。至于张金业换买金线，曾于废约之后，十月内据情陈明，定十一月初一日仍照向章与乡人换买金线，系是废议约、照旧章，不得谓之搀夺云云。贵会不分畛域，开诚布公，敝业感激莫名。金线

业当时虽无异言，料其必然阳奉阴违。烦会将二十四日判定情形移请长吴两宪存案备查，免得再起纷争，实为德便。再本月二十左右，张立保等又在长吴两署诬控敝业朦混领示，捏称换买金线，系是伊之行业。殊不知金线一经伊业捻成，人人可以贩买。如花线店、京货店，亦有金线发卖者也。只要勿捻不得谓之换夺。要知捻金线是工业，定有行规，别业不能僭占。换买是商业，古今中外亦无禁止之例。即照新法论，能造惟一无二之物准许专利。只要该物是得有专利人所造，何人不能贩买，从未闻有说贩买者为换夺。张立保等不讲情理，迭次讼制，希图把持，发端于前年。实张立保向敝同业刘云峰勒捐不遂起见。今年又因斥逐出会重行入讼，敝业两次被害，筋疲力尽。兹闻又赴两县诬控，虽未批示，然恐临剖不及，已先具禀声诉矣。合并声明。

光绪三十四年十月二十九日具节略张金业徐梅庵

金箔业之徐梅庵对于金线业屡向官府指控自己深为不满！对此，请求商会出面，予以制止，"烦会将二十四日判定情形移请长吴两宪存案备查，免得再起纷争，实为德便"。当事人深感诉讼及纠纷带来的不便，在双重压力之下始起息纷之心。

13. 苏商总会理结金线、张金两业纠讼案记录

光绪三十四年十一月（1908 年）

光绪三十三年四月起讼。三十四年十一月结束。

一件：金线、张金两公司背违议约，夺业纠讼，照章议令先后出会由。

原告：戚饭牛、张云峰（金线）

被告：徐万祥、张祥泰、刘泳顺、朱天利（张金）

案情：查张金、金线于本年先后入会，其纠讼原因，以此夺彼业、彼夺此业而起衅端。经会中调处，订立议约，申明张金业不收乡工金线，金线业不收外路张金，两造允议签字。嗣金线业先后背约，抗不遵罚，照章令其出会。张金业被金线换夺，势难遵约，于本会章程有所不合，亦即自愿出会。

历时近一年的金线业、金箔业纠讼案，最后经商会裁决，以两业脱离商会而了结。可见，民间组织对成员最严厉也是最后的制裁方式是勒令退出该组织。

14. 苏商总会为已照章令张金、金线两业出会事移复长洲县文

光绪三十四年十一月十六日（1908年12月9日）

为移复事。

案据张金、金线两业历年互控案由，前准贵县照开：据宋恒昌（叙原文）而维商业等因。准此，当经传集两造到会理劝。据金线业寿子鹤称：从前向别处购办张金，自知不合。现蒙县断各归各业，以后所用张金，当在苏地一处购办。去年第一议罚之款计洋二十元六角，已呈缴在县。又据张金业徐梅庵等称前因，金线业违约议罚，并因抗不遵议，斥逐出会。议我业仍旧向乡人换买金线，今奉县断，各归各业，先得试办三月。无如金线业从未一至我公司购买，同业中不肯允认各等情。本会查核两业，先经在会书立议约，今纷讼不已，情词各执。□□争辩者，皆已往之事，可不提论。此后惟有令其仍遵前议，勿再违约。况经贵县持平核断，取有两造遵断切结，又何能任期反悔。今金线业已自知不合，愿缴罚款，即有不甘之处，亦惟有令其再将第二次罚款缴出而已。乃金线业已愿遵断，而张金业反不遵议约。劝导再三，非可理喻。查去年金线业因违背议约，不遵公断，令其出会。今张金业亦复如是，自应照章即令出会，以昭公允。合备移文，移复贵县。烦为查照。须至移者。

作为解纷的一道程序，商会在作出将金线业、金箔业均驱逐出会的裁决后，还将处理意见报地方官府备案，即"合备移文，移复贵县"。至此，该起纠纷在程序上正式了结。

在上述案例中，官府自始至终都参与其中，但纠纷的最终了结并不是官府努力的直接结果，而是通过纠纷双方所共同隶属的跨行业组织——商会的最后裁决实现的。

由"张金业与金线业纠纷案"可知，在手工业社会解纷过程中，当事人即使迫于无奈需借助外部力量来解决，甚至有了官府的介入，而不管其介入是主动的还是被动的，官府在民间社会的解纷中都并非关键，起决定作用的仍是民间组织。诉讼是当事人反映诉求的一种重要渠道，但并非民间纠纷解决的必然选择。民间纠纷仍需民间组织来解决，只有这样，纠纷的了结才能奏效。该案留给我们的启示是：行业之间的纠纷仍需跨行业的组织来解决，

本行业的组织对此往往显得无能为力。

本章小结：在近代中国手工业社会的解纷实践中，比较复杂的民商事纠纷常常非某一解纷方式所能解决——即使当事人诉诸最有权威性的司法判决方式，亦常不能了断，而必须同时（非先后）交互使用数种解纷方式方能勉强济事。对于此种发生在近代手工业社会内部民商事案件上的解纷现象，本书将之概括为"混合型解纷模式"。单从借助多种解纷力量这一点看，此种解纷模式迹近于当代中国所谓的"纠纷的综合治理模式"——指采取多种社会力量来预防和解决纠纷，但实际上，此种解纷模式仅在发生的制度背景上就大异于后者：它是发生在法制不健全、政府威信衰微、民间力量散乱的近代中国的"半法治半律治型"社会——指虽然引进了西方的法治，但没有实现法治而仍然在理念、规范和程序上保留了传统的"律治"的混合型社会。从借助多种解纷方式解纷这一点来看，此种解纷模式可能会被误认为所谓的"多元解纷模式"——指在解纷问题上当事人可以选择多种解纷方式。但此种解纷模式与后者亦有大异之处：它是在纠纷无法得到某一解纷（即使诉诸司法判决也枉然）方式解决的特定时点同时诉诸多种解纷方式，企图借助多种解纷力量形成具有强大内旋压力，以迫使对方作出让步，接受己方条件，解决纠纷。因此，与纠纷的综合治理模式、多元解纷模式等相比，混合型解纷模式具有下述特点：

第一，从诉诸多种解纷力量的主体上看，并非某一固定的一方当事人诉诸多种力量。经常的情况是，双方当事人较劲式地使用多种力量，并且在连续性的解纷程序中形成交互性内旋压力对抗，从而使解纷程序中的压力因素复杂化。

第二，当事人并非在使用某一强制性较弱的解纷方式不奏效后，依次使用强制性递增的解纷模式，而是在特定时点同时使用多种解纷方式，比如在"张金业与金线业纠纷案"[1]和前述诸案中，当事人循环往复地求助于协商、调解、仲裁和判决等解纷模式和工会、商会、官府等解纷力量。

第三，从发生的场所上看，此种解纷模式典型性地发生在拥有自身规约的手工业社会的民商事群体性案件上。正是因为自身原本拥有一套解纷的行

---

[1]　章开沅、刘望龄、叶万忠主编：《苏州商会档案丛编》（第1辑·一九〇五年——一九一一年），华中师范大学出版社1991年版，第574~589页。

业规矩和行业组织，所以当纠纷发生时，当事人常求助于行会、商会等自治性组织依行规解纷，但在"西法东渐""价值多元"的近代中国，行业自治尚无法维系，更遑论解决内部纠纷；正是在民商事案件上，国家法律才不愿也不能硬性介入，司法判决也就无法发挥着在刑事案件上的刑杀性威力；正是因为群体性案件涉及面广、影响范围大，稍有处理不慎即招致械斗、骚乱甚至是民变，所以才非某一解纷模式和解纷力量所能济事。

第六章

近代中国手工业社会的解纷依据与理念

第一节　解纷的依据

解纷的依据是指导当事人和解纷者如何处理纠纷的规则、原则、标准和方针，在广义上它也包括解纷的理念，在此笔者仅在规则、原则等规范性依据的意义上使用它。解纷的规范性依据（以下简称解纷依据）使纠纷之解决变得具有程序性和可预见性。但是，解纷的依据不仅是一种程序性规范，也是一种间接的实体性规范，即它具有利益分配功能。社会关系的核心内容是利益，"法的每个命令都决定着一种利益冲突；法起源于对利益关系的调整机制；法的最高任务是平衡利益"[1]。在当事人之间发生利益冲突后，如何调整并实现双方之间的利益平衡，即是解纷依据的主要功能。

近代中国手工业社会在处理内外关系上有着自己的基本准则，同时，它在解决内外纠纷上也形成了相对稳定的态度或相对一致的共识。当然，近代中国手工业社会也并非一个水火不侵、封闭自守的社会，它在与外部社会的交往实践中，也主动地或被动地吸收了后者的实体性和程序性规则。因而，近代中国手工业社会的解纷依据既包括内部自生自发的社会规范，也包括从外部汲取的规范——尤其是官方规范，这两个层面的规范形成的合力在其解纷实践中发挥着主要作用。我们先来看看官方规范作为近代中国手工业社会解纷依据——同时也构成其解纷的制度环境——的具体形态。

---

[1]　赫克语，转引自张文显：《二十世纪西方法哲学思潮研究》，法律出版社 1996 年版，第 130 页。

一、官方规范

官方规范是国家权力体系的一个象征，不仅包括国家的法典，是立法的产物，也包括国家各级职能机构订立之规则、发布之告示和通过之判决，甚至包括作为国家基层单位的州县衙门及当中的诸色人等给民间社会传达出的权威与不可抗逆性，以及州县官在处理具体纠纷的过程中所坚持的一些处理民间词讼事件的诸如用语、仪式、程式等方面的"潜规则"。[1]近代中国手工业社会解纷中所适用的官方规范主要体现为法律、判例、法规与官府告示。

（一）法律、判例、法规

手工业组织在解决行业纠纷过程中，十分注意依"法"办事，即援引国家制定的法律法规条文和司法部门的判例来解决。"业者始终可以援引政府明文禁止'把持行市'的法令来保障自身权益。"[2]如"有假冒他人招牌，关系刑事之处分，如被人指出确实证据，应由公会罚银100元，如不依罚反行违抗者，应报明总商会转函法院照律惩处，俾照警戒"[3]；"本行无论帮工学徒，虽领有凭照而不能开铺，暗与外行在家私做，任意假冒他号招牌，一经查出，从重按律办理"[4]。这里的"律"，当指国家的法律。又如"会董或有徇私偏袒情事，致商人有所屈抑，……其情节较重，查系属实者，即具禀本部（指晚清政府的商部——笔者），援例罚惩。至总理、协理或他董通同徇庇等情，准各商禀控到部查办，诬控者反坐"[5]；"商会之设，责在保商，然非一视同仁，不足尽其义务。各商品类不齐，其循分营业才固多，而罔利病商，自相践踏亦复不少。又如柴米油豆，攸关民生，日用各物，无故高抬，

---

〔1〕 韩秀桃："明清民间纠纷的解决及其现代意义——以徽州法律文书为中心"，载何兵主编：《和谐社会与纠纷解决机制》，北京大学出版社 2007 年版，第 138 页。

〔2〕 邱澎生："由苏州经商冲突事件看清代前期的官商关系"，载 https://www. lunwentianxia. com，最后访问日期：2010 年 6 月 20 日。

〔3〕 戴嘉祺："昆明市帽业行会及其手艺人的研究"，载李文海主编：《民国时期社会调查丛编》，福建教育出版社 2004 年版，第 440 页。

〔4〕 戴嘉祺："昆明市帽业行会及其手艺人的研究"，载李文海主编：《民国时期社会调查丛编》，福建教育出版社 2004 年版，第 441 页。

〔5〕 《奏定商会简明章程二十六条》，转引自彭泽益主编：《中国工商行会史料集》（下册），中华书局 1995 年版，第 973 页。

藉端垄断等情，该总理及会董务须随时留心稽察，如有上项情弊，宜传集该商，导以公理，由会董会议，按照市情决议平价，倘敢阳奉阴为，不自悔改，准该总理等移送地方官，援例惩治，以警其余"[1]。这里的"例"，乃就法院"判例"而言。再如，"依商业同业公会法及 1941 年 6 月 17 日经济社会部颁布之非常时期工商业及团体管制办法订定……重庆市内公司行号应加入本会，外埠油商不须履行会员义务，但须遵守本会之管理。本会会员必须取得本会会员证书及会员手册，并呈请办理登记，否则不得经营油业，外埠运销商贩运入市之货品须经本会会员二家以上之证明，并呈请社会局办理运销登记，方得进入本会指定之交易市场。有违规者除政府依法处理外，本会亦得依法议处，另对于货品及市场均有具体管理办法"。[2] 这里的"法"，即指国家制定的法典（引文中"商业同业公会法"属国家立法机构制定的法典）和有关部门制定的法规（引文中经济社会部颁布《非常时期工商业及团体管制办法》属部门制定的法规）。

（二）官府告示

清末民初，民间社会叩请官府准予刻碑之风大兴。其中的不少碑文乃官府对手工有关各行业所提意见的批复和告示。这些告示都有一定的格式，内容基本为"禁止"性质。如"为此未仰诸色人等知悉：嗣后如陆三和等再敢苛派捐钱，把持生意，许即据实禀县，以凭提案究办。各宜遵照毋违，切切特示"[3]；"为此示仰客帮弹业店主帮伙人等知悉，倡立行规敛钱苛派，本干例禁、尔等此后不准再有入行名目，务各循照旧章，安分营生。其本帮并不准向客帮苛派敛钱，如再故违，许即指名重究"[4]；"为此示仰阖邑船号众商人等知悉：此后沙船上坞需用舱匠，应听船主雇唤，不准把持强揽，即使先经该匠来修，嗣因船主不合，亦须任从另唤他匠修理。倘有沿浦不安分

〔1〕《奏明商会简明章程二十六条》，转引自彭泽益主编：《中国工商行会史料集》（下册），中华书局 1995 年版，第 976 页。

〔2〕魏文享："商人团体与抗战时期的经济统制"，载朱英、沈成林：《商会与近人中国》，华中师范大学出版社 2008 年版，第 334~335 页。

〔3〕《申报》同治十一年（1872 年）六月廿四日，转引自彭泽益主编：《中国工商行会史料集》（下册），中华书局 1995 年版，第 683 页。

〔4〕《申报》同治十一年（1872 年）九月初一日，转引自彭泽益主编：《中国工商行会史料集》（下册），中华书局 1995 年版，第 683 页。

之人，混称把作，恃众硬揽，仍前把持，许该船主指名呈控，定行提案，从严究惩，各宜凛遵毋违。特示"[1]；"为此示仰漆业铺户匠伙人等知悉：嗣后凡尔得业匠伙，务必各守旧章，安分生理，倘敢再有把持勒扰，纠众停工情事，一经指控，定将为首滋事之人，按例究办，各宜凛遵毋违。特示"[2]；"为此示仰烟业刨匠人等遵照。须知私立行头，有干例禁，嗣后务各照常开刨，安分营生，永不准再立行头名目。倘有玩法之徒，故违禁令，复蹈前辙，许该烟铺指名禀县，以凭严办，决不姑宽，各宜凛遵毋违。特示"[3]；"此示仰各帮各人，一体知悉：尔等各有身家，务宜互相劝诫，安分营生，毋得如前滋事，□惟法网。自示之后，倘敢怙恶不悛，有意违犯，一经访闻，即饬提店东作头与滋事之人，一并严究，决不稍事宽贷。本县言出法随，勿谓言之□预也"[4]。这些告示是对有关行业的行为所作的规范，是该行业活动的准则，要求大家共同遵守。这些官府告示自然也就成了行业评判是非的标准。

二、社会规范

"纠纷作为人类社会的一种经常性存在，它并不仅仅限于法律所描述的那些情形，法律不可能穷尽所有的纠纷，依靠法律规范也不可能完全解决所有的纠纷。"[5]大量出现的民间纠纷，对于相对稀缺的官方资源来讲是一种强烈的考验，这同时也给民间社会利用民间资源来解纷提供了契机。其中，利用约定俗成的民间契约等社会规范来化解民间纠纷成了近代中国手工业社会解纷的有效之道。据韩秀桃的描述，自汉代开始，民间社会就有"民有私约如律

〔1〕《申报》同治十一年（1872年）十月二十日，转引自彭泽益主编：《中国工商行会史料集》（下册），中华书局1995年版，第684页。

〔2〕《申报》同治十一年（1872年）十一月十八日，转引自彭泽益主编：《中国工商行会史料集》（下册），中华书局1995年版，第685页。

〔3〕《申报》同治十一年（1872年）十一月廿七日，转引自彭泽益主编：《中国工商行会史料集》（下册），中华书局1995年版，第686页。

〔4〕《申报》光绪十七年（1891年）十月初八日，转引自彭泽益主编：《中国工商行会史料集》（下册），中华书局1995年版，第715页。

〔5〕赵旭东：《纠纷与纠纷解决原论——从成因到理念的深度分析》，北京大学出版社2009年版，第55页。

令"的说法，人们往往将社会规范与官方规范并列。[1]如很多行规的序言中常有这样的表述，"国有条律，民有私约"[2]，"盖闻朝廷有律例，商贾有规约，夫规约章程，方可合符王道"[3]。隋唐时期更是有所谓"官有政法，民从私约"的说法[4]。可以说，丰富的社会规范不仅体现为对民间活动的引导和规范作用，也体现了民间社会对自身纠纷的解决和避免。这也从一个侧面反映了民间社会中，社会规范对于确定民众的权利归属以及解决相互之间的纠纷都具有十分重要的作用。在近代中国手工业社会，社会规范的作用尤其如此。

社会规范是从人类交往实践中生发出来的，它体现着过去曾有利于人们安排权利、解决纠纷的各种方法和规则——包括习惯、习俗、伦理和各种规约。违反社会规范的人会受到共同体成员的惩罚。陈宗蕃说："夫欲国之治也，必自乡始。礼曰：'君子观于乡，而知王道之易也。'吾国治乡之法，一业有一业之规约，一族有一族之规约，一乡有一乡之规约，在外之会馆，亦其一也，规约明则事无不举，规约不明则事无由行。"[5]社会规范是在民间社会中自发生成并长期得到遵从的原则和规则，经常被应用于社会治理、解决利益纠纷，确定事实上的权利义务关系。在大部分情况下，在对纠纷进行调解、仲裁和审判时，行业组织或者官府首先关注的都是该行业的规约。一方面，这是因为国家法中有关手工业事项的规定过于简单、粗疏。这些注重自上而下的行政控制的规定，虽然为解纷提供了法律及原则性的依据，但是在面对纷繁复杂且实际具体的行业纠纷时显然疲于应对，难以满足现实的需要。国家关于手工业具体立法的缺失为行规、习惯和集体协议等社会规范的大展身手提供了有利条件；另一方面，相对于官方规范，行规对行业的规定要具体、实用得多。行规、习惯等社会规范产生于行业的交往实践，是业者之间的利益相互整合、相互作用的产物，相对合理地规定了业者之间的权利义务，

〔1〕 参见王雪梅："从清代行会到民国同业公会行规的变化：以习惯法的视角"，载《历史教学（高校版）》2007 年第 5 期。

〔2〕 彭泽益主编：《中国工商行会史料集》（上），中华书局 1995 年版，第 247 页。

〔3〕 彭泽益主编：《中国工商行会史料集》（上），中华书局 1995 年版，第 285 页。

〔4〕 "吐蕃末年敦煌安环清卖地契"，载张传玺：《中国历代契约汇编考释》，北京大学出版社 1995 年版，第 207 页。

〔5〕 李景铭：《闽中会馆志·卷首·陈宗蕃序》。

在行业事务的运作中具有较大的约束力，为广大业者所认可。从这两点来看，行规和习惯等社会规范无疑是手工业者在处理内部纠纷时最有效的依据。正如瞿同祖所言，各行各业都有行规，师傅可以责罚徒弟……各行各业都不愿政府过问，宁愿由自己来约束其成员，按照他们的规矩和习惯办事。我们可以说，习惯和各人民团体中的准则对人民的影响远较法律为重要。[1]近代中国手工业社会解纷中所依据的社会规范大体表现如下：

（一）行规

近代中国手工业社会在解纷过程中依赖的往往并不是国家的法律规则，而是自己的行规。"行会的出现，正是由于同业间的竞争所引起的，而行会的主要作用也在于限制或阻止同业间的竞争。为了阻止同业间的自由竞争，行会制订了会员必须共同遵守的各种条规，如果会员违反了这些条规，将受到行会的严厉制裁。"[2]"各行会更是十分强调'恪守定章'，'依照俗规'，不得违反。"[3]行规是行业纠纷解决的重要依据。"盖闻官有议，乡有约，家有训，虽大小不同，其义一也。吾党诸贤，贸易辇下，棋布星分。桑梓之好，不得岁时聚会，情何以能通，心何以能一？倘一旦变生不测，众何以相救？"[4]"今合行议定，以三十斤为度，止许让价卖与四外商客，不许让价卖与使主，如违者议罚。即吹胞装油，亦必谨循行规。倘任意少价，巧弄机售，一经查知，合行定然议罚不恕，诸神鉴察"[5]，"当经邑尊传讯，并查核历年条规，皆无上白米之例"[6]。因而手工各业一般都注重本业行规的制订和完善。"凡吾同业，在长、元、吴境内开张贸易，务宜一体联络，恪守定章，以图公益"，"银串涨落，统归一致，随时凭众酌定平价，由公所派单布告，不得

---

〔1〕 瞿同祖："法律在中国社会中的作用——历史的考察"，载《中外法学》1998 年第 4 期。

〔2〕 刘永成、赫治清："论我国行会制度的形成和发展"，载南京大学历史明清史研究室编：《中国资本主义萌芽问题论文集》，江苏人民出版社 1983 年版，第 118 页。

〔3〕 高其才：《中国习惯法论》（修订版），中国法制出版社 2008 年版，第 85 页。

〔4〕 "正乙祠公议条规"〔康熙六十年（1721 年）七月〕，载彭泽益选编：《清代工商行业碑文集粹》，中州古籍出版社 1997 年版，第 35 页。

〔5〕 "颜料行重立行规"〔道光十五年（1835 年）九月〕，载彭泽益选编：《清代工商行业碑文集粹》，中州古籍出版社 1997 年版，第 28 页。

〔6〕 "江西景德镇窑厂工人罢工"，载《申报》光绪二年（1876 年）六月二十二日，转引自彭泽益编：《中国近代手工业史资料（1840-1949）》（第 2 卷），中华书局 1962 年版，第 278 页。

歧异"[1]。

手工行业组织"往往还要形成必要的规约制度，用来约束内部成员。这种规约制度通常被称为行规、帮规、业规、同业公约等，形式也不尽一致。有的集体议订，形成严密的文字，公开颁布，勒石竖碑，或归入文籍；有的只是一种约定俗成，并没有形成文字，却是同行中世代相传的习俗惯制"[2]，但是，"这些行规并不是法律，在商品竞争日趋激化的情况下往往被冲破"[3]，因此出现了许多行业重整行规的碑刻，以适应行业解纷的需要。如丝业公所，因"旧章既无可遵守，行业遂难期振兴，故于同治九年先议整顿行业规条"[4]。又如巧木公所"每有外来棺椅匠攒入，紊乱行规情事"，因此"一再集议，妥为修正"[5]。

有的手工业行会没有严格意义上的行规（即成文的），如苏州印刷书籍的书坊，道光二十五年（1845年）《禁书坊印手把持行市碑》记载："书坊一业，贸易四方。苏郡会集之所是在宪境设立崇德公所。缘刷印书籍，向无行规。""无行规"实指无成文行规而矣，实际上还是有相应的规矩来遵守的。"老北京"齐如山对民国年间北京工商业的妙趣横生的回忆，为理解这一问题提供了生动形象的材料：

北平所有工商各行都有行会。有些小行会，也是没有写在纸上的章程，可是哪一行都有它的行规，而且是人人知道的。每年开会，总要唱一天戏以敬祖师。开戏之前先开会，会长登台问大家，我们会员来齐了没有？大家说来齐了，会长说凡犯行规的人都是混账王八蛋，随说开戏开戏。他开会演说，只此一句话，处罚的条件，只此一种，就是骂一句混账王八蛋，就够了，就没人敢犯行规。……

从前北平磨面工人的公会，称磨工公会，办理得非常之好，为北平各种

---

〔1〕　"银楼业安怀安怀公所议定简单十则"［光绪三十二年（1906年）］，载彭泽益选编：《清代工商行业碑文集粹》，中州古籍出版社1997年版，第117页。

〔2〕　顾希佳：《社会民俗学》，黑龙江人民出版社2003年版，第145页。

〔3〕　洪焕椿："论明清苏州地区会馆的性质及其作用——苏州工商业碑刻资料剖析之一"，载《中国史研究》1980年第2期，第11页。

〔4〕　同治十年（1871年）《苏城丝业公所整顿行规碑》。

〔5〕　民国四年（1915年）《吴县巧木公所修正行规碑》。

公会之冠。凡有工作之磨工，每人每月捐大个钱两枚。倘若失业或一时没有工作即住在里面，不花分文。章程极好，但也是不成文法，据云他们的惩罚条件，是一句脏话。……[1]

这里的行规就是不成文的，但由于有一定的规矩并得到了大家的认同，所以行业组织依然得到了较好的维持。从掌握的现有史料来看，应该说，手工业社会行规中不成文的并不多见。因此，常说的行规一般是指成文的。

行规对于纠纷的解决极为重要，"会员若违反规则，则依照条例来加以处分"[2]。官府也极为重视对行规的维护，"自示之后，该同业等务宜遵守定章，不得有意紊乱。如敢故违，一经指禀，定即提究不贷"[3]。究其原因，一是行规是对国家法的重要补充。行业众多，活动纷繁，国家立法很难涵盖工商领域的方方面面。那些自律性的工商业同业组织通过整理、归纳、概括工商习惯并随着经济发展所处阶段的变化随时进行修改，有利于补充国家法律的盲区。同时，行规也需得到官府批准才能生效，从而成为市场法律规范的一个重要组成部分。"同业公所制定的行规，却对同业有很大的约束性。例如招收学徒、新立牌号、外来开作设行、伙友工价、产品质量和价格等，一经全行业讨论通过，就有法律的效力。"[4]二是行规重在维护行业利益。行业利益是本行业经营者的整体利益，它符合并满足绝大多数会员的个体利益，但在市场的激烈角逐中，个体利益之间的矛盾、冲突难以避免，同业组织及其行规就是为了各个体在最大限度地实现自身利益的同时不损害其他个体的利益，即行业的整体利益。

据光绪二十一年（1895年）四月奉宪所勒的"梳妆同业章程碑"所述，在梳妆业的业务纠纷中，针对红木作提出的"向做灯架者，不得越做洋镜。向做洋镜者，不得越做灯架"的要求，官府作出的回复是"卷查光绪十九年所给印示，载有议规十三条，均为善举而设，并无向做灯架者不做洋镜，向

〔1〕 齐如山:《齐如山回忆录》，宝文堂书店 1989 年版，第 199~200 页。

〔2〕 全汉升:《中国行会制度史》，百花文艺出版社 2007 年版，第 104 页。

〔3〕 "长元吴三县为安怀公所修复银楼同业应遵守定章禁止有意紊乱碑"［光绪三十二年（1906年）三月］，载彭泽益选编:《清代工商行业碑文集粹》，中州古籍出版社 1997 年版，第 116 页。

〔4〕 吕作燮:"试论明清时期会馆的性质和作用"，载南京大学历史系明清史研究室编:《中国资本主义萌芽问题论文集》，江苏人民出版社 1983 年版，第 208 页。

做洋镜者不做灯架之说，而查阅端利祥等现呈行规，均系同业自议价目，亦无不准统做之条"。官府所查到的光绪十九年议规如下：

> 一议同业公议，遵照旧章，无论开店开作，每日照人数，归店主愿出一文善愿。
>
> 一议同业公议现以历年所捐一文善愿，积资置买公所基地一处，即欲起造。
>
> 一议年迈孤苦伙友，残疾无依，工能做工，由公所每月酌给膳金苦干。
>
> 一议如有伙友身后无着，给发衣□棺木炭等件。
>
> 一议祖师坟墓，与义冢毗连，每年七月中旬，同业齐集祭扫一次。
>
> 一议如有伙友疾病延医，至公所诊治给药。
>
> 一议如有公所起造工竣，由同业公议诚实之人，司年司月。
>
> 一议外方之人来苏开店，遵照旧规入行，出七折钱二十两。
>
> 一议外方之人来苏开作，遵照旧规入行，出七折钱十两。
>
> 一议无论开店作，欲收学徒，同业公议，遵照由店主出七折钱三两二钱。
>
> 一议如果学徒满师成伙入行，出七折钱六两四钱。[1]

正是基于光绪十九年（1893年）"议规"的规定，官府对苏州梳妆同业纠纷作出了"除批示把持行市，律有专条，若欲强分疆界，垄断居奇，万难准"的裁决。为避免类似纠纷的死灰复燃，官府对上述行规作了重申，"惟十九年所给印示，善举攸关，应准照案晓谕挂发外，合行查案抄议再行给示。为此示仰该地保及红木作各同业人等知悉：自示之后，尔等务各遵照后开章程十三条，永守勿改"，并强调"倘有外来同业，阻挠乱规，有碍善举情事"，"许即指名禀县，以凭提究。其各凛遵毋违"。可以说，官府赋予了行规在解决行业纠纷中的合法性权威。

即使在华洋纠纷中，其解决的依据之一也来自于行规。"制定行业规则，约束、规范中外同业的商业行为，是华商同业公会的重要职能，在丝茧、府绸、茶叶、纸张等中外商家并存的行业里，都曾出现过这样的贸易规则，这

---

〔1〕　"梳妆同业章程碑"［光绪二十一年（1895年）四月］，载彭泽益选编：《清代工商行业碑文集粹》，中州古籍出版社1997年版，第124~125页。

些规则又有着单方面制定和双方协商制定的不同。"[1]如山东河南府绸公所为整饬行业秩序，制定过对内章程、对外章程，两个章程含有多条针对外商的条文。在对内章程中，与洋行有关的条文有：

> 二议，同业与某洋行交易均须照本公所定章，倘有紊乱规目，查出公
> 同议罚。
> 三议，各洋行向吾同业购办绸货，须经本公所调查通过后，开列行名，
> 张悬本公所内，倘有洋行不遵本公所定章，将其行名取消，以后各同业均不
> 准与其交易，倘有不顾大义，依旧暗图贪做，一经查出，照成本之银数议罚
> 三成，以充作公所经费。
> 四议，同业售与洋行货款，照公司期一律收取现银，倘有徇情私收期票，
> 罚银二百两以助公所经费而符议章。
> 七议，如洋行定［订］货，遇市面上落时，洋人看货过于挑剔，任意为难，
> 当报告公所咨照各同业两造，各延公正人覆看，以定曲直，倘该行系有
> 心为难除将该事照例了结外，同业须齐心不准与该行交易，以抵制之。如有
> 不遵，私与该行交易者，查出议罚。
> 十一议，各洋行收银，既议准，一律于公司船开出后，收取现银，但有
> 洋行账房佣金一项，间有洋行由买办向洋人先收银行支票，掉付庄票及支票
> 者，虽则现期，然时事不测，朝不知暮，公议设有执着此项即期庄票支票，
> 而遇有意外之事，仍惟向该行交涉赔偿（附批，此条另译洋文，咨照各洋行
> 签字，倘洋行中有不允者，同业一概不与其交易）。[2]

对外章程中，与洋行有关的条文有：

> 一、各洋行向本公所同业各号购买绸货须遵照本公所定章办理，不得
> 越轨。

---

[1] 宋钻友："华商同业公会与中外商业关系的调处"，载朱英、郑成林主编：《商会与近代中国》，华中师范大学出版社 2005 年版，第 104 页。

[2] 《上海山东河南丝业公所历年事略·对外章程》，上海档案馆档案，Q116-1-26。

二、无论新旧洋行，凡欲与吾国同业交易者，须先由同业报告，经本公所派员调查详细后，登录行名，待该洋行签字允遵守营业规则后，方可与其开始交易，倘有违背本公所定章，应将其行名注销，同业概不准其交易，以资惩戒。

八、货箱包扎纸张等费，民国五年西辰（即西历 1916 年）9 月起，按照烟台洋行办货规则，一律归各洋行自理。[1]

上述这些条文充满了不容置疑的口吻。

据"吴县规定裁业公所工伙不准私立行头名目把持各店作收用外帮徒伙擅议罚规以及阻工霸业碑"[光绪三年（1877 年）十二月]，在处理张志兴等人侵公为私问题时，公所依据行规的规定，"伏查各作收徒，向有旧章，每收学徒一人，出钱一千六百文。俟年满出师后，再出钱一千四百四十文，以充公所经费"，通过协商来解决，"前被张志兴等霸收入己，侵用花销。现在同业公议，此项捐钱归入公所，司事秉公收支，以济公用，众情允洽"[2]。

在民国二十七年（1938 年）制定的"昆明市打锡业商业同业公会业规"中，有"凡属同业抗不入会及不守规则者，报请上级机关，按照行政执行法罚办"，"同业客师受雇及解雇时均以年终为限，但因事双方不能相处时，准予改约"这样的规定。这就为公会处理"同业抗不入及不守规则者"和同业客师在处理与雇主"因事双方不能相处"的纠纷提供了依据。[3]行规的重要性，正如一学者在开展民国昆明同业公会调查时所说的，"昆市（指昆明市——笔者）行会，目前（指民国三十二年五月——笔者注）仍有控制各行会会员的力量，公会的决议，是很能影响一般人民生活的"。[4]

（二）习惯

这里作为解纷依据的"习惯"，有别于上述"行规"中那些不成文的规

〔1〕《上海山东河南丝业公所历年事略·对内章程》，上海档案馆档案，Q116-1-26。

〔2〕"吴县规定裁业公所工伙不准私立行头名目把持各店作收用外帮徒伙擅议罚规以及阻工霸业碑"[光绪三年（1877 年）十二月]，载彭泽益选编：《清代工商行业碑文集粹》，中州古籍出版社 1997 年版，第 137 页。

〔3〕李为宪："昆明市 12 个同业公会调查·昆明市打锡业商业同业公会"，载李文海主编：《民国时期社会调查丛编》，福建教育出版社 2004 年版，第 340~341 页。

〔4〕萧远浚："昆明市 28 个商业同业公会的研究"，载李文海主编：《民国时期社会调查丛编》，福建教育出版社 2004 年版，第 199 页。

矩。作为解纷依据的习惯更强调其普适性，而同样作为解纷依据的那些规矩（即不成文的行规）的适用性只限于一定的范围。不过，严格来说，两者之间并无多大本质的区别，毕竟两者都是不成文的，也都是一个圈内共同约定俗成并得到大家自觉遵守的规范。

在中国民事法律的构成中，习惯占有重要的地位，有关"户婚田土钱债"之类的纠纷多以民事习惯为判案依据。对此，中外法学研究者均有论述。戴炎辉认为："各朝代的实体法偏重于刑事法，其关于民事法的部分甚少，大率委于民间习惯法。"著名比较法学家勒内·达维德也认为："自汉朝以来，历代虽制定过许多法典，但都只包括行政方面或刑事方面的条款，民事方面往往只限于规定因触犯习惯准则而受刑事制裁的有关条款。"[1]

"习惯具有坚韧的生命力。"[2]手工行业组织"往往还要形成必要的规约制度，用来约束内部成员。这种规约制度，通常称为行规、帮规、业规、同业公约等，形成也不尽一致。有的集体议订，形成严密的文字，公开颁布，勒石树碑，或收入文籍；有的只是一种约定俗成，并没有形成文字，却是同行中世代相传的习俗惯制"[3]。近代中国手工业社会在解纷过程中所适用的规则，除了官方规范和民间规约外，也借助于流行于民间的习惯来解决。如，"万佛楼即扬州兴教寺也。本月二十日开工后，木工泥匠凡数百人，各有总目、散目之分，总目向寺僧揽工而委督工之役于散目，散目分饬各工匠做工，而归总于总目，向例然也"[4]。又如，"泾帮中捆烟绳一项，向例为刨烟者所分小货，相沿至今，历有年所"[5]。再如，"是以二十四年因出行货色纠纷，经调处会议纪录，仍按旧例，凡山货有牌名此，由民等挑抬出行，而上诉人曲解公理，调解成立，是属旧例之证明"[6]，"于是各染坊会议于公所，定四

〔1〕 ［法］勒内·达维德：《当代主要法律体系》，漆竹生译，上海译文出版社1984年版，第489页。

〔2〕 苏力："中国当代法律中的习惯"，载《中国社会科学》2000年第3期，第33页。

〔3〕 顾希佳：《社会民俗学》，黑龙江人民出版社2003年版，第145页。

〔4〕 "万佛楼停工纪实"，载《字林沪报》光绪三年（1877年）七月二十九日，转引自彭泽益主编：《中国工商行会史料集》（下册），中华书局1995年版，第695页。

〔5〕 "烟店东伙争议"，载《字林沪报》光绪十九年（1893年）五月十四日，转引自彭泽益主编：《中国工商行会史料集》（下册），中华书局1995年版，第716页。

〔6〕 荆州市档案馆：8-1-301，沙市商会（民国二十四年）。

月朔日为始，务将染价一律遵照旧例，不得私相低减"[1]。在民国三十六年（1947 年）七月江陵县总工会受理的该县量斗业职业工会发生的一起粮行侵权纠纷中，总工会的仲裁是"按原有旧习执行业务"[2]。这里的"向例""旧例""旧习"均指习惯。

　　什么是习惯？"所谓习惯，是指多数人对同一事项，经过长时间，反复而为的同一行为。"[3]习惯是一种在人们的生产劳动过程中逐渐养成的共同的行为模式或行为标准，是一种许多人在实践中共信共行的规范。[4]按照卡特1696 年在《习惯》（Lex Custumaria）中的说法，习惯有四个标准，即古风性、持续性、确定性和合理性。习惯就是对传统规则的服膺。"生活各方面，人和人的关系，都有着一定的规则。行为者对于这些规则从小就熟习，不问理由而认为是当然的。长期的教育已把外在规则化成了内在的习惯。"[5]因此，维持习惯的力量不在身外的权力，而是在身内的良心。习惯在任何民族的法律体系中都是"最古老而且是最普遍的法律渊源"[6]恩格斯曾指出："在法律发展的每个很早阶段，产生了这样一种需要，把每天重复着的生产、分配和交换产品的行为用一个共同的规则概括起来，设法使个人服从生产和交换的一般条件，这个规则首先表现为习惯，后来便成了法律。"[7]可见，习惯经历了由偶然到必然，由经验到理性，由局部到全部的概括和上升，在经历过由自发到自觉的不断总结积累，特别是发展为习惯法之后，已成为调控人与自然、人与人、人与社会关系的普遍的、一般的行为规定，历史性地发挥着类似法律的功能、作用。[8]

　　"在中国社会中，许多带着传统法律文化色彩的民间规范正组织着社会生

---

　　〔1〕"钱江麦浪"，载《字林沪报》光绪十四年（1888 年）四月初六日，转引自彭泽益主编：《中国工商行会史料集》（下册），中华书局 1995 年版，第 710 页。

　　〔2〕荆州市档案馆：8-1-301，沙市商会（民国二十四年，1935 年）。

　　〔3〕梁慧星：《民法总论》，法律出版社 2001 年版，第 28 页。

　　〔4〕郑定、春杨："民事习惯及其法律意义——以中国近代民商事习惯调查为中心"，载《南京大学法律评论》2005 年第 1 期。

　　〔5〕费孝通：《乡土中国·生育制度》，北京大学出版社 1998 年版，第 55 页。

　　〔6〕［美］埃尔曼：《比较法律文化》，贺卫方、高鸿钧译，生活·读书·新知三联书店 1990 年版，第 43 页。

　　〔7〕《马克思恩格斯选集》（第 2 卷），人民出版社 1995 年版，第 538 页。

　　〔8〕参见田成有：《法律社会学的学理与运用》，中国检察出版社 2002 年版。

活，调整着各种矛盾和冲突。"[1]其中，民事习惯即为最重要的民间规范之一。所谓"民事习惯"，泛指人们在处理物权、债权、亲属继承等方面约定俗成的行为。从社会学角度来说，民事习惯是一种社会规范，它与道德、宗教、法律、规章制度等组成了制约和调整人们社会生活的规范体系。从法学的角度来说，民事习惯并非习惯法，而是未经国家认可和赋予法律效力的社会习俗，但它在很多方面具有近似法律的效力。它既不像法律那样具有强制性，也不像道德那样需经过内化的自觉行为，而是人们通过长期社会实践认定和形成的，具有普遍性和自发性。[2]在近代中国手工业社会的解纷机制中，调解制度通过道德、风俗、习惯等被内化到人内心的力量来确保人们的行为被纳入一定的有效秩序。道德、风俗、习惯等社会规范所强调的主要是义务，而非权利。义务的文化又使得人们终日所思考的尽是遵守、忍让和稳定等意识，导致手工业社会结构相对稳定和周而复始地重复。

清末至民国时期，我国曾经展开过几次全国范围的、规模巨大的民商事习惯调查运动，先后编纂成《民事习惯大全》和《民商事习惯调查录》，使得民事习惯对法律的补充和对社会生活的规范进一步制度化。南京国民政府起草民法典时规定："民事，法律所未规定者，依习惯，无习惯者，依法理。"可见，在民事法律的适用上，民事习惯被视为法源之一，其效力高于一般判例和法理。

（三）集体协议

需要指出的是，近代中国手工业社会作为解纷依据的社会规范中，除了行规和习惯，还有劳资双方签订的协议，这在民国时期表现得尤为突出。如"石湾陶制花盆行工人，前为调剂工作，救济失业工友，特按十三年工会所订合约，即每一陶工每月所做工作，限折合工资二十元，如各陶窑欲增加出品，须另雇失业工人作工等规定，联向资方要求履行"。[3]这里的"合约"即为工会代表劳方与资方所签订的协议。该"合约"在这里成了陶制花盆工人调解瓦茶缸粥缸工人劳资纠纷的依据。又如下例：

---

[1] 苏力：《法治及其本土资源》（修订版），中国政法大学 2004 年版，第 55 页。

[2] 参见吕美颐："近代中国民事习惯在稳定家庭方面的社会功能"，载《郑州大学学报（哲学社会科学版）》1997 年第 1 期。

[3]《国际劳工通讯》1936 年第 8 期，转引自彭泽益编：《中国近代手工业史资料（1840-1949）》（第 3 卷），中华书局 1962 年版，第 619 页。

长沙市靴鞋业工人，因生计困难，在二十年协定之工资，被店主陆续减低，以致不能维持生活，已请求靴鞋工会，负责向同业公会提出恢复原价，靴鞋业公会函达工会，承认照现在工资稍为增加。工会接到此函后，复与该会各执委磋商，将二十年及现在工价互相比较，无奈相差太远。工会方面，为顾全环境艰难，及各贫小铺店起见，碍难满足工人之要求，决将工价根据现时生活环境，一再斟酌核低，务求平允。但以此为最后及最低限度之标准工资，决不能再予变更。（十一月十九日湖）惟工会职员为根据目前环境，顾及店主与工人生活状况，已与资方曾作数度磋商，未照工人请求，秘密将工资核减，冀图和平解决一事，未得工人同意，于是工人二十三日……举行会员大会，一致否认工会与资方秘密协议订工价，坚决停工反对。旋自动整队径向省市〔国民党〕党部，市政府请愿，要求依照原来协订工资迅予解决。……

二十五日，党政当局继续召集劳资双方，作再度之协商。首由党政委员，仍根据劳资秘密协议之工资表为原则，一再劝谕双方退让，始克略具头绪。惟所隔者，仅包月一项。旋经党政决定办法三项：一、全部工价，照双方原议认可；二、自明日午前一律开工。劳资双方乃遵照办法，昨已通知全体工友，照常工作。〔1〕

本案例中，靴鞋业工人一直主张"依照原来协订工资迅予解决"与资方之间的工价纠纷。而事实上，官府召集劳资双方进行调解时，所依据的仍是"劳资秘密协议之工资表"，作出的调解意见中也声明"全部工价，照双方原议认可"。正是基于劳资双方原先签订的协议，纠纷最终得到了圆满解决，"自明日午前一律开工。劳资双方乃遵照办法，昨已通知全体工友，照常工作"。

由以上叙述可见，在近代中国手工业社会中，当事人的解纷依据从总体上分为官方规范与社会规范两大部分，并且两者之间形成了一种"内约外控式"的"圆内圆外约控关系"，即手工业社会的行规、习惯与集体协议构成对其成员的圆内约束，而官方的法律、判例、法规与告示则构成对手工业者及

---

〔1〕《国际劳工通讯》1936 年第 12 期，转引自彭泽益编：《中国近代手工业史资料（1840-1949）》（第 3 卷），中华书局 1962 年版，第 617~618 页。

其团体的圆外控制。同时，手工业社会规范内约的对象主要是个体成员，而官方规范外控的对象主要是手工业团体。换言之，前者施动的对象是原子式的，后者施动的对象则是整体式的。笔者假定，此种存在于手工业社会中的"原子式内约模式"与"整体式外控模式"亦存在于其他民间社会之中，这已越出了本书研究的范围。

第二节　解纷的理念

纠纷的解决终归有其出发点和归宿，也即无论是当事人还是中立的第三方，其参与解纷的过程，都会秉承一定的准则。这种准则更多地存留于解纷主体的意识中，处于隐性状态，表现为理念。[1]理念是指原理和信念，或价值观，它是一系列价值选择的结果，指向特定的目标。[2]所谓解纷理念，是指解纷主体对与解纷相关的规范、制度及其运行状况所持有的理性观念。[3]任何一种解纷行为都渗透着相应的理念因素，不同的理念指导会产生不同的甚至截然相反的解纷行为。近代中国手工业社会解纷的理念体现为以下两方面：

一、维护权益

在近代中国手工业社会中，当事人在纠纷发生后或向中立第三方阐明解纷诉求时，往往是在依行规主张其权利。为此，无论告状还是禀呈官府批示，状词总要列举对方的种种"恶行"和"不是"，如无理、霸道、欺压、殴打等情事，且也多有夸大其辞的嫌疑，希望引起解纷者的注意与同情。如下

---

〔1〕 理念，意为一种理想的、永恒的、精神性的普遍范型。西方哲学家曾从不同的角度加以使用。柏拉图认为，理念是一种离开具体事物而独立存在的精神实体。（全增嘏：《西方哲学史》，上海人民出版社1983年版，第134页。）康德认为，理念是一种超越经验的概念，称为理性的理念，必须设定的理想。[德]康德：《纯粹理性的批判》，邓晓芒译，商务印书馆1995年版，第1~2页，转引自公丕祥主编：《纠纷的有效解决——和谐社会视野下的思考》，人民法院出版社2007年版，第64页。

〔2〕 公丕祥主编：《纠纷的有效解决——和谐社会视野下的思考》，人民法院出版社2007年版，第64页。

〔3〕 参见公丕祥主编：《纠纷的有效解决——和谐社会视野下的思考》，人民法院出版社2007年版，第64页。

所述：

蚌埠补缝麻袋工人代表刘全胜等四十余名，昨复分呈蚌怀（国民党）党部、公安局等机关，请求救济失业，以维生活。原文略谓：窃工等历司补缝麻袋工作，因参加工会组织被行使管理权之雇主停止工作以致失业，业经迭次具情请愿，均蒙□峰体恤工艰，一再转饬宝东兴恒隆源各该麻袋准予复工在案，无如各该麻袋公司固执成见，阳奉阴违，嗣以时经年余，仍未能达到复工目的。惟以工等失业以来，时间已久，既张罗无处，即典质亦水尽山穷，倘蒙上级党部及地方军警长官怜恤劳工，予以救济，工等绝对服从指导，只期达到复工目的，生活得以解决，果仍由各该麻袋公司长此拖延，工等必将陷于绝境。[1]

这里，工人之所以向地方党部、公安局等机关申请救济，是因为资方"固执成见，阳奉阴违"，且"嗣以时经年余，仍未能达到复工目的"。失业工人之所以迫切要求复工，乃"失业以来，时间已久，既张罗无处，即典质亦水尽山穷"。而工人们谋生的基本诉求如得不到解决，也即如没办法复工，"仍由各该席袋公司长此拖延，工等必将陷于绝境"。又如：

苏州烛业因市面不济，公议减薪，将以八折发给，各职工以原薪本不多，不能再减，决请党政救济。[2]……苏（州）城烛业，共有一百余家，近年来营业一落千丈，实有难以维持之象，爰有核减伙友薪水之动机。二十六日下午，各店代表在公会内开会讨论减薪办法，当时众意会同以八折发薪，而职工方面闻此消息，大起恐慌，以各职工薪水极微薄，最高薪金只十余元，最低者仅三、四元，若再减去一成，实难维持生活，当即一度邀集讨论，决定呈请县（国民党）党部救济，以维生活。[3]

---

〔1〕　6月10日《皖报》，《国际劳工通讯》1935年第10号，第122页，转引自彭泽益编：《中国近代手工业史资料（1840-1949）》（第3卷），中华书局1962年版，第608~609页。

〔2〕　《劳动季刊》1935年第6期，第156页，转引自彭泽益编：《中国近代手工业史资料（1840-1949）》（第3卷），中华书局1962年版，第609页。

〔3〕　6月27日《申报》，《国际劳工通讯》1935年第10号，第120页，转引自彭泽益编：《中国近代手工业史资料（1840-1949）》（第3卷），中华书局1962年版，第609页。

　　这里，劳资纠纷的起因也是劳工的基本生活难以保障，"各职工薪水极微薄，最高薪金只十余元，最低者仅三、四元"，"原薪本不多，不能再减"，"若再减去一成，实难维持生活"。因此，工人只好向地方官府求援。

　　从手工业社会纠纷的案情来看，绝大多数当事人在自力救济无望时，会请求通过官方等第三方处理各自纠纷，其目的就是要解决"问题"。毫无疑问，纠纷产生的原因是利益的冲突。双方当事人在试图解纷之时，尽量使自己的预期利益得到实现。这也是在国家法的权威面前以及在本业已有的规则之下，手工业社会纠纷还是不断发生的原因。在谋求个人权益的前提下，手工业者们更关注的可能并非官方规范或者业规等社会规范的权威，而是自身的权益。从这个意义上说，官方规范、社会规范或许只是手工业者们用来实现自己权益的手段，这在自己权益受到侵害的弱者们身上得到了更深刻的体现。他们或许会求助于手工业组织或者官方等手工业社会以外的力量，要求对纠纷进行调解或者审判，从而维护自己的权益。从常态来说，人们往往会从自身的场景与现实出发，考虑其所采取的手段能够实现自己权益的可能性，不同的当事人根据自己的权益采取的不同手段导致了双方当事人之间的互动。手工业者们对自己权益的重视以及对解纷方式的选择在纠纷产生的一开始就有所体现。近代手工业社会纠纷的碑刻记载显示：手工业者们在自己权益受到侵犯时，第一反应就是上前"阻止""不允"。如果阻止与理论不能奏效，他们便会采取各种手段来维护自己的权益，调解、诉讼甚至暴力冲突都可能成为解纷的方式。黄宗智在研究民事调判的"第三领域"时说：民众因民事纠纷提起诉讼之后，会根据官府的初步意见采取各自认为合适的策略，从而试图使自身利益最大化。当当事人意识到官司可能败诉时，会自觉地调整自身的行为，努力使自己让步最少而获益最多。

　　无论是调解、仲裁，还是诉讼，当事人考虑的均是维护自己权益的可能性。在调解、仲裁中，他们希望调解人、仲裁人作出有利于自己的裁决；在诉讼中，他们希望官府作出有利于自己的审判。这一切显然不能由自己的意志决定。人不仅有物质需要，还有精神需要。物质需要与精神需要都是对利益的需要。简单地讲，利益就是好处。人都有自己的利益诉求，都希望得到好处。这是人的本性，也是人之常情，无可厚非。既然利益有物质与精神之分，也就不难理解，在纠纷中很多人不仅要求物质赔偿，而且还要求精神赔偿。在手工业社会中，每个社会成员都有自己的利益需求，可能是关于物质的，也可能是关于精神的，可能是集体利益，也可能仅仅是个人利益。这些利益需求都要通过一定的方式表达出来，要求另一方满足自己的利益，即利益表达。[1]在近代中国，作为当事人的手工业者，其表达和实现利益诉求的方式有协商、调解、仲裁、诉讼和自救。手工业社会中还不存在与事实上的领有关系相分离的抽象权利以及保护这种权利的制度。换句话说，我们今天所谓的"就业、市场占有、工资等个人权益"，当时只是一种建立在某种"来历"的基础之上并且获得一般社会承认的相对稳定的状态，是一种介乎权利与事实之间的状态。从规范秩序的角度看，这种状态的稳定性与行业性惯例或我们所谓习惯有关，但即使是习惯法，正如这个词本身的含义所表明的那样，也不能够提供一套脱离开事实的抽象规范。其结果是，伴随着商品经济的发展，尤其是国门洞开后外来商品冲击的压力，手工业社会围绕着各个不同的"生业"而展开的斗争呈现出一种"你挤过来、我推过去"的暗暗较劲的状态。明白了这一点，就不难了解，为什么当时的纠纷常常伴以各式各样的强力行为。从"图赖"式的"胡搅蛮缠"和不胜不休，一直到关涉人命的"斗殴"。如清光绪三年（1877 年）七月十三日《申报》所载的"木匠逞蛮"案：

　　宁波小木作向有规章，凡冬季夜作至二更为度。去秋各散匠曾纠众违规，以致涉讼，由县而府即经前郡尊劝谕匠头酌加工银，散匠仍当照常作工，不得停止扰闹在案。及兹初七日散匠李阿小等，复纠聚多人，在鲁般庙演戏饮酒，违谕更立石碑。匠头胡陈二人偕石工欲凿去其碑上之字，散匠闻声追出，胡陈已逸去。散匠及纠同二百余人打至其家，拳石交下，见胡陈已身受重伤，始一哄而散。随即报官请验。然散匠尚恃强不服，县差亦畏其众，不敢指拿，未知作何了结也。[2]

　　在近代中国，个人在社会生活中要起到巨大作用显然是不切实际的。一个人只有通过参加某一社会组织才能在社会生活的权力分配中有所获益。因

---

　　[1]　所谓利益表达，就是指社会成员向自己的利益另一方提出利益要求，要求得到满足的过程。利益表达是手工业者的一项基本权利，可以通过各种各样的方式进行。

　　[2]　"木匠逞蛮"，载《申报》光绪三年（1877 年）七月十三日，转引自彭泽益主编：《中国工商行会史料集》（下册），中华书局 1995 年版，第 694 页。

此，在任何社会，集体行动[1]是都必不可少的。社会特别是手工业社会的特性决定了手工业者必须通过集体行动才能解决很多问题，满足必要的需求。单个的成员进行利益表达时，难免势单力薄。因此，通过一定的团体进行利益聚合，进而进行集体表达，才可能使这种利益需要真正地、更好地得到满足。[2]在近代中国手工业社会纠纷发生后，工匠除了以个人形式表达诉求外，更多的是以集体的形式来表达本利益群体的诉求。这种工匠群体通过利益聚合把相同或相关的意见或利益需求集中起来，进行协调和整理，并在形成集中的意见要求后提交给本业组织或官府等手工业社会外力量。如：

> 苏州丝织业领机织户，系由厂方放料，给其领回织就交货，所有工价，大抵每公尺洋三角，惟该业近颇不振，对于所给工资，不无低减，而各厂亦不一律，前日该同业各工友，互相邀约，假城东茶肆中集议，决议对于每公尺工资，念资方艰难，自愿照年底价打一折，即每公尺二角七分，今年开工，各厂工价，竟规定不及二角七分，决一致停工，待允许二角七分后复工，并即席推定韦耀明等八人，为全体之代表，与资方接洽，并向党政机关请愿，且因该同业现无工会，故决定申请组织工会，并由每机出费一角供用，复工须待工资解决后。[3]

这里，织工的基本诉求是由资方提供一个合理的工资标准。考虑到资方的不易，劳方还主动议定了较低的工资标准，即每公尺二角七分。因此，在知道资方开出的低价工资后，劳方坚持非二角七分不开工。同时，为维护自己基本的权益，劳工作出三项应对措施：一是推举代表与资方协商；二是向地方党政机关反映情况；三是申请组建工会。

近代中国手工业社会发生的大多是劳资纠纷，这些纠纷无不是由劳工利益受损或得不到保障引发。工人们的诉求无不饱含着处于弱势地位的他们对于物质利益得到保护或实现的企盼心情。这样的情况可谓比比皆是，除上述

---

[1] 自从迈克·奥尔逊的《集体行动逻辑》一书出版以来，一般把"集体行动"这个术语理解为一个团体的成员为追求共同利益，尤其是这种共同利益能提供公益时而采取的行为。

[2] ［美］希尔斯曼：《美国是如何治理的》，曹大鹏译，商务印书馆1986年版，第307~309页。

[3] 2月19日《新闻报》，《国际劳工通讯》1935年第6号，第121~122页，转引自彭泽益编：《中国近代手工业史资料（1840-1949）》（第3卷），中华书局1962年版，第607页。

所举外，又如"细思我等初到，搔首无尘，举目无亲，何有分文，以遵匪类。欲拟南旋，而盘费不敷，岂不是容身无地也。是以不得已禀诉官民人等。叩乞代为挺身出力，除却匪徒，免受困苦，则不胜感恩无涯矣"[1]；"客民来沪既多，学做豆芽者不少。……彼此皆无妨碍。不料近有素不安分之……，硬派出钱入行，否则不许生意。……种种把持苛派，渔利分肥，昧良罔法，微业难堪。求赐示禁等情到县"[2]；"似此硬揽把持，霸□贻误，若不禀求出示严禁，窃恐刁风日炽，互相效尤。有误于贸易，即有误于运务等情到县"[3]；"再三筹议，非求示禁，深恐不安本分伙友煽惑滋扰，铺户主顾累何底止，环求示禁等情到县"[4]；"金线业无可为计，因执香跪求，冀倪姓等愧悟，即拟早日开工云"[5]；"伏乞大人宪大俯鉴，恶董蠹业累民，恩赐亲提讯究，严惩递籍，另选公正董事接办，以安懦业而平众情，万姓叩恩上禀"[6]；"众匠于是聚而议曰，不于斯时革去积弊，更待何时?"[7]"前日裁拆帮纠集众工，至该店吵闹，欲与美思拼命"[8]；"泾帮中捆烟绳一项，向例为刨烟者所分小货，相沿至今，历有年所。兹经泾帮各店东谓，此项羡余，每年合计数十千文，不得照旧给发。该秋等为之辩论"[9]；"省垣券鞋行合义堂工

〔1〕《上海新报》同治二年（1863年）十月十四日，转引自彭泽益主编：《中国工商行会史料集》（下册），中华书局1995年版，第682页。

〔2〕《申报》同治十一年（1872年）六月廿四日，转引自彭泽益主编：《中国工商行会史料集》（下册），中华书局1995年版，第682~683页。

〔3〕《申报》同治十一年（1872年）十月二十日，转引自彭泽益主编：《中国工商行会史料集》（下册），中华书局1995年版，第684页。

〔4〕《申报》同治十一年（1872年）十一月十八日，转引自彭泽益主编：《中国工商行会史料集》（下册），中华书局1995年版，第684-685页。

〔5〕《汇报》同治十三年（1874年）六月廿四日，转引自彭泽益主编：《中国工商行会史料集》（下册），中华书局1995年版，第688页。

〔6〕《申报》光绪二年（1876年）六月十九日，转引自彭泽益主编：《中国工商行会史料集》（下册），中华书局1995年版，第692页。

〔7〕《新报》光绪八年（1882年）四月三十日，转引自彭泽益主编：《中国工商行会史料集》（下册），中华书局1995年版，第705页。

〔8〕《字林沪报》光绪十五年（1889年）十月初六日，转引自彭泽益主编：《中国工商行会史料集》（下册），中华书局1995年版，第712页。

〔9〕《字林沪报》光绪十九年（1903年）五月十四日，转引自彭泽益主编：《中国工商行会史料集》（下册），中华书局1995年版，第717页。

人，因物价昂贵，生计难谋，联行辍业，求各东主每鞋一双，加工银五厘。未经允许，遂叠出搔扰，致将城西大观桥某店东殴伤"[1]；"各匠役因工饭钱不敷用度，意欲向各木厂增加；而木厂不允，故众匠役，齐行会议耳"[2]；"句容县地方瓦木两匠，近因铜元充斥，物价腾贵，所入工资，不敷支持，遂于日前一律罢工，要求各作头酌加工价"[3]。

上述各例都是一个事实两个方面。同一事实，当事一方所主张的必是另一方所同时反对的。其实，当事的另一方又何尝没有同样的利益诉求呢？纠纷正是基于同一事实的不同利益诉求而产生。纠纷产生后，当事人都会从自己的立场出发，力争纠纷朝着有利于自己的方向来解决。

二、息事宁人

由手工业社会纠纷形态及其特征，可以提出如下的问题，即手工业社会的一些利益纷争并不以"权利主张"的方式表现出来，同样，无论是民间的调解还是官府的听讼，也都不是以界定"权利"为目标展开的。解纷者的主要目标是"解决问题"，而不是"分配权利"，其终极价值取向是"实现和谐"，而不是"分清是非"。鉴于纠纷不可避免，因此行业纠纷发生之后，从手工业组织的角度来说，其主要职责和要做的就是想方设法使纠纷尽快得到解决，力促事情有个了结。这是因为，"纠纷的主体也不愿意这种利益的冲突一直存在下去，他们渴望相互间利益的不确定状态能够为一种确定、和谐的秩序所取代"。[4]如民国时长沙市靴鞋业工会在处理靴鞋业劳资纠纷时，"为顾全环境艰难，及各贫小铺店起见，碍难满足工人之要求，决将工价根据现时生活环境，一再斟酌核低，务求平允。……根据目前环境，顾及店主与工人生活状况，已与资方曾作数度磋商，未照工人请求，秘密将工资核减，冀图

---

〔1〕《中外日报》光绪二十七年（1901年）十月二十八日，转引自彭泽益主编：《中国工商行会史料集》（下册），中华书局1995年版，第718页。

〔2〕《大公报》光绪三十年（1904年）五月二十四日，转引自彭泽益主编：《中国工商行会史料集》（下册），中华书局1995年版，第719页。

〔3〕《申报》宣统元年（1909年）六月初八日，转引自彭泽益主编：《中国工商行会史料集》（下册），中华书局1995年版，第719页。

〔4〕何兵主编：《和谐社会与纠纷解决机制》，北京大学出版社2007年版，第11页。

和平解决一事".[1]下以民国三十八年（1949 年）发生的"船户向可忠装运小麦擅自发潮案"为例来再加以说明。现将货主给警察局的撤讼呈文照录如下：

呈为船户向可忠装运小麦擅自发潮一案曾于本月十七日具文发呈钧局，恳请依法惩办在卷。查此案现经船业会首陈兰轩君出面调解，公司为息事宁人，只得自认吃亏。寝事理合备文报请钧局，伏乞鉴核，准将该案撤销，实感商便。

谨呈
湖北水上警察局第四分局局长薛
正明福记实业股份有限责任公司经理余克明呈[2]

该案原本是请司法部门依法办理，但为免纠纷因涉讼而导致恶化，船业会出面调解，以尽快了结此事。作为纠纷中受损一方的正明福记实业股份有限责任公司，尽管在调解中会"吃亏"，但"为息事宁人"，"只得自认"。因此，公司经理呈文地方司法部门，要求"准将该案撤销"，觉得此举"实感商便"。在货主呈文给警察局的次日，作为调解方的船业会也将调解的简单经过和撤讼要求呈文警察局。现将该文也照录如下：

呈为调解事，查船户向可忠由万县领运沙市正明面粉厂小麦，一□抵沙市起卸，发现小麦起潮，经货主呈请，钧局依法惩办在案。该船户以情亏理屈，请求调解前来。兰轩以同乡关系，不忍坐视，乃数度邀恳货主免于诉讼。现已征得谅解，理合备文呈请钧局，伏乞鉴核免究，并准将该案撤销，实感德便。

谨呈
湖北水上警察局第四分局局长薛
川帮船业会首陈兰轩呈[3]

由上述呈文可知，为使船户免于诉讼之苦，经船户提出要求，船业会"乃数度邀恳货主免于诉讼"，并最终得到了货主的谅解。船业会首认为，纠

---

〔1〕《国际劳工通讯》1936 年第 12 期，第 176 页，载彭泽益编：《中国近代手工业史资料（1840-1949）》（第 3 卷），中华书局 1962 年版，第 617 页。

〔2〕荆州档案馆：8-1-23，沙市商会。

〔3〕荆州档案馆：8-1-23，沙市商会。

纷经调解得到解决，就应撤诉，这样才"实感德便"。

近代中国手工业社会对于那些依靠自身力量所无法解决的纠纷，并非就此置之不理，而是及时借助官府等手工业社会外的力量来解决。官府对民间纠纷的基本态度是尽量避免，然而一旦接受民间社会请求，同意"准理"，就需要给出一个明确的"说法"。针对"劳工市场""业务市场""工资"之类的手工业社会纠纷案件，就官府来讲，对于任何诉到衙门里的纠纷，只要是衙门正式"准理"的——一种正式的法律受理程序，其结果对官府就存在一个约束，即它需要给状告者一个明确的说辞。在许多情况下，官方的这个说辞表面上看是站在"王法"上作出的，而实际上地方官是以一个更高道德权威的身份，站在"公"的立场上，在全面考察和考虑了各种具体因素的基础上作出不偏不倚、合情合理的判断。[1]所谓不偏不倚，就是取中，不偏私；所谓合情合理，即是考虑周全，既遵守当然之理（如"给人生计"），又照顾自然之情（如"事出无奈"）。[2]因此，"在理"者不一定能获全胜，"无理"者也未必全败。自恃理直而不依不饶的态度和做法本身就会被看成是不近情理而遭受非议。[3]下面的一则节选碑刻的记载 ["上海县为旧花业公议章程谕示碑"，光绪十六年（1890年）] 就是此类情形：

钦加同知衔正任江宁县调署松江府上海县正堂加十级纪录十次陆，为给示勒石晓谕事。案据蔡长发等与黄懋记等互控，争管清芬堂旧花公所，业经裴前县讯明。蔡长发等系专做旧花，黄懋记等系半做旧花，断将清芬堂韦归蔡长发等经营。嗣据黄懋记等以司董陈秋浦等经收房租，不办公事，且无账目缮清等情，控经裴前县复断新旧花业轮当，未结。本县莅任，又据蔡长发等以被串冒夺，黄懋记等以曾输公捐，控争各到县。据经饬提两造集讯明确，当以蔡长发等十一家旧花是其专业；黄懋记等七家旧花是其兼业；清芬堂向为旧花公所，兵祸前系戴兰斋当司年，兵祸后系黄惕若、张洪兴、张合兴、

---

〔1〕 参见韩秀桃："明清民间纠纷的解决及其现代意义——以徽州法律文书为中心"，载何兵主编：《和谐社会与纠纷解决机制》，北京大学出版社2007年版，第90页。

〔2〕 参见［日］滋贺秀三："清代诉讼制度之民事法源的概括性考察——情、理、法"，范愉译，载［日］滋贺秀三等著，王亚新、梁治平编：《明清时期的民事审判与民间契约》，王亚新、范愉、陈少峰译，法律出版社1998年版。

〔3〕 参见梁治平："从'礼治'到'法治'？"，载《开放时代》1999年第1期。

潘万隆、陈隆发、黄载亭当司年，均系专业旧花，从未有新花兼业之人当过司年。裴前县原断清芬堂应归专业旧花者经营，最为平允。自应断令将清芬堂仍照向章，归专业旧花者经管。今年酌派同业中较殷实之陈建勋接管，年终即于旧花专业十一家内拈阄充当。惟黄懋记等七家既系兼业旧花，且据称前有五家输过庙捐，谕令陈建勋等于每年敬神之期，准兼业者一体入所拈香。并着遵照堂谕，缮就章程，呈候给示晓谕，借免争执，而息讼端。取具两造遵结附卷各在案。兹据蔡长发等拟就章程，呈请给示勒石遵守前来。除批示外，合开章程，给示勒石晓谕。为此示仰旧花专业暨兼业旧花人等知悉：尔等须知清芬堂系旧花公所，现经本县断令仍照旧章归专业旧花者经营，并准兼业旧花者一体入所礼神。嗣后务须各照堂断及后开章程，恪守遵办，以垂久远，而联友谊。公所创业维艰，毋再争执营私，是为至要。切切！特示。遵。[1]

　　近代手工业社会的劳资之间工资纠纷之所以多，除与当时的社会经济变化有关之外，也与法律制度有关，与人们看待和解决纠纷的方式有关。既然民间各种"生业"只是一种介乎权利与事实之间相对安定的状态，而不曾在制度上被明确加以界定，纷争与诉讼便会源源不断。又因为官府的审判实际上与民间调解一样，旨在恢复和谐、解决纠纷，并不以界定和保护权利为目标，上述情形便只会进一步加深，以至虽然社会中存在无讼的理想和息讼的努力，虽然诉讼费用极为高昂，但纠纷和诉讼仍然有增无减。其实，诉讼费用高昂这一现象本身也能说明问题。"说到底，当时的司法制度并不是为保护个人权利而设计的，如果要在情节琐细且数量众多的民间词讼里面将权利——界定清楚，则将耗费大量的人力物力，为收入有限的地方政府所不能负担。"[2]因此，地方官便不得不倚重民间调解机制，并且把听讼变成教化，将技术问题转变为道德问题，把现代的法律责任用一种道德怜悯来加以弥补。[3]这也是官府对于受理的民间纠纷必须要给出一个"说法"所导致的结果。

---

　　〔1〕　"上海县为旧花业公议章程谕示碑"，载彭泽益选编：《清代工商行业碑文集粹》，中州古籍出版社1997年版，第70页。

　　〔2〕　韩秀桃："明清民间纠纷的解决及其现代意义——以徽州法律文书为中心"，载何兵主编：《和谐社会与纠纷解决机制》，北京大学出版社2007年版，第91页。

　　〔3〕　参见邓建鹏："健讼与息讼——中国传统诉讼文化的矛盾解析"，载《清华法学》2004年第1期。

从明清以来的诸多工商业碑刻，尤其是官府给行业组织的众多批复记载中我们似乎能够看出，官府对民间纠纷的态度仍然不是在判断是非，或者说，是非曲直和权利之争并不是官府所最为关心的，地方官似乎不是在坐堂判案，他所关心的是解决其辖区内的民间"问题"。如"汉口市油漆业工人，日前因资方要求减让工资，致酿成罢工风潮，双方均推举代表，赴市府请愿，一则要求维持原来工价，一则要求准予减让，以维营业。兹悉市府以工人动辄以罢工为要挟，于社会治安，不无影响，除对工人加以申斥外，特限令即日复工，听候定期召集双方调解"[1]；"吴县烛业公会，议决各店工友一律减薪二成，并取消月规，各店工友闻此消息，特于五日召集各店代表开会，经众一致公决，对于资方碰薪条件，坚决否认，而资方亦于五日开会，为节省开支起见，薪金非减不可，现双方分呈县（国民党）党部，请求救济，党部将于日内召集调解会议"[2]。

本章小结：在近代中国手工业社会中，手工业者解纷的理念是维护权益和息事宁人，前者所欲实现的是一种权利的诉求、正义的诉求，后者所欲实现的是一种关系的弥合、秩序的恢复，因而两者在微观上形成了一种权利与关系的结构，在宏观上构成了正义与秩序的关系。两者在通常情况下是并行不悖的，但在少数情况下也会出现"鱼与熊掌不能兼得"的"二选一"困境。在此情况下，我们不能想当然地以为手工业者会选择后者，因为他们当中的大多数人毕竟身处于一个人地两生的世界和一个由传统工业向近代工业转型的社会，传统的秩序优位定理生效的条件在此似乎已不具备。因而在本章多数案例中可以看到，手工业者已经有了一种我们熟悉的为权利而斗"殴"的倾向。

---

〔1〕 3月20日《武汉日报》，《国际劳工通讯》1935年第7号，第97页，转引自彭泽益编：《中国近代手工业史资料（1840-1949）》（第3卷），中华书局1962年版，第607~608页。

〔2〕 7月6日《申报》，《国际劳工通讯》1935年第11号，第161页，转引自彭泽益编：《中国近代手工业史资料（1840-1949）》（第3卷），中华书局1962年版，第610页。

第七章

近代中国手工业社会解纷结果的效力及保障

第一节　解纷结果的效力表现

一、解纷结果的一般效力

近代中国手工行业纠纷不断，"差不多没有一个部门没有发生减薪的工潮，……（1934年）手工业方面，如徐州造酒工人减薪二成半，台山石头工减薪二成，苏州缝工减薪三四成不等。总之为利润而生产的资本家，它们的损失必定是要设法转嫁给工人的"[1]，"自有工会组织以来，主工纠纷，时有所闻；民十五年以迄去年（1934年）春初，几于岁必数次。考其原因，多由厂方开除工人，以及工人要求减少工时，增加工资，改良待遇而起，中间经过，少则数日，多至四、五十日"[2]。从大的历史背景来看，这一局面的造成主要是资本主义国家向中国转嫁经济危机，并与中国国内日益高涨的政治运动、工人运动相互作用的结果。由附表2-1、2-2、2-3、2-4、2-5可知，近代中国手工业社会的纠纷主要体现为手工业者反对作坊工场主裁工减薪的劳资争议。其主要是通过劳资双方协商解决。对劳方来说，说理的方式主要是罢工，但这种解纷方式的效果较之借助外部力量来说欠佳。手工业社会的纠纷借助外力来解决的，了结率比较高。但从经验教训上看，劳资纠纷

---

　　[1]《1934年中国经济年报》（第1辑），1935年版，第142页，转引自彭泽益编：《中国近代工业史资料（1840-1949）》（第3卷），中华书局1984年版，第602页。

　　[2]　重庆中国银行：《重庆市之棉织工业》，1935年版，第116~117页，转引自彭泽益编：《中国近代手工业史资料（1840-1949）》（第3卷），中华书局1984年版，第602页。

借助外力利于解决的同时，劳资之间直接协商更有利于纠纷的了结，达到案结事了的目的。

如前所述，近代中国手工业社会的解纷方式大体上有和解、协商、调解、仲裁和判决等几种。从理论上讲，经和解、协商和调解达成的解纷结果对当事人并无必然的拘束力。当然，如果调解是由司法机关在诉讼程序中作出的话（即"庭内调解"），那么它便是具有法律效力的。与此相对，仲裁和判决对当事人具有当然的拘束力，纠纷外的第三人不得就相同事项提起诉讼，国家机关也不得受理此类起诉——此为解纷结果的"对外效力"；如果义务方不执行解纷结果，权利方可以申请法院强制执行——此为解纷结果的"对内效力"。其中，前者包含两个面向：一是纠纷外的个体对解纷结果的服从；二是官府对解纷结果的尊重。

从总体上看，近代中国手工业社会内部解纷结果的实效状况大多遵循上述制度逻辑，并且在个体、团体、行规乃至官方的多重压力下，只要有第三方见证的解纷结果，当事人就有服从的应然义务。例如，在通过调解纠纷的场合，纠纷经中立第三方调解，并在双方合意的基础上达成调解协议的，该协议对当事人就具有应然的约束力。"二十四年调解会纪录，业经原调解人许德礼供证，且与事实相符，何谓伪造，会议纪录为调解争议，双方同意，即属成立，当然双方遵守。"[1]

劳资双方订立的协议是解决劳资纠纷的一个重要依据。劳资协议一般须呈地方党政机关审核备案，如"兹悉锡箔工人闻讯后，推派代表王伯明、赵焕浩、金吴生等，以锡箔工人之工资，较他业工友为更低，民国十六年经党政当局派员彻查，召集劳资双方酌定工价，订立合同呈准备案，俾资遵守"[2]。如果劳资协议未经地方党政机关备案，当属无效。如，"是以该业千余人，当即推定王伯明、赵涣浩、金吴生等二十余人为代表，三十日下午三时向党政机关请愿，首由工人代表表示意见，市党部钱葆琪，市政府陈白涛据陈后，均表示仁亲堂箔业公所所发之同行单，未经党政机关之核准，当属无效。候派员切实

〔1〕 荆州市档案馆：8-1-301，沙市商会。

〔2〕 10月4日《东南日报》，《国际劳工通讯》1935年第14号，第85页，转引自彭泽益编：《中国近代手工业史资料（1840-1949）》（第3卷），中华书局1962年版，第611页。

查明后，再行核办"。[1]而有效的劳资协议具有法律效力，"今箔业公所五十家箔作，不顾劳工生计，违反协约，登报减轻工资二成，箔工等似难接受。查劳资协议一经成立，即生效力，决非一方所能变更"。[2]

二、解纷结果的非常规效力

手工行业规范"由行业从业人员在日常的行业实践中自觉遵守，一般没有专门的执行机构和专职的执行人员。如有人违反……当地同业成员集体执行处罚。极少数是通过开会议定具体的处罚方式，普遍的是无需商议无需决定的同业自发制裁"。[3]从前述案例和附表 2-1、2-2、2-3、2-4、2-5 中我们可以看出，有相当一部分案件的解纷结果我们无法对之进行常规性效力分析，因为义务方常对解纷结果不理不睬，即使是官府的司法判决，当事人也可以全然不当一回事。这在劳资纠纷中表现得尤为突出。

附表 2-1、2-2、2-3、2-4、2-5 所列的案例表明，在近代中国手工业社会，劳资双方发生纠纷并经由第三方调解或仲裁时，调解或仲裁结果并不见得对当事人产生足够的约束力或者实效。如，"江苏省苏州烛业公会，议决各店一律工资八折发给，并取消月规，工友反对，经月未决"。[4]又如，"绍兴染司职来工会，以义和染坊违反劳资协约，雇用外帮工人，请求救济。当由公安局召集双方调解，议定以后不得雇用外帮，不得无故开除工人，不得克扣工资等办法而告解决。讵资方对该项办法并不遵守，仍任用外帮工人，工会特再呈准公安局派警执行"。[5]换言之，解纷结果能否得到执行，还得取决于双方实力对比情况、解纷者的威信、当事人对解纷结果的满意程度、官府的压力等诸多复杂因素。现通过发生于光绪七年（1881 年）七月的一个案例

---

〔1〕 10 月 31 日《东南日报》，《国际劳工通讯》1935 年第 14 号，第 86 页，转引自彭泽益编：《中国近代手工业史资料（1840-1949）》（第 3 卷），中华书局 1962 年版，第 612 页。

〔2〕 10 月 27 日《东南日报》，《国际劳工通讯》1935 年第 14 号，第 86 页，转引自彭泽益编：《中国近代手工业史资料（1840-1949）》（第 3 卷），中华书局 1962 年版，第 612 页。

〔3〕 高其才：《中国习惯法论》（修订版），中国法制出版社 2008 年版，第 125 页。

〔4〕《国际劳工通讯》1935 年第 11 号，第 99 页，转引自彭泽益编：《中国近代手工业史资料（1840-1949）》（第 3 卷），中华书局 1962 年版，第 609~610 页。

〔5〕《劳动季报》1936 年第 9 期，第 177 页，转引自彭泽益编：《中国近代手工业史资料（1840-1949）》（第 3 卷），中华书局 1962 年版，第 614 页。

（"背规科罚"）来作进一步的了解。

> 同行相□，各业时复有之。如近日酒业跌价一节则殊出情理之外矣。沪北新北门外，醴香阁酒店，因对面房屋翻造一新，侦知通裕槽坊，欲在彼赁屋，另设分店。醴香阁即预为跌价，以图先发制人，其平日□跌至七文，绍酒每斤亦均减价。事闻于同业，随向理说。醴香阁主以为本店不入同行，听我自便，同业俱皆不服。况通裕尚未开张，何可骤跌，即邀同业于前日赴公所汇议，谓法租界槽坊酒店甚多，并未聚众公议，何至陡然跌价，似此情形，不特紊乱行规，实亦有关市面。公议科罚，令醴香阁主即在酒业公所清音宴待，一面发贴标红，不得再有违规。否则同业合而为一，在醴香阁门左近租屋开设酒店，与之争衡。彼每□跌至七文则每□亦跌至五文矣。旋经同业首事人一再理劝。醴香阁主始愿在公所设宴音打唱，标红服礼，以息众怒云。[1]

本案中，发生于酒坊间的酒价纠纷，首先通过行内仲裁来解决，做法是"公议科罚"，具体仲裁意见是坏规的醴香阁主在酒业公所请人唱戏并摆筵宴请行众，同时"发贴标红"，以示自己有悔改之意。遗憾的是，行内仲裁的意见并没有马上得到有效的执行。后经由同业首事人出面调解，仲裁意见才得以被真正遵守。由本案可知，手工业社会中纠纷仲裁的结果并非必然得到当事人的自觉遵守。从纠纷的最终解决来看，外因需要通过内因起作用。纠纷的最终有效解决，除了强有力的外力保障外，更重要的是多措并举、合意解决。只有当事人内心真正接受解纷结果，实效才能显现。上例中，纠纷正是经同业首事人"一再理劝"得以解决的。调解往往是促使当事人达成合意的有效方式，本案就印证了这一点。

通过对附表 2-1、2-2、2-3、2-4、2-5 中有关案例的分析，与前述混合型解纷模式相对应，我们发现需要进行非常规效力分析的案件也是那些发生在手工业社会内部的民商事群体性案件。在这些案件中，既然达成一个解纷协议就需要借助多种力量形成内旋压力才能济事，那么执行这一解纷协议也必然需要多种力量同时作用才能奏效。例如，在发生在沙市 1947 年的"沙市炼油工人罢工案"中，资方就先后采取了向商会申诉、请求总工会制止、呈

---

[1] "背规科罚"，载《新报》光绪七年七月十五日，转引自彭泽益主编：《中国工商行会史料集》（下册），中华书局 1995 年版，第 740~741 页。

警察局备查、双方私下协商和请求有关机关、团体参与仲裁等行动，以实现解纷结果的最终执行。

第二节 解纷结果的效力保障

从力量来源角度看，近代中国手工业社会解纷结果的效力保障主要来自两个方面：一是团体内部力量的保障；二是团体外部力量的保障。在实践中，近代中国手工业社会解纷结果的效力保障主要来自下述三个方面：

一、神灵的震慑

神灵[1]信仰在手工业社会主要体现为祖师神崇拜。[2]在旧时代，由于生产力不发达、科学不昌明、社会制度不合理、社会动荡不安，从业者谋生非常不易，他们常常遇到难以解决的困难和问题，时时感到难以掌握自己的命运，于是便归因于神的主宰。饥饿劳顿的苦楚、情感生活的匮乏、生死无定的处境以及无法抑止的对美好未来的渴望，这一切使手工业者更需要冥冥之中有一个无所不在的神灵来佑助他们。于是，他们为自己寻找了一个最有代表性、最吉祥的"神"来充当他们的祖师爷和保护神。旧时的三百六十行，

---

[1] 神灵是宗教学的一个常用术语。神，指神秘、神圣，灵是灵力、灵性，二者合一为"神灵"。它是寓于客观形体之中而又独立于客观形体之外的超自然的灵性，唯神论者认为它能够主宰人类和自然的一切活动，具有绝对的独立性和永恒性。神灵支配世界和人间生活的特殊意志、智慧与权能就是"神意"，而最能体现"神意"的就是神灵创造的"神迹"。这一切令人感到惊异、畏惧，并由此而产生了依赖和敬畏，这就是"神灵崇拜"。那么，手工业社会的神灵崇拜属于哪一种呢？从宗教学的角度来看，它属于职能神崇拜。职能神不是以自然界或社会中的某些具体事物或现象作为崇拜主体，而是自然物所具有的某种属性或功能的代表，是社会中人的某种特性或职业、行业的象征，它同时也成为这些特定的性质和职能的保护神。行业神是职能神的一种。

[2] 在传统社会里，家族有祖先崇拜，村落有地方保护神崇拜，在人们的日常生活中还有各种各样的宗教信仰和民间信仰。在这样一种文化背景之下，各行业自然不可能没有属于自己的神灵崇拜。这是祖师神崇拜产生的普遍原因。另一方面，又由于当年商人和手工业工匠的社会地位较为低下，无法有效地保护自身的合法权益，因而更加需要寻找某种精神上的寄托和慰藉，需要借助某个神灵在民众中的声望来抬高自己所在行业的社会地位，增强自信心和凝聚力。这就是行业保护神——祖师神崇拜产生的特殊原因。（参见顾希佳：《社会民俗学》，黑龙江人民出版社2003年版，第147页。）马克思主义认为，宗教的根源"不是在天上，而是在人间"。恩格斯曾经讲到产生宗教的两种压迫：一种是社会力量对人们的压迫；一种是自然力量对人们的压迫。行业神崇拜的根本原因，也是由于这两种压迫。

几乎行行都有自己的神灵信仰。[1]各行业所信仰的神灵"必须要得到本行业大多数人的一致崇拜,并为其塑像、立神位、造庙造祠,形成特定的节日和祭祀仪式。……行业公会、行帮会馆,也总是要以某个祖师神为精神支柱,将其作为自己群体一面旗帜,去号令群体所属的成员"。[2]可以说,祖师神崇拜是为了以神灵为号召、为威慑,用以团结、维系、约束同行业人员的。"有了祖师神,就好比这些人有了同一个祖先,彼此之间有了'血缘'关系。或者说,这是企图以神缘来加强业缘,而祭祀祖师神也就好比是在祭祖。人们把祖师神又叫做祖师爷,也正是为了强调这种意识。"[3]手工行业组织制订行规时一般要祭祀祖师神,这无非是为了表明这些规约都是神灵准允的,谁若违背,必遭神谴。如印染业"今爰集同业,重整条规,已于正月二十四日在邑庙恭敬葛大真君伯府大神座前,清音宴待一永日。凡我同业永守恒规。特此布闻"。[4]又如皮箱同业"邀集同业议定章程,于二月二十日为始,每洋加涨一角,以照公同划一。凡贵客光顾者,不知涨价。所以在伯府大神座前,清音宴待全堂。如有不遵,察出议罚"。[5]再如鞋业"自六月初一日为始,以后倘有紊乱行规者,公罚席戏三桌。设或再有新开鞋店者,先备席戏早晚各八桌,公中敬神宴会"。[6]同业商定大事也通常在神灵面前进行,此举意在强调在神灵面前作出的任何决定都是最具权威的,谁也不能违抗,谁也不敢有悖神意。

手工各业组织"会用神灵信仰来号召和约束内部成员,以形成凝聚力和内部秩序"。[7]各行各业的神灵崇拜,其重要目的之一就是"借神自重"。[8]

---

〔1〕 手工各业均有自己祭奉的祖师,这些祖师就是该行业所崇拜的神灵。一般多为历史上被认为是本行业开山始祖的某个人物。如木匠信奉鲁班、铁匠信奉老子、茶商信奉陆羽、豆腐行崇拜乐毅、酿酒行崇拜杜康、酿醋行崇拜醋姑、陶瓷业崇拜童宾、补锅炉匠崇拜太上老君等。这些祖师爷们或贡献卓著、或技艺精湛、或德行高尚,因而在该行业中享有盛誉。有的则纯粹是神话传说中的人物。

〔2〕 顾希佳:《社会民俗学》,黑龙江人民出版社2003年版,第148页

〔3〕 顾希佳:《社会民俗学》,黑龙江人民出版社2003年版,第148页。

〔4〕 "印花坊整规",载《申报》光绪六年(1880年)二月初六日,转引自彭泽益主编:《中国工商行会史料集》(下册),中华书局1995年版,第697页。

〔5〕 "公启",载《申报》光绪六年(1880年)二月十九日,转引自彭泽益主编:《中国工商行会史料集》(下册),中华书局1995年版,第697页。

〔6〕 "天津鞋业声明",载《申报》光绪六年(1880年)五月二十八日,转引自彭泽益主编:《中国工商行会史料集》(下册),中华书局1995年版,第699页。

〔7〕 顾希佳:《社会民俗学》,黑龙江人民出版社2003年版,第145页。

〔8〕 李乔:《中国行业神崇拜》,中国华侨出版公司1990年版,第36页。

尤其是一些显得低下贱陋的行当，其从业者更具有这种心理。[1]二是渴望得到神灵的佑助，使其逢凶化吉，遇难呈祥，以求行业发达、生意兴隆。这两方面实际上是一种心灵的自我安慰和自我调适。不少祖师传说都有"显圣"的情节：当从业者遇到困难时，祖师爷便会化身为一普通人悄然出现，帮助从业者解除困难。[2]"显圣"传说的存在，表明行业神在从业者的心目中是行业的佑护者和救星，他们相信所奉之神能保佑自己消灾纳福，并相信自己

---

〔1〕　他们往往会选择一位神灵作为自己行业的崇拜神，以此来提高自己的地位和名声，同时求得一种历史及文化的肯定。如金华地区的一些工匠有传统等级，其由高到低的次序是：石匠、泥瓦匠、木匠、篾匠、裁缝。篾匠地位较低，虽也奉鲁班为祖师，但不被其他奉鲁班为祖师的石、瓦、木等工匠所承认，因而有的篾匠只好奉鲁班的徒弟泰山为祖师。裁缝地位更低，便只好奉周武王的宫婢为祖师。在从业者看来，祖师的身份、地位不仅与本行业在诸行业中的地位有关，还关系到本行业在社会上的地位和名声。他们觉得，祖师爷的身份高贵，地位崇高，行业的地位也就高，名声也就响。由于从业者把祖师的身份、地位与行业的地位联系起来，因而从业者为提高本行业的地位，使本行业受到其他行业和社会的注意和尊敬，同时也为唤起同行人的职业自豪感，便力图通过抬高祖师爷身价的方式抬高本行业的地位，也就是借神自重。越是地位较低的行业，借神自重的心理就越重，因为他们最需要摆脱被人看不起的地位。借神自重的具体方式主要有两种：一是在选定祖师时注重选择那些能引人注意和尊敬的人物；二是抬高和夸耀所奉的祖师。在不同的从业者眼里，能引人注意和尊敬的人物可能有不同的标准，但有两种倾向是很多行业都有的：一是注重选择帝王将相和文化名人（包括实有的和虚构的）；二是托古，即热衷于选择古远的人物，或将所奉祖师与古远人物拉上关系。在被选定为祖师的帝王将相和文化名人中，除少数人确实对某些行业有所贡献外，大多数对供奉他们的行业并无作为。选择这类人物为祖师，尤能反映从业者借神自重的心理，因为这些人物之所以被看中，除他们能与行业特征拉上点关系外，主要是因为他们具有尊贵的身份、地位和好名声。从业者选择这些人物为祖师，可以借以显示本行业来历不凡。在旧时代，以古为贵，尊古贱今是普遍的社会心理，因而托古成为风气，其目的是引人注意、受人重视。从业者在选定祖师时托古，意在标榜本行业古已有之，由来已久，以使本行业受人注意和尊敬。（参见李乔：《中国行业神崇拜》，中国华侨出版公司1990年版，第37~38页。）

〔2〕　如北京木、瓦、棚业乾隆五十七年《鲁班圣祖碑记》有云："蒙师祖默显神功，潜为庇佑，而工告成。"（〔日〕仁井田升：《北京工商基尔特资料集·东岳庙》，东京大学东洋文化研究所附属东洋文献中心刊行委员会1975年至1983年刊行。）说的就是鲁班"显圣"。有一则鲁班传说讲道：鲁班化身为一老头，帮助众工匠解决了盖故宫角楼的难题，使工匠们免遭皇帝杀害。工匠们万分感激地说："皇帝老给我们降临天大灾难，鲁班爷显灵消除灾社祸。"各地理发业所奉祖师不论是罗祖、吕洞宾，还是卢天赐，其传说中大都有祖师爷解救理发匠的内容。大意说：理发匠因理不好皇帝或皇太子的头发而接连被杀，这时祖师爷前往为皇帝或太子理好了发，于是解救了大家，理发业也因此而兴旺发达起来。祖师爷在神界战胜危害从业者的传说，以奉老君为祖师的砖瓦业流传的"李老君斗倒太岁神"的传说为典型。大意是：砖瓦窑匠原来破土时要查黄历，挑日子，怕碰上管土的太岁神，自从李老君斗倒了太岁神，砖瓦窑匠就可以随便取土，而不怕在太岁头上动土了。（李乔：《中国行业神崇拜》，中国华侨出版公司1990年版，第33页。）

所获得的成功是神佑的结果。因而，言行中不敢有丝毫冒犯或亵渎神灵的举动，以免遭到惩罚。三是行为规范和群体整合功能。信奉者希望借助祖师神灵的威信来团结和约束同行同帮，维护本行业的形象、声誉、行规和秩序等，使行业内部具有较强的凝聚力，以利行业的组织和发展。借神自重对提高行业地位不会起到什么实际作用，但"对增强从业者的职业自豪感则会起到作用，对有些从业者来说，甚至会起到精神支柱的作用"〔1〕，"各式神祇在他们中间起着精神上宪兵的作用，违则处罚"，"那些香烛纸马不是白白烧掉的，遇有同业纠纷、伙友争议、违章事件、本业习惯等问题，神要充当仲裁的角色，要在神祇面前解决"。〔2〕

彼岸世界的神灵威慑〔3〕，是手工业社会解纷结果的效力保障之一。手工

---

〔1〕 李乔：《中国行业神崇拜》，中国华侨出版公司 1990 年版，第 39~40 页。

〔2〕 戴文葆：《中国行业神崇拜·序二》，第 6 页，转引自李乔：《中国行业神崇拜》，中国华侨出版公司 1990 年版。

〔3〕 神灵的震慑，有别于神判（即神明裁判）。前者是纠纷解决结果的效力保障手段，后者是"以非人的神灵为后盾的解决氏族成员的争端和纠纷的一种裁决方法"。（高其才：《多元司法：中国社会的纠纷解决方式及其变革》，法律出版社 2009 年版，第 131 页。）即是纠纷解决的一种方式。高其才先生认为，每个初民社会都无一例外地设定神灵和超自然力的存在，他们寄望于神灵，并坚信它们会对人的任何一个特定的行为作出赞成或不赞成的反应。一旦人们不能收集到确凿的证据来查明案件的事实情况、解决争议时，便总是转向求助于神灵。这种超自然力可以作为纠纷的一种救济手段，渗透到习惯法之中，以判决的方式和执行手段的形式发挥作用。如在古巴比伦的《汉谟拉比法典》第 2 条和第 132 条中规定，被控告行妖术的人和通奸的妇女，为了表白自己无罪，应投入河中进行考验。《撒利克法》允许有使用开水来确定证据的习惯，即以手伸入开水中，不被烫伤，就证明无罪，由于这种方法极端残忍，后来就逐渐采用了一些折中方法来减少其残酷性。例如，《撒利克法》第 56 篇规定："手要用钱赎回。"也就是说，被判入沸水锅考验的人，可以与对方当事人达成协议，使被判决者可以用金免除神明裁判。古印度的《摩奴法典》第 8 回第 109 目规定："在没有证人的案件中，如果他无法确切知道诉讼双方谁说真话，那么，他应该通过双方起誓来判断。"在古印度，作为《摩奴法典》补充的《那罗陀法典》在第 102 条中规定，一般采用的神明裁判方式有八种：①火审，让嫌疑犯手持烙铁步行并用舌头舐之，如无伤即无罪；②水审，让嫌疑人沉入水中一定时间，浮起者有罪，沉没者无罪；③秤审，用秤称体重两次，第二次较轻者无罪；④毒审，服毒后无特殊反应的无罪；⑤圣水审，服了圣水后无什么变异的无罪；⑥圣谷审，吃了供神的米以后吐出来，如无异状者无罪；⑦抽签审，从正邪两球中摸到正球者无罪。（参见法学教材编辑部《外国法制史》编写组：《外国法制史》，北京大学出版社 1982 年版，第 31~32 页。）日本学者穗积陈重对世界各地历史上出现的有记载的神明裁判作了归纳，他以在神明裁判过程中具体手段的适用是仅对于嫌疑犯还是双方均需承受而将神明裁判分为水审、火审等单审神裁法与斗审、十字架审等对审神裁法两种。（参见 [日] 穗积陈重：《法律进化论》，黄尊三等译，王健校勘，中国政法大学出版社 1997 年版，第 32、15~17 页。）神判是在什么时候

行业组织的一个重要职能是满足同行中人祭祀祖师的需要。神能引导起人的尊敬和崇拜，对人自然就有一种潜在的威慑，令人敬畏。"敬鬼神而远之"，"祭如在，祭神如神在"。[1]在从业者看来，"神在何，灵化之真宰也"[2]，"谋事在人，成事在神"，"神道彰而人必获福"，[3]"惟生进之兴隆，全仗神灵之默佑"[4]，"神降之福愈厚，店之业愈隆"[5]。得到了成功和利益，便认为是"神功默佑"，祖师显灵；解决不了困难和问题，便认为是神不佑我，"祖师爷不给饭吃"，因而求神保佑也就成了从业者供奉行业神的基本目的。在神灵力量的感召和威慑下，手工业者的信仰便具有一种神圣性，而由神圣性而来的就是心理上的严肃性、认真性、坚强性、忍耐性、自觉性等促使手工业者积极向善的精神动力。同时，由于对具有超越性和永恒性的神灵力量的内心归服，手工业者的思想一般便具有了稳定性的特点，而稳定性虽然也可以成为保守性的精神基础，但也成了促使手工业者在现实生活中持久而自觉地遵守戒条、努力向善的积极因素。所有行业都有的一个特征是具有威望的

（接上页）出现的，基本上有两种看法：一种认为有氏族制度就有神判；另一种认为神判起源于农村公社阶段。（参见宋兆麟："神明裁判与法的起源"，载《广西民族研究》1987 年第 3 期。）由于社会发展阶段和文明进步程度的限制，相当多的民族采用神明裁判的方式来解决疑难纠纷，处理复杂的违反习惯法的行为，形成了关于神判的适用条件、神判的种类、方法、结果等的习惯法。（日本的伊藤清司曾在《铁火神判系谱杂记》一文中讨论了中国一些少数民族的神判，详见《贵州民族研究》1986 年第 1 期。关于神判的起源，也可参见杜文忠："神判起源考略"，载《思想战线》2002 年第 6 期。他认为神判中的血迹神判、铁火判、宣誓判起源于原始巫术形式，而神判中的捞沸判则可能起源于早期人类生活实践）从现有文献来看，关于中国古代社会汉族地区的神明裁判的记载比较少，不过还是能够了解其基本情况。中国古代汉族地区基于"神灵知道事件的真相"的观念，从而在审判中既有直接的神判，更有大量的间接的与审判有关的天谴、冥助。在中国古代汉族地区的审判中，通过占卜、赌咒、立誓等神判方式求助于起自然的力量来确定案件事实的情况较为普遍。（高其才：《多元司法：中国社会的纠纷解决方式及其变革》，法律出版社 2009 年版，第 15 页。）而在我国的少数民族地区，其神判的种类比较多，各民族有其与本民族经济社会条件相适应的神判方式、方法。如壮族的神判主要包括"捞油"、赌咒、砍鸡头等；苗族也有类似的神判；瑶族的神判主要有砍鸡头、进社、装袋、烧香、赌咒、占卜、杀鸡砍狗、捞油锅、喊话和射箭等九种方式；景颇族的神判主要有卜鸡蛋卦、捏生鸡蛋、埋鸡头、斗田螺、煮米、捞开水、闷水、烧线香、诅咒（叫天）等。（高其才：《多元司法：中国社会的纠纷解决方式及其变革》，法律出版社 2009 年版，第 136、139、146~147 页。）

〔1〕《论语》。
〔2〕盐业《灵庆公神堂碑阴记》。
〔3〕书业《北直文昌会馆碑》。
〔4〕《浙绍公所碑序》。
〔5〕银钱业《重修正乙祠碑记》。

行业祖师的感召性，行业神是行业同仁的精神支柱，艺高德好，在同业中具有神圣性和很强的感召力。加之对祖师的崇拜经过同业代代相传和积淀，行业神自然就成了同业共同的精神领袖。

行业组织的神灵祭祀是手工业社会内部权威的象征和维系手工业社会秩序的生命线。手工业社会通常通过神道助教化，来构建"逐利思义""诚信无欺""和气生财"的道德和精神。如社旗山陕会馆现存有"同行商贾公议戥秤规矩"碑文，刻于雍正二年（1724 年），近 140 年后又重刻于同治元年（1862 年），规定"公议秤足十六两，戥依天平为则"，不得以私戥秤更换，违者罚戏三台，如不遵从就需"禀官究治"。这种约定正是借助于神的精神威慑力量，增强同业的自我约束能力，警惕"见利忘义""不仁不义""损人利己""独网其利"等邪恶动机的产生，树立起诚廉业的正气。

行业祖师信仰在手工业行业中有着深远的影响。行业同仁认为在祖师庇护下本业的经济得到了长足的发展。在某种意义上，手工业者的这种神灵崇拜是当时手工业发展的动力。在行业组织的每个会所都设有一个祭坛，一切行为都受到某种神灵的保护。手工业者经常为这些神举行宗教仪式，大家总是抱着最虔诚的态度和奉献自己最好的实物进行祈祷，每个行业组织对神灵的崇拜都力图超过以往。在手工业社会成员的认识中，为非作歹、干犯行规的，神灵将惩罚他，使其家庭遭灾、子孙受苦；安分守己，遵守规约的，神灵将保佑他，使其家族兴旺、子孙得福。天地良心，祸福报应。同行手工业者内心世界中行业神灵的存在，成了连结利益共同体的精神纽带；而内心对于神灵的敬畏，会在无形中迫使同业者在心理上认同行内以神灵名义所作出的处罚，并自觉无条件地加以服从，否则便会陷入"因果报应"的可怕深渊。手工业社会在这里直接求助于神的力量，预防违规，避免纠纷的发生。从这个意义上说，神灵有利于近代手工业社会纠纷的解决以及当事人对解纷结果的遵守。

二、贤达的保证

在民间纠纷的解决过程中，当事各方更愿意在更高的权威人物的参与和更多的中见人等的见证下来处理彼此的纠纷，而且身份关系越近，中间人等一般就越多，以此来增加解纷方式的合理性和合法性，并实现纠纷的真正解决。[1]作为纠纷双方之外的解纷者必须具有权威性，这种权威性体现为他对纠纷解决作出决定的权力，也包括这种决定必须得到执行的效力。解纷者的权威性必须通过一定的中介因素才能发挥作用，这种中介因素一般表现为物质力和影响力。在早期的纠纷解决制度下，解纷者的权威一般来自于当事人的信任，民间社会中纠纷的解决，当事人一般都倾向于将纠纷事由交给最德高望重的长者进行裁决。对于裁决的结果，一般都是出于对长者的敬重与信赖而自觉执行。这时，解纷者一般都是通过影响力（包括包括威望、知识、信息等）体现权威性。[2]"中国政治上的传统观念，对一意见之从违抉择，往往并不取决于多数，如西方所谓之民主精神。而中国人传统，则常求取决于贤人。春秋时即有'贤均从众'[3]之说。哪一人贤，就采纳哪一人的意见，假若双方均贤，则再来取决于多数。贤属质，众属量，中国传统重质不重量。中国人认为只要其人是贤者，就能够代表多数。不贤而仅凭数量，是无足轻重的。"[4]这一观念反映在近代手工业社会的纠纷解决机制上便极为明显。一旦贤达介入，纠纷往往能够得到圆满的解决。这种解纷方式产生的效果是，当事人从心理上消除对抗的可能性要大得多，这更接近解纷的最高层次目标[5]，尽管从形式上来看这种解纷方式和规则都具有非正式性。

　　手工业社会解纷中以贤达作为效力保证，从根本上讲是中国传统贤人思想或贤人政治在民间社会中的具体运用，其典型的特征是行业组织的行首为德高、众所信服之贤人，因为其本身就代表着手工业社会的公正和秩序，即贤人本身就是法则。[6]手工业行会通常都建立有"董事、司年、司月"的组

---

[1]　韩秀桃："明清民间纠纷的解决及其现代意义——以徽州法律文书为中心"，载何兵主编：《和谐社会与纠纷解决机制》，北京大学出版社 2007 年版，第 109 页。

[2]　在乡村，所谓调解，其实是一种教育过程。费孝通先生在其著作中记述，他曾在乡下见过这类调解的集会。他说："我之被邀，在乡民看来是极自然的，因为我是在学校里教书，读书知礼，是权威。其他负有调解责任的是一乡的长老。"（费孝通：《乡土中国·生育制度》，北京大学出版社 1998 年版，第 56 页。）

[3]　《左传》。

[4]　钱穆：《中国历代政治得失》，生活·读书·新知三联书店 2012 年版，第 35 页。

[5]　根据顾培东关于"纠纷解决"内涵的阐述，纠纷解决的最高层次目标是："冲突主体放弃和改变藐视以至对抗社会统治秩序和法律制度的心理与态度，增强与社会的共容性，避免或减少纠纷的重复出现"。[顾培东：《社会冲突与诉讼机制》（修订版），法律出版社 2004 年版，第 27~29 页。]

[6]　《唐律疏议·名例》"议贤"："谓有德行，《疏议》曰：谓贤人君子，言行可谓法则者。"

织规章，这些董事、司年、司月能否得到业者的信任与支持，与他们本人自身的信用声望与持续努力悉悉相关。"由不少会馆公所的辛苦成立过程，可清楚说明此点。"[1]"'行首''行头'这一类人物，是代表本行业人与官府交涉、周旋，并率领本行业人举行祀神活动的权威人士"[2]，"烟业帮因争加薪资罢工（杭州）案"即体现了这一点。为平息该起劳资双方互不相让的罢工事件，"业中之老成者——刻经，出为排解，议加薪资二成，又每人另加折菜钱五文"。[3]行会推选"董事、司年、值月"管理契据和公积金，带有"委托经理"的性质，定期公布收支账目，是最起码的职务。"这是有助凝助捐款商人[4]'人情'的必要工作。"[5]

为有效推动工作开展，防范纠纷产生，大家所推举的"董事、司年、司月"着实需要花费心力。"徽郡会馆"在乾隆年间公布了一份捐款收支账册，公布册籍的同时，该董事即强调：恐怕"人心不一，好为讥评"，所以"急将已收、未收，注疏详明，与支存开载明白。使群疑释而物论已……庶已捐者心平，而未捐者又欢欣乐输也"。[6]要同时使已捐款商人"心平"、未捐款商人"欢欣乐输"，善用"人情"[7]是行会董事必要的工作。如何增加董事"人情"中有利于行会持续运转的正面"人情"作用呢？对此，一些行会有

---

[1] 许多会馆公所在创建时的募款过程，如果少了一个有声望的人出来牵头，都是备极辛苦。据《苏州碑刻》载，光绪四年（1878年），苏州府吴江县盛泽镇的"米业公所"创建人即说："涉（公所）斯境者，咸谓布置宜、章程善，而不知当时创造之艰、筹度之审，实赖沈君小云及汪、张、吴诸君劝募之力，任劳任怨，以底天成也。"

[2] 顾希佳：《社会民俗学》，黑龙江人民出版社2003年版，第143页。

[3] "烟业帮因争加薪资罢工（杭州）"，载《时报》光绪三十一年（1905年）十月二十九日，转引自彭泽益编：《中国近代手工业史资料（1840~1949）》（第2卷），中华书局1962年版，第604页。

[4] 邱澎生在这里所指的"商人"，包括手工业工匠和作坊主，"将开设作坊的工匠老板也算入广义的'商人'"，转引自邱澎生："市场、法律与人情：明清苏州商人团体提供'交易服务'的制度与变迁"，载http://www.sinica.edu.tw/pengshan.

[5] 邱澎生："市场、法律与人情：明清苏州商人团体提供'交易服务'的制度与变迁"，载http://www.sinica.edu.tw/pengshan.

[6] 江苏省博物馆编：《江苏省明清以来碑刻资料选集》，生活·读书·新知三联书店1959年版，第377页。

[7] 人情，就是人际关系，也即人们所说的"面子"。贤人出来主事，大家看重的主要还是其声望、资力等那些无形的资源。大家听其意见，主要是给其面子、看在其面子上。

更进一步的创新，将收支账册刊印成《徵信录》公布给所有会员知晓，即是其中一种。道光廿三年（1843 年），"七襄公局"即将"每年收支各数，造具徵信录"。[1]大致说来，行会运转是否顺畅，还是要靠组织规章如何产生有效的公信力，以及董事司年司月的个人威望、能力与热忱。这里面的"人情"主要涉及行会董事司年司月背后的"信任机制"。[2]

贤达保证是手工业社会解纷结果产生效力的重要保障之一。"中国传统观念，总谓贤人可以代表群众舆论与公共意见。"[3]贤达的出场会产生一种面子机制或威信机制。从而保障纠纷调处的效力。因为在以"有治人无治法""君子之德风，小人之德草，风行草偃"等人治传统文化为底蕴的中国社会，贤达不仅具有通常意义的表率和标杆作用，而且具有其他楷模所无法传递的一种带有感情色彩的亲切感和认同感。正因为如此，为了便于解决纠纷并尽可能取得成效，手工业组织一般都会推举或聘请素有名望、公正的人来主事。如行会，"多半为一行中资格最老、年纪大而又公正者出来理事，并不要经过选举手续，亦无一定任期。凡同行中发生什么事情或彼此间有若何纠纷，则请其判断与解决"，"帮的组织，较行稍为完备。帮有帮董，为一帮之代表人，此人不更换，只要能胜任，无一定期限，其下有数会长、襄助。帮董处理会务。会长之任期，则有一定年限"。又如同业公会，"同行之间，因贸易关系，彼此利害冲突，时时发生争执，于是有年老公正之人，出来理事，解决同业纠纷，大家均觉得便利。因此在做会时，更经公众承认，并给以适当名义，以便做事时名实相符。此人为一行之首领，他有处理同行间一切事务的权力，但没有经济上的酬报，'会首'之名，由此而起"。[4]

旧中国的诉讼制度是个异常耗费钱财的体系。日本学者夫马进教授就曾这样评论清代诉讼制度："在这种诉讼制度下，要花费大量费用，并且必须进

---

〔1〕　张晓旭：《苏州碑刻》，苏州大学出版社 2000 年版，第 26 页。由明末清初到近代中国，"徵信录"逐渐成为同乡会馆、善堂甚至地方政府也采用为征收赋税田粮民欠的报告书，成为一种重要文类，甚至还出现善堂负责人在城隍庙前公开焚烧"征信录"的仪式性行为。

〔2〕　邱澎生："市场、法律与人情：明清苏州商人团体提供'交易服务'的制度与变迁"，载 http://www.sinica.edu.tw/pengshan.

〔3〕　钱穆：《中国历代政治得失》，生活·读书·新知三联书店 2012 年版，第 47 页。

〔4〕　萧远泷："昆明市 28 个商业同业公会的研究"，载李文海主编：《民国时期社会调查丛编》，福建教育出版社 2004 年版，第 201 页。

行贿赂。清代官箴书《平平言》中所举的各种诉讼费用包括：戳记费、挂号费、传号费、取保费、纸笔费、鞋袜费、到单费、夫马费、铺班费、出结费、和息费等。此外，还需要投宿歇家的费用。而且，最重要的是，必须对胥吏和差役进行贿赂。如果请讼师包打官司，还得花更多的费用。"[1]这番分析充分揭示了制约人们采用诉讼机制来解决民事纠纷的经济制约因素。这种境况即使到了民国时期也没多大改变。成本上的原因最终制约了诉讼的泛滥，故而在私力救济无果的情况下，人们便把目光自然而然地投向了非诉讼的民间解纷机制。

近代中国手工业社会的非诉讼解纷机制的中心是调解。手工业社会调解机制常常以当事人所分享的地方性知识为背景，且必须以双方当事人都信任的、具有一定威望的中间人作为调解人。否则，调解的效果无疑会大打折扣。手工业社会担当纠纷调解职责的调解人名义上是手工业组织，但实际上是行内贤达。因为代表手工业组织出面调解的为该组织的"会首"或其代表，而"会首"或其代表非行内德高之人不能担任。这样的人，即社会贤达。贤达本身就是同一社会圈子的权威象征，因此他代表的是整个圈子的利益和意志。故而，其作出的决定易为大家接受和自觉遵守并执行。[2]手工业社会纠纷调解机制中的权威主持者[3]是同行的贤达。这种贤达大致有三种类型：其一，

---

〔1〕 ［日］夫马进："明清时期的讼师与诉讼制度"，载 ［日］滋贺秀三等著，王亚新、梁治平编：《明清时期的民事审判与民间契约》，王亚新、范愉、陈少峰译，法律出版社 1998 年版，第 401 页。

〔2〕 调解的结果和审理的判处往往与调解者、审理者的品行、能力、威信有密切关系。如国民党统治时期，广东连南的沈一公办事公道，尽一切能力为瑶人排忧解难，就深受瑶人的信赖。一次，由田乡沈豆腐养因小事与大坪火烧排五峒人发生大规模的群众性纠纷，火烧排五峒人要沈豆腐养赔偿白银 760 两，几乎造成"食人命"。当时沈一公正巧生了重病，卧床不起，但当他闻报后，立即叫人用竹椅抬着去现场作调解，经过耐心细致的劝导，促使双方握手言和，无须赔偿，及时平息了这宗械斗事端。再如，房三兴夫妇因口角争吵，妻子负气回娘家，两年多不归，一直闹离婚。沈一公知道后，不辞劳苦，多次来回走六十多里的山路，到女方家调解工作。经过沈一公苦心婆口的循循规劝，终于使房三兴夫妇破镜重圆，和好如初。（参见广东省清远市政协文史委员会、连南瑶族自治县政协文史委员会：《清远文史（九）——连南瑶族文史专辑》，第 244~245 页，转引自高其才：《多元司法：中国社会的纠纷解决方式及其变革》，法律出版社 2009 年版，第 130 页。）这样的调解者、审理者作出的调解结果和审理判处就易为当事人和社会所接受和服从。

〔3〕 近代中国除司法解决纠纷外，仲裁、调解也是纠纷解决的方式，其中调解是纠纷解决的重要手段。调解机构要发挥作用，关键在于调解人的权威性。韦伯在论述权威时认为，权威的合法性主要有三个方面的来源：建立在理性基础上的法规和章程、神圣的传统以及个人的魅力素质。由此，韦伯

道德型的权威。他们往往是指那些作为成熟、智慧和经验象征的年长者。他们重视以感化治民，既重身体力行，以身作则，又重劝谕与调解。因此其能够成为以道德声誉充任、影响和管理手工业社会的领导者，从而也往往会成为手工业社会言行、思想、价值的楷模。其二，知识型的权威。他们往往是指那些受过良好教育，有着相当文化水准的知识分子充当的手工业组织领袖。其三，势力型的权威。[1] 他们要么财大气粗、有钱有势，要么家族巨大、人口众多，会自然而然地成为当地行业领袖。[2] 其实，更多的时候，许多调解的主持者往往同时集这些权威类型于一身。他们依靠自身的权威对当事人所应遵循的伦理规范以及相互间所应尽的义务进行重申，依据"和"为中心的传统文化价值标准对纠纷焦点进行协调，然后让当事人在明白事理后主动作出某些让步，从而达到互相谅解、消除纠纷的目的。在调解过程中，人们依据熟悉的习惯、习俗、业规等确定各自的权利和义务，调解人也在这个空间内寻找合适而又体面的解决方案，以使纠纷解决、矛盾化解，当事人之间的感情对立消失，被扰乱的社会生活秩序得到恢复。总之，他们的目的并非作出明确的权利是非判断，而只是维护社会秩序的稳定。另外，"当事人对调处

（接上页）区分了三种不同类型的权威：法理型权威、传统型权威和魅力型权威。法理权威的合法性来源于以理性为取向（即以目的合乎理性或价值合乎理性为取向）而制定出的、要求组织成员必须遵循的各种法规和章程。科层权威是法理型权威最纯粹的类型。在一个科层组织里，组织的规章规定了处于不同层次上的各个职位的职责和权限，并使处于较高职位的人对于处于较低职位的人拥有了一种由组织规章所赋予的权威。典型的法理权威拥有者是"上级"。传统权威是由传统的神圣性赋予其合法性的。传统是在社会生活中长期存在的、获得公众承认的、具有象征力和行为约束力的制度。在由传统所控制的社会里，某些人先赋性地拥有了在社会生活中的支配权。魅力权威的合法性来源于权威者的个人魅力素质。个人的魅力素质是指个人所具有的其他人无法企及的非凡力量和品质。魅力权威的获得有赖于"追随者们"对这种魅力素质的承认，而这种承认往以它能给众人带来福利为条件。［参见［德］马克斯·韦伯：《经济与社会》（上卷），［德］约翰内斯·温克尔曼整理，林荣远译，商务印书馆 1997 年版，第 238~329 页。］从韦伯对权威来源性的论断，我们可以推导出一个结论：社会生活中权威的获得不外乎两个方面的来源——社会制度和个人素质。

　　〔1〕　何谓"权威"？在一般意义上，权威是指使人信从的力量和威望；也指在某种范围内最有地位的人或事物。E. A. 霍贝尔说，权威就是指引他人行为的明确的能力。从汉语词汇的角度讲，权威是权力和威严与能力和威望的和谐统一。权威无疑包含着权力，但权力来自法则，权威出自民心，权力只有获得相关的认可、遵从与拥护时才能真正成为权威。（参见胡平仁："法社会学的法观念"，载《社会科学战线》2007 年第 3 期，第 236~243 页。）

　　〔2〕　参见秦强："法律结构论与乡土社会中的法律结构"，载《湖南公安高等专科学校学报》2007年第 5 期。

结果的接受（不管是否发自内心），对当事人（尤其是权利被损害一方）来讲，也是一种对伸张个人权利冲动的压抑，从而使他们退回到合乎儒家规范的标准之内"。[1]

三、官府的支持

在近代中国，从广义上讲，手工业社会的解纷机制是整个国家解纷机制的有机组成部分，在制度和实践两个层面均得到了官府的支持。这种支持主要体现在以下方面：

（一）手工业行会借官府以自重

在近代中国，手工业行会是手工业者的自治组织，尽管它解决的纠纷只限于民事领域和轻微的刑事案件，但也常借官府的权威树立自己的威信，并在适当的时候正当化其解纷行为。手工业行会借官府以自重的方式主要有以下两种：

1. 呈报官府批准或备案使规约合法化

在手工业行会内部适用的"董事、司年、司月"组织规章，其强制力量仍然有限。行会将内部规章与既有政府司法实务结合，推动了手工业行会"立案"制度的产生。手工业者"捐款成立的会馆公所在成立时，通常都会向地方政府呈请'立案'保护"，[2]目的是通过呈报官府批准或立案，使行业自治规约合法化，以强化规约的权威。同时也借助国家的力量和国家执法的权威来保证行会规约得到普遍遵守。[3]手工各业规约的议订，"不少都要经过当地政府的批准。……不少还由官府出面发布，赋予其国家强制力，由国家

---

〔1〕 张淑娟："调解制度与中国传统社会的存续——一个社会学的分析"，载《学海》2004年第1期。

〔2〕 参见邱澎生："由苏州经商冲突事件看清代前期的官商关系"，载 http://www. lunwentianxia. com.

〔3〕 如清代苏州蜡笺业、红木梳妆业同业就有这样的规定。《吴县布告水灶业同业公会碑》中记有：吴县水灶业同业公会成立后，曾将章程业规名册等呈现报县党部，"并蒙核准备案，认为合法团体"，"通令，所有各业业规，饬几径呈现主管官署立案"，承认"业规乃为业务之法规，又为公会之基础，凡事同业，莫不重视"，因而"颁发布告，俾得同业咸资遵守"。（王国平、唐力行主编：《明清以来苏州社会史碑刻集》，苏州大学出版社1998年版，第607页，转引自高其才：《多元司法：中国社会的纠纷解决方式及其变革》，法律出版社2009年版，第77页。）

这一最大的社会组织保证其实施"。[1]大凡行会成立之时，都以"联乡谊、祀神祇、办善举"名义向政府申请立案。为使收取保存契约、经费的"董事、值年、值月"组织规章能有更大保障，同时，也为避免外人骚扰侵犯所属产业等行会权益，以及防止少数捐款成员或是其后代子孙巧取强占公产，手工业行会也将规章与契据一并呈请政府"立案"。"商人（与传统中国一样，近代中国的'商人'相当程度上仍是从事生产与贸易兼而有之的群体，即工商兼而有之——笔者）组成团体时，为了顺利取得立案保护，所以尽管会馆公所具有很强的经济功能，但基本上仍是以同乡聚会、敬祀神祇和慈善救济等名义向政府呈请'立案'，以一种类似公同财产的'公产'名义向政府要求核可和保护。"[2]手工业行会常将政府核准立案保护行会产业等权益的公文与禁令刻在本身建筑物的门前或门内，这是现今存留许多会馆、公所碑文的重要由来。如光绪二十四年（1898年）九月苏州面业公所就"邀集众友，叙谈于光绪廿四年九月中旬，商议为因茶叶间壁王阉姓盗面业之内备弄一条，同业通禀县存案，给示立碑"[3]。光绪二十八年（1902年）十一月三日，苏州府予以立案，同意给示立碑。现将官批意见照录如下：

钦加三品衔在任候补道特调苏州府正堂向为人示晓谕事。据民人赵福昌、徐荣春、邓鸿元、陆阿仁、陈阿新、刘川玉等禀称：窃身等籍隶无锡、常州，在苏开设松鹤楼、邓正元、许正元、赵义兴、观正兴等面馆生理。向有公所在长邑境内官巷中，曾于光绪初年禀蒙前宪给示在案，迄今二十余年。虽应办善举循旧举办，而经现乏人，终未能切实。况本年时疫流行，同业中传染而病且故者甚多，公所之□恤未能周遍。身等爰邀同业集议，将应办一切同业善举认真经理，并将房屋倾圮处重加修葺，所需经费仍由业等按月抽助，并不外募。但身等经营生业，势难常驻公所，议将一切事宜由身等轮流经理，俾于善举生业幸免有裨益。现在总期善归实在，惠及桑梓。身等办之于前，深恐废之于后，禀乞给示遵守，俾后来者有所遵循，而善举不致废弛，并求禁止地匪游勇人等作践滋扰，以重公地，等情。到府。据此，除批示外，合

---

[1]　高其才：《中国习惯法论》（修订版），中国法制出版社2008年版，第88页。

[2]　参见邱澎生："由苏州经商冲突事件看清代前期的官商关系"，载 www.lunwentianxia.com.

[3]　"面业公所捐款碑"［光绪二十四年（1898年）九月］，转引自王国平、唐力行主编：《明清以来苏州社会史碑刻集》，苏州大学出版社1998年版，第284页。

就给示谕禁。为此示。仰该地保及面馆同业诸色人等知悉：须知该公所房屋久已失修，现由赵福昌等重加修理，并议将应办同业善举照认真经办，所需经费仍归该业按月抽助，并不在外募捐，一应事宜由赵福昌等轮流经理，

以垂久远。自示之后，务须恪守定章。倘有地匪棍徒藉端滋扰，以及冒名敛捐情事，许即指名禀究。地保徇庇，察出并惩。各宜懔遵毋违。特示。遵。

光绪二十八年十一月初三日示〔1〕

官府就行业组织的申请予以立案的情况，在民国时期也依然存在。如民国十三年（1924 年）五月的"吴县布告保护置器业集德公所碑"所载。碑文照录如下：

为布告事。案据置器公所代表赵桂轩呈称：所有置器公所房屋早经前清咸丰庚申年兵□被毁，旋于同治九年创立集德公所于苏城范庄前祭礼巷内，当因节省经费，与漆作业合并一所。兹因房屋狭窄，难谋扩充，于同业中公推商人为代表，捐资置得苏城因果巷房屋一所，建立置器公所，现在修理竣工。新所成立，惟恐不肖之徒藉端羁阻，须赖官厅保护，以期永久。除将详细行规俟经公同议妥，另行呈请备案外，为特先行呈请县长恩准给示，以资保护而维公所，实为德便，等情，旋据将同业公议订定行规呈报前来。据此，除分别批示外，合行布告，仰该业商民人等一体遵照。此布。

中华民国十三年五月十五日〔2〕

地方政府与手工业行会之间，如何发展出一套有关行会权益立案从申请、审核到核可、立碑的司法运作实务？其应是一个长期的演化过程。限于史料，内部细节与演变大概已很难厘清。总之，受理行会权益立案的申请，确是官府的重要工作。举个实例：道光十六年（1836 年），安徽籍油漆工吕松年将独资购买所得一处计有十三间屋舍的建筑物，捐赠为油漆业"性善公所"的专属建筑物。道光二十九年（1849 年），在吕氏身故后，他的儿子吕一琴特

〔1〕 "苏州府示谕保护面业公所善举碑"［光绪二十八年（1902 年）十一月］，载王国平、唐力行主编：《明清以来苏州社会史碑刻集》，苏州大学出版社 1998 年版，第 286 页。

〔2〕 "吴县布告保护置器业集德公所碑"［民国十三年（1924 年）五月］，载王国平、唐力行主编：《明清以来苏州社会史碑刻集》，苏州大学出版社 1998 年版，第 321 页。

别向官府呈请立碑，强调该所房屋："情愿永为性善（公所）之公产。倘有不肖族丁及外姓匪徒，觊觎滋畔，以及勾串盗卖情事，许即指名禀县，以凭提究，各宜凛遵毋违。"[1]行会产生的"董事、值年、值月"组织规章以及向官府呈请"立案"法律制度都具有向会员表示行会产业等权益有安全保障的作用。[2]这种制度有利于纠纷处理结果的有效贯彻落实。

2. 呈报官府存档使契据合法化

会馆公所的地基、房屋大都是手工业行会的公产，其产权性质为集体所有，但其来源或是行会集体购置，或是会员捐赠，无论何种获得形式，年深日久都可能发生行内外人士觊觎公产，发生产权纠纷。由光绪三十三年（1907年）发生的原属山东人士创建"枣商会馆"地基纠纷案来看，房地产契据以及政府收税公文书上记录"立户纳粮"的名字是解纷的重要条件依据。[3]由以会馆公所名称登记产权契据以及向政府"立户纳粮"的制度发展出一套将产权契据副本存贮地方政府公文档案库房的"禀库存贮"制度，这是行会"立案"制度的进一步发展。

乾隆年间"潮州会馆"将房产契约"延请董事经理"时，仍是："一应存馆契据，递交董事收执。先后更替，照簿点交。"[4]不过，尚未见到官府介入团体公产契据保管工作的情况。光绪十八年（1892年）"吴兴会馆"碑记上，则有一段官员批示："现闻上海、江西等会馆，所有产业契据等项，皆因公产，系轮流经管。恐难一律慎密，均须禀库存贮。另录置产簿二本，呈请盖印。一存县档，一存会馆，永远执守，历无贻误。今吴兴会馆产业，事同一律。既查存上海、江西等会馆成案，并核与义庄公产契据，可以存司盖印，例章大略相同。"[5]由乾隆四十九年（1784年）记录的"潮州会馆"组织规

---

〔1〕　张晓旭：《苏州碑刻》，苏州大学出版社2000年版，第148页。

〔2〕　邱澎生："市场、法律与人情：明清苏州商人团体提供'交易服务'的制度与变迁"，第17页，载 http://www.sinica.edu.tw/pengshan。

〔3〕　这个案子留下一些史料，收入章开沅、刘望龄、叶万忠主编：《苏州商会档案丛编》（第1辑·一九〇五年——一九一一年），华中师范大学出版社1991年版，第604~611页。马敏对此案做过一些讨论，参见马敏："商事裁判与商会——论晚清苏州商事纠纷的调处"，载《历史研究》1996年第1期，第292~293页。

〔4〕　张晓旭：《苏州碑刻》，苏州大学出版社2000年版，第340页。

〔5〕　张晓旭：《苏州碑刻》，苏州大学出版社2000年版，第45~46页。

章，到光绪十八年（1892 年）的"吴兴会馆"组织规章，大约一百年间，手工业行会与地方政府之间已经发展出了这种将团体议定"规条簿"送审以及公产契据副本存放官府备查的"契据存档"法律制度。该制度的存在，保证了解纷结果的有效执行。

（二）手工业同业公会借官府以自重

1. 借官府获合法地位

手工业同业公会依法定程序成立，订立规章，连同其他材料送由当地官府查明，转报中央农工部核准立案。在同业公会看来，其章程虽经多数会员通过而具有社会合法性，但仍要报送官府审核，以取得官方合法性，其目的不外乎借官府正当化其行规及依此所得解纷结果之效力。"前条工艺同业公会所订规章，应载明左列条款，经该地区域内四分之三以上之同业者议决，方得向该地主管官厅呈请核办。"[1]

1918 年北洋政府颁布的《工商同业公会规则》《工商同业公会规则实施办法》和 1923 年 4 月 14 日颁布的《修正工商同业公会规则》对后来依法成立的手工业性质的同业公会具有法律指导意义。这几部法规对同业公会的组织程序、同业认定、章程内容等方面做了规定。1927 年 11 月，南京国民政府颁布《工艺同业公会规则》，对工业类公会予以单独立法，规定"凡属机械及手工之工厂、作坊、局所等，操同一职业者"，得成立工艺同业公会。[2]该法正当化了手工业同业公会的发起人、经理人的权力和公会规章的合法化。

2. 借官府获解纷权力

在民国时期，政府通过社团立法及同业公会法确定了同业公会在法律上拥有代表同业会员解纷的权力。从解纷的角度看，调处行业纠纷是法律赋予同业公会的职责之一。1927 年 11 月南京国民政府的《工艺同业公会规则》规定了手工业同业公会"调和同业之竞争"的解纷职责。[3] 1929 年的《工商同业公会法》更是明确了同业公会订立营业规程和调处同业之间争议的法定职能。后来陆续颁布的《工商同业公会章程准则》（1936 年）、《工业同业

〔1〕 "工艺同业公会规则"，载彭泽益主编：《中国工商行会史料集》（下册），中华书局 1995 年版，第 991 页。

〔2〕 彭泽益主编：《中国工商行会史料集》（下册），中华书局 1995 年版，第 995 页。

〔3〕 彭泽益主编：《中国工商行会史料集》（下册），中华书局 1995 年版，第 991 页。

公会法》（1938 年）对手工业同业公会的解纷职责作了相应的补充。以上所有这些立法均为同业公会的解纷活动提供了法律依据和国家强制力保障。事实上，行业自治权从根本上来源于会员对于同业公会的信任，同业公会只是借政府立法将这种自治权以法律形式加以强化。在实践中，手工业同业公会采取报送当地主管官厅查明和转报农工部核准立案的方式正当化其解纷权力。

从总体上看，官府承认了同业公会以下与解纷相关的权力：第一，行业自治规章制定权。各同业公会的章程在形式上大都一致，主要包括同业公会的名称、宗旨、任务、依据、会员资格、入会退会办法、会员的权利和义务、机构设置及职权范围、职员选举办法及职权范围、会费交纳办法及财产管理制度、章程的修改程序等。业规是最为重要的同业公会运行规则，主要包括营业习惯与交易惯例。在经营行为方面，对开业、伙友、同业关系、度量衡、货币、定价、争议、违章事件、公共福利、促销、职业道德等方面都有一定规定。此外，业规也包括入行规约（行业内的登记制度）、议事制度、交易规则、会馆公所等管理办法、抽捐办法、业内纠纷处理办法、业内违规惩罚等。第二，行业秩序管理权。同业公会可依据所定营业规程，采取措施纠正营业之弊。

（三）手工业者工会借官府以自重

1. 借官府获合法地位

在近代中国的政治与法律体系中，工会与同业公会面临着不同的命运。同业公会在 1918 年北洋政府农商部的第 45 号令中就得到了承认，规定了同业公会的合法性[1]，对行会向同业公会的转化产生了积极作用。相比之下，工会合法地位的获得则艰难得多。尽管京汉铁路工人大罢工后，农商部奉黎元洪之命，拟订《工人协会法草案》15 条；1925 年五卅惨案发生后，农商部重拟《工会条例草案》25 条，后来又在此基础上加以修正，形成了《工会条例草案》34 条，但在北洋政府的统治下，工会的活动始终处于非法状态。尽管如此，北洋政府的工会立法活动，至少已经表明他们认识到了工会作为一个重要的社会团体的合法地位的历史必然性。

工会运动真正受到重视是在国民党广州政府时期。孙中山首先觉察到了制定工会条例的重要性。他曾指出："（甲）因中国今日机械工业尚属幼稚，

---

〔1〕 1918 年后，关于同业公会的法律不断完善，南京国民政府在 1927 年 11 月颁布的《工艺同业公会规则》确认了同业公会的法人地位。

大部分的手工业工人不明组织团体之必要，因此本条例即首在确认劳工团体之社会上之地位。（乙）允许劳工团体以较大之权利及自由。（丙）打破妨碍劳工组织及进行中之障碍，使劳工团体得渐有自由之发展。"[1]1924 年 11 月，他以大元帅名义发布《工会条例》21 条，规定："凡集合同一职业或产业之脑力或体力劳动者 50 人以上者，得适用本法组织工会；工会与雇主团体立于对等之地位；工会有言论、出版及办理教育事业之自由；工会有权与雇主缔结团体契约。"[2]此后，国民政府多次制定、修改以工会法为中心的法律体系，试图将工会活动完全纳入国民党的党法之下。总的来说，"工会的法人地位在国民党政府制定的法律框架范围内获得了承认"[3]，但工会的存在是以不妨害国民党的统治为前提的。[4][5]

2. 借官府获解纷权力

北洋政府在其《工会条例草案》（修正案）34 条中，规定："劳资争议得由政府或调处委员会调查公断；公有事业的劳资纠纷得由政府强制执行。"国民党广州政府在 1924 年 11 月以大元帅名义发布的《工会条例》21 条规定："工会与雇主发生争议，有要求雇主开联席会议仲裁之权，并请求主管行政官厅派员调查及仲裁；工会在必要时，得根据会员之多数决议宣告罢工；工会享有参与雇主方面规定工作时间、改良工作状况及工场卫生之权；行政官厅对于非公用事业（公用事业指电灯、电话、煤气、自来水、电车、铁道、航船等日用交通事业）的工会与雇主间冲突，只任调查及仲裁，不执行强制判

---

〔1〕 郑竞毅：《比较工会法》，上海法政学社 1932 年版，第 59 页。

〔2〕 胡振良、李中印编：《社会团体》（上册），华夏出版社 1994 年版，第 123~126 页，转引自朱英主编：《中国近代同业公会与当代行业协会》，中国人民大学出版社 2004 年版，第 330 页。

〔3〕 朱英主编：《中国近代同业公会与当代行业协会》，中国人民大学出版社 2004 年版，第 334 页。

〔4〕 朱英主编：《中国近代同业公会与当代行业协会》，中国人民大学出版社 2004 年版，第 334 页。

〔5〕 随着时空范围的变化，工会的权力在不断削弱，政府当局与工会的关系也在不断变之中。在国民党尚未取得全国政权之前的广州政府时期，为了能获得工会对其北伐战争的支持，实际上鼓励工会运动的发展，工会也因此拥有了较大的自主权。1927 年北伐胜利后，国民党建立了统一的全国政权，为了打击中国共产党领导的工人运动，政府较多地介入工会，加强了对工会的控制，《工会条例》中赋予工会的权利或被取消或被削弱。1943 年的《工会法》甚至将协助政府关于国防及生产等政令之实施作为工会的宗旨，控制更加严格。因此，"南京国民政府统治时期，真正独立的工人团体组织是不存在的，工会组织只能在国民党的政治与法律框架之下，为其政治需要服务"。（朱英主编：《中国近代同业公会与当代行业协会》，中国人民大学出版社 2004 年版，第 334~335 页。）

决等。"[1]从中不难看出，官府通过法律赋予了工会一定的解纷权力。

除 1924 年国民党广州政府以大元帅令发布的《工会条例》外，据学者朱英统计，此后的南京国民政府关于工会立法、修法的活动达 7 次，与工会相关的立法活动也相当频繁。[2]如表 7-1。

表 7-1　南京国民政府工会法律体系

法案名称	制定或修改时间
《上海劳资调节条例》	1927 年 4 月
《上海解决工商纠纷条例》	1927 年 5 月
《劳动争议处理暂行条例》	1927 年 6 月
《工会组织暂行条例》	1927 年 7 月
《上海特别市工会注册暂行规则》	1927 年 8 月
《工会法组织草案》	1927 年 11 月
《工会法》	1929 年 10 月制定，1931 年 12 月、1932 年 9 月、1933 年 7 月、1943 年 11 月、1947 年 6 月、1949 年 1 月六次修改。
《工厂法》	1929 年 12 月
《劳动争议处理法》	1930 年 3 月

〔1〕 胡振良、李中印编：《社会团体》（上册），华夏出版社 1994 年版，第 123~126 页，转引自朱英主编：《中国近代同业公会与当代行业协会》，中国人民大学出版社 2004 年版，第 330 页。

〔2〕 南京国民政府为何如此重视工会立法？对此，1929 年国民党"三大"说得十分清楚，全国工人"已有相当之组织者，今后必须由本党协助之，使增进其知识与技能，提高其社会道德之标准，促进其生产力与生产额，而达到改善人民生计之目的"。［荣孟源主编：《中国国民党历次代表大会及中央全会资料》（上册），光明日报出版社 1985 年版，第 635 页。］其实，其文字背后的含义正如论者所谓"协助"工人组织，无非是控制工人运动；改善人民生计，则是安抚工人的一种承诺。控制与安抚的结合，构成了训政时期国民党工运政策的基本内容。《工会法》的颁布虽然在形式上承认了工会存在的合法性，但是这种合法的前提是工会被纳入国民党党治系统。由于受到诸多方面的限制（如发起人数、职业、设立程序、团体协约权、罢工权、联合权等），工人不仅失去了自由设立工会的结社权，也因此丧失了工会的许多基本权利。（参见朱英主编：《中国近代同业公会与当代行业协会》，中国人民大学出版社 2004 年版，第 331 页。）

续表

法案名称	制定或修改时间
《工会法施行法》	1930 年 6 月
《团体协约法》	1930 年 10 月
《各业工人联合会组织办法》	1940 年 3 月
《非常时期工会管制暂行办法》	1941 年 8 月
《动员戡乱时期劳资纠纷处理办法》	1947 年 5 月

资料来源：

朱英主编：《中国近代同业公会与当代行业协会》，中国人民大学出版社 2004 年版，第 330~331 页。

在上述立法中，工会取得了劳资纠纷、劳动争议等的参与解决权。同时，在实践中，工会也借上述立法正当化其解纷权力。

本章小结： 在近代中国手工业社会中，解纷结果的效力保障有神灵、贤达和官府三支力量，以权力的视角观之，它们分别对应于神权、族权和政权。对于神灵保障对应于神权和官府保障对应于政权，人们应无疑问，而对于贤达对应于族权，可能不大好理解。其实在传统中国，作为一个群体的手工业者，其内部关系也是按照血缘家族予以拟制的，这一点从前文的论述中不难发现。因而，说贤达保障对应于族权，似无不妥。同时，我可以合理地假定，三种权力在背后对于手工业社会解纷结果的效力保障机制亦可适用于其他社会解纷结果的效力保障之分析。

第八章

近代中国手工业社会纠纷解决机制的基本特征

第一节　解纷依据：更倚重于行规

有关史料和上文的论述表明，在近代中国，对于手工业社会的内部纠纷，当事人更多的是在团体内部寻求解纷资源，即使内部解决不了不得不求助官府，后者回过头来也会力求将纠纷化解在当事人团体内。这样看来，无论解纷者是谁，手工业社会纠纷解决的依据主要还是该社会内部的行规、契约、习惯、习俗等社会规范。不过，尽管手工业组织的行规、契约等自治规范对成员具有一定的约束力和强制力，但它们仅仅是基于契约和认同而产生的一种"协议性规范效力"，这些规范要具有"法定性规范效力"必须经过一定的途径或程序。[1]

那么，手工业组织的社会规范在什么情况下具有法定性规范效力呢？也许哈特对"基本规则"和"第二规则"的区分能有助于我们理解和判断手工业社会规范的法定性规范效力之获取。哈特认为"基本规则"是对社会成员授予权利或规定义务的规则，"第二规则"是规定基本规则如何制定和由谁制定、承认、修改或废除的规则，所以他又把第二规则称为"承认规

---

[1]　协议性规范效力和法定性规范效力是对广义法律效力现象的总结，前者是指因协议、加入等明示行为而产生的规范效力，后者是指因法律、出生等默示行为而产生的规范效力。前者的典型例子是个体加入某一团体而自愿受该团体的规约约束而产生的法效力；后者的典型例子是个体因出生而自动取得出生地国籍而受该国法律拘束而产生的法效力。

则"。[1]根据这一理论来分析近代中国手工业社会解纷中所适用的社会规范，可以发现，手工业组织制定的这些社会规范是关于行业组织及成员之间权利义务的分配，属于"基本规则"；而这些社会规范要具有法定性规范效力，则还需要第二规则的认可或授权。这些第二规则可能是国家法律，或可能是政府的决议，它们在事先或事后对行业规范予以授权或确认，使其获得官方合法性，从而变得具有法定性规范效力。在多数情况下，手工业社会的自治规范能够得到官府的认可或授权从而具有法定性规范效力。因而，近代中国手工业社会解纷的主要依据之规约、习惯等社会规范是兼具民间认同性和官方认可性双重性格或效力的规范，从而使解纷依据之多元变得不那么纯粹，不那么泾渭分明。

美国学者伯尔曼在论述西方法律传统时指出："凡有行会的地方，行会又是立法团体。城市或城镇里五花八门的商人和手工业者的行会各自都有自己的法令。这些法令规定诸如此类的事项：学徒身份和成员身份的条件、工作日与假日的日程表、工作质量标准、最低限度价格、商店之间的距离、有关行会内部限制竞争和平等交易的售卖条件、禁止赊卖（行会内部除外）、限制进口、限制移民以及其他保护主义的措施。"[2]显然，这里所说的"法令"不是官方颁布的法律，而是"行业规矩"。与之类似，清末以前的中国没有专门的商法典，"律典对工商业相对规定不多，原因在于，把具体管理工作留给了工匠及商人们的协会去做。这些协会就是人们通常所知的'行'"。[3]《大清律例》中仅有为数不多的几条涉及禁止私人把持行市、独专其利或买卖不公等。行会历时悠久，各行各业都形成了大量的行规，它们在国家商事立法还不健全的情况下，在规范同业的经营行为、维护行业秩序、解决行业纠纷方面发挥着重要的作用。在近代中国手工业社会解纷过程中之所以主要倚重行规，与行规所具有的以下特性有关：

---

〔1〕 参见［美］罗纳德·德沃金：《认真对待权利》，信春鹰、吴玉章译，中国大百科全书出版社 1998 年版，第 37～39 页。

〔2〕 ［美］哈罗德·J. 伯尔曼：《法律与革命——西方法律传统的形成》，贺卫方等译，中国大百科全书出版社 1993 年版，第 473～474 页。

〔3〕 ［英］S. 斯普林克尔：《清代法制导论——从社会学角度加以分析》，张守东译，中国政法大学出版社 2000 年版，第 112 页。

一、行规的社会合法性：成员共同认可

行规是行业中通行的具有普适性、权威性的行事规矩，成文为规则、规条，反之则为习惯、惯例。在近代中国，行规通常由同业公同议定，具有协议性规范效力，对会员具有当然的约束力。博登海默说手工业组织制定自治规章的行为是一种自主立法，它与国家的委托立法不同。所谓自主，"乃是指个人或组织（而非政府）制定法律或采用与法律性质基本相似的规则的权力"[1]。

行规的制定者是同行业的手工业者，其权力来源主要是行业成员的理性契约和集体认同。其效力主要是一种内部的团体纪律约束，而没有国家法上的强制力，但"人们决不可对这些规则的威力视若具文"[2]。例如，在湖南，长沙糖坊条规："从事行商坐贾，不无规约，百工技艺，各有章程。吾侪长（沙）善（化）糖坊，虽云蝇头微利，不有定规，何能一体？自乾隆嘉庆道光年间以来，章程划一，近因粤匪犯境，致规条紊乱，积弊日生。爰集同人共襄美举，谨将旧章逐一妥议，庶几人心皆一，而积弊全除，行规正而商程永定矣。凡我同人务宜恪守，永远遵行。"[3]长沙乾湿靴鞋店条规："我等乾湿靴鞋一行，原系铺户客师公建。孙祖会始于乾隆癸卯年，邀集同人，襄兹盛举。迨至嘉庆十一年，公捐银五十两入乾元宫，供春香火。继又于道光三十年改置乐心巷房屋一所。至咸丰初年，铺户客师重捐并余资将前栋改造庙宇，其由来盖已远矣。且如手艺不无巧拙之分，工价亦有低昂之别，公议铺户每双手工增补一二厘至五厘不等。但各店货物，原有上中下三等，其手艺工价，断难执一，仍照三等之价，次第增添，似此无偏无倚之规，可守故辙，可垂来兹。然而传至丙子年，讼之公廷，蒙善化邑尊吴断案批存。"[4]长沙成

---

〔1〕〔美〕E. 博登海默：《法理学：法律哲学与法律方法》，邓正来译，中国政法大学出版社2004年版，第421页。

〔2〕Report of Mission to China of the Blackburn Charaber of Commerce 1896–1897,（Black burn, 1898）, N. Neville and H. Bell, s, p. 314.

〔3〕长沙，《糖坊条规》光绪十三年（1887年），转引自彭泽益编：《中国近代手工业史资料（1840-1949）》（第2卷），中华书局1962年版，第28页。

〔4〕长沙，《乾湿靴鞋店条规》光绪二年（1876年），转引自彭泽益编：《中国近代手工业史资料（1840-1949）》（第2卷），中华书局1962年版，第28页。

衣店条规："我等成衣一行，自轩辕以来，为年已久。经前辈议立规章，俾后人之所遵守，杜争端绝流弊，举习为例，幸相安于无事之天。"[1]武陵锡器店条规："盖闻常郡，乃八省通衢之地，各行买卖，均有条规。我等锡店一业，原有章程。因咸丰四年遭乱以来，未能规复，买卖紊乱。今集同人商议，酌量重整旧规，亦蒙各前宪批准存案。俟后……倘有阳奉阴违，私自乱规，一经查出，决不姑宽也。"[2]

二、行规的官方合法性：官府予以认可

在传统中国，官府高高地凌驾于手工行业组织之上[3]，行规自然从属于国家法。行规须得国家法令支持，方能进一步增强其合法性与权威性，强化其约束力。手工行业组织寻求官府备案或勒石碑公告，即在于获得官府的支持，因为这里的备案或公告并非简单告知，而是具有内在的历史与法律动因。如博登海默上面所述，行规本身并没有法律效力，而主要依赖于同业的自觉遵守。这种备案或勒碑行为赋予了行规一种国家合法性，得到了国家的象征性支持。如晚清苏州的造纸业、印书业行规的议订，要通过官府颁布。其实，在现存的工商业碑刻中，很多"都是刊布地方政府的文告和禁令"[4]，其内容如核定工价、禁止"市棍滋扰"、禁止"捏名苛派冒收"、禁止"窃用物料"、禁止"倡议滋事"、禁止"借端科派"、永禁"叫歇"……手工行业组织禀请立案时，官府是否允准的原则是，"是否众意佥同，有无抑勒情弊"，即只要取得同业的一致同意，并且行规中没有明显的违法条款，官府一般不究根底，就承认其"合法"，并保护行规的有效性。官府对行规"可以说是一

---

〔1〕 长沙，《成衣店条规》光绪二十一年（1895年）八月，转引自彭泽益编：《中国近代手工业史资料（1840-1949）》（第2卷），中华书局1962年版，第489页。

〔2〕 武陵，《锡器店条规》，转引自彭泽益编：《中国近代手工业史资料（1840-1949）》（第2卷），中华书局1962年版，第28页。

〔3〕 作为中国出现较早和存在时间较长的手工行业组织，行会一开始便从属于国家。行规始终无法与国家法相抗衡，摆脱国家法的控制。北宋政府有一道命令很能说明问题。手工业者必须"各自诣官投充行人，纳免行钱，方得在市卖易，不赴官，自投行者有罪"。即所有手工业者都要先到官府交纳免行钱，然后再去行会"投行"（办理登记手续，表示参加了行会），才算合法；如果不先向官府交纳免行钱，私自投行，那就是犯法。这种情况在近代依然如故。

〔4〕 洪焕椿："论明清苏州地区会馆的性质及其作用——苏州工商业碑刻资料剖析之一"，载《中国史研究》1980年第2期，第15页。

种模糊的默认态度"[1]。对手工业行会等同业组织制订或重新整顿的同业规则，官府一般都准予勒石成碑，以为明示，即以公文形式予以公布。如苏州煤炭业坤震公所于1909年整顿行规后，元、长、吴三县立即出示晓谕，要求同业认识到"整顿行规，创建公所，系为维持商务及筹备同业善举起见，自示之后，务各一体遵守现议规则办理毋违"[2]。

　　同治、光绪以后禀告官府要求批准行规、"给示勒石"的会馆越来越多，表明会馆、公所的民间权威仍然须得到官署的国家权威的支持。行规必须"请宪核定"之后，方可生效，即必须得到地方政府的认可和承认。"窃硝皮同业，前于同治十二年七月，在吴邑北利四图官宰衖口，购地建立裘业公所，筹办同业老病孤寡无力医药殓葬等事，禀奉升俯宪李暨前县宪高给示禁约在案"[3]，"窃身等均系江浙水木、雕锯、清水、石方、棕榈各匠作，手艺营生。……并回重议行规，当经公同妥议胪列规条，呈蒙叶升宪核明，所议各条，尚属妥恰可行，给示勒石永遵"[4]。

　　官府对行会呈报来的行规也并非只是例行其事——"批示"，仅限于一种程序，走形式，而是加以审定修正后才出告示施行。据"吴县巧木公所议定行规碑记"所述，在巧木公所司事张金荣等人"邀集同业，将公所略加修葺，重行整理，并检呈旧碑，求请备案给示等情到县"后，官府并不是就马上"批示"和"合行示禁"，而是"据此，当经本公署批饬将议定行规，禀送来县，再行察夺施行。据送到行规所拟各条，均未完善。又经批饬妥为修正，禀复核办各在案。兹据禀送前来，除批：既据禀称，一再集议，妥为修正，姑准给示晓谕"[5]。应该说，官府对行会呈送上来的行规的审定还是比较重视

---

　　[1]　魏文享：《中间组织——近代工商同业公会研究（1918-1949）》，华中师范大学出版社2007年版，第184页。

　　[2]　"煤炭业创建坤震公所整顿行规碑"，载苏州博物馆、江苏师范学院历史系、南京大学明清史研究室合编：《明清苏州工商业碑刻集》，江苏人民出版社1981年版，第279页。

　　[3]　"吴县规定裘业公所工伙不准私立头名目把持各店作收用外帮徒伙擅议罚规以及阻工霸业碑"［光绪三年（1877年）十二月］，载彭泽益选编：《清代工商行业碑文集粹》，中州古籍出版社1997年版，第136~137页。

　　[4]　"上海县为鲁班殿事宜归官匠朱炳石经管告示碑"［同治七年（1868年）八月］，载彭泽益选编：《清代工商行业碑文集粹》，中州古籍出版社1997年版，第61页。

　　[5]　"吴县巧木公所议定行规碑记"［民国四年（1915年）十二月］，载彭泽益选编：《清代工商行业碑文集粹》，中州古籍出版社1997年版，第126页。

的。正是得到官府的承认和支持，湖南长沙磁业于 1893 年奉长善宪示禁，"凡装运镇磁土碗来省，必须投行入店发售，若无行单，不得私自完厘起入，以杜漏厘悄卖"。[1]

1918 年的《工商同业公会法》也规定，工商同业公会的设立须地方最高行政长官批准。根据 1927 年（民国十六年）11 月 21 日农工部公布的《工艺同业公会规则》，"工艺同业公会所订规章，应载明左列条款，经该会区域内四分之三以上之同业者议决，方得向该地主管官厅呈请核办"。民国二十七年（1938 年）二月五日昆明市商会审查修正的《昆明市木箱业同业公会业规》就明确"本业规经议决通过，呈请市商会核转市党部、政府核准施行之"[2]。又如昆明市籐器业商业同业公会"民初本业与官轿同行，名官轿行公会。民国二十六年（1937 年），内因营业及学徒之教管，外因奉市商会之命，由官轿划分出来，成立籐器业同业公会。……27 年 7 月 5 日复奉市政府、市商会核准业规十七条"[3]。民国二十七年（1938 年）七月制定的《昆明市打锡业同业公会业规》所述的"本规则经同业会员全体大会议决通过，呈请昆明市商会转呈昆明市政府党部核准后实行之"，表明了公会业规出台的浓厚官方背景。[4]这样的情况在其他各业中均有体现。如铜器业，"于民国 26 年正月十三日，经同业公会详加考查，照章更正，呈请昆明市党部商会核准存案"[5]；裱画业，"本业规提会员代表大会后，呈请市商会核转市政府核准实行之"[6]；打铁业，"本业规经会员大会表决后函请市商会核转市党部政府核准实行之"[7]。

---

〔1〕 彭泽益主编：《中国工商行会史料集》（上册），中华书局 1995 年版，第 213 页。

〔2〕 李为宪："昆明市 12 个同业公会调查"，载李文海主编：《民国时期社会调查丛编》，福建教育出版社 2004 年版，第 312 页。

〔3〕 李为宪：昆明市 12 个同业公会调查"，载李文海主编：《民国时期社会调查丛编》，福建教育出版社 2004 年版，第 318 页。

〔4〕 李为宪："昆明市 12 个同业公会调查·昆明市打锡业商业同业公会"，载李文海主编：《民国时期社会调查丛编》，福建教育出版社 2004 年版，第 341 页。

〔5〕 李为宪："昆明市 12 个同业公会调查·昆明市打锡业商业同业公会"，载李文海主编：《民国时期社会调查丛编》，福建教育出版社 2004 年版，第 324 页。

〔6〕 李为宪："昆明市 12 个同业公会调查·昆明市裱画业商业同业公会"，载李文海主编：《民国时期社会调查丛编》，福建教育出版社 2004 年版，第 330 页。

〔7〕 李为宪："昆明市 12 个同业公会调查·昆明市裱画业商业同业公会"，载李文海主编：《民国时期社会调查丛编》，福建教育出版社 2004 年版，第 336 页。

手工业行会改组为手工业同业公会〔1〕之后，手工业行会行规就体现为手工业性质的同业公会行规；同业公会也获得了法人资格，取得了正式法律地位，受到官府的保护。1933年修订的《工商同业公会法》规定同业"均应"加入同业公会，对同业加入同业公会作出强制性的法律要求。〔2〕由此，不再存在游离于同业公会行规约束范围的同业者，从而提高了行规的法律效力，达到了约束全体同业的目的。成文的、为国家所承认的行业规约显然更具有合法性和权威性。

在手工业者心目中，他们自己所订立的行规与国家的"律""例"是具有同样效力的，即"朝廷有例，乡党有规，市井中亦然""国有条律，民有私约"〔3〕。因此，同业一般会自觉遵守，以避免麻烦。"事实上，在行会具有强制入会权的情况下，行规具有强大的效力。"〔4〕有同业违反行规时，往往由行会集体议决，即"公同议罚"。在未涉及诉讼时，行会可以直接执行。内容包括罚款、赔礼、抵制或驱逐出业等措施，有的甚至有残忍的人身伤害。民国十六年（1927年）之前，由于国家法没有把商品生产、商品流通及行会全面、具体地纳入调整范围，予以详细的规范，没有将行会规定为法人团体，给予其法律地位，因之行会只能依靠行规来规范商品生产、商品流通，用行规来调整手工业者之间的关系，"其内容自成体系，且有自己的独特的议定办法、执行机构和处罚手段"〔5〕，因而有其相独立性。行规对同业人员具有严格的约束力，"在某种意义上甚至高于国家制定法"〔6〕。正如日本学者川岛武宜所指出的，随着强有力的国家的确立，"大多数的社会规范之实效性不是由以前存在的各种社会性团体，即部落、家庭、封建的主从关系、同业公会等

---

〔1〕　在民国十六年（1927年）十一月二十一日农工部公布《工艺同业公会规则》，"凡属机构及手工之工厂、作坊、局所等，操同一职业者，得依本规则之规定，呈请设立工艺同业公会"，"自本规则施行之日起，从前原有之工艺团体，如行会、公所、会馆等，应依照本规则改组，呈由该地主管官厅，转报农工部核准立案"。

〔2〕　严谔声：《商人团体组织规程》，上海市商会1936年印行，第212页。

〔3〕　彭泽益主编：《中国工商行会史料集》（上册），中华书局1995年版，第245、247页。

〔4〕　魏文享：《中间组织——近代工商同业公会研究（1918-1949）》，华中师范大学出版社2007年版，第184页。

〔5〕　高其才：《中国习惯法论》（修订版），中国法制出版社2008年版，第106页。

〔6〕　高其才：《中国习惯法论》（修订版），中国法制出版社2008年版，第106页。

强制力来保证，而是由国家强制力的强制秩序来保证"。[1]

由以上叙述可知，行规、契约、习惯、习俗构成了近代中国手工业社会解纷依据之主体或内在依据，但国家法律则以外在依据的形式规定了前者能够在解纷问题上走多远。况且，前者还必须得到后者的形式认可和强力支持，方能在诸社会规约的竞争中获得一席之地。

第二节　解纷方式：预防息解并重

从广义上讲，纠纷的解决通常包括防纷、解纷和善后三个主要环节。近代手工业社会解纷中，从现有资料来看，基本上体现了防纷和解纷两个阶段。从留存的行规看，手工业社会对纠纷的防范与解决同样重视。

一、注重预防：防纠纷于未然

对于行业纠纷，近代中国手工业社会注重治本、注重预防、注意在"防"字上下功夫。在对纠纷的防范上，与其他民间社会相比，近代中国手工业社会应该说是有过之而无不及。具体地讲，就是注重从源头上防纷，防纷于未然，把工作"哨卡"前移。纠纷发生后，及时解决固然重要，然而解纷毕竟是事后的亡羊补牢，与事前的防纷于未然相比，其整体的"消纷效益"相差甚远。这就要求在注意及时解纷的同时，要将解纷工作的"哨卡"前移，尽可能防范纠纷的发生和升级。解决防范纠纷"哨卡"前移问题，就是早预防、早发现、早把关、早堵住，把纠纷现象消除在萌芽状态。防纷"哨卡"前移的做法有四种：

（1）在行规中规定一些禁止性条文。如同治九年（1870年）四月苏州晒布染业[2]，为确保行业善举顺利开展并得到延续，在其章程中作出了这样的规定，"然事图久远，诚恐改易前章，禀乞示谕勒石，以垂永远等情到府"，即将需明确周知的事项，通过向官府报批后，勒成碑文备查和遵守。蜡烛业在光绪二十年（1894年）六月在提请官府"给示勒石"时给出的理由就是"若不

---

[1] ［日］川岛武宜：《现代化与法》，申政武等译，中国政法大学出版社2004年版，第13页。

[2] 第37号碑文"苏州晒布染司同业章程碑"，载江苏省博物馆编：《江苏省明清以来碑刻资料选集》，生活·读书·新知三联书店1959年版，第63页。

勒石于公所，扰累无休"，而官府作出规定后，可"杜争端而免缠讼"。[1]行规的一个重要职能是，前移防纷"哨卡"，尽可能扼杀一切可能诱发纠纷的因素，并将此作为维护同业利益的重要举措。使同行知道什么可为、什么不可为，从而更好地约束自己的言行举止，以免因违规而受罚。这样的行规，明白地告诉了受害同行解纷的途径和必须证据，在出现问题、解决纠纷时提前做好防范工作，维护了手工业者的正当权益不受侵害，为改善相互之间的关系，减少行业纠纷提供了有力保障。如道光六年（1826年）八月的"永禁碑文"就明确指出："如遇不公不正等事，邀集董司，诣会馆整理，议立条规，借以约束。……诚恐同业私将捐项侵蚀，抑或众行日久更张，遗漏滋弊，必致敬神各款章程，废驰玩忽，不得不预为防杜。"[2]

（2）加强制度建设。如同治十年（1871年）十二月二十六日镌的"长元吴三县为丝业议呈经纪取保条约出示晓谕碑"所述：

据丝业董事候选训导周廷梁、监生李庭越禀称：前经禀陈收用外行经纪条内，专为行少人多、不敷资生而设，定期一年。今择于同治十一年二月二十八日，为收用经纪之始，于十二年正月二十八日为止。后如有外行，虽识丝经，概置不行。区区一业，订期一年之久，其体恤人情，不可为不至矣。至务求的保者，缘丝经价值贵重，恐投来经纪，不尽善良。倘在外设法奸骗，以及昧吞逃逸，违章犯科，情难预料。如或遭害，动作非细。不独谬保之行，转给秤据为累。即职等失察之咎，亦何可辞。故欲经纪，无拘本业、外行投来者，所保必取信实可靠。得知经纪深情，在本业中熟悉，愿为出保者，应照所定保式、填名书押，然后给秤生理。再恐临期有等半为游手，视保为细故，假名旧交，硬作甘保，不遂滋衅，致使所定难行，不得不先行冒渎，吁请示夺。合将禀定经纪取保条约两节，并拟增不当保两则，一并粘呈。是否有当，应请察核施行。此与厘局无关，未敢率渎，因仍请元、长、吴三县宪会同给示公所，勒石昭守，乞准批示知照遵行。等情。并粘条约到县。据此，查前据该董事议呈章程，禀请示晓，不许外行离埠拦截白拉等情。据经本三

〔1〕"蜡烛业公议规条碑"［光绪二十年（1894年）六月］，载彭泽益选编：《清代工商行业碑文集粹》，中州古籍出版社1997年版，第132~133页。

〔2〕"苏州府为烛业东越会馆规定各店按月捐款以作春秋祭费准予备案碑"［道光六年八月］，载彭泽益选编：《清代工商行业碑文集粹》，中州古籍出版社1997年版，第134~135页。

县会同苏城厘捐局出示晓谕在案。兹据前情，除批示外，合行抄粘示谕。为此示，仰丝经牙行、经伙、经纪及外行诸色人等知悉：现据丝业董事候选训导周廷梁等议呈经纪取保条约，尔等务各遵守议规。嗣后外行投来欲作经纪者，所保必取信实可靠，得知经纪深情，查照拟定保式填书，给秤生理。如有游手视保细故，假名旧交，硬作甘保，不遂滋衅，违衆行规情事，许该董事周廷梁等指名禀县，以凭讯办。其各凛遵毋违。特示。

计抄粘：

一、经纪取保，却不与经伙书名者，业已在行帮理，指臂相联，无碍大局。其经纪在外招揽主顾，有银货干涉，且易乱规。如一疏忽，关系非轻，故有愿作经纪者，须觅有身家者的保，其保式公议刊版刷印，存置公所，随时领出，自行填名书押，该所保之行收执。另具本行图记，转至公所领秤，议取置秤立簿司费银五两七兑实纹。

二、议保式：立保据某某，今有亲友某某，素系安分，愿作丝行经纪，转保到某宝号，转至公所领秤卖买。设有客款银钱错误，愿甘理直，立此保据存照。计缴置秤立簿司费银正。同治司年月日，某某押。

三、经纪取保，不但父不当保子，即同业之伯叔弟兄，亦不当作的保。恐谊属至亲，难免有隐庇等情，致启嫌疑，以贻口舌。

四、缙绅显宦不当保。卖买细务，总属银钱交易，倘有错误，事应理直。而该人或升迁他省，或公务羁留，殊多未便。当以生理场中诚实之人为是。[1]

为避免丝业行与牙行、经伙、经纪及外行诸色人之间发生由招揽生意引发的纠纷，苏州丝业公所在官府的支持下，建立了经纪保人制度，对经纪取保的手续、保单内容要求的样式和保人的条件作了明确的规定。

（3）订立契约。如"清光绪十四年（1888 年）益昌永酒店租龙泉寺土地约"所述：

益昌永酒店

龙泉寺取租扎

---

[1] "长元吴三县为丝业议呈经纪取保条约出示晓谕碑"［同治十年十二月］，载彭泽益选编：《清代工商行业碑文集粹》，中州古籍出版社 1997 年版，第 161～162 页。

立租扎益昌永酒店，今租到坐落西沽龙泉寺住持僧妙司省三宝刹庙前下坡空地一段，南至河沿，东至正兴、永和存草房为齐，西至酒房东北角。此段地基，住持僧妙司省三情愿租与益昌永、存仁堂修盖房屋，作为生理。酒店北厂东角房山押有寺内地基一段，一尺有余，亦在租字之内。日后按老□旧址改盖，其地任其租主自垫、自修、自盖，再盖房屋任其使用。当面言明，东边留出通河道路，宽留二丈二尺，以备修庙用水出入之处。又言明每年租价津钱九十千文，当年预借三年，租钱共二百七十千文，候三年还清，以后再不准预借。至光绪十七年起，按正七月两季交租，自租之后，许住主辞地主，不许地主辞住主。租价永不许增长。此系同中议定，嗣后各无异说。恐后无凭，立此租扎存照。

中友：李杏江（押）、朱肇元（押）、性广（押）[1]

这里，出租方与租用方在中人的见证下共同签订"契约"，契约对租用的土地四至、年限、租金以及使用权的范围作了明确的规定。由于有中人在现场作证，土地租用契约对租让双方均有相同的约束力，这样就从预防的角度把防纷"哨卡"作了前移。

（4）解决实际问题。[2]如苏州地方官府在光绪二十六年（1900年）六七月间，为防范绸缎织工罢工和采取其他极端措施，就通过赈济办法解决他们的实际困难，从而缓解社会矛盾。现将相关记述照录如下：

若［苏州］绸缎织工最为可怜，亦最为可虑。当人心惶惑之时［一九

---

[1]　田涛、[美]宋格文、郑秦主编：《田藏契约文书粹编》（第1册），中华书局2001年版，第105页。

[2]　如清末的南京丝织业就有这方面的记载。据光绪二十六年（1900年）《通商各关华洋贸易总册·南京口华洋贸易情形论略》所载："本口［南京］以丝经为生意大宗，迨津京先后不守，丝业销路大滞，即本关出口货物，且减至七成有余。是时机户率多闭歇，织匠失业者甚众。本处官绅悯其困苦，筹动公款，设质押局。凡丝经缎匹无从出售者，准其质押。嗣以官项支绌，遂便中止。然机户业已受福不浅，惟枯涸至极，杯水鲜济，纵能照常贸易，生机仍形窒塞耳。"又据光绪二十六年（1900年）八月三十日的《中外日报》载："南京各机户停工后，经江督刘［坤一］宫保筹设官押局，专押丝经缎匹，奈筹款数次，罔济于事，因檄饬［上］元［江］宁两县，筵缎业公正绅董多人，转劝缎业中富户量力认捐，以充官押局押本，俟期满押货不赎，变价归还。讵各绅董早有风闻，率皆署名辞谢。"转引自彭泽益编：《中国近代手工业史资料（1840-1949）》（第2卷），中华书局1962年版，第595~596页。

〇〇年六七月间],各绸庄停止进货,各放料机坊,以织出之货,无处销售,相率停工,以致机工失业者数千人。该数千人,向恃织机以为事畜之资,一旦停工,则别无谋生之术,即别无谋食之方。倘以饥寒而起盗心,岂不可虑?幸本地官绅商富,各捐银米,设法赈济,俾数千织工有饱暖之庆,无冻馁之忧。[1]

前日三首县会衔出示,凡停工机匠,果有未领赈米者,准其赴就近各局呈报户口。兹悉续报各户,仍由地保唆使串同,以少报多,为彼此分肥之地。[2]

苏垣官场,自机匠肇事,惩前毖后,恐若辈再和事端,而适有某绅献招集机匠重修金鸡河堤之策,当道极为采纳,已饬员另编机户详册,均须报明年岁。如有年富力强,愿承斯役者,准其报名注册,听候给工兴役。其大略章程,闻将城中瓦砾装运出外,从事筑堤,以为一举两得之计。[3]

[苏州] 机业职工,从来有缎纱机一万余台,其所关联职工,实不下十万余人。假类别之,则其从前机织者二万人,拈□织丝、再操生丝(即从事板经拈丝者)二万人,操竖横织丝(即掉经掉纬者)三万人;其余经行、丝行、染坊、炼绢坊、制机具工各种分业者,亦二万余人,而帐房里头亦一万人。……然现 [案指一九〇〇年时] 罢其职者,机织职工中,约七八千人而已,其余概从事前来业务。虽然,其依然在旧职者,亦非敢必有定业,皆空手坐食,盖工业资本主系一缕之欲望,于和局后商势,又有从来关系不得已者,故不忍一朝而解雇。是以多数职工,从坐卧佣主铺子里,以消其日,以收得日日工钱者,盖不为少矣。

罢职劳动者,现在全失从来职业者,专属机工者,故其多转业于大道上贩鬻野菜食物,或为团勇及营兵,其竟无为之民,典当家财,以待复业之日。其最困穷者,被官粥局给养。[4]

---

[1]《通商各关华洋贸易总册·苏州口华洋贸易情形论略》(下卷),第46页,转引自彭泽益编:《中国近代手工业史资料(1840-1949)》(第2卷),中华书局1962年版,第596页。

[2] "各地来函集录",载《中外日报》光绪二十六年(1900年)七月二十六日,载彭泽益编:《中国近代手工业史资料(1840-1949)》(第2卷),中华书局1962年版,第597页。

[3]《中外日报》光绪二十六年(1900年)八月初五日,转引自彭泽益编:《中国近代手工业史资料(1840-1949)》(第2卷),中华书局1962年版,第597页。

[4] "译东一月通商集录·苏州市情",载《东西商报》1900年商六七,第6~7页,转引自彭泽益编:《中国近代手工业史资料(1840-1949)》(第2卷),中华书局1962年版,第597页。

上述所载表明，实际问题的解决对于纠纷的防范而言至为重要。对工人实际问题的态度和关注、关心程度，以及所采取措施的有力和到位程度，决定了问题能否得到解决和有效解决的程度，而实际问题的解决与社会纠纷的防范、产生有着必然的关联。

"哨卡"前移，着眼防纷。防纷工作要求积极预测，坚持抓早、抓小、抓苗头，变事后处理为事前化解，变被动调处为主动预防，充分发挥好第一道防线的作用，防纷于未然。

二、及时解纷：力避纠纷升级

及时解决是解纷的核心和基本原则。纠纷发生后能够得到及时解决，这既是当事人的迫切愿望，也是解纷者的要求，更是手工业组织和官府解纷工作的出发点和目标。如在"机董斥退案"中：

金陵机户捐董事某，为厘捐总办素所信任。今年新丝出市，某又另立章程，额外加厘，以冀迎合上意。由是干犯众怒，机房各户联名具禀，执香环跪苏府轿前，经苏府收呈详抚宪。抚宪饬查，即将某斥退，另换新董矣。窃思抽厘助饷，本为国家权宜之计。司其事者势假虎威，贪囊刻括，公私颠倒，上下交征，抑何其不思之甚也。[1]

在捐税征收问题上，由于代表行会的机董"另立章程，额外加厘，以冀迎合上意"，机户与机董发生纠纷，前者借助官府出面解纷。在受理该案后，官府即"抚宪饬查"，并迅速作出"将某斥退，另换新董"的决定。此举满足了机户的诉求，使纠纷得到了结。毕竟，该机董的确也存在"势假虎威，贪囊刻括，公私颠倒"的事实，将其斥退合情、合理、合法。如果官府没有满足机户的诉求，任由机董这样胡作非为，可以预见的后果将是使纠纷趋向恶化，不易收拾。

又如，在"沈春生把持工作案"中：

法工部局所雇之木工头魏炳章前日正偕诸工人作工，忽有沈春生前来将

---

〔1〕《申报》光绪二年（1876年）六月十八日，转引自彭泽益主编：《中国工商行会史料集》（下册），中华书局1995年版，第691页。

斧凿各机器尽行搬归，魏即鸣捕，将沈获住。昨解法公堂讯究，魏供如前。沈春生则供：向在美租界作木工，因魏炳章不按公所规例，故公董着来搬取家伙。反讯以公董何人，答称共有六人。孙明府谓租界中生意，随人皆可包揽，汝等岂得把持？着交分董，交出候断。沈则暂押。魏炳章之家伙，当堂给领云。[1]

上述魏沈"业务市场"纠纷发生后，当事人借助租界当局调处。基于双方当事人的供述，当局迅速作出裁决："沈则暂押。魏炳章之家伙，当堂给领"，其理由是"租界中生意，随人皆可包揽。"由此，避免了该起纠纷的恶化。

再如，在武汉"缝工涨价案"中：

武汉各缝工，于端午节后俱停作议价。盖以店主算给工价时，欲每工抽取厘头，以作会馆经费。故散工不服，纠集多人，与各店主争议。先则控于礼智司，经李少尉断得每工定给九十六文，毋得增损，两造业已允许。惟为首之三十家，仍愿兴讼，复诉词于清军府，继告之汉阳县。林邑尊将散工之健讼者二人各责一百板，姑准取保。嘱令安分营生，不得多渎。[2]

在这起劳资纠纷的解决过程中，"纠纷需要及时处置"的原则彰显得尤为突出。裁缝业的劳资之间的工资纠纷经由官府职能部门调处，已得了结，"每工定给九十六文，毋得增损，两造业已允许"，理应平安无事。不料，"为首之三十家，仍愿兴讼"。不但"复诉词于清军府"，还"继告之汉阳县"。似有不满足其诉求誓不罢休之势。如不加以制止，而任其如此折腾，纠纷必将愈演愈烈。为避纠纷升级，官府作出判决，"将散工之健讼者二人各责一百板"，责令他们"安分营生，不得多渎"。该起纠纷至此了结。

由上文所举案例可知，对于官府来说，维持社会秩序、确保国家稳定是其重要职责。因此，面对纠纷，其任务就是促使纠纷尽快了结，避免走向恶

---

[1]《申报》光绪五年（1879年）二月初六日，转引自彭泽益主编：《中国工商行会史料集》（下册），中华书局1995年版，第696页。

[2]《申报》光绪六年（1880年）五月二十二日，转引自彭泽益主编：《中国工商行会史料集》（下册），中华书局1995年版，第699页。

化。如"太原附近各砖瓦匠工人三千余，因要求增加工资，今罢工，军警宪各当局十分重视，率属亲往视察"[1]这里，"军警宪各当局十分重视，率属亲往视察"，指的是纠纷发生时，地方当局的有关职能部门即亲临一线，靠前指挥。此举表明了官府对解纷工作的重视。

即便是行会、公会等手工业组织出面解纷，其对纠纷的态度[2]，与官府无异。旧式行会虽然限制竞争，但却无法排除竞争，因此，传统社会经济生活历来都有"同行是冤家"的竞争法则，这是不以人的意志为转移的。但是，"冤家宜解不宜结"，行会总是希望通过调解以尽快消除竞争带来的负面影响。正如有行规所述"此地本会之同乡，既有从事商业交易、具有往来账簿者，也有空手投机之人。在他们之中不发生争执是不可能的。如果有此类事情发生，行会将以最有利于各方的方式排难解纷。本会在处理此类纷争之时，将持平公允，澄清事实，无所偏袒，表现出充分的合理和公平"[3]。又如光绪二年（1876年）正月二十九日《申报》所述，"即着谈兴邀同李邦至公所公议，如果不遵，仍具禀候夺，并令两造先行具遵断切结送查。嗣后若再有不洽众情之事，务宜妥商办理。判既下，众始欢欣鼓舞而退"[4]。

---

〔1〕 4月26日《申报》，《国际劳工通讯》1935年第8号，第89页，转引自彭泽益编：《中国近代手工业史资料（1840-1948）》（第3卷），中华书局1962年版，第608页。

〔2〕 在道光十四年（1834年）十二月的"苏州布商控坊户私议随牌折勒借案"中，官府认为布商程三茂等人所控的"坊户王协昌等私议随牌霸折勒借"现象的确存在，布商的要求也不无道理，因为坊户"把持随牌名目，本属私议。虽名为杜布号营私勾串之弊，正所以启坊户把持勒借之端"。正是基于这样的事实，官府认为如果偏信坊户申解，"一经准行，势必挟制布号"，同时还会导致"该坊户任意勒索，有借无还。借得银两，坊户分肥克扣，匠工转无实济"。为避免"布业累何底止，讼蔓迨无已日"，"欲期商匠相安"，应商要求，官府发布公示，规定公示印发后，所有布商坊户"务各遵照现定章程，听号择坊发端"，"不能无端另换，致力作贫民，失其生计"。又规定"设有领布积压，不能克期交号及灰暗不能行销，准号另择发端，不准借折把持"。为防止纠纷没完了，要求"其十二年分，所断各折商坊讼有案，不准复还，以杜争竞"，"如有前借未清，不得再行借给"，这样"布号不致累业，踹匠不致失生，实属三面皆平，彼此各安生业"。明令"毋许再行滋讼"，"倘必故违，定提究办"。（第31号碑文"苏州府为布商坊户应照章听号择坊发端不得无端另换致碍贫民生计出示碑记"，载江苏省博物馆编：《江苏省明清以来碑刻资料选集》，生活·读书·新知三联书店1959年版，第54页。）

〔3〕 ［美］玛高温："中国的行会"，载彭泽益主编：《中国工商行会史料集》（上册），中华书局1995年版，第10页。

〔4〕 《申报》光绪二年（1876年）正月二十九日，转引自彭泽益主编：《中国工商行会史料集》（下册），中华书局1995年版，第690页。

清末后设立的商会，其要义之一便是"剔除内弊"[1]。苏商总会试办章程中也有类似的要求，"本会调处事件以和平为主，秉公判断。如两造相持不下，听其赴诉有司。如迁延不结，两造仍愿会中调息者，本会亦不推辞"，"在会各商有因商务要事，欲自行具呈商部者，总理、协理标明年月后，径将原呈代寄商部，以期迅速"，"会中经费充裕，如遇在会各商，存货压本，需资周转，并无别项情节，准该业会员、公友联名出结公保，经众议可者，本会筹款贷给，酌取官息，货物销行，即令归还，不得饰词拖宕"。[2]"中国商界教育，凤所未兴，所谓信义道德诸端，均不无稍有缺陷之处，以是该处各业商铺兴衰更易，至为无常，而其中因倒欠钱债以纠缠于讼累者，乃时有所闻。议员等奉饬总理该会，究心于此，窃谋挽回，每时以扶持公益、革除群害为义务，与该会理事等员董相激劝。凡遇各业此等倒欠钱债讼案，一以竭力劝导，从速理结，以息讼累为宗旨。故凡有赴商局控追以及奉督宪发局饬议之案，皆由议员随时饬由该会各业商董遵照奏定章程，传齐中证开会集议，凭两造当面秉公议劝理结，俾其勿延讼累。"[3]

需要指出的是，手工业社会解纷也兼顾到了善后的环节。由前文所述可知，在纠纷发生后，解纷主体已注意到对善后的处理：

第一，注重安抚纠纷中受损的一方当事人，尽量满足其利益诉求，并尽可能地给足其"面子"。例如，在"机董斥退案"中，作为受邀请解纷者的官府马上斥退贪暴机董，及时安抚受盘剥的机户。

第二，恩威并施，固化解纷结果。例如，在"武汉缝工涨价案"中，官府一方面满足缝工的合理要求，另一方面又对无理缠讼缝工之为首二人予以严惩，各打一百大板。

第三，尽可能做到"一碗水端平"，从心理层面解纷。例如，苏商总会的善后原则就是在息纷之后还要照顾到当事人的"生理"，"筹款贷给"。

---

〔1〕《商部奏定商会简明章程》，转引自彭泽益主编：《中国工商行会史料集》（下册），中华书局1995年版，第971页。

〔2〕章开沅、刘望龄、叶万忠主编：《苏州商会档案丛编》（第1辑·一九○五年——九一一年），华中师范大学出版社1991年版，第28页。

〔3〕章开沅、刘望龄、叶万忠主编：《苏州商会档案丛编》（第1辑·一九○五年——九一一年），华中师范大学出版社1991年版，第522~523页。

第三节　解纷手段：经济制裁为主

在近代中国，行业组织对内部纠纷中的过错方（大多为违规者）多处以经济制裁。这种制裁属于惩罚性解纷手段，相比于普通的赔偿性解纷手段——损失多少赔多少——具有下述优点或特点：一是在过错方的行为没有给对方当事人和团体造成经济损失的情况下，可以达到制裁违规行为的目的；二是在过错方的行为给对方当事人和团体造成的经济损失无法数目化的情况下，可以有效地补偿对方当事人尤其是团体的损失，同时阻遏过错方的侵权行为。此种解纷中的经济制裁在内容上主要体现为罚款与罚戏两种形式：

一、罚款：所得用于手工业社会内部公益事务

罚款属于典型的经济制裁形式，具体地讲是一种钱物制裁手段。行会为手工业团体之一，行会成员违反行规的动机和行为往往与追求更大的经济利益有关。因此，与此相联系，罚款便为中国古代社会行会主要的处罚手段。[1]在近代中国手工业社会中，行业组织在解纷中对违规者动辄处以罚款，可以说是一种常规性的惩罚性解纷手段。这在本书第四章第一节"手工业团体内部多元化的解纷方式"中的"处以罚款"作了论述，在此不赘。这里强调的是罚款的用途。

正如会费或行规钱入公为本会公用一样，所得罚款也只能充公而不能为个人所有。这在行规中也作了明确的规定。如湘乡香业条规："倘不遵者，不许司务帮琢，违者罚帮琢人钱一千文入庙"[2]；长沙明瓦业店条规："一议我行货物，因时价昂贵，如有城厢内外到得有货者，知音必须晓众，公分派买，毋得隐瞒独买，如有隐瞒独买者，公议罚钱二串文入公，货仍归公派买"，[3]"一议定价之后，必须俱遵一体，不得高抬减价，如有高抬减价私买

---

〔1〕　高其才：《多元司法：中国社会的纠纷解决方式及其变革》，法律出版社 2009 年版，第 68 页。

〔2〕　彭泽益编：《中国近代手工业史资料（1840–1949）》（第 1 卷），中华书局 1962 年版，第 195 页。

〔3〕　彭泽益编：《中国近代手工业史资料（1840–1949）》（第 1 卷），中华书局 1962 年版，第 192~193 页。

者，查出罚钱二串入公。……一议城内买货者，不论多少，俱照零卖时价，不得照贩货减卖，如有减少者，查出罚钱二串文入公"[1]；长沙角盒花簪业条规："一议铺户请客师，上清下接，不得蒙混滥请。如有宾主相安，从中剜请者，傅众公议，罚钱一千二百文归公"[2]，"一议客师在铺户做货，治角者每日伙食钱三十文，治骨者每日米一升，钱四文，归铺照时价扣算。若有阳奉阴违滥做，低价包外，外加伙食，希图长留者，即作犯规，永不得入行，内有知情隐匿，扶同不报者，查出罚钱八百文入公"[3]；益阳制烟业条规："一议我行手艺在此店帮贸者，不准霸争，两家毋论生意快慢，不准跳帮别家。如有此弊，一经查出，罚钱一串二百文入公。……我行手艺稠密，不准私做赶工，如有此弊，一经查出，罚钱一串二百文入公"[4]。这样的规定见诸众多手工行业的行规。如本书第一章第二节"近代中国手工业社会的组织形态"所述，罚款是手工业社会组织的经费来源之一。而罚款等这些经费"除了支出必要的款项外，往往用于兴业和投资，以利于资金的保值、增值，从而保证各项福利开支有长期而稳定的来源"[5]。手工行业社会内部的公益事务主要是"同业救济"和"同业教育"两大事项。[6]

二、罚戏：所为意在手工业社会内部警示教育

罚戏也属于一种常见的经济制裁形式。在近代中国手工业行规中，它也是一种常见的惩罚性解纷手段。例如，长沙锡器业在手工作坊主的开业中规定："外行与内行合伙开店者，仍照旧规出银十五两入公，于开张日，即将银交值年存公。如不出者，不准帮作起手。倘有知情徇隐者，均罚戏。"[7]该业

〔1〕 彭泽益编：《中国近代手工业史资料（1840-1949）》（第1卷），中华书局1962年版，第193~194页。

〔2〕 彭泽益编：《中国近代手工业史资料（1840-1949）》（第1卷），中华书局1962年版，第188页。

〔3〕 彭泽益编：《中国近代手工业史资料（1840-1949）》（第1卷），中华书局1962年版，第189~190页。

〔4〕 彭泽益编：《中国近代手工业史资料（1840-1949）》（第1卷），中华书局1962年版，第188~189页。

〔5〕 庄华峰等：《中国社会生活史》，合肥工业大学出版社2003年版，第344页。

〔6〕 参见本书第一章第三节"近代中国手工业社会组织的基本功能"之"公益活动的举办"。

〔7〕 长沙，《锡店条规》，转引自彭泽益编：《中国近代手工业史资料（1840-1949）》（第2卷），中华书局1962年版，第32页。

在关于雇请帮工（客师）的问题上也有这样的规定："店东雇请客师，已定长年，二比无得半途而废，倘因事故不做，必须先明告值年，理论是非，听值年处罚。非理者，罚戏，然后各听其便"，"帮作及门徒，如有私卷东家器皿服物银钱，及在外掣骗偷窃，一经查觉，即行革出，永不准帮贸，亦不许自行开店。倘店东知情隐匿，滥规雇请者，罚戏一部，敬神"。[1]在招收学徒问题上，该业也有罚戏的规定："江班与黄永二班合伙开店，或兄弟同店不同班乾，凡带徒弟，彼此轮流，只准各带徒弟一人，毋得专向一班，仍然先出后入，本店客师不准循情隐瞒。倘有违议，公同罚戏。"[2]类似的规定也见于湘乡的制香业，"铺家带徒弟，只许进一个，候出师方准另带，违者罚戏"。[3]违反工资规定的，也罚戏，如长沙碾米业"雇工自同治四五年叠奉藩府县宪定案，遵示□碑，凡在店佣工二人，共碓一张，每日正工二十一碓，每碓各人六百脚，算筹记数，于正工外赶至十一碓为止，照旧规发给，不准我索。其退工听主自便，并无前后日期。同行违者，罚大戏一本敬神，以儆紊乱规章"。[4]又如，杭州印染业"违者察出公罚，各坊并筹款敬酬神戏两台。前月三十日，在下城二圣设开演，本月初一日，在上城佑圣观开演。晚间设筵于公所，同行毕集，共相欢欢而散"。[5]罚戏的处罚也见于违反商品价格规定时。如长沙纸盒业规定："近来工本倍昂，货价公同酌量加增，定单载明实价，并无折扣。如有卖出折扣、抹尾及短价滥卖者，议定罚戏一部敬神。"[6]在行会经费管理上，违反规定时也罚戏。如长沙油漆业就有这样的规定："一存置房屋，收列佃租，每年除敬神用费外，存蓄银钱，因早年浮

　　〔1〕　长沙，《锡店条规》，转引自彭泽益编：《中国近代手工业史资料（1840–1949）》（第2卷），中华书局1962年版，第33页。

　　〔2〕　长沙，《锡店条规》，转引自彭泽益编：《中国近代手工业史资料（1840–1949）》（第2卷），中华书局1962年版，第35页。

　　〔3〕　湘乡，《香业条规》，转引自彭泽益编：《中国近代手工业史资料（1840–1949）》（第2卷），中华书局1962年版，第494页。

　　〔4〕　长沙，《碾户公议行规》，转引自彭泽益编：《中国近代手工业史资料（1840–1949）》（第2卷），中华书局1962年版，第493页。

　　〔5〕　"钱江麦浪"，载《字林沪报》光绪十四年（1888年）四月初六日，转引自彭泽益主编：《中国工商行会史料集》（下册），中华书局1995年版，第710页。

　　〔6〕　长沙，《纸盒店条规》宣统元年（1909年）七月二十八日，转引自彭泽益编：《中国近代手工业史资料（1840–1949）》（第2卷），中华书局1962年版，第495页。

滥，近来公同酌议，无论铺户客师不借，同行之人，仍仰值年斟酌另放外行生息。如生放不清，俱为值年人赔出，不得私相授受，东扯西泄，值年不得徇隐，如违罚戏一部。"〔1〕违反产品规格的也罚戏。如汉阳铜业"不准尔盒我杆，盖李底张，配搭而成，违亦议罚。爰在后湖演戏数日，以敬神而明心云"。〔2〕

请人演戏，除了得承担戏班的吃、出场费等花销外，还得理所当然地负责宴请到场的同行。这是被处罚戏者所须承担的责任。清末曾在温州海关任职的美国人玛高温在他的《中国的行会及其行规》一书中对当时温州的"铁匠工会"作过详细介绍，说铁匠们在城隍庙内集会议事、演戏酬神、设宴聚餐，并共同议决了产品价格、工人工资的"新价格表"，对于同行中违背行规的，则要罚他支付一台戏和三桌酒席的费用。〔3〕因此，对手工业者而言，单就经费一项，这已是一笔数目不菲的开支了，绝非一般的经济制裁——罚款——所能及。受此制裁，一般手工业者即便没破产，也跟站在破产的悬崖边沿上没多大区别了；即使较殷实的手工业者，其元气也会大伤！更何况，罚戏的初衷和目的还不限于此。戏外的用意是行业组织让违规者当众谢罪的同时，对同行进行直接有效的警示教育，这无异于"杀鸡儆猴"，收到"一石多鸟"之功效。因为戏台在行业组织所在地——公所或会馆——中搭建，节目也在那里公演。在这场合，到场的同行一般是就席而坐在戏台下，边吃边看戏；当事人则在戏开演前在台上或台前面向大众谢罪，还须以脸带笑容地招待好观众，其间陪酒自然也就不在话下。会馆、公所中一般都供奉着本行业的神灵，戏台通常也就搭建在神位前。"在有的地方，裁定同业公会首领，或对同业中人处罚，也要在神像前进行。旧时常见一种做法，就是罚违犯行规的人拿出钱来，雇戏班子在祖师神前演一台戏，既是对神灵的酬谢，也是公开认错，让大伙消消气。"〔4〕由此看来，行会对违规者，罚其在行业神前请戏公演，重在戏外（即谢罪和

---

〔1〕 长沙，《漆铺条规》光绪三十二年（1906年）二月十五日，转引自彭泽益编：《中国近代手工业史资料（1840-1949）》（第2卷），中华书局1962年版，第496页。

〔2〕 汉阳，《铜匠齐行》光绪五年（1879年）四月二十五日，转引自彭泽益主编：《中国工商行会史料集》下册，中华书局1995年版，第697页。

〔3〕 转引自顾希佳：《社会民俗学》，黑龙江人民出版社2003年版，第147页。

〔4〕 顾希佳：《社会民俗学》，黑龙江人民出版社2003年版，第148页。

进行警示教育)〔1〕，但仍不失为一种极为严厉的经济制裁手段，与罚款相比，有过之而无不及。手工行业组织这种罚戏的制裁手段，既在物质上对违反行规者进行处罚，又对其精神和社会名誉进行一定的损抑，同时也对全体成员有教育作用，以儆后效。违反同业规约者"通过某种形式在一定范围内公开道歉，表示认错，以求得同行的谅解，保有继续从事该行业劳动的权利"。〔2〕

由以上叙述可见，在手工行业组织作为解纷者的场合，"罚"往往会成为解纷手段之主角，尤其是在它所面对的是本行业成员时。

第四节　解纷效力：挟官府以自重

在近代中国手工业社会，对于无法通过合意在本团体内解决的纠纷，当事人常借助官府通过司法程序予以解决。同时，对于通过调解、仲裁等方式达成的解纷协议，如果义务方拖延或拒绝执行，手工业组织也会借助官府强制力予以执行或调处。

一、行业解纷权的局限性

在近代中国，在国家默许和授权的领域内，手工业社会拥有对内部轻微刑事案件和民事案件的解决权。但是，由于其缺乏公开使用暴力的权力，因而其解纷结果在制度上无法得强力实施，从而必须借助于国家暴力。这反过来削弱了其解纷权威。从总体上讲，近代中国手工业社会解纷权的局限性表现在以下几个方面：

首先，手工业组织解纷权力的有限性。在近代中国，尽管手工业组织理

---

〔1〕　美国学者玛高温也注意到了这种富于中国广大社会特色的手工业组织的经济制度手段，并进行了这样值得我们注意的述评："昔人把欢宴和惩罚搅和在一起乃是一种谋略。这种和稀泥式的巧妙方式——可以增进礼让与和睦相处——当然不是现代人的发明创造。这不仅仅是将对玩忽职守和难以驾驭的行会和工会成员的惩罚寓于节庆之中，而对一般违例之人也是如此。当争端一起，仲裁人就介入或受请参加调停，他谴责并宣布对挑衅寻事者须罚款支付一台戏和一桌酒的费用；酒席排在看台里，可以边吃边看戏（客人们是仲裁者、诉讼的当事双方以及邀来作陪的朋友们），同时，天井则对公众开放，免费观看。虽然这项强制的招待和酒席对主人而言不啻是一种侮辱，然而他却由于作为主人受到有礼貌的对待而心满意足。"（彭泽益选编：《清代工商行业碑文集粹》，中州古籍出版社1997年版，第49页。）

〔2〕　高其才：《中国习惯法论》（修订版），中国法制出版社2008年版，第126页。

案意味着其已享有本行业内纠纷的解决权，但它所实际掌握的解纷权力是十分有限的。在传统中国，历来没有完全独立于政治社会之外的"民间社会"，因而手工业组织理案也不可能脱离国家权力的制约而独立运行，而只能处于后者的监督之下，作为由官方垄断的司法审判制度的某种补充形式而存在。

其次，手工业组织解纷范围的有限性。在近代中国，手工业组织相当有限的解纷权与官府的绝对司法权之间在畛域上有着明晰的界限。手工业组织有权处理的只是情节较轻刑案和行业民商事纠纷，而官府绝不允许其受理比较严重的刑案。1909年江苏省农工商务局为处理商事诉讼权限事专门照会苏州工商界，强调"其有刑盗重大案件，仍由各商民自赴本管有司衙门控告，本局概不受理，以清界限"。[1]1911年政府对民事审判制度作了进一步调整，再度限制手工业组织的解纷权，规定在各地设立各级审判厅，"商事诉讼自应一概归并"，凡未设审判厅的地方，商事诉讼"应暂仍旧贯，由府州县受理"。[2]这种制度规定形成了手工业组织、审判厅和府州县均可受理商事纠纷的复杂的竞争性解纷框架，但基本趋势是逐渐限缩手工业组织的解纷范围，大部分解纷权被归并到府州县级地方官手中。1911年10月农工商部曾专门下文给各地手工业组织，强调"嗣后商人争讼，未设审判厅地方，应仍赴府州县呈诉，上控案件，本部及劝业道概不受理"。[3]

最后，手工业组织解纷效力的有限性。在近代中国，手工业组织的裁决被严格置于官方的监督和控制之下，后者始终对前者裁决的案件享有终审权或复审权。清代州县一级衙门从未放弃过对普通民事案件的自理权（即完全的管辖权）。规定如涉讼双方不服从手工业组织的处理，"准其禀地方官核办"。凡是经手工业组织调处而不折服或不愿其调处者，均可向官衙申诉，"听候示期集讯"。[4]官方对手工业组织理案的司法监督则主要是通过每年申

---

〔1〕 章开沅、刘望龄、叶万忠主编：《苏州商会档案丛编》（第1辑·一九〇五年——九一一年），华中师范大学出版社1991年版，第528页。

〔2〕 章开沅、刘望龄、叶万忠主编：《苏州商会档案丛编》（第1辑·一九〇五年——九一一年），华中师范大学出版社1991年版，第528页。

〔3〕 章开沅、刘望龄、叶万忠主编：《苏州商会档案丛编》（第1辑·一九〇五年——九一一年），华中师范大学出版社1991年版，第529页。

〔4〕 章开沅、刘望龄、叶万忠主编：《苏州商会档案丛编》（第1辑·一九〇五年——九一一年），华中师范大学出版社1991年版，第528页。

报一次的"理案簿"来实现的。该理案簿有统一的格式，要求各手工业组织将受理的案件按月填入，开明案由、原被告和中证人姓名、理结情况、时间等，以便"事前既易研求，而事后亦易于考查"[1]。

由于处理商事纠纷权限划分并不十分清楚，手工业组织和地方官府及行业主管部门在事实上同时享有调处商事纠纷的权力，而官方对手工业组织染指司法裁决权又始终存有戒心。因此，近代中国官府与手工业组织之间因司法问题而引起的矛盾和摩擦从未间断，有时甚至达到了尖锐对立的地步。

二、官府解纷权的行政性

在清末司法改革以前，司法与行政不分，且前者从属于后者。晚清帝国仍然奉行皇帝集立法、行政、司法三大权力于一身的封建集权体制。但在这种体制下，三权不是平等的，而是行政之权独大，且覆盖和垄断其他两权。从解纷的权限来看，作为法定解纷机关的司法机关从属于行政机关，中央主管司法的机关与行政机关合署办公，统称"刑部"。此种体现延伸到地方，形成了各级地方行政官员兼理司法的局面，州县衙门也就成了当地手工业社会内部纠纷的初审受理机关。即便是在清末司法改革以后，上述局面也仍未得到根本性的改观。延至民国，虽然从体制上出现了立法、行政、司法、考试、监察五权之间的分立，但在军政独大、训政流行的军事独裁体制下，行政与司法也难以做到分立，因而传统中国的解纷权的高度行政化色彩仍未得到消除。由以下的一则档案记载可见一斑：

江陵县政府代电（民国三十七年十二月）县社字第2588号

沙市商会查关于人民团体间及会员间纠纷之仲裁权是否属于主管官署一案，茁经本府请省社会处去复。兹奉鄂社工字第1983号戌□代电核示，关于三十七年十月二十三日县社字第1187号代电悉，查人民团体间及会员间之纠纷应按其纠纷性质，由主管机关依法处理。如人民团体间业务纠纷及会员工作纠纷均应由县政府依法处理；如属民事及刑事纠纷则由当地法院办理。希

---

〔1〕章开沅、刘望龄、叶万忠主编：《苏州商会档案丛编》（第1辑·一九○五年——一九一一年），华中师范大学出版社1991年版，第523页。

即知照。等因除分电外，合行电仰知照县长李少怀〔1〕

这则电文明确指出，官府及其司法机构有权依法处理手工业社会等民间纠纷。同时，这则电文也表明，不仅行内纠纷的仲裁权属于县政府，而且行内纠纷的管辖权争议也是通过行政批复的形式予以处理的。

一般而言，手工行业组织禁止行内纠纷直诉官府。〔2〕如福建的一个手工业行会就有这样的规定：

一致议定：凡本行会员彼此发生财务纠葛时，将由行会全体会议调停公断。大多数纠纷将由此得到满意的解决。要是行会调解仍不能令双方满意，当事人可以向官府起诉。但是，如果发现有人未先通过行会调解而直接求助于官府，那么此人就应受到公众谴责。并且，将来他向行会提出的任何申诉都将驳回，不予受理。〔3〕

但是，手工行业组织毕竟是一个社会自治组织，其规约的权威性和效力有限，因此手工业社会内部发生纠纷时，往往也禀官处究，挟官府以自重，由官府进行处理和处罚。〔4〕

---

〔1〕 荆州市档案馆：沙市商会8-1-29。

〔2〕 行规通常明确禁止在没有先送会馆法庭进行裁决的情况下擅自告官。个中缘由，或许是实力较强的成员意欲把持行会，免得丑事被曝光，或遭到衙门不可预料的干涉；或许是要以此来维持内部团结，并且要在可能的情况下，防止各成员对簿公堂，结下仇怨；还有可能是害怕同仁因对外人无端挑起诉讼而损害整个行会的良好名声及将来的势力；也许是这些原因兼而有之。（参见高其才：《多元司法：中国社会的纠纷解决方式及其变革》，法律出版社2009年版，第67页。）

〔3〕 ［美］玛高温："中国行会及其会规"，转引自彭泽益主编：《中国工商行会史料集》（上），中华书局1995年版，第55页。

〔4〕 对于手工业组织挟官府以自重的案例，《申报》光绪十八年（1892年）五月二十九日有这样一则报道："汉镇木匠以汉阳府人为最多，武昌府人次之，此外则寥寥无几。汉阳人称文帮，武昌人称武帮，帮虽二而公所则一，每年做会，或前或后，皆在鲁班阁内。前数年公所挂匾上写'文武帮'三字。武帮中之好事者，不欲武字居次，乃曰各行分帮名以地起，匾上书'武汉帮'三字，方为公允。文字何所取义，两造因此龃龉，星霜屡移，仇隙未消。今年值武帮单刀会期，文帮有数十人入阁喧哗，旋以干戈从事。其时文帮人少，不敌武帮之凶横，纷纷败北，归诉其主，欲与武帮抗衡。其主皆不欲计较，众匠怒甚。次日在某茶室齐集百余人，交相谓曰：'彼皆离心离德，我亦何妨倒戈相向。遂各执器械，将本帮各主招牌打碎，无敢出而阻者。直至次日，其锋仍锐不可当。其主不得已禀明大令，带兵前去拘获匠人九名，从严笞责，至今仍未开释也。'"

　　本章小结：近代中国手工业社会纠纷解决机制具有以下几个基本特征：一是解纷依据更倚重于行规，这主要是因为得到内部成员和官府认可的行规在手工业社会内部较之官方规范更具有普适性，易为成员所接受。二是对纠纷既讲究及时解纷，息事宁人，也注重预防，从行规、制度、责任和解决实际问题等方面来防范。三是在解纷过程中对违规者倾向于经济制裁，罚款、罚戏乃其两大解纷手段。四是挟持官府以自重，强化解纷成果的效力。

结　语

治史，旨在资鉴而治于世。对近代中国手工业社会解纷史料的梳理和解纷机制的条析以及系统的研究，目的是在向世人还原当时解纷图景的同时，告知世人从中可以学习借鉴什么、避免什么，从而更好地应对时下日益复杂的社会纠纷。基于以上对近代中国手工业社会解纷机制的剖析，可知：

一、纠纷的有效解决：从解纷的积极因素来看，需要社会力量参与

在实际生活中，无论是团体内部还是外部纠纷的发生，其原因既可能很简单，也可能很复杂。从性质上看，民间纠纷多属民商事纠纷，刑事纠纷毕竟不多。在传统中国社会，从制度上看，民间社会对于内部民商事纠纷和轻微刑事纠纷有一定的裁决权，对于较严重的刑事纠纷则须交由官府处理。但在实践中，不管是民商事纠纷还是严重的刑事纠纷，其最终解决均离不开民间力量的参与。从理论上讲，既然国家占有了大部分的司法资源并垄断了公开暴力的使用，那么它就应当是解纷的主力。但是，近代中国手工业社会的解纷实践表明，民间纠纷的彻底解决遵循"解铃还须系铃人"式的自治逻辑，它需要民间力量的有效参与才能从根本上化解纠纷。究其因：一是国家解纷权存在一定的局限；二是社会解纷权有其自身的优势。

国家作为纠纷解决者，其要义是要凌驾于社会之上。也即"她不是社会中任何一个团体或者力量的代表，不能表现出是哪一个阶级的代表，而是超然于所有阶级或团体之上的中立、公正的角色"〔1〕。国家在纠纷解决中的角色大致是两个方面的，或两种形态的："一是直接作为各阶级或利益集团之上的中立的协调人和裁判人，这主要体现在各类行政事务的决定和实施中，体现在民事诉讼案件的审判中。二是作为整个社会的共同利益的代表，这主要体现在刑事诉讼以及对政党或国家机关局部违宪的追究事务中。"〔2〕无论如何，在这两种情形下，国家要么是超然于冲突双方的利益之上，要么是自居

〔1〕　范忠信：《纠纷解决与和谐社会——以社会组织在纠纷解决中的角色为中心（论纲）》。
〔2〕　范忠信：《纠纷解决与和谐社会——以社会组织在纠纷解决中的角色为中心（论纲）》。

代表社会所有阶级或集团利益，绝对不能公然说自己就是某一个或两个阶级的助威者。国家对于纠纷的解决，在旧中国尤其是民国前的中国社会，是由官府来履行的，因为行政与司法部门之间没有明确的分野。近代中国司法机构面临的困惑是案件的不断增长，以致在南京国民政府时期"为求杜息人民争端，减少法院诉讼起见，于第一审法院附设民事调解处"。[1]

任何社会、任何时代，只要人们的利益不是每时每刻完全一致，就必然有纠纷。没有纠纷的社会是不存在的。纠纷解决绝对不只是国家（政府）的事情。在国家产生之前，人类社会就已经形成了自己的一系列纠纷解决机制。有了国家这种纠纷解决机制以后，从前的纠纷解决机制并未因此而消亡，很多仍起着国家不可替代的作用。所以，不可把纠纷解决仅仅视为国家的专门事务。过分把纠纷解决视为国家的专门事务只会贬低社会、淡化社会，忽视社会的作用，这必将使纠纷的解决更加艰难。我国传统社会基于无讼思想以及政府简约理念，国家正式机构仅承载有限的社会纠纷，大部分民事纠纷包括部分刑事纠纷均交由民间自行解决，实行民间自治。从传统社会国家对纠纷解决的策略来看，表现为"无讼是求，教化为先；抓大放小，重刑轻民；主官裁断，幕友辅助"。[2]形成这种策略的原因在于：一是社会关系单一，纠纷远较现代社会要少；二是在治国观念上采纳儒家非讼思想，抑制讼案形成；三是在组织上依托宗族、乡保等民间自治组织，将大部分"细故"消化于民间；四是在司法技术上，由于公务人员编制限制，职官需要私募刑名幕友，为主官分解案件负担。[3]司法在基层的急速推进，在以国家的名义迅速破坏原有社会规则和秩序的同时，并没有能够提供一种适应民众的需求、符合情理的纠纷解决机制，从而加剧了国家法与民间社会的矛盾。因为过多的诉讼会扩大和加剧社会关系的对抗性和紧张，增加经济生活和市场运行的成本，贬损自治协商、道德诚信、传统习惯等一系列重要的价值和社会规则，使社会共同体的凝聚力衰退。家庭的温情、邻里的礼让、交易过程的诚信乃至社会的宽容和责任感，这些构建和谐的文化价值往往会在简单的权利利益的对

---

〔1〕"民事调解条例立法原则"（民国十八年十二月十一日送立法院），载 http://www.zgtlwhw.com.

〔2〕王亚明："多元纠纷解决机制的法文化探源"，载《理论与现代化》2006 年第 6 期。

〔3〕何兵：《现代社会的纠纷解决》，法律出版社 2003 年版，第 8~17 页。

抗中逐渐贬值失落。社会参与解纷，采用多元化解纷机制化解矛盾，有利于增强社会的凝聚力，维系传承道德与传统文化的价值，促进社会和谐发展。

二、纠纷的有效解决：从解纷的适用规则来看，需要尊重社会规范

法治社会提倡法律至上，当各种规则之间发生冲突时，唯有法律具有最高权威。然而，这种至上又是相对的。因为，法律在国家管理和社会纠纷解决中存在不易克服的漏洞。[1]在丰富多彩的生活面前，法律永远都避免不了捉襟见肘的尴尬。在一些社会领域，官方规范无法予以调整或无法及时进行规范，而官府因受依法行政的限制，在没有法律依据的情况下无法实施对社会的管理和纠纷的解决，这样就难免会出现无序状态，公共利益也将得不到及时维护。这时，最好的办法就是由社会组织通过社会规范先予调整。[2]对于

---

〔1〕 所谓国家法一般被理解为由特定国家机构制定、颁布、采行和自上而下予以实施的法律。它体现的是统治阶级意志，并且靠国家机器做强制力量来保证实施。麦基弗认为："国家法律较之一般团体法律，有两个显著特点。首先，国家法律具有强制性或不可选择性。一般团体法律的有效性在于其成员的承认……国家法律则不同，每个人都必须遵守自己国家的法律，别无选择。……其次，国家法律具有普遍适用性。它对于国家内部一切成员、一切团体都是适用的。"但是，"国家的重要工具，即法律，太普遍、太呆板、太形式化而不能适用于人类生活的各个方面。于是人们便觉得有必要用他种方法组织他种团体，国家应给予这些团体以自由和秩序，为它们服务，以使它们能达到各自特殊的目的"。（邹永贤等：《现代西方国家学说》，福建人民出版社1993年版，第322~323页。）但须注意的是，实际上，麦基弗在国家法律与一般团体法律的关系上持相互矛盾的观点。如他一方面主张"团体主权"，即认为团体具有国家之外的独立性，有自己的法律而不必遵循国家法律；另一方面他又强调国家法律的普遍性和强制性，指出包括所有团体在内的社会的各部分，都必须受国家法的控制，即团体是从属于国家的，它不是独立的主权者。

〔2〕 任何社会都必须维持一定的秩序才能保证社会的正常运转，人们才可能在一种和谐稳定的状态或环境下生存发展。法律正是维持社会所必需的秩序的重要手段。但与此同时，国家制定的法律又不是唯一手段。正如博登海默所说，虽然在有组织的社会历史上，法律作为人际关系的调节器一直发挥着巨大的和决定性的作用，但在任何这样的社会中，仅仅依凭法律这一社会控制力量显然是不够的。实际上，还存在一些能够指导或引导人们行为的其他工具，这些工具是在实现社会目标的过程中用以补充或部分替代法律手段的。而且，随着社会进步、人口愈趋稠密、生活方式愈趋多样、问题愈趋复杂、规范性社会控制程度也愈趋提高，法律之外的社会规则占据着越来越重要的地位。同时，现代社会的人们从属于多种社会身份，在不同社会关系中进行着多样的社会行为，法律和政治统治调整的只是其中的一小部分。因此，人类社会的一个基本现实是，除了政治国家及其统治秩序外，民间组织也都行使着规整社会秩序的职能，他们也有着与法律规定和国家意志相区别的自定规则。所以，在手工业社会解纷的规则适用过程中，以行规、习惯为主要内容的社会规范作为调节矛盾、化解纠纷的惯常做法，也是民事关系处理规则的积累，它在民间有着巨大的说服力，被绝大多数的民众所信服、所

我们这样一个传统深厚、历史悠久而且幅员广阔的国家来说，尊重社会规范是非常必要和明智的，它有助于使人们感受到法律与他们生活的密切性，有利于增强法律的亲和力和感召力。[1]

法治社会在强调法律至上的同时，也应积极鼓励社会自治和自律，形成法律与其他社会规范相辅相成、协调互动。因此，当事人之间的约定或合同，道德、习惯等民间规范，以及地方、基层社区、不同的民族和群体、社会团体、行业等的自治性规范，只要不违背法的精神和社会公共利益，都应该得到社会认可，并在解纷中发挥重要的作用。事实上，对于手工业社会生产和生活中细枝末节的问题，国家法没有也不可能作出详备的规定，于是那些因"民间细故"而引发的民事之争，缺乏明确的国家法安排，这就为社会规范提供了生存的土壤。根据手工业社会行业组织自身的条件和整体利益而创制的行为规范[2]，在解决彼此之间的纠纷，以维护本组织和本行业的社会秩序的

（接上页）接受。许多法学家在以前倾向于认为国家法是全部的法律。事实上，国家法在任何社会里都不是唯一的和全部的法律，无论其作用多么重要，它们只能是整个法律秩序的一部分，在国家法之外还存在民间法，也有人称为习惯法或社会法，本书称之为社会规范。正因为其具有非官方性，这部分法往往与国家法不尽一致，但这并不妨碍它们成为一个社会法律秩序中真实和重要的一部分，甚至它们是比国家法更真实而且在某些方面也更重要的那一部分。历史法学派的代表人物，德国著名法学家萨维尼主张法律是民族精神的体现，法律的根基在于法与道德的共同母体——习惯。（参见［德］弗里德里希·卡尔·冯·萨维尼：《论立法与法学的当代使命》，许章润译，中国法制出版社 2001 年版。）为了更好地调整一国的生活方式，"现代各国民法均承认习惯为法源之一"。（梁慧星：《民法总论》，法律出版社 2001 年版，第 28 页。）民事习惯是社会规范的重要存在形式。而社会规范的存在可以弥补国家法的不足，成为司法判决的依据。任何伟大和完善的法律对于社会生活的规范总是有一定程度局限性的。因此，在法律适用中总会出现一些现实的争议没有恰当的法律规范来调整的现象。这是不可避免，也是必然的。针对这种情况，大陆法系的民法一般都规定：有法律依法律，无法律时，都应当遵守社会法（民事习惯或者法理）解决。《瑞士民法典》第 1 条也有规定。《法国民法典》第 4 条规定得更为鲜明，即"法官借口法律无规定、法律不明确或不完备而拒绝审判者，得以拒绝审判罪追诉之"。《日本民法典》虽无这样的明文规定，但是其第 1 条关于"行使权利及履行义务时，应恪守信义、诚实实行"的规定，确认了依诚实信用原则确定法律没有明文规定的权利的行使规则。

〔1〕 谢鸿飞："论民事习惯在近现代民法中的地位"，载《法学》1998 年第 3 期。

〔2〕 近代中国政府对于工商业一向采取放任主义，工商业里应办事务之须由行会办理者当然很多，所以各业有所谓行规的订立，即近代中国手工行业组织在对行业事务进行管理时采取的一种最为普遍的方式就是制定行规，也即行业自治规章。举凡关于该业重要事件，多由公所颁发规约，由同行各店互相遵守。通过这些条文规范和约束手工业社会成员的行为，维持良好的行业秩序。因此，每个团体或行业都构成了一个具有自身生存法则的社会组织。行业组织作为一种社会组织也不例外，它有自己的章程与规则、纪律。不过，手工业组织不是从一开始便制定近代这样详密的规约，而是依从旧

同时，实质上也维护了整个国家统治秩序在手工业社会的实现。[1]美籍英国政

<hr/>

(接上页) 来的习惯；及经过相当年月，会员增加，旧来习惯发生变化或疑问，于是修改之变作成文法，刻在石碑上以留久远。其后复加修正增补，尤其是清末受外国的影响，规约更为详密。政府的种种法令虽全属空文，但手工业组织的规约却不折不扣地为会员所遵奉。并且，规约的效力不限于各会员，且及于会员以外的人物。从广义上来说，国家法与社会法同属社会规范的范畴，前者依托于国家权力，后者则植根于民间社会生活；在社会治理中，二者通常会并行不悖地存在，成为社会主体解纷的依据。法治并不意味着否定社会自治，也并不意味着国家可以通过法律覆盖社会生活的每一个角落，并通过司法权和法律职业垄断或包揽全部解纷活动。(参见范愉："纠纷解决中的民间社会规范"，载谢晖主编：《民间法》，山东人民出版社 2007 年版。) 近代中国手工业社会解纷的实践启示我们：社会规范仍大有可为。清末民初，中国民商法规尚未完备，而地方各省区受理的诉讼案件中以民事案件最多，审判法官在审理民事纠纷时多以地方民间习惯为依据，如果对于本地习惯不能熟悉了解的话，那么在办案过程中必然障碍重重。而且，各地习惯也往往差别很大，除非详细研究，否则很难准确把握。正是基于司法上的考虑，才导致 1917 年奉天省高等审判厅首创民商事习惯调查。该高审厅长沈家彝在那篇倡议咨文中指出："奉天省司法衙门受理诉讼案件以民事为最多，而民商法规尚未完备，裁判此项案件，于法规无依据者多以地方习惯未准据，职司审判者苟不本地各种之习惯不足以期明确，厅长有鉴于此，爰立奉省民商事习惯调查会……"(北洋政府《司法公报》第 242 期，第 2 页。) 此后，在编纂《中国民事习惯大全》的时候，编纂者也一再阐明其司法意义，认为该书"兼备司法官行政官律师参考之用"。(《中国民事习惯大全》之"凡例"。) 同样，1929 年至 1930 年底颁布的《民法典》第 1 条明文规定："民事法律所未规定者，依习惯，无习惯者，依法理。"或虽有习惯而法官认为不良者，依法理。民事习惯是我国固有的民事规范，以此作为制定法的补充形式，既可以保护法律秩序的连续性，又可以避免产生移植西方近代民法所带来的副作用。所以，在民国时期，在国家制定法不足以规范民事关系的情况下，大理院通过一系列的判决，把民间惯行的民事习惯输入司法领域。现以大理院的终审判决为例来说明民事习惯在民国时期司法中的作用。例一："盗卖祀产为法所禁，然查我国惯例，此等祀产遇有重要情形 (例如子孙生计艰难或因管理而生重大纠葛)，得各房全体同意时，仍得分析典卖或为其他之处分行为。此种惯例并无害于公益，亦不背于强行法规。"(见《大理院四年上字七七一号判决》"理由"部分。) "祀产"为行业组织共有财产，任何会员都无权擅自处分，更不得盗卖。但是对于共有人共同协商处理祀产，现行法律中没有相关规定，而民事习惯中却有"得各房全体同意时，仍得分析典卖或为其他之处分行为"的惯例，此项惯例正好弥补了制定法的空白，且有近代民法"处分共有财产须共有人协商一致"的原则。该惯例因此被大理院引用为司法裁判的依据。例二："土地买卖，固以订立契约为原则，但江省买卖荒地，既有不立卖契之习惯，则不立契亦能生物权转移之效力。"(见《大理院四年上字二二四二号判决》"理由"部分。) 当时，民律草案"典卖田宅"条明文规定：典卖田宅必须有契约，并经官府税契，方为有效。但是审判官员竟然置旧有法律律于不顾，承认"不立契即可买卖荒地"的民事习惯有效。由此可见，在特别地区、针对特别情况，民事习惯甚至可以以特别法的形式排斥制定法的适用，有高于制定法的效力。

　　[1] 行业组织的自治规章是指行业组织制定的调整行业事务的规则、规范。世界各国的行业性组织都有制定业内政策或规则的权力，包括章程、行业标准、行业道德规范或行业公约等。由行业组织制定自治规章的意义在于，动员社会力量 (即相应的社会团体) 去规范有关的事务。这些事务与他们密切相关，他们可以在各自熟悉的领域对这些事务给予内行的评价，负起特别的责任，借此缩短规范

治学家、社会学家麦基弗（Robert Morrison Marclver）认为："任何一个团体，为了进行正常的活动以达到各自的目的，都要有一定的规章制度，约束其成员，这就是团体的法律。"[1]

三、纠纷的有效解决：从解纷的内部治理来看，需要社会相对自治

手工业组织，是民间手工业者的自治组织，承担着组织市场公平交易、维护本会共同利益、处理事务纠纷，以及维护社会秩序、举办公益事业等一系列责任。[2]行业自治权的合法性基础是同业会员的认可与信任，但也与政府

（接上页）制定者和接受者之间的距离。（于安编著：《德国行政法》，清华大学出版社1999年版，第82页。）在当代法治社会，与法律并行不悖、存在着多元化的规范体系，包括道德规范、自治规范、村规民约、民族习惯，宗教等。社会越发展，法律规范越健全，就越应具有一定的宽容度，尊重当事人自己对规范的选择，允许在纠纷解决中同时适用其他社会规范。当代西方法社会学对非正式制度及社会规范的研究和关注已经形成了一种传统或流派。1960年代美国威斯康辛大学教授麦考利所作的关于企业契约行为的实证研究就是其中的典范之作，此后埃里克森的《无需法律的秩序——邻人如何解决纠纷》（参见［美］罗伯特·C. 埃里克森：《无需法律的秩序——邻人如何解决纠纷》，苏力译，中国政法大学出版社2003年版）和小波斯纳的《法律与社会规范》（参见［美］埃里克·A. 波斯纳：《法律与社会规范》，沈明译，中国政法大学出版社2004年版）延续了这一传统，再次重申了民间社会规范的意义，并使法律与其他社会规范及非正式制度之间的关系的研究更为系统化。这些研究都证明，社会规范在法治社会的社会治理和纠纷解决中发挥着不容忽视的作用。在我国，民间社会规范的作用同样重要。有时简单地适用法律规范或强硬地推行国家法的统一处理，会伤害一些人对法的理解和情感、造成抵触情绪，甚至使纠纷更难解决，陷入僵局。而适度地尊重和宽容无害的地方习惯，则可能达致情、理、法的协调，有利于纠纷解决。因此，不同的民族习惯、宗教习惯以及各地民间的传统、风俗和自治规范等，应受到尊重和重视。规则的多元化能够给当事人更多选择的机会，在国家法律允许的范围内和不违反人权保障及强制性规定的情况下，允许当事人有选择规则的余地，有利于激励当事人自主、灵活与合理地解决纠纷，也有利于社会的和谐。

〔1〕　转引自邹永贤等：《现代西方国家学说》，福建人民出版社1993年版，第322页。

〔2〕　就手工业组织起源来看，最初的发起者主要是出于自愿原则。这种出于行业利益基础上的自愿性既是行业组织成立的动力，也是行业组织运作的合法性来源。同业会员希望参与到行业组织中，共同筹划和引导行业组织争取成员利益的集体行动。行业组织也以此合法性为基础，要求同业会员共同遵守其决策。而后来者必须达到行会的要求或者条件，方能加入行业组织，享有被保障的权利。从这个意义上讲，自治是行业组织的本质要求。在行会时期，这种自治权通过带有强烈保护主义色彩的条款及活动体现出来。如限制招收和使用帮工的数目，限制作坊开设地点和数目，划一手工业产品的规格、价格和原料的分配，规定统一的工资水平，维护同业利益，并举办迎神祭祀活动和公益救济事业。（刘永成、赫治清："论我国行会制度的形成和发展"，载南京大学历史系明清史研究室编：《中国资本主义萌芽问题论文集》，江苏人民出版社1983年版，第125～129页。）对于中国行会的这些功能与作用，绝大多数学者的认识是比较一致的，不论这些条款是否阻碍了资本主义萌芽或者是否具有封建性、保守性，它在本质上都是行会实施行业自治权的表现。

相关。[1]从国家角度来看，行业组织是基层社会（特别是城镇基层社会）工商业者实体组织，"在一定的范围内发挥着某些自治的作用。一方面经济上与封建生产方式有千丝万缕的联系，调节了城镇经济生活，使之平稳迅速发展；政治上作为封建政权的补充，巩固了其在基层社会的统治；一方面悄然滋长、积蓄与传统生产方式和与封建官府相对立的力量"[2]。"在以前（民国以前——笔者），中国的为政者是一贯的采取放任主义，所以使得一般商人团体有绝大的权力，可以自订营业规则，作为该业的法律，违者议罚。可以想见它的威权。这在现在中国（指民国——笔者注）渐取干涉主义的时代，当然其权力已渐减少，但在较小的范围内，它仍有其自订的营业规则。"[3]民间社会似乎是一种"有秩序而无法律"、所谓的"天（国家）高皇帝（王法）远"的生活状态。[4]如此一来，频繁发生、各式各样的民间纠纷完全依赖国家权力和王朝法律来加以解决的设想，即使不是一种纯粹的空想，也是一种根本无法实现的制度安排。因此，大量的民间纠纷的解决大抵依据的是民间自发形成的一种内在的公平与公正的逻辑，而这种以非国家法律形式来解纷的方式，恰好构成了民间社会相对自治的空间。[5]"国家影响社群的主要方式有两种。第一种方式是运用税收、补贴以及类似的手段或者降低社群所产出的公共物品的价值。第二种方式是尽量避免干涉社群成员的内部纠纷，除非是真正利害重大的问题——换句话说，避免介入社群内部治理。"[6]可见，

---

[1] 中国行会与官府有着密切的关系。官府出于向手工业者摊派徭役、征收赋税的需要，会对行会组织在一定程度上给予保护。不过，行会的内部行业管理并未受到政府的过多干预，其自主性是相当强的。行会通过对官府征税行动的配合来保护其内部的自治权。但是，由于国家严格的政治控制，行会的自治活动仅限于行业经济领域，而难以扩大到政治及社会领域。

[2] 张研：《清代经济简史》，中州古籍出版社1998年版，第454页。

[3] 郭士沅："昆明市12个同业公会调查"，载李文海主编：《民国时期社会调查丛编》，福建教育出版社2004年版，第372页。

[4] 民间的争占、钱债、婚姻、骂言等纠纷以及由此所引发的各种民间械斗，在传统的民间社会中广泛存在。这在手工业社会也不例外。在传统的民间社会中，强大的国家权力系统根本无力也无法延伸到此。

[5] 理论上讲，一个民主、文明、进步的社会，应以"大社会小政府"为特征，最低限度也应该保持国家权力与社会权力的均衡发展，在强调法制统一的同时，应该为社会自治提供合理的发展环境。

[6] Eric A. Posner, *Law and Social Norms*, （中译本）［美］埃里克·A. 波斯纳：《法律与社会规范》，沈明译，中国政法大学出版社2004年版，第324页。

社会自治有其存在的必要性和合理性。[1]

　　民间社会要对内部事务进行管理，就必须拥有相应的自治[2]空间，也即自治权力。这种权力是由其成员通过一定的机构、程序和方式赋予社会组织对他们进行管理的权力。[3]对于手工行业组织来说，自治权是每一个合法成立的行业组织都具有的，[4]也是必须具有的。手工业社会的自治权体现在：

---

　　[1]　由于受自然环境和社会发展条件的限制，传统中国的民间社会是一个相对封闭的共同体。这种封闭性集中体现在，身处其中的一般民众，其日常生产、生活和社会交往的圈子往往被严格限定在一定的时空范围和一定的身份关系之内。因此，对于一般的民间纠纷而言，尤其是一些相对简单而且是通过双方当事人彼此协商解决的民间纠纷，其当事方基本上也是被严格限定在上述的范围之中。官方一般将民间纠纷视为"民间细故"，其中除了纠纷的起因和争议本身较为简单之外，更重要的可能正是纠纷的各方当事人存在着一定身份和时空联系，而这种身份和时空上的联系，从某种意义上说，正是民间的解纷机制发生作用的合理依据。（参见韩秀桃："明清民间纠纷的解决及其现代意义——以徽州法律文书为中心"，载何兵主编：《和谐社会与纠纷解决机制》，北京大学出版社2007年版，第108页。）因此，在倡导"缘俗而治"的中国社会的官方意识中，将这些民间社会中的"自己的纠纷"交给民间社会"自己去处理"，既不妨碍王朝统治的大局，同时也更加符合建立稳定的社会统治秩序的需要。

　　[2]　自治的字面意思是"自己管理自己"或"自己治理自己"。（[美]乔·萨托利：《民主新论》，冯克利、阎克文译，东方出版社1998年版，第73页。）从表面上看，自治与"他治"相对，有人就持此论。（曾景忠："孙中山地方自治思想论述"，载中国孙中山研究学会编：《孙中山和他的时代：孙中山研究国际学术讨论会论文集》，中华书局1989年版，第1100页。）但其实不然，自治非与"他治"相对，而与"官治"相对。日本学者阿部齐等人认为，"自治"与"统治"是分别位于两个极端的概念，它的本来含义是自己的事由自己负责处理。我国清末讨论地方自治问题时，对自治与官治之间的关系已有清楚论述。如梁启超从政体结构说明自治与官治的关系，认为"集权与自治二者，相依相辅，相维相系，然后一国之政体乃完"。（梁启超："商会议"，载《饮冰室文集》，上海广智书局1912年版。）当时的留学生也对二者之间的关系展开了讨论，认为"官府为国家直接行政机关，以直接维持国权之目的"，"自治体为国家间接之行政机关，以地方之人，治地方之事，而间接以达国家行政之目的"，故"自治之制，盖所以补官治之不足，而与官治相辅而行"。（马小泉："清末筹备立宪时期地方自治探略"，载中华书局编辑部：《辛亥革命与近代中国》，中华书局1994年版，第617页。）

　　[3]　手工业社会中，这种权力一般在行业组织的章程中有明确规定。在行会时期，各手工业行会的章程没有什么统一的规定。而在同业公会时期，各手工业同业公会的章程为地方商会印发，形式完全相同，只不过各同业公会一般于章程之外又自订行规，经地方商会转报地方党部，政府核准施行。

　　[4]　作为同业会员的契约性组织，不论是行会还是同业公会抑或工会，是否能够真正汇集同业意愿、通过公共决策、自主实施集体行为，对每一个会员或整个行业来说都具有重要意义。手工业组织管理内部事务的权力，是手工业社会自治权的具体体现。有学者认为："行业协会的组建及其自治权的产生与行业协会能够满足成员企业许多特殊利益紧密相关，成员企业正是因为企盼从协会运作中获

（1）规则制定权。这相当于国家的立法权。手工业社会的立法权表现为行业规章制定权。[1]手工行业组织可以制定一些规章制度以保证其活动的规

（接上页）得利益才愿加入协会并让渡自己部分的权力。"姑且不论行业组织管理内部事务的权力是否真是如此产生，可以确定的一点是，将行业组织管理内部事务的权力称为行业组织的自治权是合适的。民间社会自治的原则要求把国家干预限制在最小限度内，充分发挥地方民间社会组织的自主性和自律性。该原则在制度上表现为扩大社会组织事务，强化社会组织的自治权，确立社会组织财务的自主性，缩小国家的监督权。社会自治的原则要求有关民间社会组织的行政，尽可能在更多的范围内，承认其成员参与的机会，最大限度地满足他们关心本组织运营的要求，赋予社会组织处理事务的权能。"自律是行为主体的自我约束，他律是外部力量对行为主体的监督和制约"；"自律的形成有赖于他律"。于是，在自律与他律的调整机制下，由行业组织的自治性等特点所决定，国家对社会自治的调控必须被限制在一定范围内：即政府对行业组织的法律规制以不损害行业组织的自治性为前提，即达到结社自由与管制的平衡。也就是说，法治与自治并不互相排斥，两者是辩证统一的：自治的边界应是法治；法治下的自治更使行业组织健康、和谐地发展。

〔1〕实际上，从行业组织产生之日起，它就具有强大的立法功能。如伯尔曼就指出："凡有行会的地方，行会又是立法团体。城市或城镇里五花八门的商人和手工业者的行会各自都有自己的法令（ordinance）。""法令规定诸如此类的事项：学徒身份和成员身份的条件、工作日与假日的日程表、工作质量标准、最低限度的价格、商店之间的距离、有关行会内部限制竞争和平等交易的售卖条件、禁止赊卖（行会内部除外）、限制进口、限制移民以及其他保护主义的措施。"（参见［美］哈罗德·J.伯尔曼：《法律与革命——西方法律传统的形成》，贺卫方等译，中国大百科全书出版社1993年版，第473~474页。）一般来说，行业组织制定自治规章的权力是属于行业组织自主权的一种，"不需国家的特别授权"。（黎军：《行业组织的行政法问题研究》，北京大学出版社2002年版，第165页。）如博登海默认为，行业组织制定自治规章的行为是一种自主立法（autonomic legislation），它区别于国家的委托立法（delegated legislation）。"所谓自主，我们乃是指个人或组织（而非政府）制定法律或采用与法律性质基本相似的规则的权力。"（［美］E. 博登海默：《法理学：法律哲学与法律方法》，邓正来译，中国政法大学出版社2004年版，第421~423页。）"自治规章是由自治公法人根据自治权制定的规范，它的制定不需要法律的授权，也不只是为了执行法律。它只适用于自治公法人内部并受法律的承认和保护。"因此，这种根据自治权的自治规章"所体现的是自主和不依附于国家的政治决定能力"。（于安编著：《德国行政法》，清华大学出版社1999年版，第77页。）但需要指出的是，行业组织"制定自治规章的权力还可以来源于国家授权。就此而言，它与法令一样是一种引申来的规则制定权"。（于安编著：《德国行政法》，清华大学出版社1999年版，第82页。）日本学者美浓部达吉将国家以外的立法行为分为两种：自治立法和法律行为。属于"自治立法"的是"基于国家授予的立法权者"，如地方公共团体；而属于"法律行为"的则是"仅由国家加以承认，并不是国家的授权，而是发其权原于其社会本业的力容许者"。（［日］美浓部达吉：《法之本质》，林纪东译，商务印书馆1966年版，第95页。）后一种情况，即"法律行为"就包括了行业组织作为社会团体的规范行为，这种立法行为在国家所承认容许的范围内，由该团体自己规定，并受国家的保护，这种立法权并不是基于国家授予的统治权，而是依据该社团自身的固有力量（内部民主机制而产生的）而产生的权威，并由国家加以承认和保护。实际上，"社会组织的这种固有权力也不是必须得到国家承认的，它依据社会自身规律即可得到其成员及社会的认同"。（［日］美浓部达吉：《法之本质》，林纪东译，商务印书馆1966年版，第95页。）

范化和有序化并最终实现其宗旨。行业组织主要可以制定以下几种规章：一是行业组织的章程。章程主要确定该行业组织的成立目的、取得会员资格的条件、会员入会及退会的程序、行业组织内部行政性机构的设立及运行程序、对违反章程行为的惩处、争端解决方式等内容。如云南省昆明市各手工业同业公会就规定："本会以会员大会为最高权力机关，其职权如下。（一）决定本会一切计划。（二）修改章程。（三）执行委员及监察委员之推选。（四）会员或会员代表之除名。（五）推选或撤退参加商会代表。（六）预算或决算关于本会负担之经济事项。"〔1〕二是行为规范。行为规范既包括行为准则，又包括行业准则。前者对行业组织及其成员进行道德伦理上的规范；后者主要是指该行业的技术标准和工艺要求。

（2）日常管理权。这相当于国家的行政权。手工业社会的行政权表现为日常管理权。手工行业组织有对社会成员进行常规检查、清理整顿的权力。如云南省昆明市各手工业同业公会章程就规定："执行委员会分设下列各股，执行会务。（一）总务股 掌管文书庶务，财务收支，召集开会及不属于各股事项。（二）组织股 掌理调查登记及一切组织事项。（三）宣传股 掌理本会一切宣传事项。各股设主任1人，由执行委员兼任之，股员若干人，由执行委员会于会员代表中函聘之。"〔2〕依照这些规定，行业组织有这样的职责，而履行这些职责需要有一定的职权，行业组织的日常管理权正是履行职责、保证行业正常发展的必要条件。

（3）争端解决权。这相当于国家的司法权。手工业社会的司法权表现为争端解决权。即行业组织对组织内部事务或行业事务进行仲裁裁决或调解的权力。如云南省昆明市各手工业同业公会章程就规定，公会监察委员会职权之一是"排除会员间之纠纷"。〔3〕"会员有事可随时召集会议，如果会上两派争讼，……会首与会董协商后，可直接判决争端，……"〔4〕，"如果会员之间发生纠纷，争执将提交会馆，经会首仔细审查后作出裁决"。〔5〕

---

〔1〕 李文海主编：《民国时期社会调查丛编》，福建教育出版社 2004 年版，第 285 页。
〔2〕 李文海主编：《民国时期社会调查丛编》，福建教育出版社 2004 年版，第 285~286 页。
〔3〕 李文海主编：《民国时期社会调查丛编》，福建教育出版社 2004 年版，第 286 页。
〔4〕 彭泽益主编：《中国工商行会史料集》（下册），中华书局 1995 年版，第 648 页。
〔5〕 彭泽益主编：《中国工商行会史料集》（下册），中华书局 1995 年版，第 649 页。

四、纠纷的有效解决：从解纷的价值取向来看，收到案结事了功效

一个有序的社会，[1]应当是一个和谐的社会。社会和谐是一个从无序到有序的渐进性、阶段性过程，也就是秩序的不断梳理、不断重构的过程。和谐社会并非没有纠纷，只是纠纷得到有效控制、及时解决。"案结事了"是衡量纠纷解决效果的目标追求[2]，也是纠纷解决的取向。中国传统解纷机制的理论基础是儒家伦理。孔子曰："听讼？吾犹人也，必也使无讼乎！"[3]社会秩序的和谐是统治者所向往的社会目标，理想的社会就是"无讼""息讼""和睦无争"的社会，人际冲突和社会纠纷都被视为是对这种和谐社会秩序的破坏和威胁。在中国传统中，民间解纷机制具有保障人伦秩序和社会和谐的功能。确切地说，采取非诉讼的方式来解决社会纠纷归根到底是能够更好地使既定的社会秩序保持稳定。民间解纷机制是工具，目的是维护或恢复和谐的社会秩序，而不是追求权利的保护和救济。所以，旧中国官府在处理民间纠纷时为了保护人伦秩序，往往会不顾法律上的事实，抛开法律文本或法条，完全以儒家礼教为指导。由近代手工业社会解纷实践可知，许多行业组织在解纷时为维护同业内部之间的感情和秩序，有时甚至会牺牲真正的权利归属。不可否认的是，尽管这种解纷机制具有单一的价值取向，但它在维护特定的社会秩序并恢复其中被破坏的社会关系上，具有不可抹杀的作用。

追求国家的稳定、社会的和谐历来是执政者治国的一个目标，也是人们普遍向往的一种社会理想。如何妥善地解决纠纷，平衡各方面的社会关系，保持和谐稳定的社会秩序，促进生产的发展和经济的繁荣，保障国家的长治久安，是任何社会都必须着力解决的问题。减少、避免或消除纠纷是构成特

---

[1] 一个有秩序的社会并非一个没有纠纷的桃花源。纠纷是人类社会的通则，但这并不能导出，一个有序的社会，就是一个每日与天斗、与地斗、与人斗的社会。有序的社会虽然纠纷不断，但却应当能及时、有效、公平地解决。任何纠纷都是与既定秩序所不相容的。尽管科塞在其著作中声称社会冲突可以起到缓和社会矛盾的"安全阀"作用，但是，秩序永远都是法律的首要价值。（参见［美］E. 博登海默：《法理学：法律哲学与法律方法》，邓正来译，中国政法大学出版社 2004 年版，第 227 页。）

[2] 公丕祥主编：《纠纷的有效解决——和谐社会视野下的思考》，人民法院出版社 2007 年版，第 282 页。

[3] 《论语·颜渊》。

定制度下社会控制的基本任务。[1]在任何情况下，国家、政府作为公共物品，都致力于纠纷的解决。"纠纷解决的意义，简言之就在于法律秩序的构建和维护。"[2]"从目的性来说，纠纷解决是指纠纷主体自身或者在第三者参与下通过一定的方式化解矛盾、消除纷争、维护正常的社会秩序的活动。在这里，化解矛盾、消除纷争是直接目的，而维护正常的社会秩序是间接目的或最终目的。这里的'社会秩序'包括生活秩序、生产秩序、学习秩序、工作秩序等具体范畴的社会交往和主体行为的正当性，也包括社会公正和正义这样的抽象意义上的价值判断。"[3]对于纠纷解决的目的，顾培东认为，"首先是要求冲突的化解和消除"，这就意味着纠纷主观效果的全部内容从外在形态上被消灭，社会既定秩序得到恢复，而不问纠纷解决的实体结果如何；"其次，纠纷的解决要求实现合法权益和保证法定义务的履行"，这是对纠纷解决实体方面的要求，它力图弥补纠纷给社会既有秩序带来的破坏。[4]社会学意义上的纠纷解决更多地在于从宏观上"消灭"纠纷，而不是在微观意义上解决一起起具体纠纷。在法学背景下探讨纠纷的解决，更多的是从微观意义上寻找解纷的方法，"法律的主要功能在于建立和保持一种可以大致确定的预期，以便利人们的相互交往行为"[5]。

作为中国传统法律文化的主导性价值取向，恢复社会秩序，实现社会和谐是传统中国对社会调控效果的理想追求，[6]也是纠纷解决的终极目标。根据顾培东关于"纠纷解决"内涵的阐述，纠纷解决的最高层次是"冲突主体放弃和改变蔑视以至对抗社会统治秩序和法律制度的心理与态度，增强与社会的共容性，避免或减少纠纷的重复出现"[7]。近代中国，无论是民间调解

---

〔1〕　顾培东：《社会冲突与诉讼机制》（修订版），法律出版社2004年版，第2~15页。

〔2〕　赵旭东：《纠纷与纠纷解决原论——从成因到理念的深度分析》，北京大学出版社2009年版，第60页。

〔3〕　赵旭东：《纠纷与纠纷解决原论——从成因到理念的深度分析》，北京大学出版社2009年版，第56页。

〔4〕　顾培东：《社会冲突与诉讼机制》（修订版），法律出版社2004年版，第27~29页。

〔5〕　苏力：《法治及其本土资源》（修订版），中国政法大学出版社2004年版，第7页。

〔6〕　我国民间的纠纷多由乡规民约、家族法、民事习惯和儒家礼的规范来调处，通过调解而非诉讼来解纷。"调处息讼"是我国传统的法律观念和文化。这种"调处息讼"的方式表现为"无讼"文化，提倡"礼之用，和为贵，让为贤"，主张贵和持中、贵和尚中。

〔7〕　顾培东：《社会冲突与诉讼机制》（修订版），法律出版社2004年版，第27~29页。

还是地方官员的治理，在观念和制度上更多地倾向于主要运用道德教化来解纷，以收到平息纷争的效果。在追求无讼理念的支配下，调解成为传统社会乃至近代社会解纷的重要制度和手段，不仅促进了地方的自治，而且被官府广泛使用，成了代替审判和判决的主要方式。

就民间纠纷及其解决机制来说：一方面，官方的说教和倡导力图尽量避免民间纠纷的发生和实现民间纠纷的最终解决，从而恢复和谐的民间社会秩序。另一方面，作为一套民间性、业缘性的关系规范，手工业者之间的权利义务通过一种无须言说即可大致界定的方式得到了民间社会的认可和遵从，这是调整和解决他们之间利益冲突的基本点。因此，从民众的角度来讲，无论官方对民间纠纷的解决持何态度，尽量避免发生纠纷，以及发生纠纷以后尽量不要通过正式的诉讼途径来解决，应该是一条更为明智的解纷之道。相反，任何方式的缠讼、滥讼行为，浪费的不仅仅是劳作的时间和宝贵的银两，更要忍受皮肉之苦和脸面之辱。正因为此，纠纷双方相互的让步、相互的理解、相互的宽容，才是解决他们之间纷争的最佳选择。如在手工业社会解纷的过程中，双方当事人一般都会提出己方有力的依据。在两造相争的事实认定上，官方一般都会给具一个明确的"说法"，要么给当事人各打大板，作出判决；要么应行业组织要求，准予刻石示禁，赋予其"合法依据"，同时也为今后可能发生纠纷事件划定了界限。这一点对于官方来说，也更愿意看到争讼的子民能够相安无事，通过给具正式的官方贴文，收到案结事了效果，从而杜绝后患和"讼端"，免致纠葛，而最终的目的当然还是恢复社会秩序，实现社会的"和谐"与"稳定"。

以上是近代中国手工业社会解纷机制留给我们的几点启示。"历史是过去式，但历史的价值永远都是现在时。"[1]从"法理"的角度讲，手工业社会及其成员作为政治国家的统治基础，首当其冲是要成为王法的调整对象。但是手工业社会特有的属性，又决定了其主体的习惯意识、业缘意识远远高于国家意识。同样，手工业者对王法的遵从也远不如对风俗习惯规则的依赖和对行规的依靠。这一状况，表现在手工业社会纠纷的解决过程中，便是其成员更愿意遵从那些自己所认可的建立在同业基础上的秩序逻辑。这在现当代

---

〔1〕 韩秀桃："明清民间纠纷的解决及其现代意义——以徽州法律文书为中心"，载何兵主编：《和谐社会与纠纷解决机制》，北京大学出版社2007年版，第134页。

中国的法治社会，仍有其存在的必要和价值。

有学者认为，非西方社会的现代化是一个被动的外来冲击进而他化的过程，是引进和接受西方价值观念、文化形态与制度规范的西方化过程。言下之意，非西方国家的法制现代化实际上就是西方化的过程。这就全然排斥和否定了包括中国在内的非西方社会内部可能生成法制现代化的条件和因素，从而陷入了"西方中心主义"的泥淖。诚然，东、西方社会的法制现代化有其共同的特征，但是，这些共性并不必然排拒包括中国在内的非西方社会法制现代化的独特个性。若我们忽视了这一点，"像我们当前学术界风尚，认为外国的一切都是好，中国的一切都要不得，那只是意气，还说不上意见"〔1〕，"中国的法治之路必须注重利用中国本土的资源，注重中国法律文化的传统和实际"〔2〕，中国在寻找"现代的"法律制度时不必放弃自己的遗产。当然，注重本土资源，既不意味着对西方现代法律文明的排拒，也不意味着对中国传统法律文化的全盘肯定。中国传统法律文化良莠并在，我国在法制现代化进程中，利用本土资源，就是要剔除传统文化中的糟粕，吸收其精华；就是要对与我国法制现代化目标兼容的传统法律文化进行创造性转化。

在不同的文化背景下，解决纠纷的方式和机制是不同的。在西方社会，人们更多地利用诉讼的方式解决纠纷，而在和合文化背景下的古代中国，人们则更多地选择以调解为主的非诉讼方式来解决纠纷。近代中国手工业社会解纷机制就印证了这一点。

---

〔1〕　钱穆：《中国历代政治得失》，生活·读书·新知三联书店 2012 年版，第 4 页。
〔2〕　苏力：《法治及其本土资源》（修订版），中国政法大学出版社 2004 年版，第 6 页。

参考文献

一、史料类

（一）碑刻

[1] 广东省社会科学院历史研究所中国古代史研究室、中山大学历史系中国古代史教研室、广东省佛山市博物馆编：《明清佛山碑刻文献经济资料》，广东人民出版社 1987年版。

[2] 广西民族研究所编：《广西少数民族地区石刻碑文集》，广西人民出版社 1982 年版。

[3] 江苏省博物馆编：《江苏省明清以来碑刻资料选集》，生活·读书·新知三联书店，1959 年版。

[4] 李华编：《明清以来北京工商会馆碑刻选编》，文物出版社 1980 年版。

[5] 彭泽益选编：《清代工商行业碑文集粹》，中州古籍出版社 1997 年版。

[6] 上海博物馆图书资料室编：《上海碑刻资料选辑》，上海人民出版社 1980 年版。

[7] 苏州博物馆、江苏师范学院历史系、南京大学明清史研究室合编：《明清苏州工商业碑刻集》，江苏人民出版社 1981 年版。

[8] 谭棣华、曹腾騑、冼剑民编：《广东碑刻集》，广东高等教育出版社 2001 年版。

[9] 王国平、唐力行主编：《明清以来苏州社会史碑刻集》，苏州大学出版社 1998 年版。

[10] 张晓旭：《苏州碑刻》，苏州大学出版社 2000 年版。

（二）契约

田涛、[美] 宋格文、郑秦主编：《田藏契约文书粹编》（第1册），中华书局 2001 年版。

（三）档案

[1] 天津市档案馆、天津社会科学院历史研究所、天津市工商业联合会：《天津商会档案汇编（1903-1911）》（上册），天津人民出版社 1989 年版。

[2] 天津市档案馆、天津社会科学院历史研究所、天津市工商业联合会：《天津商会档案汇编（1912-1928）》（第1、2册），天津人民出版社 1992 年版。

[3] 汉口市档案馆有关资料。

[4] 荆州市档案馆有关资料。

[5] 马敏、祖苏、肖芃主编：《苏州商会档案丛编》（第2辑·一九一二年——九一九年)，华中师范大学出版社 2004 年版。

［6］ 上海市档案馆有关资料。

［7］ 江苏省商业厅、中国第二历史档案馆编：《中华民国商业档案资料汇编》（第 1 卷·
1912～1928），中国商业出版社 1991 年版。

［8］ 章开沅、刘望龄、叶万忠主编：《苏州商会档案丛编》（第 1 辑·一九〇五年——一九一
一年），华中师范大学出版社 1991 年版。

（四）史籍

［1］ 金济思：“十七世纪末到十九世纪初中国封建社会的几种手工业和手工工场的史料”，
载《经济研究（合订本）》1955 年第 1～5 期。

［2］ 孟元老等：《东京梦华录》，上海古典文学出版社 1956 年版。

［3］ 彭泽益编：《中国近代手工业史资料》（第 1～4 卷），中华书局 1962 年版。

［4］ 彭泽益主编：《中国工商行会史料集》（上、下册），中华书局 1995 年版。

［5］ 前南京国民政府司法行政部：《民事习惯调查报告录》，中国政法大学出版社 2005
年版。

［6］ 孙毓棠编：《中国近代工业史资料》，科学出版社 1957 年版。

［7］ 郑天挺主编：《明清史资料》（下册），天津人民出版社 1981 年版。

（五）史志

［1］ 桂平县志编纂办公室：《桂平县志·10：社会编·评议稿》。

［2］ 广西壮族自治区地方志编纂委员会编：《广西通志．工商行政管理志》，广西人民出版
社 1995 年版。

［3］ 平南县志编纂委员会：《平南县志：初稿·社会篇》。

［4］ 平南县志编纂委员会：《平南县志：初稿·司法篇》。

［5］ 平南县志编纂委员会：《平南县志：初稿·商业、工商管理篇》。

［6］ 王俊卿：《广西通志·工会志》，广西人民出版社 1996 年版。

［7］ 严振非编：《浙江省黄岩县志》，生活·读书·新知三联书店 1992 年版。

二、编著类

［1］ ［美］白凯：《中国的妇女与财产：1960-1949》，上海书店出版社 2007 年版。

［2］ 蔡锋：《中国手工业经济通史（先秦秦汉卷）》，福建人民出版社 2005 年版。

［3］ 陈宝良：《中国的社与会》，浙江人民出版社 1996 年版。

［4］ 陈会林：《地缘社会解纷机制研究：以中国明清两代为中心》，中国政法大学出版社
2009 年版。

［5］ 曹焕旭：《中国古代的工匠》，商务印书馆 1996 年版。

［6］ 段本洛、张圻福：《苏州手工业史》，江苏古籍出版社 1986 年版。

［7］邓拓：《论中国历史的几个问题》，生活·读书·新知三联书店 1979 年版。

［8］戴逸编著：《中国近代史稿》（第 1 卷），人民出版社 1958 年版。

［9］戴逸：“中国近代工业和旧式手工业的关系”，黄逸平编：《中国近代经济史论文选》（下册），上海人民出版社 1985 年版。

［10］范愉主编：《多元化纠纷解决机制》，厦门大学出版社 2005 年版。

［11］范忠信：《中国法律传统的基本精神》，山东人民出版社 2003 年版。

［12］方炳桂、方向红：《福州老行当》，福建人民出版社 2002 年版。

［13］费孝通：《乡土中国·生育制度》，北京大学出版社 1998 年版。

［14］傅筑夫：《中国经济史论丛》（下册），生活·读书·新知三联书店 1980 年版。

［15］傅郁林：《诉讼外纠纷解决法》，中国政法大学出版社 2005 年版。

［16］高其才：《中国习惯法论》（修订版），中国法制出版社 2008 年版。

［17］高其才：《多元司法：中国社会的纠纷解决方式及其变革》，法律出版社 2009 年版。

［18］［日］高见泽磨：《现代中国的纠纷与法》，何勤华、李秀清、曲阳译，法律出版社 2003 年版。

［19］顾培东：《社会冲突与诉讼机制》（修订版），法律出版社 2004 年版。

［20］顾希佳：《社会民俗学》，黑龙江人民出版社 2003 年版。

［21］广州市工商行政管理局：《清政府的工商行政管理》，工商出版社 1986 年版。

［22］何兵：《现代社会的纠纷解决》，法律出版社 2003 年版。

［23］何兵主编：《和谐社会与纠纷解决机制》，北京大学出版社 2007 年版。

［24］胡小鹏：《中国手工业经济通史（宋元卷）》，福建人民出版社 2004 年版。

［25］［美］黄宗智：《法典、习俗与司法实践：清代与民国的比较》，上海书店出版社 2007 年版。

［26］［美］黄宗智：《清代的法律、社会与文化：民法的表达与实践》，上海书店出版社 2007 年版。

［27］金志霖：《英国行会史》，上海社会科学院出版社 1996 年版。

［28］季如迅编著：《中国手工业简史》，当代中国出版社 1998 年版。

［29］［美］罗伯特·C.埃里克森：《无需法律的秩序——邻人如何解决纠纷》，苏力译，中国政法大学出版社 2003 年版。

［30］黎军：《行业组织的行政法问题研究》，北京大学出版社 2002 年版。

［31］梁治平：《清代习惯法：社会与国家》，中国政法大学出版社 1996 年版。

［32］梁治平：《寻求自然秩序中的和谐》，中国政法大学出版社 1997 年版。

［33］梁治平：《法辨：中国法的过去、现在与未来》，中国政法大学出版社 2003 年版。

［34］李可：《宗教社会纠纷解决机制——唐和宋的专题研究》，法律出版社 2010 年版。

［35］李乔：《中国行业神崇拜》，中国华侨出版公司 1990 年版。

［36］ 李文海主编:《民国时期社会调查丛编》,福建教育出版社 2004 年版。

［37］ 李绍强、徐建青:《中国手工业经济通史（明清卷）》,福建人民出版社 2004 年版。

［38］ 蓝翔、冯懿有:《中国·老 360 行》,百花文艺出版社 2006 年版。

［39］ 刘克祥:《简明中国经济史》,经济科学出版社 2001 年版。

［40］ 刘荣军:《秩序保障的理论视角》,法律出版社 1999 年版。

［41］ 鲁篱:《行业协会经济自治权研究》,法律出版社 2003 年版。

［42］ 罗一星:《明清佛山经济发展与社会变迁》,广东人民出版社 1994 年版。

［43］ 魏明孔:《中国手工业经济通史（魏晋南北朝隋唐五代卷）》,福建人民出版社 2004 年版。

［44］ 马长山:《法治进程中的"民间治理"——民间社会组织与法治秩序关系的研究》,法律出版社 2006 年版。

［45］ ［法］孟德斯鸠:《论法的精神》,张雁深译,商务印书馆 1961 年版。

［46］ ［英］梅因:《古代法》,沈景一译,商务印书馆 1959 年版。

［47］ 南京、重庆、北京市工商行政管理局:《中华民国时期的工商行政管理》,工商出版社 1987 年版。

［48］ ［日］棚濑孝雄:《纠纷的解决与审判制度》,王亚新译,中国政法大学出版社 2004 年版。

［49］ 彭南生:《行会制度的近代命运》,人民出版社 2003 年版。

［50］ 彭南生:《中间经济:传统与现代之间的中国近代手工业（1840-1936）》,高等教育出版社 2002 年版。

［51］ 邱澎生:《十八、十九世纪苏州城的新兴工商业团体》,台湾大学出版委员会 1990 年版。

［52］ 瞿同祖:《中国法律与中国社会》,法律出版社 1981 年版。

［53］ 曲彦斌:《行会史》,上海文艺出版社 1999 年版。

［54］ 全汉升:《中国行会制度史》,食货出版社 1986 年版。

［55］ ［美］斯蒂芬·B. 戈尔德堡等:《纠纷解决——谈判、调解和其他机制》,蔡彦敏等译,中国政法大学出版社 2004 年版。

［56］ 苏力:《法治及其本土资源》（修订版）,中国政法大学出版社 2004 年版。

［57］ 孙丽娟:《清代商业社会的规则与秩序》,中国社会科学出版社 2005 年版。

［58］ 唐力行:《商人与中国近世社会》,商务印书馆 2006 年版。

［59］ 童书业:《中国手工业商业发展史》（校订本）,童教英校订,中华书局 2005 年版。

［60］ 王德宽编著:《中国工商业联合会会史简明读本》,华文出版社 1992 年版。

［61］ 王进主编:《中国社会》,中央编译出版社 2006 年版。

［62］ 王铭铭、王斯福主编:《乡土社会的秩序、公正与权威》,中国政法大学出版社 1997

年版。

[63] 王翔：《中国近代手工业的经济学考察》，中国经济出版社 2002 年版。

[64] 王学辉：《从禁忌习惯到法起源运动》，法律出版社 1998 年版。

[65] 魏天安：《宋代行会制度史》，东方出版社 1997 年版。

[66] 魏文享：《中间组织——近代工商同业公会研究（1918-1949）》，华中师范大学出版社 2007 年版。

[67] 吴卫军等：《现状与走向：和谐社会视野中的纠纷解决机制》，中国检察出版社 2006 年版。

[68] 夏乾：《神判》，生活·读书·新知三联书店 1990 年版。

[69] 徐昕主编：《纠纷解决与社会和谐》，法律出版社 2006 年版。

[70] 易江波：《近代中国城市：江湖社会纠纷解决模式研究——聚焦于汉口码头的考察》，中国政法大学出版社 2010 年版。

[71] 赵旭东：《纠纷与纠纷解决原论——从成因到理念的深度分析》，北京大学出版社 2009 年版。

[72] 赵震江主编：《法律社会学》，北京大学出版社 1998 年版。

[73] 张晋藩：《中国民事诉讼制度史》，民蜀书社 1999 年版。

[74] 张研：《清代经济简史》，中州古籍出版社 1998 年版。

[75] 张泽咸：《唐代工商业》，中国社会科学出版社 1996 年版。

[76] 曾玲：《福建手工业发展史》，厦门大学出版社 1995 年版。

[77] ［日］滋贺秀三等著，王亚新、梁治平编：《明清时期的民事审判与民间契约》，王亚新、范愉、陈少锋译，法律出版社 1998 年版。

[78] 朱英：《辛亥革命时期新式商人社团研究》，中国人民大学出版社 1991 年版。

[79] 朱英：《转型时期的社会与国家——以近代中国商会为主体的历史透视》，华中师范大学出版社 1997 年版。

[80] 朱英主编：《中国近代同业公会与当代行业协会》，中国人民大学出版社 2004 年版。

[81] 朱英、郑成林主编：《商会与近代中国》，华中师范大学出版社 2005 年版。

[82] 庄华峰等：《中国社会生活史》，合肥工业大学出版社 2003 年版。

[83] W. Cunningham, *Alien Immigrants*, 坎宁安：《外国移民》，伦敦 1897 年版。

[84] W. Cunningham, *The Growth of English Industry and Commerce, During the Early and Middle Ages*, 坎宁安：《英国工商业的成长，古代和中世纪》，剑桥 1910 年版。

[85] W. Cunningham, *The Growth of English Industry and Commerce, In Modern Times*, 坎宁安：《英国工商业的成长，现代》，剑桥 1903 年版。

[86] W. Cunningham, *Outlines of English Industrial History*, 坎宁安：《英国工业史概述》，剑桥 1928 年版。

［87］N. Denholm-Young, *Seignorial Administration in Medieval England*, 邓荷姆·扬:《中世纪英国的庄园管理》, 伦敦 1937 年版。

［88］G. Duby, *Rural Economy and Country Life in the Medieval West*, 德比:《中世纪西方的农业经济和乡村生活》, 伦敦 1968 年版。

［89］C. Gross, *The Gild Merchant*, V. 格罗斯:《商人行会》第 1 卷, 伦敦 1967 年版。

［90］S. Kramer, *The English Craft Gilds*, 克雷默:《英国手工业行会》, 纽约 1927 年版。

［91］J. M. Lambert, *Two Thousand Years of Gild Life*, 兰伯特:《两千年行会史》, 赫尔 1891 年版。

［92］A. Milnes, *From Gild of Factory*, 米尔恩斯:《从行会到工厂》, 伦敦 1926 年版。

［93］C. Pppley, *The Cuilds of the City of London*, 普利:《伦敦市的行会》, 伦敦 1945 年版。

［94］G. Renard, *Guilds in the Middle Ages*, 雷纳德:《中世纪的行会》, 伦敦 1918 年版。

［95］G. Unwin, *The Gilds and Companies of London*, 昂温:《伦敦的手工业行会和公会》, 伦敦 1963 年版。

［96］G. Unwin, *Industrial Organization in the Sixteenth and Seventeenth Centuries*, 昂温:《16、17 世纪的工业组织》, 纽约 1963 年版。

［97］D. Writers, *Social England*, V. Ⅲ, 赖特思:《英国社会》第 3 卷, 伦敦 1898 年版。

三、论文类

［1］常健:"清末民初商会裁判制度:法律形成与特点解析", 载《华东政法学院学报》2008 年第 5 期。

［2］陈宝良:"行会、会馆与商会", 载《中国的社与会》, 浙江人民出版社 1996 年版。

［3］陈诗启:"明代的工匠制度", 载《历史研究》1955 年第 6 期。

［4］陈诗启:"明代的官手工业及其演变", 载《历史教学》1962 年第 10 期。

［5］段本洛:"历史上苏南多层次的工业结构", 载《历史研究》1988 年第 5 期。

［6］杜黎:"鸦片战争前上海行会性质之嬗变", 载南京大学历史系明清史研究室编:《中国资本主义萌芽问题论文集》, 江苏人民出版社 1983 年版。

［7］樊卫国:"近代上海非政府组织的社会经济协调作用——以近代经济群体为中心", 载《经济史》2008 年第 2 期。

［8］范金民:"清代江南会馆公所的功能性质", 载《清史研究》1999 年第 2 期。

［9］范愉:"非诉讼调解制度", 载郭星华、陆益龙等:"法律与社会——社会学和法学的视角", 中国人民出版社 2004 年版。

［10］范愉:"纠纷解决中的民间社会规范", 载谢晖主编:《民间法》, 山东人民出版社 2007 年版。

［11］范忠信:《纠纷解决与和谐社会——以社会组织在纠纷解决中的角色为中心（论

纲）》。

[12] 方楫："明代手工业发展的趋势"，载《历史教学问题》1958 年第 4 期。

[13] 冯筱才："中国商会史研究之回顾与反思"，载《历史研究》2001 年第 5 期。

[14] 付海晏："清末民初商事裁判组织的演变"，载《华中师范大学学报》2002 年第 2 期。

[15] 付海晏："民初商会舆论的表达与实践——立足于商事裁判权的历史研究"，载《开放时代》2002 年第 5 期。

[16] 傅筑夫："中国工商业者的"行"及其特点"，载傅筑夫：《中国经济史论丛》（下册），生活·读书·新知三联书店 1980 年版。

[17] 傅衣凌："明代苏州织工、江西陶工反封建斗争史料类辑——附论手工业劳动者在农民战争中所起的作用问题"，载《厦门大学学报（文史版）》1954 年第 1 期。

[18] 高洪兴："近代上海的同乡组织"，载《上海研究论丛》1990 年第 5 期。

[19] 胡光明："论早期天津商人的性质与作用"，载《近代史研究》1986 年第 4 期。

[20] 胡光明、宋美云、任云兰："首届商会与近代中国国际学术讨论会综述"，载《历史研究》1998 年第 6 期。

[21] 洪焕椿："明清苏州地区资本主义萌芽初步考察——苏州工商业碑刻资料剖析"，载南京大学历史系明清史研究室编：《明清资本主义萌芽研究论文集》，上海人民出版社 1981 年版。

[22] 洪焕椿："论明清苏州地区会馆的性质及其作用"，载《中国史研究》1980 年第 2 期。

[23] 蒋飞、陈益群："民俗习惯司法运用的理论与实践"，载《人民法院报》2007 年 9 月 4 日。

[24] 纪益成、罗贤平："发展行业协会：转型经济的必由之路"，载《经济管理》1999 年第 12 期。

[25] 纪庸："新发现的清初苏州手工业工人罢工史料"，载《人民日报》1957 年 3 月 25 日。

[26] 柯昌基："试论中国之行会"，载《南充师院学报》1986 年第 1 期。

[27] 李光壁："明代手工业的发展"，载《历史教学》1954 年第 7 期。

[28] 李华："明清以来北就的工商业行会"，载《历史研究》1978 年第 4 期。

[29] 李华："论中国封建社会的行会制度"，载南京大学历史系明清史研究室编：《中国资本主义萌芽问题论文集》，江苏人民出版社 1983 年版。

[30] 李龙潜："清代前期广东地区若干手工业部门中的资本主义萌芽"，载南京大学历史系明清史研究室编：《明清资本主义萌芽研究论文集》，上海人民出版社 1981 年版。

[31] 李龙潜："明代广东三十六行考释——兼论明代广州、澳门的对外贸易和牙行制度"，

载《中国史研究》1982 年第 3 期。

[32] 刘永成："解释几个有关行会的碑文"，载《历史研究》1958 年第 9 期。

[33] 刘永成："试论清代苏州手工业行会"，载《历史研究》1959 年第 11 期。

[34] 刘永成、赫治清："论我国行会制度的形成和发展"，载南京大学历史系明清史研究室编：《中国资本主义萌芽问题论文集》，江苏人民出版社 1983 年版。

[35] 吕作燮："明清时期的会馆并非工商业行会"，载《中国史研究》1982 年第 2 期。

[36] 刘重日、左云鹏："对'牙人''牙行'的初步探讨"，载南京大学历史系明清史研究室编：《明清资本主义萌芽研究论文集》，上海人民出版社 1981 年版。

[37] 刘红娟："近代中国商会商事公断处职能研究的启示"，载《社会科学战线》2006 年第 3 期。

[38] 吕作燮："试论明清时期会馆的性质和作用"，载南京大学历史系明清史研究室编：《中国资本主义萌芽问题论文集》，江苏人民出版社 1983 年版。

[39] 马敏："商事裁判与商会——论晚清苏州商事纠纷的调处"，载《历史研究》1996 年第 1 期。

[40] 马敏、朱英："浅谈晚清苏州商会与行会的区别及其联系"，载《中国经济史研究》1988 年第 3 期。

[41] 彭泽益："中国行会史研究的几个问题"，载《历史研究》1988 年第 6 期。

[42] 彭泽益："清代前期手工业的发展"，载南京大学历史系明清史研究室编：《中国资本主义萌芽问题论文集》，江苏人民出版社 1983 年版。

[43] 彭泽益："《中国行会史料集》编辑按语选"，载《中国经济史研究》1988 年第 1 期。

[44] 邱澎生："契约与帮规：试析清代中叶巴县档案中的船运纠纷"，载 http://bbs.cenet.org.cn/dispbbs.asp.

[45] 邱澎生："市场、法律与人情：明清苏州商人团体提供"交易服务"的制度与变迁"，载 http://www.sinica.edu.tw.

[46] 秦诗立、秦琳："商会制度与国家形态的互动演进"，载《上海经济研究》2003 年第 6 期。

[47] 瞿同祖："法律在中国社会中的作用——历史的考察"，载《中外法学》1998 年第 4 期。

[48] 任云兰："论近代中国商会的商事仲裁功能"，载《中国经济史研究》1995 年第 4 期。

[49] 孙本文："社会学上的基本概念"，载复旦大学分校社会学系编：《社会学文选》，浙江人民出版社 1982 年版。

[50] 唐文权："苏州工商各业公所的兴废"，载《历史研究》1986 年第 3 期。

[51] 汪敬虞："中国近代手工业及其在中国资本主义产生中的地位"，载《中国经济史研

究》1988 年第 1 期。

[52] 汪士信：“我国手工业行会的产生、性质及其作用”，载《中国社会科学院经济研究所集刊》第 2 辑。

[53] 王兰：“中国传统商会纠纷解决机制之功能分析——以调解为视角”，载《仲裁研究》2007 年第 1 期。

[54] 王奇生：“工人、资本家与国民党——20 世纪 30 年代一例劳资纠纷的个案分析”，载《历史研究》2001 年第 5 期。

[55] 王宏钧：“中国从先进到落后的三百年”，载南京大学历史系明清史研究室编：《明清资本主义萌芽研究论文集》，上海人民出版社 1981 年版。

[56] 王宏钧、刘如仲：“广东佛山资本主义萌芽的几点探讨”，载南京大学历史系明清史研究室编：《明清资本主义萌芽研究论文集》，上海人民出版社 1981 年。

[57] 王文郁：“清代资本主义萌芽的缓慢发展”，载郑天挺主编：《明清史资料》（下册），天津人民出版社 1981 年版。

[58] 王翔：“近代中国手工业行会的演变”，载《历史研究》1998 年第 4 期。

[59] 王钰欣：“清代前期手工业经济的性质和特点——对手工业资本主义萌芽发展水平的基本估计”，载南京大学历史系明清史研究室编：《明清资本主义萌芽研究论文集》，上海人民出版社 1981 年版。

[60] 魏天安：“宋代行会的特点论析”，载《中国经济史研究》1993 年第 1 期。

[61] 吴慧：“会馆、公所、行会：清代商人组织演变述要”，载《中国经济史研究》1999 年第 3 期。

[62] 吴涛：“清嘉庆年间陕西木工和铁工的起义”，载《史学月刊》1964 年第 8 期。

[63] 徐鼎新：“旧上海工商会馆、公所、同业公会的历史考察”，载《上海研究论丛》1990 年第 5 期。

[64] 许慧祺、李贞贞：“明清时期的行会制度初探”，载《法制与社会》2007 年第 2 期。

[65] 谢俊美：“清代上海会馆公所述略”，载《华东师范大学学报》2000 年第 2 期。

[66] 虞和平：“清末民初商会的商事仲裁制度建设”，载《学术月刊》2004 年第 4 期。

[67] 袁绪程：“中国传统社会制度研究”，载《改革与战略》2003 年第 10 期。

[68] 张学君：“四川资本主义近代工业的产生和初步发展”，载《中国经济史研究》1988 年第 4 期。

[69] 张忠民：“清代上海会馆公所及其在地方事务中的作用”，载《史林》1999 年第 2 期。

[70] 赵国亮：“清代踹匠斗争碑刻在苏州发现”，载《光明日报》1957 年 2 月 27 日。

[71] 郑成林：“清末民初商事仲裁制度研究”，载中国史学会：《辛亥革命与此 20 世纪的中国——纪念辛亥革命九十周年国际学术讨论会论文集》（中），中国文献出版社

2001 年版。

［72］郑成林："近代中国商事仲裁制度的历史轨迹"，载《中州学刊》2002 年第 6 期。

［73］郑成林："清末民初商事仲裁制度的演进及其社会功能"，载《天津社会科学》2003 年第 2 期。

［74］郑定、春杨："民事习惯及其法律意义——以中国近代民商事习惯调查为中心"，载《南京大学法律评论》2005 年第 1 期。

［75］朱英："清末苏州商会调解商事纠纷述论"，载《华中师范大学学报》1993 年第 1 期。

［76］朱榕："上海木业同业公会的近代化——以震巽木商公所为例"，载《档案与史学》2001 年第 3 期。

附表 2-1　晚清时期中国手工业社会的同一行业内纠纷

序号	时间	纠纷主体		纠纷经过	纠纷客体	发生地点	解纷方式	解纷结果
		甲方	乙方					
1	1845.6	印书坊	印书手	印书坊因印书手许怀顺等人把持市，曾在官府的协助和中人的调解下，使纠纷得到了结。但后来又出现了印手朱户邦等人把持市现象，书坊再次邀请官府出面调处。[1]	劳工市场	苏州	自力救济：齐行罢工、借助官方权威：引入官方力量、第三方调解	案曾结，后反弹，事未了。
2	1863.10	来自广东的木匠文君等人	上海本地木匠	上海本地木匠立下行规，要新到工匠，交一定人行费后，才能请人做工。对此，来自广东的木匠文君等人深为不满，并向官府提出申诉。[2]	业务市场	上海	借助官方权威	（不详）
3	1870.3	纸匠	纸厂	新昌纸厂业户因生意淡薄，议减纸匠工资，匠人不允，以致停工。有互相格斗之事，饬县拿办。包头李世魁等邀红莲教头目杨长受等纠众起事。各厂主议减工匠每日工银二分。纸匠捣毁厂主家屋。[3]	工资	江西新昌	当事人间自行协商、自力救济：诉诸暴力、借助官方权威：移交官府处理、借助宗教力量	（不详）

---

〔1〕"崇德公所印书行规碑"［道光二十五年（1845 年）六月二十八日］，载彭泽益选编：《清代工商行业碑文集粹》，中州古籍出版社 1997 年版，第 118~119 页。

〔2〕"告白"，载《上海新报》同治二年（1863 年）十月十四日，转引自彭泽益主编：《中国工商行会史料集》（下册），中华书局 1995 年版，第 682 页。

〔3〕"江西新昌县造纸厂工人罢工"，载刘坤一：《刘忠诚公遗集》（卷六），第 45~48 页。同治九年（1870 年）三月，转引自彭泽益编：《中国近代手工业史资料（1840-1949）》（第 2 卷），中华书局 1962 年版，第 276 页。

序号	时间	纠纷主体		纠纷经过	纠纷客体	发生地点	解纷方式	解纷结果
		甲方	乙方					
4	1872.6	手工业者	手工业者	吴德南等豆芽业者因陆三和等人硬派出钱入行，把持生意，请求官府示禁。[1]	业务市场	苏州	借助官方权威	官府出告示，予以制止
5	1872.9	客帮弹业店主	本帮弹业店主	客帮弹业认为本帮弹业倡立行规，旨在敛钱苛派，为此加以反对，并请求官府出面解决。[2]	会费	（不详）	借助官方权威	官府出告示，予以制止
6	1872.10	船主	船匠	向来舱缝工匠，皆凭船主自择，从无把持等事。近来船匠每有硬揽生意，恃强霸舱之事。倘船主欲换他匠，辄敢纠众争夺，斗殴滋事。[3]	业务市场	（不详）	借助官方权威	官府出告示，予以制止。
7	1872.11	漆业铺户	漆业匠伙	漆业匠伙把持勒扰，纠众停工，煽惑滋扰，铺户深受其害，请求官府出面禁止。[4]	劳工市场	（不详）	借助官方权威	官府出告示，予以制止
8	1872.11	双林巷开金箔作之董司	金箔同业其他同仁	董司违规收徒，同行强行禁止，董司不从，且赴官府控告同业把持。官府作出判决后，董司不服，依旧我行我素，且又结衙役为护符。因此招致众工匠的更大愤怒，在如董司到公所议事时，众人不顾衙役在场，将董司咬死，最后触犯刑律。[5]	收徒	苏州	自力救济：诉诸暴力	工匠将董司咬死

〔1〕"禁卖豆芽人把持生意告示"，载《申报》同治十一年（1872年）六月二十四日，转引自彭泽益主编：《中国工商行会史料集》（下册），中华书局1995年版，第682~683页。

〔2〕"禁止弹业敛钱苛派告示"，载《申报》同治十一年（1872年）九月初一日，转引自彭泽益主编：《中国工商行会史料集》（下册），中华书局1995年版，第683页。

〔3〕"禁约船匠告示"，载《申报》同治十一年（1872年）十月二十日，转引自彭泽益主编：《中国工商行会史料集》（下册），中华书局1995年版，第684页。

〔4〕"查禁漆铺匠伙把持告示"，载《申报》同治十一年（1872年）十一月十八日，转引自彭泽益主编：《中国工商行会史料集》（下册），中华书局1995年版，第684页。

〔5〕"苏州金箔作董司为工匠咬死"，载《申报》同治十一年（1872年）十一月二十一日，转引自彭泽益主编：《中国工商行会史料集》（下册），中华书局1995年版，第685~686页。

续表

序号	时间	纠纷主体		纠纷经过	纠纷客体	发生地点	解纷方式	解纷结果
		甲方	乙方					
9	1872.11	烟业作坊	烟业刨匠	烟业刨匠陈士奇自立行头，聚众□勒，喝令停刨。同时，也阻挠作坊另雇刨匠。烟业作坊主请求官府出面制止。[1]	劳工市场	（不详）	借助官方权威	官府出告示，予以制止
10	1876.1	公胜堂	木匠头李邦	公胜堂重修南门外三宫堂，需要提取公捐使用。值多次请扣存公费的木匠头李邦将有关款项交出，非但遭到李的拒绝及其强词漫骂，还被其所纠之众打伤。公胜堂请求官府出面解决。[2]	公款	上海	当事人间自行协商、自力救济：诉诸暴力、借助官方权威	（不详）
11	1876.1	工头	工方	工头李邦不给其他工友提交所收取的扣款，且擅自提高工价。其他工友不满。双方发生纠纷。[3]	工资	上海	第三方调解、自力救济：诉诸暴力、借助官方权威	案结事了："判既下，众皆欢欣鼓舞而退"
12	1876.2	锡箔匠	作坊主	各作坊主任意停业裁工。工匠大兴讼事。[4]	就业	江西	自力救济：齐行罢工、借助官方权威：称交官府处理	（不详）
13	1876.3	锡箔匠	作坊主	各作坊主任意停业裁工。工匠自1875年底停工，至本年春始议定新章。[5]	就业	江西	当事人间自行协商、借助官方权威：移交官府处理	复业复工。

〔1〕"勒石永禁烟业刨匠私立行头告示"，载《申报》同治十一年（1872年）十一月二十七日，转引自彭泽益主编：《中国工商行会史料集》（下册），中华书局1995年版，第686页。

〔2〕"公胜堂木行众工匠等具诉词"，载《申报》光绪二年（1876年）正月二十八日，转引自彭泽益主编：《中国工商行会史料集》（下册），中华书局1995年版，第689页。

〔3〕"木匠互控"，载《申报》光绪二年（1876年）正月二十九日，转引自彭泽益主编：《中国工商行会史料集》（下册），中华书局1995年版，第690页。

〔4〕"江西锡箔业工人罢工"，载《申报》光绪二年（1876年）二月二十六日，转引自彭泽益编：《中国近代手工业史资料（1840-1949）》（第2卷），中华书局1962年版，第276-277页。

〔5〕"江西锡箔业工人罢工"，载《申报》光绪二年（1876年）三月二十四日，转引自彭泽益编：《中国近代手工业史资料（1840-1949）》（第2卷），中华书局1962年版，第277页。

序号	时间	纠纷主体		纠纷经过	纠纷客体	发生地点	解纷方式	解纷结果
		甲方	乙方					
14	1876.6	机户董事某（沈祝三）	当地其他机户	该机户依仗深得厘捐总办信任，另立章程，对出市的新丝额外加厘，以冀迎合上意。由此激起其他众机户的愤怒，执香环跪，迫使官府将该机户斥退，另换新董。[1][2]	捐税	南京	借助官方权威	案结事了："即将某斥退，另换新董"
	1876.6							
15	1876.6	在苏开设的京缎机户	在南京的机董沈祝三	在苏州开设的京缎机户，因机董沈祝三狐假虎威，假公蠹业，惟利是图，觉得忍无可忍，遂将沈祝三告上官府，要求严惩沈氏。[3]	捐税	苏州	借助官方权威	（不详）
16	1876.6	瓷业工匠	瓷厂	各厂主供应工匠饭食，米色不符。工匠罢工，始由官府镇压，引起大暴动。[4]	待遇	景德镇	当事人间自行协商、自力救济：齐行罢工、借助官方权威；移交官府处理、自力救济：诉诸暴力	（不详）
17	1877.1	浆坊其他六户	浆坊陆寿	浆坊陆寿违规，私自括浆，被其余六坊察出，公同议罚，呼陆吃茶，请人来调解。未料，陆寿先下手为强，请行外的人欧打同行其他六坊，触犯刑律。[5]	业务市场	苏州	第三方调解、自力救济：诉诸暴力	案未结，事未了

---

〔1〕"机董斥退"，载《申报》光绪二年（1876年）六月十八日，转引自彭泽益主编：《中国工商行会史料集》（下册），中华书局1995年版，第691页。

〔2〕"斥退机董缘由"，载《申报》光绪二年（1876年）六月十九日，转引自彭泽益主编：《中国工商行会史料集》（下册），中华书局1995年版，第691~692页。

〔3〕"机户公禀"，载《申报》光绪二年（1876年）六月十九日，转引自彭泽益主编：《中国工商行会史料集》（下册），中华书局1995年版，第692页。

〔4〕"江西景德镇窑厂工人罢工"，载《申报》光绪二年（1876年）六月二十二日，转引自彭泽益编：《中国近代手工业史资料（1840-1949）》（第2卷），中华书局1962年版，第277~278页。

〔5〕"浆坊械斗"，载《申报》光绪三年（1877年）正月二十九日，转引自彭泽益主编：《中国工商行会史料集》（下册），中华书局1995年版，第694页。

序号	时间	纠纷主体		纠纷经过	纠纷客体	发生地点	解纷方式	解纷结果
		甲方	乙方					
18	1877.7	匠头	散匠	宁波小木作向有规章，凡冬季夜至二更为度。借散匠不遵守，与匠头发生纠纷。请官府出面解决。[1]	工资	宁波	自力救济：诉诸暴力，借助官方权威：引入官方力量	案未结，事未了："散匠不服，县差畏其众，不敢指拿，未知作何了结。"
19	1877.7	总目（大包工头）	散目（小包工头）	木工泥匠的散目在组织工匠做工后，总目并没有按惯例将从每工扣的钱酌分散目，导致散目不悦，遂讲人从中调解，但议而不决，几至用武。[2]	工资	扬州	第三方调解、自力救济：诉诸暴力，借助官方力量	官府出面，双方事了："训斥而释之。"
20	1877.8	丝织工	机房主	机房主削减机匠工价。工人机房主呈诉官府，引起机匠骚哗。[3]	工资	苏州	借助官方权威：引入官方力量	（不详）
21	1877.12	裘皮业作坊主	裘皮业工匠	工匠张志兴等人阻止作坊主招收外帮助学徒，同时霸收入己，侵用花销。因此，作坊主请求官府出面予以禁止。[4]	劳工市场	苏州	借助官方权威：引入官方力量	官府出告示，予以制止。
22	1878.11	沈友山等手工业者	曹阿传等手工业者	曹阿传达等手工业者创立行头，借神勒捐，引起沈友山等同业中的其他人不满。沈友山等人请求官府出面解决。[5]	私立行头	苏州	借助官方权威：引入官方力量	官府出告示，予以制止。

---

〔1〕"木匠逞蛮"，载《申报》光绪三年（1877年）七月十三日，转引自彭泽益主编：《中国工商行会史料集》（下册），中华书局1995年版，第694页。

〔2〕"万佛楼停工纪实"，载《新报》光绪三年（1877年）七月二十九日，转引自彭泽益主编：《中国工商行会史料集》（下册），中华书局1995年版，第694~695页。

〔3〕"苏州丝织业机匠罢工"，载《申报》光绪三年（1877年）八月十三日，转引自彭泽益编：《中国近代手工业史资料（1840-1949）》（第2卷），中华书局1962年版，第278页。

〔4〕"吴县规定裘业公所工伙不准私立行头名目把持各店作收用外帮徒伙擅议罚规以及阻工霸业碑"〔光绪三年（1877年）十二月〕，彭泽益选编：《清代工商行业碑文集粹》，中州古籍出版社1997年版，第136~137页。

〔5〕"长洲元和县永禁宋锦业人等设立行头行规以及另改名目仍立公所碑记"〔光绪四年（1878年）十一月十九日〕，载彭泽益选编：《清代工商行业碑文集粹》，中州古籍出版社1997年版，第112页。

续表

序号	时间	纠纷主体		纠纷经过	纠纷客体	发生地点	解纷方式	解纷结果
		甲方	乙方					
23	1879.2	木匠沈春生	工头魏炳章	魏炳章带领其他木匠在法工部局做工，遭到同行工匠沈春生等人的反对，工具被沈尽行搬走。魏氏告到官府，官府将沈春生抓获，并作出判决，魏氏胜诉。[1]	业务市场	上海	借助官方力量	事了：魏炳章之家伙，当堂给领。
24	1879.3	小行铜匠	行会会首	小行工人由于收入有限，支付不了必要的庙会钱，所以大半人不参加行会举办的老君会。为此，会首予以强制，但无效果，遂以为工匠是在藐视行会活动和自己，于是将数匠拉至街心进行痛打，并将其中两人打伤。其他工匠对此，大为不满，向官府控告会首。[2]	会费	汉阳	借助官方力量	（不详）
25	1880.3	箔业铺主	箔业工匠	铺主与工匠原已约定收徒办法，但店作开业后，想来做学徒的人甚多，见此，各工匠趁机抬高投师财礼，从而出现彼此不能划一的情况。工匠们的此举，影响到店铺的正常生产和营业，于是铺主起而评驳，主张投师财礼照旧章，工匠不能互抬。此言一出，该铺主甲被工匠追打。[3]	收徒	江西	当事人间自行协商、自力救济；诉诸暴力	（不详）

---

〔1〕"把持工作"，载《申报》光绪五年（1879年）二月初六日，转引自彭泽益主编：《中国工商行会史料集》（下册），中华书局1995年版，第696页。

〔2〕"铜匠苦况"，载《申报》光绪五年（1879年）三月初七日，转引自彭泽益主编：《中国工商行会史料集》（下册），中华书局1995年版，第696页。

〔3〕"铺主受辱"，载《申报》光绪六年（1880年）三月二十二日，转引自彭泽益主编：《中国工商行会史料集》（下册），中华书局1995年版，第698页。

续表

序号	时间	纠纷主体		纠纷经过	纠纷客体	发生地点	解纷方式	解纷结果
		甲方	乙方					
26	1880.5	裁缝店	裁缝工	武汉裁缝店主在给裁缝工算工钱时，想从每个裁缝工下班工钱中各拿出一点来作为会馆经费。但是遭到裁缝工人的共同抵制。最后双方通过司法来解决。[1]	工资	武汉	当事人间自行协商、借助官方力量	官府出面，案结事未了。
27	1880.6	厂头（工头）	木匠	建筑工活多，时间要求紧。包工头为完成承担任务，需要增加工匠。工匠趁机提出加薪要求。但因各处加薪标准不一，致使工匠齐行罢工。[2]	工资	（不详）	当事人间自行协商、自力救济：诉诸暴力	案未结，事未了。
28	1880.6	皮匠袁二	皮匠担郭洪根	皮匠担郭洪根在其徒满年后，另置一担，令其随同理生。但皮匠袁二以郭徒未尝入行，阻止其挑担营生，并将其担拉去，又将郭洪根告到官府。官府作出判决，郭洪根胜诉。[3]	业务市场	（不详）	自力救济：诉诸划暴力、借助官方力量	案结事了："私立规条，实为可恶""断令将私立议规之板焚销，并着将原担交还，违则重究。"
29	1880.7	受雇于公馆大户和自开铺面的裁缝匠	随街服务的裁缝匠	受雇于公馆大户和自开铺面的裁缝匠认为随街服务的裁缝匠抢了他们的生意，禁止后者继续营生。遭到后者强烈反对。[4]	业务市场	江西	当事人间自行协商	（不详）

---

〔1〕"缝工长价"，载《申报》光绪六年（1880年）五月二十二日，转引自彭泽益主编：《中国工商行会史料集》（下册），中华书局1995年版，第699页。

〔2〕"木匠齐行"，载《申报》光绪六年（1880年）六月初四日，转引自彭泽益主编：《中国工商行会史料集》（下册），中华书局1995年版，第699~700页。

〔3〕"私立行规"，载《新报》光绪六年（1880年）六月二十四日，转引自彭泽益主编：《中国工商行会史料集》（下册），中华书局1995年版，第700页。

〔4〕"缝匠齐行"，载《申报》光绪六年（1880年）七月二十六日，转引自彭泽益主编：《中国工商行会史料集》（下册），中华书局1995年版，第701页。

序号	时间	纠纷主体		纠纷经过	纠纷客体	发生地点	解纷方式	解纷结果
		甲方	乙方					
30	1880.11	宁郡伞匠方顺德等人	来自奉化的伞匠江沛良等人	宁郡伞匠方顺德伙同杨云宝等人将来自奉化的伞匠江沛良等人的货拉走，并将他们擒住。江氏向官府控告方氏等人。[1]	业务市场	南京	自力救济：诉诸暴力、借助官方力量	案结事了："想该伞匠嗣后必遵宪谳，谅不敢再听奸徒煽惑，聚众挟制也。"
31	1881.8	一铜器行工人	另一铜器行工人	两个铜器行的工人口角相争，本有积嫌，因各寻仇报复，遂于初十日各携军械哄斗。其间，误伤武地——火药局一员工，受到官府的弹压。[2]	口角	佛山	自力救济：诉诸暴力、借助官方力量	（不详）
32	1882.4	作头	泥水匠	按照鲁班殿公所章程，作头需给工匠预备饭食，以每日一粥两饭为度，并以盐菜按之。但后来作头却减为每日一饭两粥，且菜复臭污，不堪下箸。对此，工匠们忍无可忍，纠约停工，共同到鲁班殿找作头论理，并将其打伤。[3]	生活待遇	南京	当事人间自行协商、自力救济：诉诸暴力	（不详）
33	1882.4	作头	宁绍帮木匠	一般的做法是，作头要给工匠提供每日一粥二饭，所给工价，每洋一元，抬升五十文。在上工时间提前后，工匠们要求作头提高他们的生活待遇：每日吃三餐饭并且有较好的饭菜等。遭到拒绝。为此，工匠罢工，等候公所司事从中调处。[4]	生活待遇	南京	当事人间自行协商、自力救济：齐行罢工和诉诸暴力	（不详）

〔1〕"聚众挟制"，载《申报》光绪六年（1880年）十一月十五日，转引自彭泽益主编：《中国工商行会史料集》（下册），中华书局1995年版，第702页。

〔2〕"寻仇酿命"，载《新报》光绪七年（1881年）八月三十日，转引自彭泽益主编：《中国工商行会史料集》（下册），中华书局1995年版，第702页。

〔3〕"停工挟制"，载《沪报》光绪八年（1882年）四月二十二日，转引自彭泽益主编：《中国工商行会史料集》（下册），中华书局1995年版，第703页。

〔4〕"木匠聚议"，载《申报》光绪八年（1882年）四月二十二日，转引自彭泽益主编：《中国工商行会史料集》（下册），中华书局1995年版，第704页。

序号	时间	纠纷主体		纠纷经过	纠纷客体	发生地点	解纷方式	解纷结果
		甲方	乙方					
34	1882.4	宁绍两帮作头	宁绍两帮木匠	当地木匠希望作头优其供给，平其洋价。但宁绍这两个行帮的作头，均以向章如是，不允更改。于是两帮匠人约齐停工。[1]	生活待遇	(不详)	当事人间自行协商、自力救济：齐行罢工和诉诸暴力、借助官方力量	(不详)
35	1882.4	宁绍帮木匠	本地帮木匠	由于劳动生活待遇低，宁绍帮木匠提出加薪要求，遭到作头拒绝，遂相约停工，但本地帮木匠并未影响，而是仍照常工作。对此，宁绍帮木匠喝令本地帮停止，并以武力相威胁。[2]	生活待遇	上海	当事人间自行协商、自力救济：齐行罢工、第三方调解、自力救济：诉诸暴力	案结："嗣经公所司事者许为持平酌核，听候调处，众人方散"事未了：本地帮木匠昨仍照常工作。
36	1883.10	锡箔匠	作坊主	研纸工反对箔作坊自设研石，聚众前往拆去，并捣毁 30－40 家作坊。[3]	就业	杭州	自力救济：诉诸暴力	(不详)
37	1883.10	锡箔匠	作坊主	研纸工因箔作坊给工价搀用小钱，要求付给大钱。工人罢工，并捣毁包姓箔庄。[4]	就业	杭州	自力救济：诉诸暴力	(不详)
38	1884.1	纱缎机户	纱缎机匠	由于娄门这个地方从事纱缎业的机户多，但销路不畅，致使大量纱匠失业。机户、机匠间在"发价扣串是否划一"问题上，发生争执。[5]	劳动收入	江苏	自力救济：齐行罢工和诉诸暴力	(不详)

[1] "木匠被拘"，载《申报》光绪八年（1882 年）四月二十四日，转引自彭泽益主编：《中国工商行会史料集》（下册），中华书局 1995 年版，第 704 页。

[2] "木匠聚议"，载《申报》光绪八年（1882 年）四月二十二日，转引自彭泽益主编：《中国工商行会史料集》（下册），中华书局 1995 年版，第 704 页。

[3] "杭州锡箔业工人罢工"，载《申报》光绪十年（1884 年）十月初二日，转引自彭泽益编：《中国近代手工业史资料（1840-1949）》（第 2 卷），中华书局 1962 年版，第 278 页。

[4] "杭州锡箔业工人罢工"，载《申报》光绪十年（1884 年）十月初十日，转引自彭泽益编：《中国近代手工业史资料（1840-1949）》（第 2 卷），中华书局 1962 年版，第 278 页。

[5] "机户织匠把行"，载《申报》光绪十年（1884 年）正月三十日，转引自彭泽益主编：《中国工商行会史料集》（下册），中华书局 1995 年版，第 707~708 页。

序号	时间	纠纷主体		纠纷经过	纠纷客体	发生地点	解纷方式	解纷结果
		甲方	乙方					
39	1885	鞋匠、玉器匠	雇主	鞋匠和玉器匠要求增加工资。[1]	工资	北京	自力救济：齐行罢工	未达到目的。
40	1887.4	豆腐店同行	某豆腐店	某豆腐店为招徕生意，将豆腐块样放大，同时把售价降低，以致远处人家，亦多向此店购买。同行见状，传单通知同业，停歇两日，公议店规。[2]	产品规格和价格业务市场	苏州	当事人间自行协商	案结事了
41	1888.4	染坊同业	日新染坊	日新染坊减价染布，生意好于他坊。他坊也相互效仿。于是染坊同业公同议定，划一染价。[3]	产品价格	杭州	行业仲裁	案结事了
42	1889.10	鞋铺主	鞋匠	六十余位鞋匠被鞋铺主袁美思解雇，而其他各店迫于袁美思压力，也不敢雇用这些工匠，致使他们谋生无门。工匠欲与美思拼命。最后，由官府出面解决。[4]	劳工市场	南京	自力救济：诉诸暴力、借助官方权威	案结事了："两造均遵谕而出"。
43	1889.10	鞋铺主	鞋匠	宁城裁切鞋匠把持做工，阻卖纸底，邑底作请示邑主。邑主作出裁断。[5]	业务市场	南京	借助官方权威	具结完案

〔1〕"北京的鞋匠和玉器匠罢工"，光绪十一年（1885 年），S. D. Gamblg：*Peking, A Social Survey*，p.196，转引自彭泽益编：《中国近代手工业史资料（1840-1949）》（第 2 卷），中华书局 1962 年版，第 279 页。

〔2〕"豆腐店整规"，载《申报》光绪十三年（1887 年）闰四月二十二日，转引自彭泽益主编：《中国工商行会史料集》（下册），中华书局 1995 年版，第 708 页。

〔3〕"钱江麦浪"，载《字林沪报》光绪十四年（1888 年）四月初六日，转引自彭泽益主编：《中国工商行会史料集》（下册），中华书局 1995 年版，第 710 页。

〔4〕"四明琐记"，载《字林沪报》光绪十五年（1889 年）十月初六日，转引自彭泽益主编：《中国工商行会史料集》（下册），中华书局 1995 年版，第 712 页。

〔5〕"委托更正"，载《申报》光绪十五年（1889 年）十月十五日，转引自彭泽益主编：《中国工商行会史料集》（下册），中华书局 1995 年版，第 712 页。

序号	时间	纠纷主体		纠纷经过	纠纷客体	发生地点	解纷方式	解纷结果
		甲方	乙方					
44	1880.3	锡箔匠	作坊主	各作坊主以人手少，令帮工招收学徒。[1]	收徒	江西	借助官方权威：移交官府处理	争议至当年2月28日始两造说合兴工。
45	1891.5	厂商	木匠	维修颐和园的木匠，听说皇太后来颐和园，想借机实现加薪要求，于是停工。因此，与厂商发生冲突。最后，在官府介入后问题得到妥善解决。[2]	工资	北京	自力救济：齐行罢工、借助官方权威	案结事了："木匠慑于兵威，始各帖服，散归本厂，照常作工""嗣后每日给工钱四千，再有聚众争论者严究不贷。"
46	1892.5	汉阳帮木匠（文帮）	武昌帮木匠（武帮）	汉阳帮与武昌帮虽然是两个互不隶属的木工行会，但共同以鲁班阁为公议地点。双方因鲁班阁上的牌匾名有争执，发生武斗。[3]	牌匾名	武汉	自力救济：诉诸暴力、借助官方权威：引入官方力量	（不详）
47	1892.12	青砖窑户	红砖窑户	红砖虽不及青砖之坚而美，但较青砖价廉，以至青砖窑户消流甚滞，纷纷闭歇，引发双方纠纷。[4]	业务市场	广东	借助官方权威	（不详）
48	1893.5	店东	店伙（刨烟者）	泾帮一般为刨烟者分小货，但现在店东拒绝这样做，对此，店伙反对。店东遂将店伙送至官府。[5]	利益分成	芜湖	当事人间自行协商、借助官方权威	案未结事未了

〔1〕"江西锡箔业工人罢工"，载《申报》光绪六年（1880年）三月十二日，转引自彭泽益编：《中国近代手工业史资料（1840~1949）》（第2卷），中华书局1962年版，第277页。

〔2〕"帝京景色"，载《申报》光绪十七年（1891年）五月初二日，转引自彭泽益主编：《中国工商行会史料集》（下册），中华书局1995年版，第714~715页。

〔3〕"一字忿争"，载《申报》光绪十八年（1892年）五月二十九日，转引自彭泽益主编：《中国工商行会史料集》（下册），中华书局1995年版，第716页。

〔4〕"粤东琐录"，载《申报》光绪十八年（1892年）十二月十三日，转引自彭泽益主编：《中国工商行会史料集》（下册），中华书局1995年版，第716~717页。

〔5〕"烟店东伙争议"，载《字林沪报》光绪十九年（1893年）五月十四日，转引自彭泽益主编：《中国工商行会史料集》（下册），中华书局1995年版，第717页。

续表

序号	时间	纠纷主体		纠纷经过	纠纷客体	发生地点	解纷方式	解纷结果
		甲方	乙方					
49	1893.9	弹棉花店主黄某	同业王士金等人	黄某没有按照行规，擅自将棉花折价售卖，有坏行规，招致王士金等同业的反对。双方请人评理，从中调解过程中，竟至用武。最后，邀请官府出面解决。[1]	产品价格	上海	当事人间自行协商、自力救济：诉诸暴力、借助官方权威；移交官府处理	官府出面，案结事了："黄不应违章，著责一面下。王士金与理论，不应纠众行凶，着责二百下。播弄是非之春华，责二百下。顺和虽未打架，然亦有不是，着责五十下，斥退"。
50	1894.3	手工业者朱德卿	手工业者曹阿福	手工业者曹阿福嫉妒同行朱德卿生意好于自己，不准朱收徒，同时纠同无赖将朱谋生工具抢夺，并殴打朱某。当地甲长出面调处。[2]	业务市场	（不详）	第三方调解、自力救济：诉诸暴力、借助保甲	地甲调处，双方散去。
51	1894.6	以绚章公所董事王凤鸣等人为代表的蜡笺业大作坊主	绚章公所中的小作坊主	大作坊主与小作坊主在公捐问题上对收徒人数，两次做出了相应的规定。但没过多少年，就有戴传芝等人公开违规收徒。为此，以王凤鸣等人为代表的大作坊主请求官府出面制止，并对公捐数与收徒人数重新做了适当调整。[3]	收徒	苏州	当事人间自行协商、借助官方权威：引入官方力量	案结事了

---

〔1〕"沪南琐录"，载《申报》光绪十九年（1893年）九月初六日，转引自彭泽益主编：《中国工商行会史料集》（下册），中华书局1995年版，第717页。

〔2〕"同业忿争"，载《申报》光绪二十年（1894年）三月二十六日，转引自彭泽益主编：《中国工商行会史料集》（下册），中华书局1995年版，第718页。

〔3〕"蜡□业公议规条碑"［光绪二十年（1894年）六月十二日］，载彭泽益选编：《清代工商行业碑文集粹》，中州古籍出版社1997年版，第132~134页。

序号	时间	纠纷主体		纠纷经过	纠纷客体	发生地点	解纷方式	解纷结果
		甲方	乙方					
52	1895.4	专做大小梳妆粉镜文柜的端利祥等人	向做红木玻璃灯架挂镜插镜机架的徐阿四等人	向做红木玻璃灯架挂镜插镜机架的徐阿四等人近今搀做洋镜小亭等物，在店售卖。专做大小梳妆粉镜文柜的端利祥等人认为，此举乃夺了他们的生意市场，因此深表不满，要求官府出面加以阻止。[1]	业务市场	苏州	借助官方权威：引入官方力量	官府出告示，予以制止。
53	1895.4	踹布匠	布店	各布店付给踹匠工钱，毛杂相搀，要求付给制钱。[2]	工资	汉口	自力救济：齐行罢工	经调解勉强复工。
54	1895.5	染匠	布店	染坊染匠要求各布店付约工钱以典钱照算，不要红钱。[3]	工资	汉口	当事人间自行协商	各布店允给大钱。
55	1899.8	油坊工人	油坊	油坊工人索加工资。嗣经广潮各帮绅董赵水加、高庭松等出而排解，许其增价，始稍贴然。经绅董等议定工价，禀请关道出示立案。[4]	工资	辽宁营口（即牛庄）	自力救济：齐行罢工、第三方调解、借助官方权威：引入官方力量	经调解增加。
56	1900.5	油坊工人	油坊	全市油坊工人因前耻未雪，相约停工数十日。但如此停工，各油坊均有难以支持之势，需改变现状。[5]	权益	辽宁营口	借助官方权威：引入官方力量	仍未复工。

〔1〕"梳妆同业章程碑"［光绪二十一年（1895年）四月二十一日］，载彭泽益选编：《清代工商行业碑文集粹》，中州古籍出版社1997年版，第124～125页。

〔2〕"汉口踹布坊和染坊工人罢工"，载《申报》光绪二十一年（1895年）四月二十九日，转引自彭泽益编：《中国近代手工业史资料（1840-1949）》（第2卷），中华书局1962年版，第279页。

〔3〕"汉口踹布坊和染坊工人罢工"，载《申报》光绪二十一年（1895年）五月十三日，转引自彭泽益编：《中国近代手工业史资料（1840-1949）》（第2卷），中华书局1962年版，第279页。

〔4〕"营口榨油业工人罢工"，载《中外日报》光绪二十五年（1899年）八月初八日，转引自彭泽益编：《中国近代手工业史资料（1840-1949）》（第2卷），中华书局1962年版，第602页。

〔5〕"油手停工"，载《中外日报》光绪二十六年（1900年）五月初八日，转引自彭泽益编：《中国近代手工业史资料（1840-1949）》（第2卷），中华书局1962年版，第602页。

序号	时间	纠纷主体		纠纷经过	纠纷客体	发生地点	解纷方式	解纷结果
		甲方	乙方					
57	1900.6	机坊工人	机坊	六七月间，机坊工人停歇，民生无计，城内绅董忧心万分，于是设立团练，竭力防范，始得民心平安。[1]	工资	杭州	自力救济：齐行罢工	（不详）
58	1900.7	金箔业短工	雇主	各短工要求每作增加工钱。停工会商。[2]	工资	佛山	自力救济：齐行罢工	（不详）
59	1900.6、7	机工	绸庄	绸庄停止进货，引发各放料机坊相率停工，导致机工失业。机工一直以织机为谋生手段，一旦停工，就断了谋生之源，且自己又没有其他谋生手段，被迫到附近饭馆噌饭吃。[3]	就业	苏州	自力救济：诉诸暴力、借助官方权威：引入官方力量	部分解决失业机工的实际问题
60	1901.7	印染业印花工人	雇主	印花工人索加工价。印花工人停工一日，官府镇压。以迹近把持，拘押为首者惩处。[4]	工资	苏州	自力救济：齐行罢工、借助官方权威：引入官方力量	拘押为首者惩处
61	1901.7	榨油厂工人	榨油厂	牛庄榨油厂工人为提高工资而进行罢工。[5]	工资	辽宁营口	（不详）	（不详）

〔1〕"杭州丝织业工人罢工"，载《通商各关华洋贸易总册·杭州口华洋贸易情形论略》（下卷）光绪二十六年（1900）六月，转引自彭泽益编：《中国近代手工业史资料（1840-1949）》（第2卷），中华书局1962年版，第598页。

〔2〕"佛山金箔加工"，载《东西商报》（香港）1900年7月，转引自彭泽益编：《中国近代手工业史资料（1840-1949）》（第2卷），中华书局1962年版，第608页。

〔3〕"苏州绸缎织工罢工"，载《通商各关华洋贸易总册·苏州口华洋贸易情形论略》（下卷）光绪二十六年（1900）六七月间，转引自彭泽益编：《中国近代手工业史资料（1840-1949）》（第2卷），中华书局1962年版，第596-597页。

〔4〕"苏州印花工人罢工"，载《中外日报》光绪二十七年（1901）七月二十日，转引自彭泽益编：《中国近代手工业史资料（1840-1949）》（第2卷），中华书局1962年版，第600页。

〔5〕"榨油厂工人罢工"，1901年，North China Hearld, July, 31, 1901, p. 208, 转引自彭泽益编：《中国近代手工业史资料（1840-1949）》（第2卷），中华书局1962年版，第602页。

续表

序号	时间	纠纷主体		纠纷经过	纠纷客体	发生地点	解纷方式	解纷结果
		甲方	乙方					
62	1901.8	丝织业机户	雇主	机户要求每尺加工钱20文。[1]	工资	杭州	当事人间自行协商	各绸庄议定不加工钱，惟每元津贴洋水80文，以一年为度，下不为例。
63	1901.9	棉织业织布工人	雇主	织布工人索加工资。雇主不允，酿成总罢工。[2]	工资	苏州	当事人间自行协商、自力救济：齐行罢工	（不详）
64	1901.10	鞋行店东	鞋行工人	鞋行工人因物价昂贵，生计难谋，联行辍业，要求各店东加薪，遭拒后将某店东打伤。[3][4]	工资	广州	行业仲裁	同业相聚秉公核议，事情了结："事属初犯，勒令二店不得仍前私用工人"。
65	1902.5	失业机户	洋人	当五月内，城中曾有匿名揭帖，仇视西人。机户生活困难。官府设法解决。[5]	生计	杭州	借助官方权威：引入官方力量	一面详请奏准截留北上漕米若干担，一面筹款购运安南米六万担来杭平粜，继以仓米，得消患于无形。

---

〔1〕"杭州丝织业工人罢工"，载《中外日报》光绪二十七年（1901年）八月二十一日，转引自彭泽益编：《中国近代手工业史资料（1840-1949）》（第2卷），中华书局1962年版，第598页。

〔2〕"苏州织布工人大罢工"，North China Herald, Sept. 25, 1901, p. 594，转引自彭泽益编：《中国近代手工业史资料（1840-1949）》（第2卷），中华书局1962年版，第600页。

〔3〕"穗垣鞋行禁私雇工人"，载《中外日报》光绪二十七年（1901年）十月二十八日，转引自彭泽益主编：《中国工商行会史料集》（下册），中华书局1995年版，第718页。

〔4〕"穗垣鞋行禁私雇工人"，载《中外日报》光绪二十七年（1901年）十月二十八日，转引自彭泽益编：《中国近代手工业史资料（1840-1949）》（第2卷），中华书局1962年版，第609页

〔5〕"杭州失业机户仇视洋人"，载《通商各关华洋贸易总册·杭州口华洋贸易情形论略》（下卷）光绪二十八年（1902年）五月，转引自彭泽益编：《中国近代手工业史资料（1840-1949）》（第2卷），中华书局1962年版，第599页。

序号	时间	纠纷主体		纠纷经过	纠纷客体	发生地点	解纷方式	解纷结果
		甲方	乙方					
66	1903.3	丝织业机匠	雇主	机匠罢工要求增加工资。机捐董事邀同纱缎主议定，同意酌情加价，并提请六门捐局立案和照会长、元、吴三首县出示晓谕，押令各匠一律开工。[1]	工资	苏州	自力救济：齐行罢工、当事人间自行协商、借助官方权威：引入官方力量	纱缎主酌加，官府押令复工。
67	1903.6	鞋行东家（资方）	鞋行西家（劳方）	鞋行西家工人认为装撤令的批词对他们存在社会歧视，因此团结起来对抗东家，致使东家生意渐衰。[2][3]	名誉	广州	借助官方权威：引入官方力量	（不详）
68	1903.9	成衣业成衣匠	雇主	成衣匠要求增加工资三分之一。后来波及其他几个手工业行会，包括泥瓦木匠，相率罢工。[4]	工资	安庆	自力救济：齐行罢工	结果增加。
69	1903.10	制烟业烟匠	雇主	烟匠要求增加工资15文。烟铺不允，众匠相率停工。[5]	工资	浙江杭州	自力救济：齐行罢工、借助官方权威：引入官方力量	经官府调解，照价酌加。

〔1〕"苏州丝织业机匠罢工"，载《大公报》光绪二十九年（1903年）三月初五日，转引自彭泽益编：《中国近代手工业史资料（1840-1949）》（第2卷），中华书局1962年版，第597~598页。

〔2〕"穗垣鞋业东西行互争"，载《大公报》光绪二十九年（1903年）六月二十三日，转引自彭泽益主编：《中国工商行会史料集》（下册），中华书局1995年版，第718~719页。

〔3〕"穗垣鞋业东西行互争"，载《大公报》光绪二十九年（1903年）六月二十三日，转引自彭泽益编：《中国近代手工业史资料（1840-1949）》（第2卷），中华书局1962年版，第609页。

〔4〕"安庆成衣业工匠罢工"，North China Hearld, Sept. 4, 1903, p. 527，转引自彭泽益编：《中国近代手工业史资料（1840-1949）》（第2卷），中华书局1962年版，第601-602页。

〔5〕"杭州烟匠罢工"，载《中外日报》光绪二十九年（1903年）十月初一日，转引自彭泽益编：《中国近代手工业史资料（1840-1949）》（第2卷），中华书局1962年版，第604页。

序号	时间	纠纷主体		纠纷经过	纠纷客体	发生地点	解纷方式	解纷结果
		甲方	乙方					
70	1904.4	染匠	染坊	染匠为增加酒钱，相率停工。官府担心因此酿成大事，派人调解。染匠同意开工，但有人从中作梗。[1]	生活待遇	宁波	自力救济：齐行罢工、第三方调解	染匠同意开工
71	1904	印染业染匠	雇主	染匠索加工资。[2]	工资	宁波	自力救济：齐行罢工、借助官方权威：引入官方力量	官府干预，圆满解决。
72	1904.4	木瓦业石匠	雇主	石匠议加工价，一律停工。雇主将为首数人扭送县署。地方官府镇压，石匠不服。[3]	工资	宁波	自力救济：齐行罢工、借助官府权威：移交官府处理	案结：匠众散去。事未了。
73	1904.5	木厂（资方）	瓦木匠（劳方）	瓦木匠500多人因为工资低，难以维持生计，要求木厂增加工资，遭到拒绝。为此，大家集中黄寺庙前商议进行罢工。[4][5]	工资	北京	自力救济：齐行罢工	（不详）
74	1904	织席业席工	雇主	席工与造席各家商人口角，以致罢市，经排解，仍理旧业。[6]	业务	广东连滩	自力救济：齐行罢工、第三方调解	停止罢市，后经排解，仍理旧业。

---

〔1〕"宁波印染业工人罢工"，载《中外日报》光绪三十年（1904年）四月二十六日，转引自彭泽益编：《中国近代手工业史资料（1840—1949）》（第2卷），中华书局1962年版，第600页。

〔2〕"宁波印染业工人罢工"，Returns of Trade and Trade Reports，1904，p.556，转引自彭泽益编：《中国近代手工业史资料（1840—1949）》（第2卷），中华书局1962年版，第600页。

〔3〕"宁波木瓦业工人罢工"，载《中外日报》光绪三十年（1904年）四月二十六日，转引自彭泽益编：《中国近代手工业史资料（1840—1949）》（第2卷），中华书局1962年版，第610页。

〔4〕"匠役齐行"，载《大公报》光绪三十年（1904年）五月二十四日，转引自彭泽益主编：《中国工商行会史料集》（下册），中华书局1995年版，第719页。

〔5〕"匠役齐行"，载《大公报》光绪三十年（1904年）五月二十四日，转引自彭泽益编：《中国近代手工业史资料（1840—1949）》（第2卷），中华书局1962年版，第610页。

〔6〕"连滩席工罢工"，载《通商各关华洋贸易总册·通商各口华洋贸易情形总论》（上卷）光绪三十年（1904年），转引自彭泽益编：《中国近代手工业史资料（1840—1949）》（第2卷），中华书局1962年版，第609页。

序号	时间	纠纷主体		纠纷经过	纠纷客体	发生地点	解纷方式	解纷结果
		甲方	乙方					
75	1904	席工	雇主	因华席销售市场占有问题而起冲突，后经调停，问题解决。[1]	销售市场	广东连滩	第三方调解	已调停妥洽，随后即有大帮席样，织工质地俱好者，运往外洋。
76	1904.7	制瓷业画瓷匠	雇主	两帮画瓷匠对新行规的争议。工人鼓噪罢市达数旬之久，后由官府镇压。[2]	行规	景德镇	自力救济：齐行罢工和诉诸暴力	（不详）
77	1905.2	制伞业制伞匠	雇主	制伞匠要求增加工资。[3]	工资	长沙	行业仲裁	增加。全市伞店因此重整行规。
78	1905.10	制烟业烟庄职工	雇主	烟庄职工要求增加工资三成。庄主声言工匠如敢为难，送官惩办。工匠受怒，相约罢工。后经中人排解，加薪资二成，每人每日另加折菜钱五文，但双方对此尚未应允，未复工。[4]	工资	杭州	当事人间自行协商、借助官方权威：移交官府处理、第三方调解	经调解，加工资二成，又每人每日另加折菜钱5文。劳资双方均未允，仍未复工。

---

　　[1]"连滩席工因事冲突"，载《通商各关华洋贸易总册·广州口华洋贸易情形论略》（下卷）光绪三十年（1904年），转引自彭泽益编：《中国近代手工业史资料（1840-1949）》（第2卷），中华书局1962年版，第609~610页。

　　[2]"景德镇画瓷匠罢工"，载《通商各关华洋贸易总册·九江口华洋贸易情形论略》（下卷）光绪三十年（1904年）七月，《大公报》光绪三十年（1904年）九月十八、十九日，Returns of Trade and Trade Reports，1904，p.319，转引自彭泽益编：《中国近代手工业史资料（1840-1949）》（第2卷），中华书局1962年版，第604~606页。

　　[3]"长沙制伞业工匠罢工"，载《伞店条规》光绪三十一年（1905年）二月十八日。湖南调查局：《湖南商事习惯报告书·附录》，转引自彭泽益编：《中国近代手工业史资料（1840-1949）》（第2卷），中华书局1962年版，第603~604页。

　　[4]"烟业帮因争加薪资罢工（杭州）"，载《时报》光绪三十一年（1905年）十月二十九日，转引自彭泽益编：《中国近代手工业史资料（1840-1949）》（第2卷），中华书局1962年版，第604页。

序号	时间	纠纷主体		纠纷经过	纠纷客体	发生地点	解纷方式	解纷结果
		甲方	乙方					
79	1906.4	碾米业米工	雇主	米工要求增加工资。各米栈请求官府调解酌量加增，米工不允。[1]	工资	宁波	借助官方权威：引入官方力量、自力救济：齐行罢工	（不详）
80	1906.4	成衣业成衣匠	衣庄	成衣匠向各衣庄要求每两加100文。各衣庄只允加50文。罢工五、六天，后由各衣庄请求英国巡捕出面镇压。[2]	工资	上海	当事人间自行协商、自力救济：齐行罢工和诉诸暴力、借助官方权威：引入官方力量	（不详）
81	1906.4	印染业绍兴帮染匠	布店	染匠向各布店加取酒钱。官府饬行头理劝，染匠迁怒行头，相约停工。[3]	工资	上海	借助官方权威：引入官方力量、第三方调解、自力救济：齐行罢工、诉诸暴力	（不详）
82	1906.4	木工作头	木工工匠	绍台两帮木工因为钱贱物贵，为迫使作头加资，一齐罢工。尽管得到加资，但木工仍不满意。最后共同请求官府出面解决，其间，木工将某作头打伤。[4][5]	工资	杭州	自力救济：齐行罢工、借助官方权威：移交官府处理	官府出面，案结："奉大令喝役拘拿，当获逞凶之匠数名，旋仍减斥保释。"事末了：各匠恃众，分投府县署跪香。

〔1〕"宁波米工罢工"，载《时报》光绪三十二年（1906年）闰四月初九日，转引自彭泽益编：《中国近代手工业史资料（1840-1949）》（第2卷），中华书局1962年版，第611页。

〔2〕"上海成衣匠罢工"，载《时报》光绪三十二年（1906年）闰四月十六日，转引自彭泽益编：《中国近代手工业史资料（1840-1949）》（第2卷），中华书局1962年版，第602页。

〔3〕"上海染司纠众停工"，载《时报》光绪三十二年（1906年）闰四月十七日，转引自彭泽益编：《中国近代手工业史资料（1840-1949）》（第2卷），中华书局1962年版，第601页。

〔4〕"木工纠众跪香要求加资"，载《时报》光绪三十二年（1906年）闰四月二十七日，转引自彭泽益主编：《中国工商行会史料集》（下册），中华书局1995年版，第719页。

〔5〕"木工纠众跪香要求加资"，载《时报》光绪三十二年（1906年）闰四月二十七日，转引自彭泽益编：《中国近代手工业史资料（1840-1949）》（第2卷），中华书局1962年版，第610~611页。

序号	时间	纠纷主体		纠纷经过	纠纷客体	发生地点	解纷方式	解纷结果
		甲方	乙方					
83	1906.5	机户工匠	绸庄	机户工匠十六日一律停工以向绸庄索加工价。获加一百二十文后，仍停工如旧，要求再次加价。绸庄不满，经人从中调停，工匠同意开工。[1]	工资	杭州	自力救济：齐行罢工、第三方调解	工匠获加价，同意二十九日一律开工
84	1906	织席业席工	雇主	席工要求增加工资，相率停工罢市。[2]	工资	广东连滩	当事人间自行协商	办席商人让步，酌量增加。
85	1906.11	丝织业工匠	作坊	工匠反对作坊削减工资。官府派员调查，并进行调解。[3]	工资	浙江湖州	自力救济：齐行罢工、借助官方权威：引入官方力量、第三方调解	（不详）
86	1907.4	工匠	业主	景德镇聚工数十万，向来不受业主约束，是以积习相沿，动辄滋事。罢市停工，屡见叠出。官府拟出台采取措施应对。[4]	权益	景德镇	自力救济：齐行罢工和诉诸暴力、借助官方权威：引入官方力量和移交官府处理、第三方调解	（不详）

〔1〕"杭州丝织业工人罢工"，载《时报》光绪三十二年（1906年）五月初二日，转引自彭泽益编：《中国近代手工业史资料（1840-1949）》（第2卷），中华书局1962年版，第599页。

〔2〕"连滩席工罢工"，载《通商各关华洋贸易总册·广州口华洋贸易情形论略》（下卷）光绪三十二年（1906年），转引自彭泽益编：《中国近代手工业史资料（1840-1949）》（第2卷），中华书局1962年版，第610页。

〔3〕"湖州丝织工罢工"，North China Hearld, Nov. 16, 1906, p.381，转引自彭泽益编：《中国近代手工业史资料（1840-1949）》（第2卷），中华书局1962年版，第599~600页。

〔4〕"商办江西瓷业有限公司章程并缘起"，载《商务官报》第八期，光绪三十三年（1907）四月初五日，转引自彭泽益编：《中国近代手工业史资料（1840-1949）》（第2卷），中华书局1962年版，第606~607页。

续表

序号	时间	纠纷主体		纠纷经过	纠纷客体	发生地点	解纷方式	解纷结果
		甲方	乙方					
87	1907.8	瑞记等四十四家布号	印花染匠	印花染匠许浩然、王悉韦、张三八、胡桂涛等人把持坊业，扣押布号布匹，并成立自己的组织。对此，布号不满。[1]	劳工市场	苏州	当事人间自行协商、借助官方权威：引入官方力量	官府出告示，予以制止。
88	1909.5	纱缎业机匠	雇主	机匠要求增加工资。官府镇压，出示晓谕机匠不准停工。[2]	工资	苏州	自力救济：齐行罢工、借助官方权威：引入官方力量	官府出告示，对罢工行为予以制止。
89	1909	印染业工匠	雇主	汉口各染坊职工企图举行同盟罢工，行将发动，经当局劝谕，暂告平息。最近又有数百职工聚在一起，手持木棍等器械，破坏染坊，官府派军警镇压，并派官员前往出事地点进行劝谕，终于解散。[3]	(不详)	汉口	借助官方权威：引入官方力量、自力救济：诉诸暴力和齐行罢工	经劝解，罢工均得到平息。
90	1909	碾米业工匠	雇主	职工要求增加工资。罢工三日，官府出面镇压，职工仍未服。[4]	工资	湖北武穴	自力救济：齐行罢工和诉诸暴力、借助官方权威：引入官方力量	案未结事未了：地方官劝谕不服，且有骚扰行为。

---

[1] "吴县谕禁布号发染印花布匹务须随时交货酒资亦照旧章结算银洋查照钱业公所市面作价不准再有停顿停交挟制把持勒加酒资抑短洋价情事碑记"［光绪三十三年（1907年）八月初九日］，载彭泽益选编：《清代工商行业碑文集粹》，中州古籍出版社1997年版，第108~109页。

[2] "苏州纱缎机匠罢工"，载《申报》宣统元年（1909年）五月十二日，转引自彭泽益编：《中国近代手工业史资料（1840-1949）》（第2卷），中华书局1962年版，第598页。

[3] "汉口染坊职工罢工"，宣统元年（1909年），转引自彭泽益编：《中国近代手工业史资料（1840-1949）》（第2卷），中华书局1962年版，第601页。

[4] "武穴米店职工争工资罢工"，宣统元年（1909年），转引自彭泽益编：《中国近代手工业史资料（1840-1949）》（第2卷），中华书局1962年版，第611页。

序号	时间	纠纷主体		纠纷经过	纠纷客体	发生地点	解纷方式	解纷结果
		甲方	乙方					
91	1909.6	作头	瓦木匠	句容县瓦木两匠因铜元充斥，物价腾贵，所入不工资不够生活所需，为迫使作头酌加工价，进行罢工。[1][2]	工资	句容	自力救济：齐行罢工	事未了："各作头连次在二仙祠会商，尚未决议办法。"
92	1909	织绸业织工	雇主	织工要求增加工资。[3]	工资	镇江	当事人间自行协商、自力救济：齐行罢工和诉诸暴力、借助官方权威：引入官方力量	官府与各绸庄商议，出示允予增加。

附表 2-2　民国时期中国手工业社会的同一行业内纠纷

序号	时间	纠纷主体		纠纷经过	纠纷客体	发生地点	解纷方式	解纷结果
		甲方	乙方					
1	1912.12.11	金银首饰业银楼工	雇主	银楼工匠要求增加工资。同盟罢工，散发传单，银楼主呈诉英租界捕房镇压。[4]	工资	上海	自力救济：齐行罢工、借助官方权威：移交官府处理、行业仲裁	案结事了。
2	1912.11.26	木瓦业木工	雇主	木工要求作头加价。罢工相持甚久。众匠发现有温州帮木工张永林等，聚众在小南门外工作，喝令停工。张等不服，即被众匠扭住，取去大小家伙，一哄而散。[5]	工资	上海	自力救济：齐行罢工和诉诸暴力	1913 年经官府调解，双方达成协议，每人每日增加工资30 文。

---

〔1〕"瓦木匠感受铜元之激刺"，载《申报》宣统元年（1909 年）六月初八日，转引自彭泽益主编：《中国工商行会史料集》（下册），中华书局 1995 年版，第 719~720 页。

〔2〕"瓦木匠感受铜元之激刺"，载《申报》宣统元年（1909 年）六月初八日，转引自彭泽益编：《中国近代手工业史资料（1840-1949）》（第 2 卷），中华书局 1962 年版，第 611 页。

〔3〕"镇江织绸业工人罢工"，载《新闻报》宣统元年（1909 年），转引自彭泽益编：《中国近代手工业史资料（1840-1949）》（第 2 卷），中华书局 1962 年版，第 598 页。

〔4〕"金银首饰匠同盟罢工"，载《时报》民国元年（1912 年）十二月十一日，转引自彭泽益编：《中国近代手工业史资料（1840-1949）》（第 2 卷），中华书局 1962 年版，第 614 页。

〔5〕"罢工凶殴"，载《时报》民国元年（1912 年）十一月二十六日，转引自彭泽益编：《中国近代手工业史资料（1840-1949）》（第 2 卷），中华书局 1962 年版，第 612 页。

续表

序号	时间	纠纷主体		纠纷经过	纠纷客体	发生地点	解纷方式	解纷结果
		甲方	乙方					
3	1913.1.5	木匠	雇主	木匠罢工潮，虽经该业董事一再调处，迄未平息。又发生新的罢工事件，官方镇压。[1]	工资	上海	自力救济：齐行罢工和诉诸暴力、第三方调解、借助官方权威：引入官方力量	案结。事是否了，不详。
4	1913.1.9	水木工匠	雇主	水木工匠为增工资，聚众罢工。四日已在公所议定，可加工钱，双方也允洽，工匠同意次日全体开工。但有部分作头对加工一事，不予承认，因此部分工匠复罢工。[2]	工资	上海	自力救济：齐行罢工、当事人间自行协商	案未结事未了。
5	1913.3.8	制墨业墨工	雇主	墨工要求增加工资。官府镇压。[3]	工资	上海	自力救济：齐行罢工、借助官方权威：引入官方力量、	案结事了。
6	1914	财神会（铺坊）	合美会（鞋匠）	财神会为阻止合美会的蓄意加薪要求，将其告上官府。合美会不服堂断，向上一级官府提出申诉，但被驳回。[4]	工资	（不详）	借助官方权威：移交官府处理	案未结事也未了。
7	民国二十八年（1939）二月	工匠丁寿安	木匠陈全保	木匠陈全保压价售卖药材木箱，破坏行规，为同业丁寿安所不容，遂请同业公会主席出面调解。[5]	产品价格	昆明	行业仲裁	案结事了。

〔1〕"木匠又在要挟罢工"，载《时报》民国二年（1913年）一月五日，转引自彭泽益编：《中国近代手工业史资料（1840-1949）》（第2卷），中华书局1962年版，第612页。

〔2〕"木匠之风潮复起"，载《时报》民国二年（1913年）一月九日，转引自彭泽益编：《中国近代手工业史资料（1840-1949）》（第2卷），中华书局1962年版，第612~613页。

〔3〕"墨匠罢工"，载《时报》民国二年（1913年）三月八日，转引自彭泽益编：《中国近代手工业史资料（1840-1949）》（第2卷），中华书局1962年版，第614页。

〔4〕"靴鞋行财神会碑文"〔民国三年（1914年）〕，载彭泽益选编：《清代工商行业碑文集粹》，中州古籍出版社1997年版，第15~17页。

〔5〕李为宪："昆明市12个同业公会调查·昆明市木箱业商业同业公会"，载李文海主编：《民国时期社会调查丛编》，福建教育出版社2004年版，第314~315页。

序号	时间	纠纷主体		纠纷经过	纠纷客体	发生地点	解纷方式	解纷结果
		甲方	乙方					
8	民国	同业公会（资方）	师友会（劳方）	师友会为加薪，多次向同业公会提出请求，但遭拒绝。为此，师友会向同业公会主席李某进行威胁。最后通过吃井茶，得到解决。[1]	工资	昆明	当事人间自行协商、第三方调解、自力救济：诉诸暴力	案结事了。
9	昆明市爆竹业商业同业公会，民国[2]	爆竹业手工作坊	爆竹业手工作坊	（不详）	刁师拐徒	昆明	（不详）	（不详）
10	1937~1939	泥水业职业工会	工会会员（罗惠民、罗时鑫父子）	职业工会会务理事唐南甫、张余庆，书记李泽生等人受工会委派，到会员罗时鑫家收取经费兼催领会证。罗时鑫非但不交捐费不领会证，其父罗惠民对唐南甫还以言语伤人。唐南甫等人受辱，认为罗氏父子违背会章，要求总工会请官府出面予以法办。[3]	会费	沙市	当事人间自行协商、借助总工会、借助官方权威：引入官方力量	（不详）
11	1918.5.5~5.14	水木作（沪、绍两帮）	雇主	因生活程度高，木料贵，要求增加工资。上海县知事派警防范，工人在公所议办法，后工人有暴动情事，京师宪兵干涉。	工资	上海	自力救济：齐行罢工和诉诸暴力	增加工资（由上海县布告）

〔1〕李为宪："昆明市 12 个同业公会调查·昆明市爆竹业商业同业公会"，载李文海主编：《民国时期社会调查丛编》，福建教育出版社 2004 年版，第 347~348 页。

〔2〕李为宪："昆明市 12 个同业公会调查·昆明市爆竹业商业同业公会"，载李文海主编：《民国时期社会调查丛编》，福建教育出版社 2004 年版，第 346 页。

〔3〕"为抗证不领公然侮辱报请鉴核迅予转呈属□拘案依法究办以维会务而免效尤"，荆州档案馆：8-1-23，沙市商会（民国三十六年至三十八年，1937~1939 年）。

续表

序号	时间	纠纷主体		纠纷经过	纠纷客体	发生地点	解纷方式	解纷结果
		甲方	乙方					
12	1918.5.12~	皮箱工人	雇主	因皮箱店营业甚佳,要求加工资(钱码改洋码)。店主作主开会,工人不满意于对方所承认之限度,捕房干涉,板壳业调停。	工资	上海	自力救济:齐行罢工、当事人间自行协商、借助官方权威、第三方调解	加工资,另订行规。
13	1918.5.14~5.16	棕榈业工人	雇主	工人要求增加工资。店主请董事排解,定在鲁班殿开会,工人代表到会,警察弹压。	工资	上海	自力救济:齐行罢工、第三方调解、借助官方权威:引入官方力量	加工资。
14	1918.9.16~9.24	板箱业工人	雇主	要求增加工资。工人分股劝同行罢工,警察弹压,行主开会。	工资	上海	自力救济:齐行罢工、借助官方权威:引入官方力量	加工资(作主即板箱大行与皮箱店每洋一元加一角五分)。
15	1918.9.23~9.25	上铜绞练工人	雇主	工人要求将钱码改洋码,减少工作时间。劳资双方协议。	工资	上海	自力救济:齐行罢工、当事人间自行协商	加工资。
16	1918.11.1~11.8	冷作铁工	雇主	工人要求增加工资。店家在公所会议。	工资	上海	自力救济:齐行罢工	加。
17		灯笼工人	雇主	要求增加工资。有人居间调停,同业开会。	工资	上海	自力救济:齐行罢工、第三方调解	加(至来年再议)。
18	1918.12.7~12.25	机匠(织机)	雇主	前年因物价贵增加工资,现忽将所加者取消,要求复前年之旧。公所开会,请加工资,工人吵闹,警察前往弹压。	工资	苏州	自力救济:齐行罢工、借助官方权威:引入官方力量	暂不减工资。
19		自流井	雇主	以地方公仓办法不善。县署与盐场当局劝谕。	管理	四川	借助官方权威:引入官方力量	(不详)
20		风窗小木工人	雇主	工人要求增加工资。店主集议增加工资,并在警厅立案。	工资	杭州	自力救济:齐行罢工、借助官方权威:引入官方力量	加。

序号	时间	纠纷主体		纠纷经过	纠纷客体	发生地点	解纷方式	解纷结果
		甲方	乙方					
21	1919.3.13~3.18	油纸伞工人	雇主	工人要求加资，店主犹豫。店主开会，宁波同业开会，无暴动。	工资	上海	自力救济：齐行罢工	加。
22	1919.3.15~3.16	订书匠	雇主	生计艰难，工人要求加资。工人方面请人调停。	工资	上海	自力救济：齐行罢工、第三方调解	书局方面允加，于两星期内决定。
23	1919.3.17~3.27	成衣匠	雇主	工匠反对收照费取铺保之警章。开会，执香至县署哀求，勒令同业停工，打行头，省议员请警厅维持。	管理	苏州	自力救济：诉诸暴力、借助官方权威：引入官方力量	警厅布告（一）缓办营业执照（二）觅保注册。
24	1919.3.24~	笔工（赣、鄂两班）	雇主	工人要求增加工资。店主请警察维持。	工资	汉口	自力救济：齐行罢工、借助官方权威：引入官方力量	（不详）
25		绒经料房工人	雇主	工人要求增加工资。绸业开会议加。	工资	杭州	自力救济：齐行罢工	加。
26	1919.4.14~5.11	皮箱工人（本帮、绍帮）	雇主	小行诬大行，业董希图侵吞公款，大行控小行。大行小行开会，县署警察所弹压。	侵公	上海	当事人间自行协商、借助官方权威：引入官方力量	公款交小行托诚实司年存放。
27	1919.4.15~	络经女工	雇主	工人要求增加工资。工人勒令同业停工，雇主开会，请警干涉。	工资	杭州	自力救济：齐行罢工和诉诸暴力、借助官方权威：引入官方力量	加。
28	~4.28	西式木器工人	雇主	工人要求增加工资。	工资	上海	自力救济：齐行罢工	加。
29	1919.8.10~	本帮香工	雇主	因工作时间过长而工资小。店主多数允加工资，少数反对。	工资	上海	自力救济：齐行罢工	（不详）

续表

序号	时间	纠纷主体		纠纷经过	纠纷客体	发生地点	解纷方式	解纷结果
		甲方	乙方					
30	1919.8.15~8.17	香业工人	雇主	工人要求增加工资（受客帮影响）。聚众纷扰，警察弹压。	工资	上海	自力救济：齐行罢工和诉诸暴力、借助官方权威：引入官方力量	加。
31	1919.8.15~8.16	客帮香工	雇主	工人要求增加工资。劳资两方代表会议。	工资	上海	自力救济：齐行罢工、当事人间自行协商	加。
32	1919.10.18~10.24	漆作（内作）工人	雇主	工人要求增加工资。双方会议，县批准加。	工资	上海	自力救济：齐行罢工、当事人间自行协商、借助官方权威：引入官方力量	加。
33	1919.10.20~11.27	履和袜厂工人	履和袜厂	五四后各店相弥买日纱，履和违约，被人破获，遂唆使袜工罢工。履和捣毁广大昌（发觉者），全本罢市，履和赔偿损失。	违约	松江	自力救济：齐行罢工	上工。
34	1919.10.21~10.28	锯木工人	雇主	工人要求增加工资。双方会议，县署批准加价。	工资	上海	自力救济：齐行罢工、当事人间自行协商、借助官方权威：引入官方力量	加。
35	1919.11.3~	板箱业工人	雇主	工人要求将钱码改洋码。双方会议。	工资	上海	自力救济：齐行罢工、当事人间自行协商	（不详）
36	1919.11.24~12.2	剪刀工人	雇主	工人要求增加工资。	工资	上海	自力救济：齐行罢工	加。
37	~12.1	竹业工人	雇主	工人要求增加工资。始则为和平的请求，继乃罢工。	工资	上海	自力救济：齐行罢工	加。

序号	时间	纠纷主体		纠纷经过	纠纷客体	发生地点	解纷方式	解纷结果
		甲方	乙方					
38	1920.1.3~1.4	榔头铁匠	雇主	铁匠要求增加工资。工人请加，店主延宕，后双方议妥。	工资	上海	自力救济：齐行罢工、当事人间自行协商	加（分别加资）。
39	1920.1.9~1.10	车木葫芦店工匠	雇主	要求增加工资及钱码改洋码。劳资双方会议。	工资	上海	自力救济：齐行罢工、当事人间自行协商	加工资（仍用钱码）。
40	1920.1.16~	藤椅店藤工	雇主	工人要求增加工资。南市工人提出要求，店主置之不理，工人乃约北市工人一致罢工，在茶店举代表向店主要求。	工资	上海	自力救济：齐行罢工、当事人间自行协商	（不详）
41	1920.2.9~2.11	机器铁匠	雇主	工人要求增加工资。工人会议请店主加资。	工资	上海	自力救济：齐行罢工、当事人间自行协商	加（分别加资）。
42	1920.2.24~	绳索店工人	雇主	工人要求将钱码改洋码。去年增加工资一次，现工人要求改洋码。	工资	上海	自力救济：齐行罢工	（不详）
43	1920.5.18~	绸绫染坊	绸庄	工人要求加酒资。坊主与绸庄交涉，绸庄不允。	工资	上海	自力救济：齐行罢工、当事人间自行协商	（不详）
44	1920.5.21~	勤益袜厂	行业组织	执事发起同业救济会，扣男女工资作救济用。开会被警驱散。	会务	上海	借助官方权威：引入官方力量	新章缓行。
45	1920.5.28~	太和袜厂女工	雇主	女工短少纱线，厂中于发给工资时扣钱，工人等反对。工会开会，不主罢工，不主加资。	工资	上海	自力救济：齐行罢工、第三方调解	新章缓行。
46	1920.5.30~6.4	红木匠	雇主	因米荒要求增加工资。工人开会，聚众纷扰，警察弹压，董事调停。	工资	上海	自力救济：齐行罢工和诉诸暴力、当事人间自行协商、借助官方权威：引入官方力量	加工资（无论点件包工每元加5分）。

序号	时间	纠纷主体		纠纷经过	纠纷客体	发生地点	解纷方式	解纷结果
		甲方	乙方					
47	1920.6.12~6.16	水木匠	雇主	因米贵要求增加工资。工人开会，警察弹压，董事调停。	工资	上海	自力救济：齐行罢工和诉诸暴力、当事人间自行协商、借助官方权威；引入官方力量	加工资（学徒不加）。
48	1920.6.16~	祥泰木行木匠及铜匠、铁匠	雇主	因米贵要求增加工资。警厅派人弹压未发生暴动，后经行中员司调解。	工资	上海	自力救济：齐行罢工和诉诸暴力、当事人间自行协商、借助官方权威；引入官方力量	每人每月津贴米洋八角至米价复原则止。
49	1920.6.16~6.25	机缎工人	雇主	因米贵要求增加工资。缎业公所调停无结果，工人暴动，又至县署执香哀求。	工资	江苏苏州	自力救济：齐行罢工和诉诸暴力、当事人间自行协商、借助官方权威；引入官方力量	分别加工资。
50		缎业工人	雇主	继苏州缎业工人风潮解决后，南京缎业工人援例要求。厂主不许，请警厅弹压，警厅一面劝导工人，一面劝业主酌加工资。	工资	江苏南京	自力救济：齐行罢工、借助官方权威；引入官方力量	和平解决。
51	1920.6.22~6.23	玉器工人	雇主	因米贵要求增加工资。玄妙观前罢市。	工资	江苏苏州	自力救济：齐行罢工	（不详）
52	1920.6.24~	摇绳索工人	雇主	因米贵要求加工资将钱码改洋码。工人先派代表向作主要求加资，不允，乃罢工，既而有暴动之事，警察弹压。	工资	上海	自力救济：齐行罢工和诉诸暴力、借助官方权威；引入官方力量	分别加资，并改洋码。
53		踏布业工人	雇主	因米贵要求加资。工人暴动殴打，送警究办。	工资	上海	自力救济：齐行罢工和诉诸暴力、借助官方权威；引入官方力量	（不详）

序号	时间	纠纷主体		纠纷经过	纠纷客体	发生地点	解纷方式	解纷结果
		甲方	乙方					
54	1920.6.29~6.30	成衣匠	雇主	因米贵要求增加工资。双方开会，警察弹压（因戒严期内不准开会）胁迫罢工者，公廨判罚。	工资	上海	自力救济：齐行罢工和诉诸暴力、当事人间自行协商、借助官方权威；引入官方力量和移交官府处理	分别加资。
55	1920.7.23~	圆作漆匠（桶件）	雇主	因米荒要求增加工资。店主以为前已有约非五年后不得加工资，乃具呈县署及警厅请示办理。	工资	上海	自力救济：齐行罢工、借助官方权威；引入官方力量	（不详）
56	1920.8.20~9.5	香工	雇主	工人要求增加工资。两方各自开会。	工资	上海	自力救济：齐行罢工、当事人间自行协商	加（但五年内不再加）。
57	~10.28	弹棉花工人	雇主	因生活程度高，要求加资。两方在茶店会议。	工资	江苏扬州	自力救济：齐行罢工、当事人间自行协商	加。
58		香作工人	雇主	因米贵要求加工资。店主议决。	工资	江苏苏州	自力救济：齐行罢工	加。
59		悦来绸厂织工	雇主	该厂工资外向有酒资，兹因争加酒资起口角，遂而罢工。工人聚众辱骂，警察弹压。	工资	吴兴	自力救济：齐行罢工和诉诸暴力、借助官方权威；引入官方力量	加。
60	1920.12.7~	板箱业工人	雇主	因生活程度高要求加工资及将钱码改洋码。双方在茶店会议。	工资	上海	自力救济：齐行罢工和诉诸暴力、当事人间自行协商	加。
61		梓木匠	雇主	因米贵要求增加工资。警察弹压，双方和平解决。	工资	上海	自力救济：齐行罢工和诉诸暴力、当事人间自行协商、借助官方权威；引入官方力量	（不详）
62		烟业工人	雇主	工人要求增加工资。店主不允。	工资	南昌	自力救济：齐行罢工	（不详）

序号	时间	纠纷主体		纠纷经过	纠纷客体	发生地点	解纷方式	解纷结果
		甲方	乙方					
63	1921.4.15~4.16	泥水匠	雇主	工人开会订行规，要求增加工资，呈警厅核定。	工资	杭州	自力救济：齐行罢工、借助官方权威：引入官方力量	加。
64	1921.5.17~	靴匠细木	雇主	因米贵要求增加工资。	工资	镇江	自力救济：齐行罢工	
65	1921.6.1~6.19	水木匠锯匠（沪宁绍帮）	雇主	去年已加工资，今年因米贵要求再加。工人开会组织调查团，发散传单，警察弹压，县署出布告，唆使停工者由公廨判罚。	工资	上海	自力救济：齐行罢工、借助官方权威：引入官方力量和移交官府处理	加（分别加资）
66	1921.6.2~	瓦木匠	雇主	因米贵要求增加工资。	工资	镇江	自力救济：齐行罢工	（不详）
67	1921.6.28~7.2	鞋匠	雇主	工人要求增加工资。店主请警察用严厉手段使工人就范，警令自理。	工资	南京	自力救济：齐行罢工、借助官方权威：引入官方力量	加。
68	1921.7.1~	豆腐店工人	雇主	因生计困难要求增加工资。工人发出宣言，双方各开会讨论。	工资	上海	自力救济：齐行罢工、当事人间自行协商	（不详）
69	1921.7.6~	缎业织工	雇主	因米贵要求增加工资。警厅一面开导工人，一面劝业主等酌加工资，但不见听。	工资	南京	自力救济：齐行罢工、借助官方权威：引入官方力量	（不详）
70	1921.7.11~7.12	摇绳业工人	雇主	因米贵洋价涨，要求加工资及改洋码。双方开会议办法。	工资	上海	自力救济：齐行罢工、当事人间自行协商	加工资改洋码。
71	~7.30	香工	雇主	香工要求增加工资不遂。双方开会。	工资	苏州	自力救济：齐行罢工、当事人间自行协商	分别加资。
72		织机工	雇主	各业设法调解。	工资	镇江	当事人间自行协商	加。

序号	时间	纠纷主体		纠纷经过	纠纷客体	发生地点	解纷方式	解纷结果
		甲方	乙方					
73	1921.8.2~	雇主	排鞋工人	因工人私行组织事务所起纠葛，县署干涉，并论工人即日上工。	规约	上海	借助官方权威：引入官方力量	上工。
74	1921.8.14~8.16	制豆腐工人	雇主	因物价高昂要求增加工资。店家因之歇业，劳资两方协商。	工资	松江	自力救济：齐行罢工、当事人间自行协商	加。
75	~9.1	香工	雇主	要求每逢麦秋香斗节加工资，工人举代表与店主协议。	工资	上海	自力救济：齐行罢工、当事人间自行协商	加（但五年内不再加）。
76	1921.9.26~	织布工	鑫泰织布厂	因厂中抽捐，抽及工资。工人开会，警察前往干涉，拘6人送检察厅，旋即释放。	工资	上海	借助官方权威：引入官方力量	（不详）
77	1921.9.28~	织布工	织布厂	因米贵要求增加工资。双方开会讨论，彼此冲突，致招京师宪兵干涉，捕若干送警厅，旋移地检厅。	工资	上海	自力救济：齐行罢工和诉诸暴力、借助官方权威	（不详）
78	1921.10.5~	袜厂机工	袜厂	机工因米贵要求增加工资。	工资	镇江	自力救济：齐行罢工	（不详）
79	1921.10.8~10.14	漆匠	雇主	因生活程序高要求增加工资（内作洋码）。劳资两方会议，某店主从中调停。	工资	上海	自力救济：齐行罢工、当事人间自行协商、第三方调解	加（分别加资，店主扣公所善举费，规定作工时间，增加饭洋）
80	1922	烧窑工人	雇主	工人要求增加工资，各窑主以封锁工厂对待，缓和分子渐复工，县知事干涉，组调解委员会，以县警察局长为其首，形同虚设。	工资	磁县彭城镇	自力救济：齐行罢工和诉诸暴力、借助官方权威：引入官方力量、第三方调解	劳资双方各行其是。
81	1922.2.27~2.27	久和织袜厂女工	久和织袜厂	女人要求增加工资，劳资两方协议。	工资	上海	自力救济：齐行罢工、当事人间自行协商	上工。

续表

序号	时间	纠纷主体 甲方	纠纷主体 乙方	纠纷经过	纠纷客体	发生地点	解纷方式	解纷结果
82	1922.2. 28~	袜厂女工	袜厂	厂家因原料贵,于女工出品,每打略扣工资。经理出任调停。	工资	上海	自力救济:齐行罢工、第三方调解	(不详)
83		机房织袜接头工	雇主	工人要求增加工资,双方派代表协商,县署总商会亦干涉。	工资	苏州	自力救济:齐行罢工、当事人间自行协商、借助官方权威:引入官方力量、借助商会	加。
84	1922.4. 1~4.2	瓦木工人	雇主	要求增加工资	工资	扬州	自力救济:齐行罢工	(不详)
85	1922.4	糕业,石匠,水烟筒	雇主	要求增加工资	工资	苏州	自力救济:齐行罢工	(不详)
86	~4.8	成衣匠	雇主	要求增加工资,成衣公会会长调停。	工资	芜湖	自力救济:齐行罢工、第三方调解	加(分别加资)
87		切猪工人	雇主	工人要求增加工资,县署嘱两方代表和平解决。	工资	湖州	自力救济:齐行罢工、借助官方权威:引入官方力量、当事人间自行协商	(不详)
88	1922.5. 7~5.14	西式木器匠	雇主	要求增加工资,公所调解。	工资	上海	自力救济:齐行罢工、第三方调解	加。
89	1922.5. 12~	盐业工人	雇主	要求增加工资,工人滋事,当道拟实行取缔工会条例。	工资	广州	自力救济:齐行罢工和诉诸暴力、借助官方权威:引入官方力量	(不详)
90	1922.5. 13~5.20	西式木器工人	雇主	要求增加工资,双方在公所会议,警察照料。	工资	上海	自力救济:齐行罢工、当事人间自行协商、借助官方权威:引入官方力量	加(工人工会并入作头工会)。

序号	时间	纠纷主体		纠纷经过	纠纷客体	发生地点	解纷方式	解纷结果
		甲方	乙方					
91	1922.5.18~	纸牌业印刷裱糊工人	雇主	工人要求加工资及改洋码，工人殴伤作主，作主赴县署控告。	工资	松江	自力救济：齐行罢工和诉诸暴力，借助官方权威：移交官府处理	工人软化，取消要求。
92	1922.5.31~6.11	丝线袜经染工	雇主	工人要求增加工资，染艺公所开会调停。	工资	上海	自力救济：齐行罢工、第三方调解	加。
93	1922.6.12~6.17	摇绳索工人	雇主	工人要求增加工资，双方在茶肆会议。	工资	上海	自力救济：齐行罢工、当事人间自行协商	加。
94	1922.6.15~	源茂织布厂女工	雇主	工人要求增加工资	工资	上海	自力救济：齐行罢工	（不详）
95	1922.6.16~6.20	织工	雇主	丝织工会为维持绸业拟减工资，县署出示晓谕	工资	吴兴	借助官方权威：引入官方力量	加给酒钱，减工资
96	1922.6.25~7.4	染业工人	雇主	染工要求少收学徒以维生计，并要求将钱码改洋码，不得所请，故罢工。工人殴人，双方开会讨论。	收徒工资	上海	自力救济：齐行罢工和诉诸暴力、当事人间自行协商	暂不收学徒，并酌加工资
97	1922.6.26~7.10	掉线女工	雇主	雇主因货物滞销，拟减工资。警察拘去工人数名。	工资	湖州	自力救济：齐行罢工、借助官方权威：引入官方力量	加。
98	1922.6.26~	鑫泰红木工厂工人	鑫泰红木工厂	工人要求增加工资，作主将伙友扭控警署，署批。	工资	上海	自力救济：齐行罢工、借助官方权威：移交官府处理	工人拘禁三日，工资增加。
99		成衣匠	雇主	工人要求增加工资，行头调停。	工资	丹阳	自力救济：齐行罢工、第三方调解	加。
100	1922.9.14~	香工	雇主	工人要求加酒资。	酒资	上海	自力救济：齐行罢工	（不详）
101	1922.9.27~10.10	上鞋作主人	雇主	上鞋作主人要求加价。	工资	无锡	自力救济：齐行罢工	略加。

序号	时间	纠纷主体		纠纷经过	纠纷客体	发生地点	解纷方式	解纷结果
		甲方	乙方					
102		漆匠	雇主	工人要求增加工资，店主开合调停。	工资	镇江	自力救济：齐行罢工、第三方调解	加。
103	1922.10.1~	香工	雇主	工人要求增加工资。	工资	镇江	自力救济：齐行罢工	加。
104	1922.10.8~	泥水业工人	雇主	街团运行知事减工资，江西、江苏同业工人援助。	工资	长沙	自力救济：齐行罢工	(不详)
105		缝纫工	雇主	工人要求增加工资。	工资	长沙	自力救济：齐行罢工	(不详)
106	1922.10.5~10.5	成衣匠	雇主	工人要求增加工资。	工资	扬州	自力救济：齐行罢工	加。
107	1922.10.6~10.25	泥木工人	雇主	工人要求增加工资至三角四分，争取营业自由，反对长沙县署压制工人合理要求的横蛮行动。这次罢工坚持了二十一天，几次游行、请愿、露宿，争取了外界的各种援助，巧妙地运用了合法斗争（"省宪法"）。	工资	长沙	自力救济：齐行罢工	完全胜利。
108	1922.10.7~11.3	金银业工人	雇主	工人要求改良待遇，承认工人俱乐部，增加工资，减少学徒，废除包工制。双方开会，县议会调停，官厅拘捕工人。	待遇、工资、收徒、包工制	上海	自力救济：齐行罢工、当事人间自行协商、第三方调解、借助官方权威：引入官方力量	成功。
109	1922.10.19~	袜厂女工	袜厂	工人要求增加工资。	工资	镇江	自力救济：齐行罢工	(不详)
110	1922.10.23~	板箱业工人	雇主	工人要求加资不遂，双方会议，警察拘捕工人若干名，旋释放。	工资	上海	自力救济：齐行罢工、当事人间自行协商、借助官方权威：引入官方力量	(不详)

序号	时间	纠纷主体		纠纷经过	纠纷客体	发生地点	解纷方式	解纷结果
		甲方	乙方					
111	1922.10.26~10.28	铜水烟袋工人	雇主	工人要求增加工资，工人代表与作主面议。	工资	上海	自力救济：齐行罢工、当事人间自行协商	加。
112	1922.11.2~	纸作坊工人	雇主	工人要求增加工资。	工资	汉口	自力救济：齐行罢工	（不详）
113	1922.11.10~	成衣匠	雇主	工人要求增加工资，成衣公所集双方会议。	工资	湖州	自力救济：齐行罢工、当事人间自行协商	（不详）
114		成衣匠	雇主	工人要求增加工资，华商总会出任调停。	工资	香港	自力救济：齐行罢工、借助商会	加。
115	1922.12.12~1.20	面包工人	雇主	工人要求增加工资，改良待遇，承认工会。	工资、待遇、组织合法性	香港	自力救济：齐行罢工	加工资，改良待遇
116	1922.12.18~	糕业工人	雇主	（不详）	（不详）	汉口	（不详）	（不详）
117	1922.12.20~1.10	成衣匠	雇主	工人要求增加工资。	工资	镇江	自力救济：齐行罢工	加。
118	1923.3.17~4.7	装订书籍工人	雇主	工人付作主之伙食钱，作主现欲加，工人因亦罢工要求增加工资。订书公会调解。	工资	上海	自力救济：齐行罢工、第三方调解	成功。
119	1923.5.13~	皮箱业工人	雇主	工人要求增加工资。九年之中已加七次，店主不允再加。	工资	上海	自力救济：齐行罢工	（不详）
120	1923.6.13~	豆腐作手	雇主	作手要求增加工资。店家指控为首工人。	工资	上海	自力救济：齐行罢工、借助官方权威：移交官府处理	（不详）

序号	时间	纠纷主体		纠纷经过	纠纷客体	发生地点	解纷方式	解纷结果
		甲方	乙方					
121		丝织厂机工	丝织厂	工人要求加资。丝织公会及吴兴县知事调解。	工资	湖州	自力救济：齐行罢工、第三方调解、借助官方权威；引入官方力量	加。
122	1923. 10. 11~	省立第七工厂织染科	雇主	要求增加工资不遂。	工资	徐州	自力救济：齐行罢工	（不详）
123	~10.26	烟业工人	雇主	工人要求增加工资，市政筹备处调解。	工资	湖州	自力救济：齐行罢工、借助官方权威；引入官方力量	分别加资。
124		木业工人	雇主	工人要求增加工资，店主开会决议。	工资	湖州	自力救济：齐行罢工	加。
125		石匠	雇主	工匠要求增加工资。	工资	宁波	自力救济：齐行罢工	（不详）
126	1923. 11. 11~12. 7	漆匠	雇主	工匠要求增加工资，漆业公所会议，工人执香至县署哀求，漆业董事与工人代表到县署公断。	工资	上海	自力救济：齐行罢工、借助官方权威；引入官方力量和移交官府处理	加（由县布告）。
127	（不详）	箔司工人	雇主	工人要求增加工资。	工资	绍兴	自力救济：齐行罢工	（不详）
128	~12.4	香司工人	雇主	工人要求增加工资。有人居间调停。	工资	松江	自力救济：齐行罢工、第三方调解	加。
129	1924	长宁路区装订工人	雇主	工人要求增加工资未遂。	工资	上海	自力救济：齐行罢工	（不详）
130	（不详）	柱香工匠外籍工匠	雇主	工匠要求增加工资0.17元，每日共合工资0.4元（伙食由雇主供给）。雇主提出每日增加工资0.05元，并要求工人同意五年之内不再增加工资，已为工人拒绝。	工资	上海	自力救济：齐行罢工	（不详）

序号	时间	纠纷主体		纠纷经过	纠纷客体	发生地点	解纷方式	解纷结果
		甲方	乙方					
131	（不详）	油漆工人	雇主	工人要求将每日工资普遍增加为铜元 114 枚。工会 170 名会员开会结果，举行罢工。	工资	北京	自力救济：齐行罢工	（不详）
132	1924. 2. 19～	小件铁匠	雇主	铁匠要求增加工资，劳资两方讨论。	工资	上海	自力救济：齐行罢工、当事人间自行协商	加（但约定三年内不再加）。
133	1924. 2. 19～	香工	雇主	工人要求增加工资，双方讨论。	工资	上海	自力救济：齐行罢工、当事人间自行协商	（不详）
134	1924. 3. 26～	铜货铺烟袋工人	雇主	工人要求增加工资，铜货公会调停与工人代表接洽。	工资	汉口	自力救济：齐行罢工、第三方调解	（不详）
135	1924. 3. 17～	香工	雇主	工人要求钱码头改洋码。工人会议。	工资	苏州	自力救济：齐行罢工	（不详）
136	1924. 3. 25～3. 25	豆腐店工人	雇主	工人要求增加工资，店主提高豆腐价。	工资	上海	自力救济：齐行罢工	加工资（同时豆腐涨价）。
137	1924. 4. 3～	红绿纸坊工人	雇主	工人要求增加工资。	工资	上海	自力救济：齐行罢工	（不详）
138	1924. 4. 5～4. 9	橱柜工人	雇主	工人要求增加工资，小行约同业及作主会议。	工资	苏州	自力救济：齐行罢工、当事人间自行协商	加。
139	1924. 5. 12～	编帮工	雇主	工人在茶楼误撞地痞，被殴身死。	（不详）	湖州	（不详）	（不详）
140		窑工	雇主	工人因春窑延期，正窑不能开。警察弹压。	（不详）	景德镇	借助官方权威：引入官方力量	（不详）
141	1924. 6. 8～7. 24	旅申安徽墨工	雇主	工人要求增加工资，安徽同乡会及警厅调解，嗣工人或因越轨被拘，且罢工日久亦有回乡者。	工资	上海	自力救济：齐行罢工、第三方调解、借助官方权威：引入官方力量	加。

序号	时间	纠纷主体		纠纷经过	纠纷客体	发生地点	解纷方式	解纷结果
		甲方	乙方					
142	1924.7.5~7.24	履业粗线工人	雇主	工人要求增加工资，履业公所细线公所调停。	工资	上海	自力救济：齐行罢工、第三方调解	加（粗细线多加）。
143	1924.7.7~7.10	漆业工人	雇主	工人要求增加工资，大行小行举董事与代表磋商。	工资	苏州	自力救济：齐行罢工、当事人间自行协商	工资仍旧，加折荤钱。
144	1924.7.24~	皮匠业工人	雇主	工人因组织履业联合会被控告。主事人被拘，非工人挟嫌诬控。	(不详)	上海	借助官方权威：移交官府处理	(不详)
145		盐工	雇主	工人以积盐过多，拟仿青盐出口，盐务稽查所不准。	(不详)	长芦	(不详)	(不详)
146	1924.8.6~	豆腐店工人	雇主	工人要求增加工资。	工资	扬中	自力救济：齐行罢工	(不详)
147	1924.8.7~8.13	打线工人	雇主	工人要求增加工资。	工资	湖州	自力救济：齐行罢工	加。
148	1924.8.13~	豆腐店工人	雇主	店主违背帮规。店主与工人代表协议。	工资	汉口	当事人间自行协商	略加工钱（半成功）。
149	1924.8.17~	梳篦工人	雇主	工人要求增加工资。	工资	常州	自力救济：齐行罢工	(不详)
150	1924.8.21~8.24	木机织工	雇主	工人受铁机工人煽动，与之取一致行动。聚众纷扰，警察捕数人，云锦公所与工人代表解决。	工资	苏州	借助官方权威：引入官方力量、当事人间自行协商	加资。
151	1924.9.8~9.16	报馆排字工人	报馆	工人要求增加工资，市政府代表工人与报界公会商议。	工资	广州	自力救济：齐行罢工、借助官方权威：引入官方力量	无条件上工，后又反悔，迁延多日，报馆另招新工。
152	1924.9.18~	裱糊匠	雇主	工匠要求增加工资。店主允加。	工资	武昌	自力救济：齐行罢工	加。
153	1924.10.15~10.17	弹花工人（湘帮）	值年	因值年违背帮规招外帮工人，并任意收学徒。店主工人各自开会，湖南会馆值年调停。	工资	汉口	第三方调解	略加工资。

续表

序号	时间	纠纷主体		纠纷经过	纠纷客体	发生地点	解纷方式	解纷结果
		甲方	乙方					
154	1924.10.中~	蓝染作坊工人	雇主	因生活程度高要求加工资，作主不允。大布帮以染坊久不交货，向法庭起诉。	工资	汉口	自力救济：齐行罢工、借助官方权威：移交官府处理	（不详）
155	1924.11.26~	油漆工人	雇主	工人要求增加工资铜元20枚，每顿饭应备三荤四素。雇主认为无理要求，政府将为首的逮捕。	工资、待遇	武昌	自力救济：齐行罢工、借助官方权威：引入官方力量	（不详）
156	1925	饼店工人	雇主	工人要求将每日工资自440文增加为460文；反对十家之内不准伙计开设同样饼店。工人控诉于闽侯县公署（未罢工）。	工资	福州	借助官方权威：引入官方力量	未解决
157	（不详）	□店工人	雇主	工人要求增加工资，按月计者加二成，按日计者加180文。	工资	南台	自力救济：齐行罢工	（不详）
158	1925.2.~	布厂织工	雇主	欧战后货物滞销，厂主欲减资，工人反对。警察弹压。	工资	杭州	自力救济：齐行罢工、借助官方权威：引入官方力量	稍减（厂主拟将工资自每日9角减至7角，结果每日8角，俟营业转机，即恢复原价）。
159	1925.2.初~	织袜梳鬃两业工人	雇主	工人要求增加工资及改洋码。经人调停。	工资	汉口	自力救济：齐行罢工、第三方调解	（不详）
160	1925.2.17~	织袜工人	雇主	工人因钱价日跌，要求加工资。资本家开会议加。	工资	镇江	自力救济：齐行罢工	（不详）
161	1925.2.24~2.25	振通织带厂工人	振通织带厂	厂中加工作时间，工人要求加工资。	工资、工时	上海	自力救济：齐行罢工	工作时间及工资均不加。
162	1925.2.28~3.5	三星毛巾厂工人	三星毛巾厂	工人反对减工资。经人调停，集劳资两方代表议决。	工资	上海	自力救济：齐行罢工、第三方调解、当事人间自行协商	（一）加工资；（二）无故不开除工人。

序号	时间	纠纷主体		纠纷经过	纠纷客体	发生地点	解纷方式	解纷结果
		甲方	乙方					
163	1925.3.初~	林记织布工厂工人	林记织布厂	厂方允加工资而延不实行。伤人，工人代表向厂主要求。	工资	北京	自力救济：齐行罢工和诉诸暴力	(不详)
164	1925.3.25~	木工	雇主	因作工须先纳注册费，而工资又由营业办事处代收，克扣后付与工人。工人或被拘捕，群赴省署请愿。	工资	重庆	借助官方权威：引入官方力量	(不详)
165	1925.3.27~4.1	瓦木匠	雇主	工人要求增加工资，雇主挽人排解。	工资	北京	自力救济：齐行罢工、第三方调解	加。
166	1925.3.29~	先成袜厂工人	先成袜厂	谣传厂主绌拟潜逃，工人要求发还积存工资。袜厂联合会调停，巡捕拘工。	工资	上海	第三方调解、借助官方权威：引入官方力量	工资发还，为首工人惩办。
167	1925.3.29~4.3	盐工	雇主	盐工要求增加搬运盐斤工价不遂。警察局长调停。	工资	淮阴	当事人间自行协商、借助官方权威：引入官方力量	酌加。
168	1925.3.30~3.30	装订工人	雇主	因某作主升用学徒，无故停歇工人。工人开会议罢工，警察弹压，工人请工团联合会援助。	违规	上海	自力救济：齐行罢工、借助官方权威：引入官方力量、借助外部力量	失败。
169	1925.4.~	制皮工匠	雇主	工匠要求增资。	工资	宣化	自力救济：齐行罢工	各增十五串。
170	1925.4.1~	锯匠	雇主	工匠要求增加工资不遂。	工资	鄞县	自力救济：齐行罢工	失败。
171	~4.2	帐簿作工人	雇主	工人要求增加工资不遂。厂主委人调停，调人与工人代表议妥。	工资	上海	自力救济：齐行罢工、第三方调解	工人要求加四成，结果加三成。
172	1925.4.11~	铁铺工人	雇主	工人要求增加工资。工人开会举代表向雇主要求。	工资	北京	自力救济：齐行罢工、当事人间自行协商	(不详)

序号	时间	纠纷主体		纠纷经过	纠纷客体	发生地点	解纷方式	解纷结果
		甲方	乙方					
173	1925.4.15~4.18	槽坊工人	雇主	工人要求增加工资不遂。三镇汾帮公所调停。	工资	武汉	自力救济：齐行罢工、第三方调解	加（但雇主要求三年内不再加，工人允诺）。
174	1925.4.中~	底作工人	雇主	工人要求增加工资。工人开会提出要求，向雇主陈说。	工资	北京	自力救济：齐行罢工、当事人间自行协商	（不详）
175	1925.4.18~	排字工人	雇主	工人要求增加工资。印刷局有觅替人者。	工资	安庆	自力救济：齐行罢工	（不详）
176	1925.4.25~	织巾工人	雇主	工人因生活艰难要求加工资及改洋码。	工资	汉口汉阳	自力救济：齐行罢工	（不详）
177	1925.4.~	皮行工人	雇主	工人要求加资不遂。	工资	宣化	自力救济：齐行罢工	（不详）
178	1925.5.初~	利兴织袜厂工人	利兴织袜厂	因厂方克扣工资。工人代表与厂方交涉。	工资	北京	当事人间自行协商	（不详）
179	1925.5.7~5.10	机坊织布工人	雇主	工人要求增加工资。工人游行示威，与厂方格斗，警察弹压。	工资	芜湖	自力救济：诉诸暴力、借助官方权威：引入官方力量	失败。
180	1925.5.22~5.24	土匠	雇主	土匠要求每日加增工价120文。	工资	福州	自力救济：齐行罢工	加。
181	1925.5.24~	瓦木工人	雇主	工人要求增加工资不遂。工人发传单，与建筑厂发生冲突，警察拘去工人若干名。	工资	镇江	自力救济：齐行罢工、借助官方权威：引入官方力量	（不详）
182	1925.5.28~	织毡工人	雇主	工人索三个月欠薪。警察弹压。	工资	北京	当事人间自行协商、借助官方权威：引入官方力量	（不详）
183	1925.6.3~	花边厂十余家工人	雇主	五卅案。	（不详）	上海	（不详）	（不详）

序号	时间	纠纷主体		纠纷经过	纠纷客体	发生地点	解纷方式	解纷结果
		甲方	乙方					
184	1925.6.4~	瑞和毛巾厂工人	瑞和毛巾厂	五卅案。	(不详)	上海	(不详)	(不详)
185	1925.6.7~	洋装成衣工人	雇主	五卅案。	(不详)	上海	(不详)	(不详)
186	1925.6.初~10.中	广帮木业工人	雇主	五卅案。劳资双方协商。	工资	上海	自力救济：齐行罢工、当事人间自行协商	加工资。
187	1925.6.10~	泥水工	雇主	工人要求增加工资。	工资	汉口	自力救济：齐行罢工	(不详)
188	1925.6.15~	江浙旅汉泥业工人	工头	因工头克扣工资。	工资	汉口	自力救济：齐行罢工	(不详)
189	(不详)	隆茂洋行铜匠	雇主	五卅案。买办调和。	工资	上海	自力救济：齐行罢工、第三方调解	罢工期内酌给补助费及特别奖金。
190	(不详)	缝纫厂女工	缝纫厂	五卅案起，厂长令工人罢工表示爱国热忱，自愿担任损失，毁厂中英日机器。	(不详)	北京	自力救济：齐行罢工和诉诸暴力	圆满。
191	1925.6.17~6.18	成衣店工人	成衣店主	工人要求增加工资。邀店主会议。	工资	南京	自力救济：齐行罢工、当事人间自行协商	每日加增工资大洋一角。
192	1925.6.末~	木匠（南台、桥南帮）	雇主	工人要求每天增加工资40文与城帮相同。罢工一天。	工资	福州	自力救济：齐行罢工	
193	1925.7.~	染织厂工人	雇主	工人要求增加工资。罢工一次，风潮异常激烈，经汉口商会调停。	工资	武汉	自力救济：齐行罢工、借助商会	照工资每串钱增加三百文至五百文。
194	1925.秋.~	箔工	雇主	工人要求增加工资，革除工头。罢工十余日，工人推代表分呈省署实业厅，由劳资双方协议。	工资	绍、萧	自力救济：齐行罢工、借助官方权威：引入官方力量、当事人间自行协商	加二成工资。

序号	时间	纠纷主体		纠纷经过	纠纷客体	发生地点	解纷方式	解纷结果
		甲方	乙方					
195	1925.6. 5~8.15	建筑工人	雇主	工人要求增加工资改良待遇。发生工潮。	工资、待遇	广州	自力救济：齐行罢工	1.日工每天以 9.5 角为底价，另伙食 3.5 角。2.开除工人须于旧历十二月二十三日前通知。3.凡过百元建筑费，由业主缴工人公益金每百元五角。
196	1925.6. 初~8.18	草席工人	雇主	工人要求增加工资改良待遇。发生工潮。	工资、待遇	广州	自力救济：齐行罢工	1.长工加一成，散工加二成。2.散工轮牌雇用，如不受指挥得随时开除。3.长工由不得工会介绍。4.罢工期工资照发。5.无故不得任意开除工人。
197	1925.7. 6~	泰东地毯工厂工人	泰东地毯工厂	工人要求增加工资不遂。工人向审判厅起诉。	工资	北京	自力救济：齐行罢工、借助官方权威：移交官府处理	（不详）
198	1925.7. 中~	兴茂永、富源长砖窑工人	雇主	（不详）	（不详）	北京	（不详）	（不详）
199	1925.7. 19~	兴茂永、富源长砖窑	雇主	五卅案。	（不详）	北京	（不详）	（不详）
200	1925.8. 2~8.8	县立工场工人	雇主	因当局减工资。会计员调停。	工资	昆山	自力救济：齐行罢工、第三方调解	不减。

序号	时间	纠纷主体		纠纷经过	纠纷客体	发生地点	解纷方式	解纷结果
		甲方	乙方					
201	1925.9.9~	织布染坊工人	雇主	工人两次要求增加工资不遂。警察弹压，伤人，汉口商会调停，劳资代表协议。	工资	汉口	自力救济：齐行罢工、借助官方权威：引入官方力量、借助商会、当事人间自行协商	（不详）
202	1925.9.9~	烟业工人	雇主	工人要求增加工资不遂。	工资	南京	自力救济：齐行罢工	（不详）
203	1925.9.27~	利成磁窑工人	雇主	工人因生活程度高要求增加工资。经理委人调停。	工资	北京	自力救济：齐行罢工、第三方调解	加。
204	1925.10.5~	帽业女工	雇主	工人反对苛刻待遇，要求增加工资。	工资	汉口	自力救济：齐行罢工	（不详）
205	1925.10.初~	衣庄成衣工人	雇主	工人反对某衣庄殴打工人，并要求增加工资。警察拘押工人。	工资	哈尔滨	自力救济：齐行罢工、借助官方权威：引入官方力量	（不详）
206	1925.10.初~	箔工	雇主	工人要求增加工资，改良待遇。	工资、待遇	绍兴	自力救济：齐行罢工	（不详）
207	1925.10.11~	毡工	雇主	工人要求增加工资。工人代表开会，提出要求，经人调解。	工资	北京	自力救济：齐行罢工、第三方调解	加工资。
208	1925.10.12~10.17	皮件业工人	雇主	工人反对减工资。	工资	上海	自力救济：齐行罢工	（不详）
209	1925.10.29~	华通织染工厂附设绣工科工人	雇主	星期六下午及星期日不休假，工人反对。	待遇	北京	自力救济：齐行罢工	（不详）
210	1925.10.下~	锯匠	雇主	工人要求加工资，钱码改洋码。	工资	汉口	自力救济：齐行罢工	（不详）
211	1925.11.4~	砖窑窑工	雇主	工人要求增加工资。县署判决劳资两方协商。	工资	嘉善	自力救济：齐行罢工、借助官方权威：引入官方力量、当事人间自行协商	加。

序号	时间	纠纷主体		纠纷经过	纠纷客体	发生地点	解纷方式	解纷结果
		甲方	乙方					
212	1925. 11. 26～12. 8	香业工人	雇主	工人要求增加工资。工人开会,工商友谊会调停。	工资	上海	自力救济:齐行罢工、第三方调解	加资,改待遇,于工会有益。
213	1925. 11. 30～12. 4	金银工作大件帮工人	雇主	工人反对减工资。	工资	上海	自力救济:齐行罢工	(不详)
214	1925. 11. 16～11. 25	建筑工人	雇主	土木工会工人与建筑研究会工人内部发生争执。	(不详)	广州	(不详)	解散建筑研究会。
215	1925. 12. 2～12. 15	缝衣工人	雇主	工人增加工资改良待遇。	工资、待遇	广州	自力救济:齐行罢工	完全胜利,条件未详。
216	1925. 12. 1～12. 10	漆业内作工人	雇主	工人因要求增加工资不遂,又因反对雇主新组漆业公会订立不利于工人之规则。工人开会,警察拘工人若干名,业董出任调停,县署批。	工资	上海	自力救济:齐行罢工、借助官方权威;引入官方力量、第三方调解	先上工,后办理。
217	1925. 12. 4～	榅丝工人	雇主	工人要求增加工资。	工资	苏州	自力救济:齐行罢工	(不详)
218	1925. 12. 4～	桌椅铺工人	雇主	雇主新组木行联合会,定章有不利于工人处。	工资	上海	自力救济:齐行罢工	(不详)
219	～12. 19	香业工人	雇主	工人要求增加工资不遂。警厅调解。	工资	苏州	自力救济:齐行罢工、借助官方权威;引入官方力量	加。
220	1925. 12. 25～1926. 1. 8	旱烟□司	雇主	工人要求加资一角八分。警察传询工头后将其拘捕,商会调停。	工资	杭州	自力救济:齐行罢工、借助官方权威;引入官方力量、借助商会	每工每日加七分。
221	1925. 12. 27	鹿城布厂织工	雇主	织工研究会与厂方冲突。	工资	永嘉	(不详)	(不详)
222	1925. 12. ～	橱柜业各作做手	雇主	做手要求增加工资不遂。	工资	苏州	自力救济:齐行罢工	(不详)

续表

序号	时间	纠纷主体		纠纷经过	纠纷客体	发生地点	解纷方式	解纷结果
		甲方	乙方					
223	1926.1.初~1.13	爆烟工人	雇主	工人要求加薪。由总商会调停。	工资	杭州	自力救济：齐行罢工、借助商会	自复工日起每日加工资0.07元，工作捆数不限。店东承认职工联合会。
224	1926.1.~	石印工人	雇主	工人要求加薪未遂。	工资	广州	自力救济：齐行罢工	
225	1926.1.8~1.12	蜡烛业工人	雇主	工人要求将工资九元六角改为十元，并将每年按十月计算入十二个月。劳资协议。	工资、待遇	苏州	自力救济：齐行罢工、当事人间自行协商	十四年暂贴工人每人四元，半工减半，明正每工加九毛六分，但罢工期内工作由工人加力补作。
226	1926.1.11~1.17	竹木工会	雇主	工会要求加薪。上工工人被殴，警察拘人，工人与警察冲突，致死警察一人，警察罢岗并捣毁工会六所，全汕工人愤而总罢工，广州政府调停。	工资	汕头	自力救济：齐行罢工、借助官方权威：引入官方力量	警察复工，工人复工。
227	1926.1.12~	成衣匠	雇主	工人要求加薪。警厅防范。	工资	苏州	自力救济：齐行罢工、借助官方权威：引入官方力量	（不详）
228	1926.1.22~	利民织布厂工人	利民织布厂	工人要求加薪及改良待遇。有人调停。	工资	北京	自力救济：齐行罢工、第三方调解	（不详）
229	1926.2.~	酱园工伙	雇主	工伙要求增加工资五成。警厅调解。	工资	杭州	自力救济：齐行罢工、借助官方权威：引入官方力量	换加薪名目为升工，惟附加条件（不旷工等）。

序号	时间	纠纷主体		纠纷经过	纠纷客体	发生地点	解纷方式	解纷结果
		甲方	乙方					
230	1926.3.1~	木业全体工人	雇主	工人要求将四角五工资改成六角。上工者被阻，工人纷扰，警察拘人，木作头高某调解。	工资	上海	自力救济：齐行罢工、借助官方权威；引入官方力量、第三方调解	工资增至五角五分，饭钱仍由工头照例扣一角七分。
231	1926.3.1~3.2	木工全体	雇主	工人要求将工资增至六角。作主方面人疏通，由市总董钱君调停，双方让步。	工资	无锡	自力救济：齐行罢工、第三方调解	工资增至五角五分，作主扣一分营业费，如作主备饭，则扣一角四分。
232	1926.3.4~3.6	铜作业工人	雇主	工人要求加薪。	工资	嘉兴	自力救济：齐行罢工	改每担十吊三百文为十一吊三百文，工人作主四六分派。
233	1926.3.15~3.16	公民织布厂工人	公民织布厂	工人因米贵要求加资一成未遂。警察弹压。	工资	苏州	自力救济：齐行罢工、借助官方权威；引入官方力量	暂加六十文，一月后俟米价再定，共加一成二，一半系增资，其余一半俟米价落至十元时取消。
234	1926.3.15~	织缎机工	雇主	工人要求加资二成，并改用官尺。工人开会，警察弹压，业董及警署长调停。	工资	苏州	自力救济：齐行罢工、借助官方权威；引入官方力量、第三方调解	（不详）
235	1926.3.16~3.24	庆云银楼工人	雇主	工人因店主令学徒修旧器而不给枪药，该学徒索要反被革斥，全体罢工。金银工会援助，提出条件，恢复该学徒，加资，夜工改为三角，星期休息，不得虐待工人，不得因此次工潮开除工人，罢工期内工资照发，大同行调停。	工资	上海	自力救济：齐行罢工、第三方调解	该学徒进天宝银楼，工资加足二成，夜工由作把负担申工每月四工，全体工人复工，罢工期内工资照发。

序号	时间	纠纷主体		纠纷经过	纠纷客体	发生地点	解纷方式	解纷结果
		甲方	乙方					
236	1926. 3. 19~3. 22	各绸织公司工人	雇主	工人要求每尺加资三分未遂。警察弹压并拘人，工人提出十八项，游行与警察冲突，警察悬赏缉煽惑者，绸业观成堂调停。	工资	杭州	自力救济：齐行罢工、借助官方权威：；引入官方力量、第三方调解	工资略加，工人复工。
237	1926. 3. 21~	篾篓工人	雇主	工人要求加薪未遂。老板态度强硬。	工资	汉口	自力救济：齐行罢工	（不详）
238	1926. 3. 27~	彩印工人	雇主	工人为三一八惨案游行。警察弹压并阻止。	（不详）	上海	自力救济：齐行罢工	（不详）
239	1926. 3. 28~3. 31	青蓝染工	雇主	工人因新董事系少数所选，且又警勒收厘金，并拘工人。请县长撤销该董事，并提要求。	（不详）	上海	借助官方权威：引入官方力量	该董事被撤，工人复工，其余各业着业董坊主及人协议。
240	1926. 3. 29~	恒德油厂工人	恒德油厂	因工头扣工人工资二分，要求加薪，但厂方坚持合同。警察干涉，厂中执事调停。	工资	无锡	自力救济：齐行罢工、借助官方权威：引入官方力量、第三方调争	工资照发，工头损失由厂津贴。
241	1926. 4. ~	料房工人	雇主	工人要求加薪。	工资	绍兴、吴兴	自力救济：齐行罢工	分别酌加
242	1926. 4. ~	石作工人	雇主	工人要求增加工资。罢工一旬左右，由该业董出而调停。	工资	杭州	自力救济：齐行罢工、第三方调解	每工增加大洋六分。
243	1926. 4. 1~	绸缎工人	雇主	某厂工人因饭食太劣罢工，因而全体罢工。上工资、待遇绍兴海总工会援助。	工资		自力救济：齐行罢工	厂主自动加资。
244	1926. 4. ~	石作工人	雇主	工人要求将二角八分工资改为四角，但作主只允三角，工人罢工。工人推举代表市市总董钱君维持。	工资	无锡	自力救济：齐行罢工、借助总工会	作主允增至三角四分，工作时间问题上工再议。
245	1926. 4. 3~4. 8	成衣工人	雇主	工人要求加资。	工资	湖州	自力救济：齐行罢工	分别加资。

序号	时间	纠纷主体		纠纷经过	纠纷客体	发生地点	解纷方式	解纷结果
		甲方	乙方					
246	1926.4.4~4.8	制造水笔工人	雇主	工人要求加资二成,并反对店主新规定。双方代表商议。	工资	上海	自力救济:齐行罢工、当事人间自行协商	阳后店主允加二成(一说二成半)。
247	1926.4.5~4.11	筲子行工人	雇主	工人因奉票跌价,要求将大筲由五毛改为一元,小筲由三毛改为八毛。商会调处。	物价	奉天	自力救济:齐行罢工、借助商会	大筲为八毛。
248	1926.4.11~	毛巾工人	雇主	工人要求加资大条五文,小条三文,厂主亦以应加饭价但不准支贴一百三十文,工人反对。工会开会,有人调停。	工资	镇江	自力救济:齐行罢工、第三方调解	(不详)
249	1926.4.13~4.14	新衣工人	雇主	工人要求加资二成半未遂。劳资协议。	工资	苏州	自力救济:齐行罢工、当事人间自行协商	工资加一成,工资由三节算改为每月算。
250	1926.4.14~	打纸钱工人	雇主	工人要求加资五成。店主以为太巨开会讨论。	工资	上海	自力救济:齐行罢工	(不详)
251	1926.4.14~4.17	成衣匠	雇主	工人因米贵要求改工资一角八为二角五,店主只允二角三分,而警察又拘人,工人遂罢工。工人至县署请愿,双方开会,市董调停。	工资	无锡	自力救济:齐行罢工、借助官方权威:引入官方力量、第三方调解	工资改为二角四分。
252	1926.4.17~	颜料工人	雇主	工人要求加资未遂。工人提出要求十一项。	工资	广州	自力救济:齐行罢工	(不详)
253	1926.4.18~	铜作工人	雇主	工人要求作主加资八百文未遂。	工资	嘉兴	自力救济:齐行罢工	(不详)
254	1926.4.18~4.21	中兴顾绣庄工人	中兴顾绣庄	厂中加工二小时,并将反对者开除。厂方请工人协议,工人要求加资百分之三十,并将被革职者复职。	工资	上海	自力救济:齐行罢工、当事人间自行协商	被革职者复职,加资百分之二十二。
255	1926.4.20~	东亚麻袋厂计件工人	东亚麻袋厂	工人要求加资。职员调处。	工资	上海	自力救济:齐行罢工、第三方调解	厂工允许磋商。

序号	时间	纠纷主体		纠纷经过	纠纷客体	发生地点	解纷方式	解纷结果
		甲方	乙方					
256	1926.4.20~4.23	祥泰木行工人	祥泰木行雇主	一工人为大班所辱，要求将大班开除。工会开会提出六条：开除工监，恢复工人，加资，改良待遇，罚工须得工头同意，罢工期内工资照发。	待遇	上海	自力救济：齐行罢工	厂方承认前四条。
257	1926.4.21~4.26	三星毛巾厂工人	三星毛巾厂	工人要求加资并反对厂方新织编法。	工资	上海	自力救济：齐行罢工	厂方允增工资，但开除工人七名。
258	1926.4.24~	油刷工人	雇主	工人要求加资未遂。	工资	汕头	自力救济：齐行罢工	（不详）
259	1926.4.30~5.16	鞋业工人	雇主	工人要求加资未遂。	工资	芜湖	自力救济：齐行罢工	（不详）
260	1926.4.30~	森泰木厂工人	森泰木厂	因一洋监工殴伤工人，罢工，要求改良待遇并加资。店主罢市抵制，警察拘人，经人调停。	工资、待遇	上海	自力救济：齐行罢工、借助官方权威：引入官方力量、第三方调解	复工详情不明。
261	1926.5.2~	裱湖工人	雇主	工人要求加资未遂。	工资	上海	自力救济：齐行罢工	店主允每日加铜元三枚。
262	1926.5.2~5.17	青蓝染工	雇主	因新旧董事相持，愤而罢工，并要求加资（新董事常与工人冲突）。警察弹压，工人提出条件，并赴县请愿，劳资协议，开会时起冲突，工人被打。	工资、待遇	上海	自力救济：齐行罢工和诉诸暴力、借助官方权威：引入官方力量、当事人间自行协商	每月加资一元，折菜价半元，董事仍归新董。
263	1926.5.2~5.7	通和布厂工人	通知布厂	工人要求加薪。	工资	上海	自力救济：齐行罢工	每织布五丈加五枚。
264	1926.5.3~5.17	料房工人	雇主	工人要求加薪，将十元另八角改为十二元，并将借小洋五十角改为大洋八元。	工资	绍兴	自力救济：齐行罢工	完全容纳。
265	1926.5.5~5.7	大成袜厂工人	大成袜厂	工人要求加薪未遂。厂主停工，别厂调停。	工资	上海	自力救济：齐行罢工、第三方调解	规定津贴及赏金。

序号	时间	纠纷主体		纠纷经过	纠纷客体	发生地点	解纷方式	解纷结果
		甲方	乙方					
266	1926.5.6~	利和织布厂工人	利各织布厂	工人要求加资未遂，为首工人被辞。	工资	上海	自力救济：齐行罢工	（不详）
267	1926.5.9~5.11	板箱工人	雇主	工人要求加资未遂。	工资	上海	自力救济：齐行罢工	（不详）
268	1926.5.12~7.10	板箱业学徒	雇主	因本行工人罢工未得结果，学徒加入。作主认工人要求正当，但须与皮箱店接洽，同业值年调处，最后箱店加价，作主加工资。	工资	上海	自力救济：齐行罢工、第三方调解	每件锯作加至二角八分。
269	1926.5.12~5.20	石工	雇主	工人要求加资。有人调停。	工资	慈溪	自力救济：齐行罢工、第三方调解	每人改为四角二分，铺板自备。
270	1926.5.15~	漆业工人	雇主	工人要求加资。	工资	上海	自力救济：齐行罢工	（不详）
271	1926.5.16~5.18	振泰织布厂工人	振泰织布厂	工人要求加薪一角四分。厂方开导。	工资	上海	自力救济：齐行罢工	加一角一分。
272	1926.5.17~	香业工人	雇主	工人要求店东加薪。	工资	上海	自力救济：齐行罢工	允加五厘。
273	1926.5.22~5.30	金银业工人	雇主	工人组织工会，要求加薪。劳资协议。	工资	无锡	自力救济：齐行罢工、当事人间自行协商	加资百分之三十五，减工一小时，但解散工会。
274	1926.5.25~5.28	泰华织缎厂工人	泰华织缎厂	工人要求加资。双方磋商。	工资	鄞县	自力救济：齐行罢工、当事人间自行协商	分别加资。
275	1926.5.25~5.28	愒昌成华织厂工人	雇主	工人同情泰华罢工，并要求加工资。	工资	鄞县	自力救济：齐行罢工	照泰华条件分别加资。
276	1926.5.31~6.4	掉丝女工	雇主	工人要求将工资每两五分改为七分。丝织工会开会。	工资	湖州	自力救济：齐行罢工	每两加半分。
277	1926.6.~	漆业工人	雇主	工人要求加资。与店主协议规定每日包饭加大洋一角四分，连前共计六角四分。（未罢工）	工资	杭州	自力救济：齐行罢工	（不详）

序号	时间	纠纷主体		纠纷经过	纠纷客体	发生地点	解纷方式	解纷结果
		甲方	乙方					
278	1926.5.~6.	箱罐业工人	雇主	反对英商从上海运来箱板及铁罐。茶会总会调停。	工资	休宁	自力救济：齐行罢工、第三方调解	所办之物完全退回。
279	1926.6.1~6.21	黄长记刻字店工人	黄长记刻字店主	因生活艰难要求加百分之二十。	工资	上海	自力救济：齐行罢工	店主照准，工人复工。
280	1926.6.2~	石宕工人	雇主	包工头要求加资未遂，石宕工人罢工。经理请县拘捕包工头。	工资	慈溪	自力救济：齐行罢工、借助官方权威：引入官方力量	（不详）
281	1926.6.2~	石业工人	雇主	工人要求加资及改良待遇未遂。工人提出条件。	工资、待遇	汕头	自力救济：齐行罢工	（不详）
282	1926.6.3~6.6	成衣匠	雇主	工人要求加薪百分之三十。成衣匠在公所会议，劳资协议。	工资	上海	自力救济：齐行罢工、当事人间自行协商	加百分之二十六。
283	1926.6.8~	漆业工人	雇主	工人要求加资。双方在公所开会。	工资	镇江	自力救济：齐行罢工、当事人间自行协商	原资二角改为二角三分五。
284	1926.6.8~6.9	锦利袜厂工人	锦利袜厂	反对厂方罚女工，要求将罚款退还，并以后不再罚。	待遇	上海	自力救济：齐行罢工	完全承认
285	1926.6.9~6.10	成衣匠	雇主	工人要求加资。经董事调停。	工资	上海	自力救济：齐行罢工、第三方调解	分别□加。
286	1926.6.12~	德兴丝厂女工	德兴丝厂	工人要求发定洋五元三元二元三种。	工资	无锡	自力救济：齐行罢工	按三元二元一元发给。
287	1926.6.13~6.27	福镇袜厂工人	福镇袜厂	袜业公会调停。	（不详）	上海	第三方调解	订和平办法三条。
288	1926.6.15~6.17	喜和纱厂铜铁匠	喜和纱厂	工人要求加资十分之一，罢工期内工资照发。总工会调停。	工资	上海	自力救济：齐行罢工、借助总工会	厂方完全承认。
289	1926.6.15~6.24	方九霞金银工人	雇主	工人要求恢复被革工人。工人提出四项要求。	待遇	上海	自力救济：齐行罢工	店东担保四项条件。

序号	时间	纠纷主体		纠纷经过	纠纷客体	发生地点	解纷方式	解纷结果
		甲方	乙方					
290	1926.6. 15~6.17	三星毛巾厂女工	三星毛巾厂	要求改革罚章,加资并改良待遇。工人推代表与厂交涉并请总工会援助。	工资、待遇	上海	自力救济:齐行罢工、	除加资外均承认。
291	1926.6. 16~6.26	五家订书作工人	雇主	因生活艰难,要求将每日工资十六枚合大洋六分增至一角一分。上海装订公会调停。	工资	上海	自力救济:齐行罢工、第三方调解	每□书万页铜元十九枚(大洋七分)。
292	1926.6. 17~6.21	裕兴袜厂工人	裕兴袜厂	工人反对厂方减资三成。警察防范,厂方不理。	工资	上海	自力救济:齐行罢工、借助官方权威;引入官方力量	工人不支复工,厂方减工资一成。
293	1926.6. 17~6.18	木业工人	雇主	前建筑工会议决将木石泥三作工人加资,木工不满,遂罢工,要求加三角八分。工人开会向县署请愿,县长代作主允许。	工资	宁波	自力救济:齐行罢工、借助官方权威;引入官方力量	增至三角八分。
294	1926.6. 18~	机料房工人	雇主	工人要求加资。双方代表接洽。	工资	宁波	自力救济:齐行罢工、当事人间自行协商	(不详)
295	1926.6. 19~7.13	皮件工人	雇主	反对减资及滥收学徒,并要求无故不得开除工人。工人暴动被拘,请总工会解决,双方坚持。	工资、收徒	上海	自力救济:齐行罢工、借助总工会	工人复工,要求厂主取消减资。
296	1926.夏	染坊工人	雇主	工人要求加薪。罢工十余日。	工资	硖石、嘉兴	自力救济:齐行罢工	照原薪加一成。
297	1926. 6.~7.	印刷工人	印刷厂	工人要求加薪。与店主磋商,未罢工。	工资	杭州、宁波	当事人间自行协商	加。
298	1926.7.~	铁工	雇主	工人要求加薪。罢工三日,由各店东及伙友双方邀集多人,磋商方法。	工资	杭州	自力救济:齐行罢工、当事人间自行协商	每工增加四分。
299	1926.7.~	染练工人	雇主	因地位与绸业不能立于平等,结帐时有折扣,送货时供役使。向绸业提出条件十六条,未得切实答复。	待遇	杭州	自力救济:齐行罢工	(不详)

序号	时间	纠纷主体		纠纷经过	纠纷客体	发生地点	解纷方式	解纷结果
		甲方	乙方					
300	1926.7.~	兴记谦记两丝厂工人	兴记谦记两丝厂	工人同盟罢工,要求加资。	工资	上海	自力救济:齐行罢工	(不详)
301	1926.7.~	油业工人	雇主	工人要求加薪。坊主商定。	工资	嘉兴	自力救济:齐行罢工	工资加十分之二三。
302	1926.7.1~7.3	兴记缫丝厂工人	兴记缫丝厂	工人要求撤换监工。警察弹压,经人调停。	工资	镇江	自力救济:齐行罢工、借助官方权威:引入官方力量、第三方调解	加资一分,另加奖金。
303	1926.7.1~7.6	茶箱工人	雇主	工人要求钱码改洋码,并履行十三年所订之复工条件。厂主开会抵制,工人代表到县署及警厅请愿。	工资	上海	自力救济:齐行罢工、借助官方权威:引入官方力量	工资增加四成。
304	1926.7.6~	□书女工	雇主	工人要求加资。	工资	上海	自力救济:齐行罢工	每万张加二十文。
305	1926.7.11~	织袜业工人	雇主	工人要求加资。	工资	汉口	自力救济:齐行罢工	(不详)
306	1926.7.11~	华成布厂工人	华成布厂	工人要求厂方改新章。	行规	上海	(不详)	(不详)
307	1926.7.12~7.15	宏裕蛋厂工人	宏裕蛋厂	工人反对无故开除工人。警察弹压,工人毁物。	待遇	徐州	自力救济:齐行罢工和诉诸暴力、借助官方权威:引入官方力量	被革工人复职。
308	1926.7.13~7.14	染工	雇主	工人要求每包加资一分。厂方托人调停。	工资	无锡	自力救济:齐行罢工、第三方调解	厂方每包加一分。
309	1926.7.17~8.1	冶坊工人	雇主	工人要求每套加二元七角。厂主开会,警察干涉,并劝导。	工资	江苏	自力救济:齐行罢工、借助官方权威:引入官方力量	每套加二元四角。
310	1926.7.25~	油车工人	雇主	工人要求加资。	工资	嘉兴	自力救济:齐行罢工	(不详)
311	1926.7.29~7.30	老闸木器店工人	雇主	工人要求加资。	工资	上海	自力救济:齐行罢工	加二角。

序号	时间	纠纷主体		纠纷经过	纠纷客体	发生地点	解纷方式	解纷结果
		甲方	乙方					
312	1926.8.~	铁业工人	雇主	工人要求加资。	工资	镇江	自力救济：齐行罢工	（不详）
313	1926.8.~	皮行工人	雇主	工人要求加资一元二角。商会调停，铺掌允在七角以内。	工资	顺德	自力救济：齐行罢工、借助商会	加六角九分。
314	1926.8.6~8.17	香业工人	雇主	工人要求加资每二十二累加三厘，次者每百累加五厘。	工资	无锡	自力救济：齐行罢工	前者加一厘，后者加五厘。
315	1926.8.12~	豆腐工人	雇主	工人要求加资。店主辞退工人，警署长调停，工人开会。	工资	芜湖	自力救济：齐行罢工、借助官方权威：引入官方力量	加资并改良待遇。
316	1926.8.18~	染业工人	雇主	工人要求加资未遂。怠工，警察拘人，工人请愿，染业领袖调停。	工资	碳石	自力救济：齐行罢工、借助官方权威：引入官方力量、第三方调解	（不详）
317	1926.8.21~	麻饼业工人	雇主	工人要求加资。经人调停。	工资	平湖	自力救济：齐行罢工、第三方调解	加资二成半
318	1926.8.24~9.1	金银工人	雇主	因参加陈阿堂追悼会日工资被扣。要求补发工资，赔偿损失，工会被警察查抄。	工资	上海	借助官方权威：引入官方力量	工人无条件复工，并一部分工人被革。总工会因陈阿堂事大，命工人复工，一致对外。
319	1926.8.28~9.5	装订工人	雇主	因作主滥添学徒，停给火食，遂要求加资四成，并改良待遇。向警厅请愿，工人滋事被拘，后劳资协议。	工资	上海	自力救济：齐行罢工、借助官方权威：引入官方力量、当事人间自行协商	（不详）
320	1926.8.31~	钉作工人	雇主	因工友被拘。	工资	上海	自力救济：齐行罢工	（不详）

序号	时间	纠纷主体		纠纷经过	纠纷客体	发生地点	解纷方式	解纷结果
		甲方	乙方					
321	1926. 秋~	竹业工人	雇主	增加工资。集同业决议，自中秋节起加大洋四分（未罢工）。	工资	杭、绍	自力救济：齐行罢工	（不详）
322	1926.9.~	新衣工人	雇主	要求加资。	工资	广州	自力救济：齐行罢工	（不详）
323	1926.9.~	成衣业工人	雇主	要求加资五分。	工资	无锡	自力救济：齐行罢工	（不详）
324	1926.9. 4~	银业工人	雇主	要求加资四成，店主只允三成，遂罢工。	工资	永嘉	自力救济：齐行罢工	（不详）
325	1926.9. 7~9.11	石工	雇主	工人要求加资。经绅士调解。	工资	镇海	自力救济：齐行罢工、借助外力	工资改二角八分，酒资在外。
326	1926.9. 14~9.16	和记翻砂厂工人	和记翻砂厂	要求加资 1. 把作加二成半 2. 普通加一成半 3. 学徒加一元半。劳资协议。	工资	上海	自力救济：齐行罢工、当事人间自行协商	把作加一成半，普通加半成，学徒加一元。
327	1926.9. 15~9.28	铜锡匠工人	雇主	要求加资未遂。业董调停。	工资	兰溪	自力救济：齐行罢工、第三方调解	每月加一成五
328	1926.9. 30~	金行工人	雇主	（不详）	（不详）	广州	（不详）	（不详）
329	1926.10.	嫁装木匠	雇主	木匠要求加薪三成店主只允加二成。	工资	无锡	当事人间自行协商	（不详）
330	1926.10.	丽华布厂工人	雇主	工人反对厂中新订罚章。厂长开导。	待遇	无锡	当事人间自行协商	无条件复工。
331	1926.10~	鞋业工人	雇主	工人要求加资及减少工作时间。商会调停无效，决议设临时工厂。	工资、待遇	开封	自力救济：齐行罢工、借助商会	（不详）
332	1926.10. 2~11.14	染工	雇主	生活艰难，要求将主顾酒资改收大洋。	待遇	无锡	当事人间自行协商	改收大洋，但原小洋十角改收大洋九角。
333	1926.10. 12~10.13	袜厂工人	袜厂	工人要求加资并改良待遇。工人开会。	工资、待遇	上海	自力救济：齐行罢工	暂复工候解决。

序号	时间	纠纷主体		纠纷经过	纠纷客体	发生地点	解纷方式	解纷结果
		甲方	乙方					
334	1926. 10. 13～10. 15	弹棉花工人	雇主	因工友要求加资为店主送警厅。店主请警厅调停，劳资协议。	工资	苏州	自力救济：齐行罢工、借助官方权威：引入官方力量、当事人间自行协商	弹棉花一斤加二分五厘，店主供食。
335	1926. 10. 13～10. 18	铅印活版工人	雇主	工人要求加资未遂。市党部及总工会调停。	工资	长沙	自力救济：齐行罢工、借助官方权威：引入官方力量、借助总工会	除三报销外均复工。
336	1926. 11. ～	织布工人	雇主	（不详）	（不详）	广州	（不详）	（不详）
337	1926. 11. ～	丝织工人	雇主	（不详）	（不详）	广州	（不详）	（不详）
338	1926. 11. 5～	成衣工人	雇主	工人要求加资。	工资	上海	自力救济：齐行罢工	（不详）
339	1926. 11. 5～	启新印社工人	雇主	因社长斥责工人。	权益	合肥	（不详）	（不详）
340	1926. 11. 6～	义丰针织厂女工	义丰针织厂	反对厂方减资。	工资	上海	自力救济：齐行罢工	（不详）
341	1926. 11. 13～	纸工工人	雇主	要求加资。由人调停。	工资	临安	自力救济：齐行罢工、第三方调解	略加工资，工人复工。
342	1926. 11. 15～	染织工人	雇主	要求加资。	工资	汉口	自力救济：齐行罢工	（不详）
343	1926. 11. 29～	弹棉花工人	雇主	（不详）	（不详）	武汉	（不详）	（不详）
344	1926. 12. ～	墨业工人	雇主	（不详）	（不详）	汉口	（不详）	（不详）
345	1926. 12. 6～	曝光工人	雇主	工人要求加薪。	工资	镇江	自力救济：齐行罢工	（不详）
346	1926. 12. 9～	铁匠	雇主	天寒要求停工半日，因未得允许，反受辱骂。提出要求，并向县署请愿。	待遇	宁波	自力救济：齐行罢工、借助官方权威：引入官方力量	（不详）

序号	时间	纠纷主体		纠纷经过	纠纷客体	发生地点	解纷方式	解纷结果
		甲方	乙方					
347	1926.12.14~	打箔工人	雇主	工人反对减资。	工资	绍兴	自力救济：齐行罢工	（不详）
348	1926.12.15~	玉石工人	雇主	工人要求加薪。	工资	广州	自力救济：齐行罢工	（不详）
349	1926.12.24~	装裱工人	雇主	工人要求加薪及改良待遇未遂。双方冲突。	工资、待遇	宁波	自力救济：齐行罢工和诉诸暴力	（不详）
350	1926.12.26~	鞋业工人	雇主	工人因主帮开除工人。发生械斗。	就业	重庆	自力救济：诉诸暴力	（不详）
351	1927.2.6~2.24	各业手工业工人	雇主	同情北伐战争，参加上海市总同盟大罢工（总人数约50万余人）。遭受军警屠杀。	爱国	上海	自力救济：齐行罢工	2月24日下午一律复工。
352	1927.3.24~	瓦匠	雇主	工人增涨工资。开会议决大工每工涨为八角，小工每工涨为五角五分（未罢工）。	工资	北平	自力救济：齐行罢工	（不详）
353	1927.3.31~	摇煤工人	雇主	工人增涨工资。开会议决在煤栈摇煤，除日备两餐外，每千斤仍按旧价10吊，其与住户商铺做工者涨为20吊，当时并议定自旧历四月初一日起实行（未罢工）。	工资	北平	（不详）	（不详）
354	1927.4.~	木匠与木厂商人	雇主	大锯匠工人原为每工大洋六角，现因生活日高，要求每工增价两角。木商及木匠各向警察机关具禀陈诉苦衷，屡经官厅干涉后，有该商绅董徐建堂、赵锦峰、汪士元等代为调解，始允复工（罢工五天）。	工资	北平	自力救济：齐行罢工、借助官方权威；引入官方力量、借助外力	大锯木匠嗣后做工每日大洋八角，惟在本厂内常年做工者，每日以七角五分计算，卖响不歇。烟茶歇者加给工资一角，夜间加工者加给工资一角。

序号	时间	纠纷主体		纠纷经过	纠纷客体	发生地点	解纷方式	解纷结果
		甲方	乙方					
355	1927.5.8~	香厂工人	香厂	工人要求加薪。先有异香厂瑞兴厂、万兴厂工人在天桥河顺轩茶馆开会，要求铺掌增加工资，铺掌亦集会筹商对付办法后，又有工人二百余在先农坛外长和园茶馆开会，被警察遣散并传去陈许两人（未罢工）。	工资	北平	当事人间自行协商、第三方调解、借助官方权威：引入官方力量	不明。
356	1927.5.11~	油漆工人	雇主	工人要求加薪。一部分工人集会要求各会头酌加工资·（未罢工）。	工资	北平	当事人间自行协商	不明。
357	1927.5.13~5.15	泥瓦工人	雇主	工人要求加薪，大工每日工资九角，小工每日工资七角五分。由该行行会议定，请富连成科班演戏，借以商榷增涨工资（罢工约三日）。	工资	北平	自力救济：齐行罢工	每工加洋一角五分。
358	1928.3.10~3.18	鞋匠	鞋铺	要求增加工资。罢工。	工资	保定	自力救济：齐行罢工	议妥尚鞋一双增价一分，圈底一双增价二厘。
359	1928.4.14~	鞋匠	鞋铺	齐行增价。设立公会，议决行规，并决定在会者齐行，增收工价。平尚一双改收铜元二十六枚，洋尚一双加倍收铜元五十二枚，反尚一双收大洋二角。议决后即于该晚印出传单，分送各鞋铺（未罢工）。	工资	北平	自力救济：齐行罢工	（不详）
360	1928.4.10~	灰器工人	雇主	工人要求加补。罢工67天，总商会调处。	工资	景德镇	自力救济：齐行罢工、借助总商会	每人每年津贴钱4400文。
361	1928.5.14~	四大器工人	雇主	工人要求加补。罢工34天，总商会调处。	工资	景德镇	自力救济：齐行罢工、借助总商会	每人每年津贴钱4400文。
362	1928.5.15~	黄泥饭闭工人	雇主	工人要求加补。罢工28天，总商会调处。	工资	景德镇	自力救济：齐行罢工、借助总商会	每人每年津贴钱4400文。

续表

序号	时间	纠纷主体		纠纷经过	纠纷客体	发生地点	解纷方式	解纷结果
		甲方	乙方					
363	1928.5.16~	脱胎工人	雇主	工人要求加补。罢工28天，总商会调处。	工资	景德镇	自力救济：齐行罢工、借助总商会	每人每年津贴钱4400文。
364	1928.5.17~	三搭头工人	雇主	工人要求加补。罢工31天，总商会调处。	工资	景德镇	自力救济：齐行罢工、借助总商会	每人每年津贴钱4400文。
365	1928.5.18~	四小器工人	雇主	工人要求加补。罢工30天，总商会调处。	工资	景德镇	自力救济：齐行罢工、借助总商会	每人每年津贴钱4400文。
366	1928.5.19~	古器工人	雇主	工人要求加补。罢工46天，总商会调处。	工资	景德镇	自力救济：齐行罢工、借助总商会	每人每年津贴钱4400文。
367	1928.5.22~	七五寸工人	雇主	工人要求加补。罢工23天，总商会调处。	工资	景德镇	自力救济：齐行罢工、借助总商会	每人每年津贴钱4400文。
368	1928.5.26~	三白釉工人	雇主	工人要求加补。罢工20天，总商会调处。	工资	景德镇	自力救济：齐行罢工、借助总商会	每人每年津贴钱4400文。
369	1928.7.8~7.10	燕京地毯工厂工人	燕京地毯工厂	因工人参加市民庆祝大会，该厂工头大为不满，遂转告厂主取消工人之一切供给，并将米面运出厂外，实行停止工作。总工会代表张寅卿与该厂厂主再三交涉（□工）。	待遇	北平	自力救济：齐行罢工、借助总工会	复工
370	1928.9.27~10.17	鞋业工会第一分会	美华鑫鞋铺	鞋业工友殷国瑞等要求资方不得减少活货。社会局调解（未罢工）。	供货	天津	借助官方权威：引入官方力量	资方照常给货。
371	1928.10.~	鞋工	华巨兴等八号鞋铺	工人要求加薪。查有共党嫌疑，拿获刘子信等三名押候，呈请核办，又查工友王名等有散送传单情事，借双十节提灯会，扰乱秩序，当场搜出小书日记等件（罢工十二日）。	工资	乐亭	自力救济：齐行罢工	（不详）
372	1928.10.~	鞋商各分会	瑞成祥军衣庄	因该军衣庄克扣工资，每日每人仅给三四毛。总工会调解（未罢工）。	工资	天津	借助总工会	以后不准克扣并须增加工资。

序号	时间	纠纷主体		纠纷经过	纠纷客体	发生地点	解纷方式	解纷结果
		甲方	乙方					
373	1928.10.14~10.27	金银工会第一分会	恒利等金店	工会要求增加工资，减少工时，取消包工制，并改良待遇。由市党部、社会局、总工会召集劳资两方代表调解。情形如下：（1）工资。劳方要求加倍，资方允加二成；（2）劳方要求八小时，资方允许十小时，纪念日放假，星期日不休息，每月加四日工资；（3）包工制。劳方要求取消工头工包工制，资方绝对不允许，因该业包工仅指九成金而言，系镶嵌□石珠宝等物价值巨大，必须工头负责至寄售之货，允给津贴若干；（4）夜工加薪同一条；（5）学徒待遇，资方允改良；（6）川资，劳方要求比前加一倍半，资方允加五成以上（未罢工）。	工资、待遇	天津	借助官方权威：引入官方力量、借助总工会	修改条件双方签字。
374	1928.10.26~11.3	燕京第二地毯厂工人	燕京第二地毯厂	因离厂工人二名要求回厂。社会局及总工会派员劝解（罢工二日）。	复工	北平	自力救济：齐行罢工、借助官方权威：引入官方力量、借助总工会	留用工人一名，全体复工。
375	1928.10.30~11.5	永年地毯厂工人	永年地毯工厂	因工人要求改良待遇并取消经纬制度。社会局派员调处并劝厂方力求改善（未罢工）。	待遇	北平	借助官方权威：引入官方力量	工潮暂平息。
376	1928.11.5~11.7	博立地毯工会	博立地毯工厂	工人组织工会，厂方特于工作时间闭门不开，不准工人任意离开并扣发工人因开会而停止工作时间之工资，工人不满遂提出两项要求：（1）开会时间工资照发；（2）工作时间不许锁门。社会局局长及特一区主任调处（未罢工）。	工资、待遇	天津	借助官方权威：引入官方力量	特一区以工作时锁门，不令工人出入，殊属不合，遂召厂主到区谕令此种行为立刻必须取消。

序号	时间	纠纷主体		纠纷经过	纠纷客体	发生地点	解纷方式	解纷结果
		甲方	乙方					
377	1928.11.7~	美隆地毯工人	美隆地毯工厂	工人提出四项要求：（1）将工厂之花毛作为工人的红利；（2）厂门不准上锁；（3）工会职员出席总工会会议时，应照发工资；（4）上下工友须经工会同意。政治指导员、办公厅函致地毯工会，转知工友，毋得阻止厂主花毛折卖（未罢工）。	工资、待遇	天津	借助官方权威：引入官方力量	静候大会解决。
378	1928.11.27~12.12	毯业工人	燕京万成永中和永年仁成利华、永云记、兴盛裕世界同和正东各工厂	要求改善待遇并提出条件十三：（1）恢复原来工眼寸码；（2）取消扣钱苛制；（3）遇有新出花样，工眼寸码须与工人同定之；（4）开除工人及订定工厂新章程须经工会同意；（5）休假初一、十五照常发给工资；（6）追还燕京以小秤出大秤收之扣款；（7）改良宿舍及饮食；（8）扣除饭资以五毛为限，回家者得免之；（9）拨给教育费；（10）杂毛照前例归给工人；（11）补发庆祝克复津东大会工资；（12）停工期不得扣除饭资；（13）取消永年经纬线制度后又增加两条。市府方面组织劳资调解委员会出任调停。前后共开会五次，除燕京万成永中和等服调解外，唯永年不服。调解由市府依法组织劳资仲裁委员会委员五人、市府代表张育海、特别市党部代表金嘉勋、地方法院代表吴奉璋、劳方代表黄右昌、资方代表唐文起亲赴工厂调查经纬线制	工资、待遇	北平	自力救济：齐行罢工、借助官方权威：引入官方力量、借助劳资仲裁委员会	（1）缩减工码；（2）取消扣钱苛制；（3）新花样有争议时由总工会、毯行、商会、社会局共同解决；（4）无故不得开除工人，如开除工人，有争执时由社会局、总工会共同解决之；（5）每月初一休假，不扣工资；（6）追还燕京工厂以小秤出大秤收所得非法款项事，由法律解决之；（7）改良宿舍工作场以后不得作工人宿舍，餐食每日三餐，以清洁为合宜，万成永

序号	时间	纠纷主体		纠纷经过	纠纷客体	发生地点	解纷方式	解纷结果
		甲方	乙方					
				度，开会三次，结果仍维持经纬线制度，分量每方尺定为2.55。两公推黄右昌起草仲裁书，通过后依法送达。除经纬线一项，余与下调解书同（罢工平均约十日）。				厂以后每二日须食馒头一次；（8）告假扣饭资，以每日二毛为限，回家者不得照扣；（9）取消永年厂经纬制度，交仲裁委员会仲裁；（10）杂毛费拨作工人教育基金；（11）庆祝克复津东大会工人停工参加，所扣工资应即发还；（12）怠工期内不得扣除饭资；（13）工人学校经费由各厂拨付，其数目由社会局规定之；（14）改良工徒待遇，工厂法颁布后解决之；（15）以后停工期内不发工资。
379	1928.12.26~	开源地毯工人	开源地毯工厂	工人要求缩短工限并改良待遇。由社会局召集调解委员会调解（未罢工）。	待遇	北平	借助官方权威：引入官方力量	不明。
380	1928.12.28~	祥记地毯工人	祥记地毯工厂	工人要求综合工限并改良待遇。由社会局召集调解委员会调解（未罢工）。	待遇	北平	借助官方权威：引入官方力量	不明。

序号	时间	纠纷主体		纠纷经过	纠纷客体	发生地点	解纷方式	解纷结果
		甲方	乙方					
381	1928.12.~	彭城磁业工会	彭城全体窑主	瓷业工人日得工资80枚，生活太苦，公推代表要求增加工资，开劳资联席会。由县党部调解（未罢工）。	工资	磁县	当事人间自行协商、借助官方权威：引入官方力量	全体工人工资较前增加二分之一，并改钱以银为单位，争议始结。过去工人每日赚铜元80枚者改为120枚余，均按此比例一律增加。
382	1928.12.~	美隆地毯工人	美隆地毯工厂	因工人组织工会，该厂出面反对，该经理并出手枪威胁，为首工人等请总工会援助。总工会派贺熙谦会同特一区主任及交涉员当日下午到该厂交涉，无甚结果。	待遇	天津	借助总工会	不明。
383	1929.2.7~3.8	西服工会第一分会	华兴等西服店	工会要求改良待遇，缩短工时，增加工资。社会局调处（未罢工）。	待遇、工时、工资	天津	借助官方权威：引入官方力量	经社会局修改后双方签约。
384	1929.3.14~	金银工会第一分会	恒利美丰二金店	因该二金店开除工友十人。社会局调处（未罢工）。	复工	天津	借助官方权威：引入官方力量	恒利金店工人五人，店方允尽先复用。美丰一工人给资回里，其余四人系工头雇用，与店方无涉。
385	1929.3.30~4.4	利利提花工人	利利提花工厂	工人向厂方提出改良待遇条件十一条。总工会、公安局、社会局调处（罢工四小时）。	待遇	天津	借助官方权威：引入官方力量、借助总工会	经社会局将所提条件稍加修改，双方签约。
386	1929.3.19~3.25	燕京第一第三第六地毯厂工人	燕京第一第三第六地毯厂	工人因厂主运材料出厂，致无工可做，厂主因工资涨高，管理困难，要求改订契约并收加管理权。总工会及社会局出而调处（未罢工）。	工资、待遇	北平	借助官方权威：引入官方力量、借助总工会	重新订立契约。

序号	时间	纠纷主体		纠纷经过	纠纷客体	发生地点	解纷方式	解纷结果
		甲方	乙方					
387	1929.4.3~4.11	美隆地毯工人	美隆地毯厂	工人要求花毛归工会所有，厂方不允，宣布停业。工人息工后，厂方即拟停业并驱逐工人离厂，后经市政府、市党部及总工会从中调解，厂方始允暂时开工。	待遇	天津	借助官方权威：引入官方力量、借助总工会	(1)复工27日；(2)27日内不辞退工友；(3)27日后停业系厂方自由；(4)前经辞退之六名工友均准复工；(5)如因过犯辞退工友须经工会方面及特一区方面认可；(6)工作时间内不得退出开会；(7)花毛仍归厂文；(8)发给工友四十元奖金；(9)发给工友一元花红。
388	1929.4.5~4.16	燕京地毯工人	燕京地毯厂	因旧约期满，厂主要求改订，遂引起纠纷。经北平总工会及社会局调处（未罢工）。	待遇	北平	借助总工会、借助官方权威：引入官方力量	双方协议成立，协定书由总工会证明，呈社会局备案和平了解。
389	1929.4.~	瓦木工匠	雇主	工匠齐行增价。集会议决以作工，大工七角，小工五角五分（未罢工）。	工资	北平	自力救济：齐行罢工	决定自四月十日起实行。
390	1929.4.5~5.24	漂染会第二分会	天增德顺等十六家漂染商店	工人要求每染明华葛一匹，给酒资九分，工资则十元以上增五成，十元以下增七成。经各方调解，毫无结果。总工会召集最后之第五次调解会议决：(1)酒资	工资	天津	借助总工会、借助官方权威：引入官方力量	资方始终不允给酒资，仅允许加工资十元以上者加五成，十元以下者加七成，并

序号	时间	纠纷主体		纠纷经过	纠纷客体	发生地点	解纷方式	解纷结果
		甲方	乙方					
				问题最低限度亦得增至七分；（2）工价问题在十元以上者加五成，十元以下者加七成，资方只允增全体工价一成，酒资则绝对不允增加，工人大愤，遂于十六日总工一日，同时总工会致函公安局请对店主加以惩处。				附带协定条件五项如下：（1）资方不得无故开除工人；（2）裁减工人须报告工会；（3）例假病假不扣薪；（4）工人患病厂方负医药费；（5）其他。
391	1929.4.~	陆军被服厂工人	陆军被服厂	工人要求增加工资。厂方提出每套衣服以一角六分为最高工资，工会则主张最低须两角一分，后由总工会调解，争议始寝（罢工）。	工资	北平	借助总工会	每套衣服工价为一角九分，并定名缝裤费为三角五分，缝衣费为一角四分，裁衣费为一角五分。
392	1929.4.12~4.14	提花第一二两分会	提花工厂	因得顺兴、兴记、振记、义兴成四家工厂实行减薪两角，工人起而反对。民训会从中调解，召集劳资双方代表二十余人开联席会议，经民训会常委详加解释后，各厂当即允许恢复工资（未罢工）。	工资	天津	借助官方权威：引入官方力量	四工厂恢复工资原状。
393	1929.4.8~	启新磁厂工人	启新磁厂工头陈某	因工头陈某将工人笔费四十余元完全吞没。该公司工会执行委员将陈某送至市党部，调查属实遂转送公安局管押，工会方并要求厂方开除陈某。	（不详）	唐山	借助官方权威：引入官方力量	结果不明。
394	1929.4.9~	地毯工会第七分会	庆记地毯工厂	该分会干事董永五因劝告庆记工厂工友、徒弟加入工会，与厂主冲突互殴。社会局调处（未罢工）。	入会	天津	借助官方权威：引入官方力量	转送地方法院。

序号	时间	纠纷主体		纠纷经过	纠纷客体	发生地点	解纷方式	解纷结果
		甲方	乙方					
395	1929.4.7~4.19	提花工会第一二三四分会	利源恒工厂	该厂开除工头三人，激起工友反感，发生请愿风潮。劳资调解委员会调处（未罢工）。	开除	天津	借助劳资调解委员会	工友复工，厂方罚洋四十元，并向总工会道歉。
396	1929.5.2~5.9	提花工会第三分会	宝丰提花工厂	因工厂开除工人一名。总工会、公安局、社会局出任调停（怠工二日）。	开除	天津	借助总工会、借助官方权威：引入官方力量	复工。
397	1929.5.2~5.17	提花工会第本分会	公义永提花工厂	该厂低落工价，每明华葛一匹减二十五分。社会局调处（未罢工）。	工资	天津	借助官方权威：引入官方力量	恢复工价。
398	1929.5.初~5.14	乾昌地毯工人	乾昌地毯工厂	因洋经理黑陆将在该厂作工之地毯工厂第四分会干事李杨二人无故开除，并对于"五一"日工资拒绝照发。总工会出而调解，厂方只允照发"五一"工资，对于被辞工人决不能认可复工，总工会为使工潮不致扩大起见，遂令被辞工会李杨二干事亲向工人开导，结果工人对于杨李不复工亦可，惟厂方必须认可下列两条件：（1）最少厂方每月补助工会经费四十元；（2）开除摧残工会挑拨是非之工头毛金领。	工资、待遇	天津	借助总工会	厂方认可五项条件：（1）对于被辞工友杨李二人，给洋四十元，使伊另谋他就；（2）"五一"工资照发；（3）怠工期内不扣除；（4）开除工头毛金领亦可，须下次再犯过失有正当证据时；（5）工会方面每日值日之二工友，厂方亦认可。
399	1929.5.初~5.底	猪鬃工人	猪鬃工厂	工人原来工资本为每撬十斤，给洋九角五分之工资，而每人每日不得撬过四斤，是工人每日所得不过三角八分，故工人要求量力工作，每十斤增为一角三分或一角四分，厂方不允工人愤而罢工。市党部、民	工资	唐山	借助官方权威：引入官方力量	不明。

339

续表

序号	时间	纠纷主体		纠纷经过	纠纷客体	发生地点	解纷方式	解纷结果
		甲方	乙方					
				训会、三十四师政训处派人调停无效，事经十余日，小工厂虽渐认工人要求为合理，但大工厂忌工人胜利于己不利，遂贿买流氓多人，意拟危害工会，事被工会探知，当于二十七日将主事人萧张等捆至工会，经市指委会唐某调查属实，又将萧张送至唐市公安局暂押，以待调理（罢工）。				
400	1929.6.25~	李天兴与宏记两家西服庄工人	李天兴与宏记两家西服庄	工人要求增加工资。总工会、缝纫工会、商民协会派人出任调停（怠工二日）。	工资	北平	借助总工会、第三方调解、借助商会	暂时复工，所有争执之工价俟开工价持平讨论会酌定后再行通知各庄。
401	1933.4	成衣业工人	资方	工人反对资方扣减工资。	工资	上海	自力救济：齐行罢工	工资恢复二月底原价，三月一日起补发所扣工资。
402	1933.11	成衣业工人	资方	工人反对资方减低原定工价。	工资	上海	自力救济：齐行罢工	补足原有工价，再加工资四角。
403	1933.12	银楼业单聚宝银作工人	资方	工人反对资方减低工资，要求订六制办法。	工资	上海	自力救济：齐行罢工	经官方调解，结果不详。
404	1934.1	银楼业外作工人	资方	工人反对克扣工资。先只3家，后全市64家银作工人总罢工。工会数度交涉无效，延至三月初，17名工人绝食抗议。工会呈请党政机关调解。	工资	上海	自力救济：齐行罢工、借助官方权威：引入官方力量、借助总工会、第三方调解	经总工会劝导，双方让步，拟定调解办法了结。
405	1934.1	葵扇业工人	资方	工人反对减低工资。罢工已将一月，各走极端。工会召集双方代表调解。县政府也出面调处。	工资	新会	自力救济：齐行罢工、第三方调解、借助官方权威：引入官方力量	延至三月尚未解决。

序号	时间	纠纷主体		纠纷经过	纠纷客体	发生地点	解纷方式	解纷结果
		甲方	乙方					
406	1934.3	阳伞业工人	资方	工人反对华利时等阳伞厂裁减工价、开除工人。党政机关调查。部分厂家经直接交涉了结，是日复工。其余的，调解无效，继续罢工。社会局调解后，部分工人复工。经同乡会劝告，劳资双方让步，事情了结。	工资	上海	自力救济：齐行罢工、借助官方权威：引入官方力量、借助同乡力量	经靖江同乡会调解了结：（1）月工工资原在十元以上者加四成，十元以下者加五成；（2）女工每缝伞一项，工资至少一角两分，包骨在外；（3）原工价以件计算者，仍照件给资，论月给资者，照第一项办理；（4）罢工期间之工资，减半付给。
407	1934.4	丝织业织工	资方	织工反对减低工资，罢工。织工向县府请愿不遂，殴毁机户及县署器具，军警镇压，死工人2名。经党政机关调解，工人允五日复工。	工资	湖州	自力救济：齐行罢工和诉诸暴力、借助官方权威：引入官方力量	经官府调解，复工。
408	1934.4	建筑工人	资方	千余建筑工人因资方延未发薪，引起十余工人殴毙工头王阿四一人。	工资	嘉兴	自力救济：诉诸暴力	（不详）
409	1934.6	成衣业工人	资方	成衣工反对另组同业公会，罢工。到党部等处请愿，与公会中人冲突，伤者甚多，公会主席被押。	权益	苏州	自力救济：齐行罢工、借助官方权威：引入官方力量	部分工人复工。结果不详。
410	1934.6	工人	资方	天津中美洗衣局劳资纠纷，经当局调处，资方允加工资百分之二十五，遂告解决。	工资	天津	借助官方权威：引入官方力量	加工资，事情得到解决。

序号	时间	纠纷主体		纠纷经过	纠纷客体	发生地点	解纷方式	解纷结果
		甲方	乙方					
411	1934.7	银楼业外作工人	资方	外作工人反对克扣工资，罢工。经调解，议定五项办法，复工。	工资	上海	自力救济：齐行罢工、第三方调解	经调解，议定五项办法，宣告复工。
412	1934.8	缝业工人	资方	龙游县缝业工人，为反对城区镇联合，非法减低工价，呈请党政维持旧价。	工资	龙游	借助官方权威：引入官方力量	（不详）
413	1934.8	豆腐业工人	资方	吴淞豆腐业工人，因每日所得仅二角七分，不能生活，派代表向［国民党］党部请愿，经调解决定每日增加工资四分而告解决。	工资	上海	借助官方权威：引入官方力量	加工资，事情得到解决。
414	1934.10	造纸业纸槽工人	资方	工人要求增加工资，罢工。经县公安局暨各乡长之劝导，劳资商谈妥治，增加工资二分，即日复工。肇事槽工二人，解送县府法办。	工资	浙江龙游	自力救济：齐行罢工、借助官方权威：引入官方力量、当事人间自行协商	议加工资两分复工，为首槽工两人被拘。
415	1934.10	踹布业工人	资方	工人反对将每匹工资减低三厘及要求另组合法工会等。向党政机关请愿。	工资、另立组织	南通	自力救济：齐行罢工、借助官方权威：引入官方力量	议定以后每匹工资仍为二角五分，遂告解决。
416	1935.2	丝织业织工	资方	织工反对减低工资。为照顾资方，工人集议自愿将每公尺工资三角打九折减为两角七分，而各厂工价竟规定不及两角七分，乃一致停工，待允许两角七分后复工。共同推定韦耀明等八人为全体之代表，与资方接洽，并向党政机关请愿。	工资	苏州	自力救济：齐行罢工、借助官方权威：引入官方力量、当事人间自行协商	结果不详。
417	1935.3	油漆业工人	资方	工人反对减低工资，罢工。官府镇压，限令即日复工。	工资	汉口	自力救济：齐行罢工、借助官方权威：引入官方力量	听候调解。

序号	时间	纠纷主体		纠纷经过	纠纷客体	发生地点	解纷方式	解纷结果
		甲方	乙方					
418	1935.4	木瓦业砖瓦匠	资方	砖瓦要求增加工资，罢工。军警宪各当局极重视，率属亲往视察。	工资	太原	自力救济：齐行罢工、借助官方权威：引入官方力量	不详。
419	1935.5	袜厂工人	袜厂	萃华袜厂，因销路呆滞，无法维持，宣告停工，所欠工资定六月二十日发放。袜厂在五月三十日停工，积欠工资甚巨，延期未发，数百女工因生活维艰，向党政请愿，要求厂方即日发给，厂主被押公安局，后经经理江某担保三十日先发半数始散去。	工资	嘉兴	借助官方权威：引入官方力量	后经经理江某担保三十日先发半数，工人始散去。
420	1935.5	煤矿业开滦砖窑工人	资方	工人争工资，罢工。三十日调解成立，砖窑废除包工制，免去剥削，各工程由工人自包，罢工期内工资发半数，三十一日全体工人复工。	工资	开滦	自力救济：齐行罢工、第三方调解	废除包工制，罢工期内工资发半数，复工。
421	1935.6	葵扇业削葵女工	资方	工人反对将削葵5个工资一毫减为7个1毫。将罢工原因及要求公告未罢工之同业，妇女会亦发通告支持。	工资	新会	自力救济：齐行罢工	结果不详。
422	1935.6	豆腐业伙友	资方	伙友反对减低工资。营业兴盛，该业拟趁机随各业减低工资，酿成全体罢工。	工资	余杭	自力救济：齐行罢工	问题没得解决。
423	1935.6	补缝麻袋工人	资方	工人因参加工会组织被雇主停止工作以致失业，遂向地方党部公安局等机关请愿，希望得到救济并实现复工的目的。	就业	蚌埠	借助官方权威：引入官方力量	结果不详。
424	1935.6	陶业工人	资方	工人反对减低工资。罢工后，资方以低工资雇女工代替。工人警告各号将女工解雇，并呈请公安分局取缔。	工资	南海石湾	自力救济：齐行罢工、借助官方权威：引入官方力量	结果不详。

序号	时间	纠纷主体		纠纷经过	纠纷客体	发生地点	解纷方式	解纷结果
		甲方	乙方					
425	1935.6	烛业工人	资方	因市面不振，资方公议减薪，将以八折发给，各职工以原薪本不多，不能再减，决请党政救济。烛业公会议决各店一律工资八折发给，并取消月规，工友反对，经月未决。	工资	苏州	借助官方权威：引入官方力量、行业仲裁	问题没得到解决。
426	1935.6	木艺业木艺工人	资方	工人反对物件价格未减而工资则减支7折，罢工。	工资	惠阳	自力救济：齐行罢工	资方态度强硬，屡月未决。
427	1935.7	烛业工人	资方	烛业公会议决各店工友一律减薪二成，并取消月规，各店工友闻此消息，经一致公决，对资方减薪条件，坚决否认，而资方亦于五日开会，为节省开支起见，薪金非减不可，现双方分呈县[国民党]党部，请求救济，党部将于日内召集调解会议。	工资	吴县	行业仲裁、借助官方权威：引入官方力量	结果不详。
428	1935.8	针织业袜厂工人	袜厂	袜厂女工反对工资明增暗减。	工资	无锡	自力救济：齐行罢工	不详。
429	1935.8	茶食业蜜枣厂女工	蜜枣厂	女工反对厂方私涨洋价，擅用旧秤，侮辱女性。罢工起冲突，女工受伤多人，纷往法院跪香请验，城中秩序大乱，现正由党政调处。	工资	兰溪	自力救济：齐行罢工、借助官方权威：引入官方力量	结果不详。
430	1935.8	牙刷工人	厂方	工会派代表请愿，声称厂方不履行条例，暑天已过尚不恢复平素工作，减少工时之结果，仅使工人工资缩降而已。	工资	上海	借助官方权威：引入官方力量	结果不详。

序号	时间	纠纷主体		纠纷经过	纠纷客体	发生地点	解纷方式	解纷结果
		甲方	乙方					
431	1935.11	扇业工人	资方	杭州舒莲记扇庄今秋后，以营业不支，乏款进用货料，故将全部工场停止，并将工人三十五名，一并停歇。送经工友向庄主舒承志交涉，不得要领，故呈请市政府请求调解，勒令复工。有关方面一度召集劳资双方开会调解，决定重行复工两月，以资维持工人生活。劳资纠纷经市商会数度调解无产，资方对于欠发劳方两月工价，毫无诚意发放，而对于停工期间坚不退让。现市商会已将此案办理经过情形，呈报市政府。	工资	杭州	当事人间自行协商、借助官方权威：引入官方力量、借助商会	结果不详。
432	1935.10	箔业工人	资方	慎清堂箔业公所五十家箔作，以营业萧条，前经开会公决，核减工资。工人反对，并推代表向党政机关请愿。十二月，政府召集公所与工人开减低工资纠纷仲裁会。	工资	杭州	借助官方权威：引入官方力量	决定冬至前所有工资，依照前原定工资，不增不减。冬至后，照原定工资酌减一成。
433	1935.12	成衣业时装成衣女工	资方	工人反对折扣工资，罢工。经党政调解，先行复工，静候当局处置。	工资	上海	自力救济：齐行罢工、借助官方权威：引入官方力量	经官府调解，暂行罢工，静候当局处置。后有部分工人复工。
434	1935.12	木器店工友	店老板	工友向老板索工钱，双方言语不合，致生口角。老板将工友打伤，另一工友将老板告上法院。	工资	南京	当事人间自行协商、自力救济：诉诸暴力、借助官方权威：移交官府处理	结果不详。

续表

序号	时间	纠纷主体		纠纷经过	纠纷客体	发生地点	解纷方式	解纷结果
		甲方	乙方					
435	1935.12	制烟业宓大昌烟栈工人	资方	工人要求分发红利。资方允发5元，其数过少，全体工友总辞职。经市商会调解仍无结果。	工资	杭州	借助商会	经市商会调解，仍无结果。
436	1936.1	锡箔业工人	资方	工人要求恢复原有工价，资方未允，申请政府解决。市府召集劳资代表调解，无具体结果。	工资	杭州	当事人间自行协商、借助官方权威；引入官方力量	无结果。
437	1936.2	染司职业工会	资方	染司职业工会以义和染坊违反劳资协约，雇用外帮工人，请求官府救济。	用工	绍兴	借助官方权威；引入官方力量	因资方反对，调解结果无法执行。
438	1936.2	棉织业益勤布厂女工	资方	工人反对新章。提出发还存机洋及废除新章等要求。罢工。数十女工与厂主发生冲突，扭入警所。有人调解。	工资	常熟	自力救济：齐行罢工、借助官方权威；引入官方力量、第三方调解	经人调解复工。厂方将为首者及不遵新章之女工十余人各发还存机洋四元遣散。
439	1936.3	制墨业婺源帮墨工	资方	工人反对减低工资，罢工。党政机关调解。制墨劳会劝导复工。	工资	上海	自力救济：齐行罢工、借助官方权威；引入官方力量、第三方调解	照原工资发给，两店工人复工。
440	1936.3	木瓦业木□采工匠	资方	工人要求增加工资，罢工。	工资	苏州	自力救济：齐行罢工、第三方调解	经各方调解，先行复工，再候解决。
441	1936.3	锡箔业工人	资方	工人受资方极度剥削。资方短给工资、克扣钱水、增加劳动强度，近箔市颇佳，依旧榨取，不顾工人生计激成总罢工。双方相持不下，迄未解决。各县箔工支援。	工资、待遇	汕头	自力救济：齐行罢工	结果不详。
442	1936.3	牙刷业牙刷抿扫行工人	资方	工人要求恢复原工资，罢工。劳资双方代表开谈话会，双方作出让步。问题得到圆满解决。	工资	广州	自力救济：齐行罢工、当事人间自行协商	数度会议，允恢复八折，复工。

序号	时间	纠纷主体		纠纷经过	纠纷客体	发生地点	解纷方式	解纷结果
		甲方	乙方					
443	1936.6	制伞业环球伞厂工人	环球伞厂	厂方减低工人工资并解雇工人3名。	工资	上海	自力救济：齐行罢工、当事人间自行协商	该工人等复工，并照1934年劳资契约办理。
444	1936.7	纸裱业李鸿纸裱作工人	李鸿纸裱作	李鸿纸裱作故意多雇学徒，减跌工价，并向各方兜揽生意，该作工人愤慨，引起联合罢工。一度联合罢工，经官府劝导后复工，该作主仍拒绝劳方要求，再度联合宣布罢工，参罢工作场有五十余家。	工资	上海	自力救济：齐行罢工、借助官方权威：引入官方力量、第三方调解	结果不详。
445	1936.9	制伞业明华伞厂工人	明华伞厂	明华伞厂解雇工友6名，罢工。	工资	上海	自力救济：齐行罢工、当事人间自行协商	该工友等由资方各给退职金洋50元解雇。
446	1936.10	造纸业槽工	资方	槽工要求增加工资。	工资	浙江衢县	自力救济：齐行罢工	不详。
447	1936.11	成衣业成衣工	资方	成衣工要求增加工资未遂。	工资	江苏泰县	自力救济：齐行罢工	不详。
448	1936.11	成衣业成衣工	资方	成衣业工人反对资方剥削工资。	工资	上海	自力救济：齐行罢工	规定计件工资标准，工头每件应得之数以四角为限。
449	1936.11	锡箔业工人	资方	打工要求恢复原工资。资方延不作答，乃实行总罢工，官府劝告，允复工，工作未及一小时，资方言词不逊，又继续罢工。资方只允恢复95%。提请总工会筹备会解决。党政机关劝告。	工资	杭州	自力救济：齐行罢工、借助官方权威：引入官方力量、借助总工会	纠纷迁延，无从解决。
450	1936.11	靴鞋业工人	资方	工人要求恢复原工资，否认工会与资方秘密协定工价。劳资双方数度磋商未果。向党政机关请愿。	工资	长沙	借助官方权威：引入官方力量、当事人间自行协商	官府干预，根据劳资秘密协议之工资表为原则，决定全部工价照双方原议认可，一律开工。

续表

序号	时间	纠纷主体		纠纷经过	纠纷客体	发生地点	解纷方式	解纷结果
		甲方	乙方					
451	1936.12	丝线业络丝女工	资方	工人要求恢复原工资，罢工。限资方4日内答复。罢工期间，如遇私自作工者，全体女工，即将拖其游街示众。	工资	江苏如皋	自力救济：齐行罢工和诉诸暴力	结果不详。
452	1936.12	靴鞋业工人	资方	工人反对公会有组织的阻止店主提高工资。全体停工，依照长沙工资发给，方始复工。	工资	湘潭	自力救济：齐行罢工	结果不详。
453	1936.3	陶业瓦茶缸粥缸工人	资方	工人要求增加工资一成弥补保寿会寿金。资方未答复，乃全体罢工。	工资	南海	自力救济：齐行罢工	结果不详。
454	1936.3	陶业花盆行工人	资方	工人要求履行增加出品，须另雇失业工人之规定。罢工。	工资	南海	自力救济：齐行罢工	资方允于可能范围内接纳。工会因此不得要领，且以僵持两星期之久，日来感于生活所迫，有业者乃纷纷自动复工。此段工潮无形中已告一段落。
455	1936.10	陶业制茶缸粥塔工人	资方	工人要求增五成发给工值以补数月低折损失。限5日内答复，逾期一周末复，乃实行总罢工，必得完满解决始开工。劳资双方协商。	工资	南海	当事人间自行协商	要求胜利，全体复工。
456	1936.11	陶业边钵行工人	资方	工人要求增加工资。数度磋商未解决，乃一致罢工以待解决。	工资	南海	当事人间自行协商、自力救济：齐行罢工	结果不详。
457	1936.11	陶业工人	资方	陶商借口不缴值百抽一例银。例银欠缴数月使翠竹经费及工友寿金发生问题，资方无切实答复，决定全体暂行罢工借谋解决。	工资	南海	自力救济：齐行罢工	结果不详。

续表

序号	时间	纠纷主体		纠纷经过	纠纷客体	发生地点	解纷方式	解纷结果
		甲方	乙方					
458	1936	陶业茶壶行工人	资方	工人要求十足发薪。资方不允，遂联同罢工。	工资	南海	自力救济：齐行罢工	胜利复工。

资料来源：

1. "1912-1920 年中国手工业社会的同一行业内纠纷"，载陈达："近八年来国内罢工的分析"，载《八年罢工总表》，载《清华学报》第 3 卷第 1 期；贺狱僧：《中国罢工史》，第二章，第 6~8 页，转引自彭泽益编：《中国近代手工业史资料（1840-1949）》（第 2 卷），中华书局 1962 年版，第 737 页。

2. "1921-1929 年中国手工业社会的同一行业内纠纷"，载《清华学报》第 3 卷第 1 期；《工商半月刊》第 3 卷第 12 期；The Chiese Economic Bulletin, No. 153, 167, 199；《中外经济周刊》第 121, 122, 124, 140, 142, 162, 199, 218, 223, 229 期；《长沙大公报》1922 年 10 月 26 日；《工商公报》第 19 期（1930）；吴半农：《河北省及平津两市劳资争议底分析（1927. 1-1929. 6）》；贺狱僧：《中国罢工史》，第 62~65 页。参见彭泽益编：《中国近代手工业史资料（1840-1949）》（第 3 卷），中华书局 1962 年版，第 350~387 页。

3. "1930-1932 年中国手工业社会的同一行业内纠纷"：关于 1930-1932 年的资料缺。

4. "1933-1936 年中国手工业社会的同一行业内纠纷"，载彭泽益编：《中国近代手工业史资料（1840~1949）》（第 3 卷），中华书局 1962 年版，第 602-624 页。

附表2-3　近代中国手工业社会的行际纠纷

序号	时间	纠纷主体		纠纷经过	纠纷客体	发生地点	解纷方式	解纷结果
		甲方	乙方					
1	1868.8	江浙水木、雕锯、清水、石方、棕榈各匠作工匠	好讼的手工业者蔡昌言	江浙水木、雕锯、清水、石方、棕榈各匠作共同整修鲁班庙并重议了行规，但遭到好讼的蔡昌言捏情妄控。为此，大家请求官府吊销蔡氏手中的单契、木印、行单、刻板、帐簿等，而有关单契等交由经大家公举的朱炳石经管和存放公殿。官府对此予以同意。[1]	行规	上海	借助官方权威：引入官方力量	官府予以支持

---

〔1〕"上海县为鲁班殿事宜归官匠朱炳石经管告示碑"〔同治七年（1868 年）八月〕，载彭泽益选编：《清代工商行业碑文集粹》，中州古籍出版社 1997 年版，第 61~62 页。

序号	时间	纠纷主体		纠纷经过	纠纷客体	发生地点	解纷方式	解纷结果
		甲方	乙方					
2	1874.6	金线业	以倪姓为代表的刀切金线业	以倪姓为代表的刀切金线业与同在上海的另四家约定同日停工，以迫使金线业接受他们的加价要求。而切金线业不开工，金线业将受到直接的影响。因此，金线业无可为计，只得执香跪求，请刀切线业开工。[1]	产品价格	上海	当事人间自行协商	（不详）
3	1876.11	卖地业主之舅氏	裁缝公所	裁缝公所在城中邑庙后丝巷弄置买基地房屋，作为同行公议的场所。但卖地业主由于未曾分润与共舅氏，故舅氏将公所匾额打毁，并控告公所现作为公产的房屋乃诱买所得。[2]	房地产	南京	第三方调解	按行业组织要求按时缴齐讼费
4	1880.10	白帮木工王亦成等人	红帮木工陈世江	红帮木工头陈世江承揽耶松船厂生意，并雇白帮工匠做工。白帮王亦成等人对此十分不满，并将陈世江打伤。官府出面加以弹压。[3]	业务市场	上海	自力救济：诉诸暴力、借助官方力量	（不详）
5	1882.5	靴鞋店	双线行	双线行是靴鞋业的材料提供者，考虑到京师钱法变通且粮价日昂，双线行多次要求靴鞋店增涨工价。刚开始时，靴鞋店都满足了双线行的要求。但是双线行得陇仍望蜀，并且多次齐行。对此，靴鞋店思欲自强，	产品价格	北京	当事人间自行协商、借助官方力量	（不详）

〔1〕"金线业求开工"，载《汇报》同治十三年（1874）六月十二四日，转引自彭泽益主编：《中国工商行会史料集》（下册），中华书局1995年版，第688页。

〔2〕"裁缝公所涉讼"，载《申报》光绪二年（1876年）十一月十五日，转引自彭泽益主编：《中国工商行会史料集》（下册），中华书局1995年版，第693页。

〔3〕"木工争闹"，载《申报》光绪六年（1880年）十月初一日，转引自彭泽益主编：《中国工商行会史料集》（下册），中华书局1995年版，第701页。

序号	时间	纠纷主体		纠纷经过	纠纷客体	发生地点	解纷方式	解纷结果
		甲方	乙方					
				不从其请，并将双线行告上官府。[1]				
6	1887.12	本布踏布作坊 赵锡夫等人	洋布踏布作坊 罗咸秀等人	罗咸秀等人承揽本布踏布生意，却被赵锡夫等人抢夺。双方告于官府。赵锡夫等人认为，罗咸秀等人一直承揽洋布踏布生意，不该抢占本属本布踏布生意。最后，官府作出判决，无论洋布、本布，应听主顾之便。[2]	业务市场	上海	自力救济：诉诸暴力、借助官方力量	案结事了："嗣后不得分别洋布、本布，各安其业，毋许滋事……两造遵断而退。"
7	1888.9	机户	绸号	由于绸号对经纬的需求减少，经纬供应者——机户为确保自己对绸号生产资料的供应，为避免因相互竞争而压低材料价格，都相互在原料的规格上做了自我吃亏的事，"遂愿于丈尺之中，暗自吃亏，以为迁就"，"然损益亦厘之间耳"。对此，有机户站出来对绸号进行了指责。绸号报之以"同行共议停购"经纬。[3]	产品价格	镇江	借助官方力量	案未结事未了："恐猝未能两得其平也。"
8	1888.10	彩金行	金花行	金花行改用机器织造后，特美价廉，而彩金行不能仿而行之，于是借故生路被夺，与金花行相约以械斗来解决。[4]	业务市场	广州	自力救济：诉诸暴力、借助官方力量	案结："经官弹压，始各解散""大宪饬下南海县将为首者拘案严办"。

[1] "霸市停工"，载《申报》光绪八年（1882年）五月十八日，转引自彭泽益主编：《中国工商行会史料集》（下册），中华书局1995年版，第706页。

[2] "踏布作争夺生意"，载《申报》光绪十三年（1887年）十二月初九日，转引自彭泽益主编：《中国工商行会史料集》（下册），中华书局1995年版，第709~710页。

[3] "机绸互争"，载《沪报》光绪十四年（1888年）九月初一日，转引自彭泽益主编：《中国工商行会史料集》（下册），中华书局1995年版，第710~711页。

[4] "广州机房两行角斗"，载《申报》光绪十四年（1888年）十月二十四日，转引自彭泽益主编：《中国工商行会史料集》（下册），中华书局1995年版，第711页。

续表

序号	时间	纠纷主体		纠纷经过	纠纷客体	发生地点	解纷方式	解纷结果
		甲方	乙方					
9	1888.11	彩金行	金花行	双方互斗当时经兵勇弹压，已散。然报复之心，尚牢结不解。越日再斗。越二日又斗。地方官竭力排解，置若罔闻。上级派兵来弹压，双方皆望风奔逃。[1]	业务市场	广州	自力救济：诉诸暴力、借助官方力量	案结："安勇风驰而至于，两党皆望风奔逃，安勇截住归途，勒令缴出军械""现已暂时寝息"。
10	1890.9	金彩行	彩花行	双方前屡因争业之故，械斗伤人，经官惩办，各不少屈。但在答谢官府礼仪上，金彩为彩花所胜，愧恨于心。后又在双方的见面会上，金彩行人少，且骰馔远逊，遂出言不逊。彩花闻之，怒眦欲裂。于是双方各出枪刃，互相轰击，金彩行相率奔溃，受重创且死一人。官府介入。[2]	业务市场	广州	自力救济：诉诸暴力、借助官方力量	案未结事未了。
11	1890	旧花业者蔡长发等人	半旧花业者黄懋记等人	双方因清芬堂旧花公所的产权归属发生争议。[3]	产权	上海		
12	1891.10	玉器帮、水木作、金作、乌红木作、纸作坊、豆腐帮、鞋底作、锡箔作、织机坊、园田帮、打铜作、打锡作、铁作的工人	地方民众	当地手工各帮每于歇工之时，或有与人口角，动辄三五成群，持强滋闹，甚至夜间拦戏妇女。地方对此忍无可忍，除随时密访外，合将查明各帮名目，列后晓谕。[4]	不法行为	上海	借助官方力量	官府出告示，予以制止。

[1] "穗垣机房两行互斗续闻"，载《申报》光绪十四年（1888 年）十一月初五日，转引自彭泽益主编：《中国工商行会史料集》（下册），中华书局 1995 年版，第 712 页。

[2] "寻仇不已"，载《字林沪报》光绪十六年（1890 年）九月初一日，转引自彭泽益主编：《中国工商行会史料集》（下册），中华书局 1995 年版，第 713~714 页。

[3] "上海县为旧花业公议章程谕示碑"［光绪十六年（1890 年）］，载彭泽益选编：《清代工商行业碑文集粹》，中州古籍出版社 1997 年版，第 70~71 页。

[4] "约束工人"，载《申报》光绪十七年（1891 年）十月初八日，转引自彭泽益主编：《中国工商行会史料集》（下册），中华书局 1995 年版，第 715 页。

序号	时间	纠纷主体		纠纷经过	纠纷客体	发生地点	解纷方式	解纷结果
		甲方	乙方					
13	1892.5	油漆行	牌扁行	牌扁行雇人操油漆之业，油漆业对此地不满，遂纠集行众，向之理论，继而肇讼，后又用武。[1]	业务市场	广东	当事人间协商、借助官方权威：引入官方力量、自力救济：诉诸暴力、第三方高解	案结："经旁人排解，暂散"事未了："然宿恨未消，新嫌复起，械斗之事，恐所难免"

附表 2-4　近代中国手工业者与商人之间的纠纷

序号	时间	纠纷主体		纠纷经过	纠纷客体	发生地点	解纷方式	解纷结果
		甲方	乙方					
1	1902	土碱业铺户	英国纯碱供应商	纯碱较之土碱，其价既廉，其力较大，其质亦纯。无怪销场若是之畅。前此华人于进口之洋货，因其有碍土货销路，心滋不悦。向以土碱为业之铺户，金称纯碱食于人有损，并有不知姓名之人，四处粘帖告白，声称纯碱为害，因此购用者渐稀。[2]	洋货	镇江	自力救济：诉诸暴力（冷暴力：抵制）	购用者渐稀
2	1905.5	广东饼行	美国面粉供应商	美货以面粉为大宗，而销用面粉又以饼行为大宗，今饼行首提实行抵制。[3]	洋货	广东	自力救济：诉诸暴力（冷暴力：抵制）	（不详）

〔1〕"漆匠互斗"，载《字林沪报》光绪十八年（1892年）五月初十日，转引自彭泽益主编：《中国工商行会史料集》（下册），中华书局1995年版，第715~716页。

〔2〕"镇江土碱手工业铺户抵制英国纯碱"，载《通商各关华洋贸易总册·镇江口华洋贸易情形论略》（下卷），第47页，光绪二十八年（1902年），转引自彭泽益编：《中国近代手工业史资料（1840-1949）》（第2卷），中华书局1962年版，第497页。

〔3〕"广东饼行抵制美国面粉"，载《时报》光绪三十一年（1905年）五月初七日，转引自彭泽益编：《中国近代手工业史资料（1840-1949）》（第2卷），中华书局1962年版，第497页。

续表

序号	时间	纠纷主体		纠纷经过	纠纷客体	发生地点	解纷方式	解纷结果
		甲方	乙方					
3	1905.6	省城油器食物店	美国花旗面供应商	鉴于各处有不用美货之议，且面临的现实是内地所制食物需用花旗面甚多，省城油器食物店及工人特公议：如饼食行实行不用洋面，伊等亦必继之；若店东强用美面，则宁罢工，以存公义云。[1]	洋货	广州	自力救济：诉诸暴力（冷暴力：抵制）	（不详）
4	1905	三水各业	美国货供应商	三水虽亦曾有土民联众张贴布启，倡言抵制美货者，幸于商务无大窒碍，抑随有别国同式货物代之，以弥其缺。[1]	洋货	三水	自力救济：诉诸暴力（冷暴力：抵制）	商务无大窒碍，抑随有别国同式货物代之。
5	1905.5	当地各业	美货供应商	各帮商董在商务总会抵制美约，实行不购美货之办法，除建帮未到，其余各帮皆到，约共二百余人。所到之帮，凡素日购买美货者，均画允从此不买美货，余如绸缎洋货竹货行木行杂货行姜行北洋烟草公司亦均画允。米商亦允认不购美孚煤油及机器美面。三津众磨坊亦允认同心协力不购美国面粉。并议定罚规，如有违者认罚银五万元。[1]	洋货	天津	自力救济：诉诸暴力（冷暴力：抵制）	三津众磨坊允认同心协力不购美国面粉。

〔1〕"油器食物店抵制美国面粉"，载《时报》光绪三十一年（1905年）六月初八日，转引自彭泽益编：《中国近代手工业史资料（1840-1949）》（第2卷），中华书局1962年版，第497~498页。

〔1〕"地方各界抵制美国货"，载《通商各关华洋贸易总册·三水口华洋贸易情形论略》（下卷），第94页，光绪三十一年（1905年），转引自彭泽益编：《中国近代手工业史资料（1840-1949）》（第2卷），中华书局1962年版，第498页。

〔1〕"天津各界共同抵制美货"，载《时报》光绪三十一年（1905年）五月二十三日，转引自彭泽益编：《中国近代手工业史资料（1840-1949）》（第2卷），中华书局1962年版，第498页。

序号	时间	纠纷主体		纠纷经过	纠纷客体	发生地点	解纷方式	解纷结果
		甲方	乙方					
6	1905.7	当地各业	美国货供应商	各家门前均贴不用美货字样。日来市上美货业已绝迹。[1]	洋货	嘉兴	自力救济：诉诸暴力（冷暴力：抵制）	日来市上美货业已绝迹。
7	1905.9、10	裁缝业	美国货供应商	汉口文明拒约社，某日创议联合裁缝同业抵制美约，当于该社演说之期邀集各号会议，已定准全镇同业凡美国之货一概不与做工，计凡一百余家皆签名应允。[2]	洋货	汉口	自力救济：诉诸暴力（冷暴力：抵制）	全镇同业凡美国之货一概不与做工。
8	1905	当地各业	美国货供应商	自上海抵制美约会立后，本埠通衢遍贴告白，劝谕商民，不买美国所出货物。[3]	洋货	温州	自力救济：诉诸暴力（冷暴力：抵制）	然并未见实行禁阻。
9	1905.7	当地各业	美国货供应商	省城商民已在会议禁用美货之事，凡为洋人雇用之人均附和之。美孚火油市上已无购用者。[4]	洋货	南京	自力救济：诉诸暴力（冷暴力：抵制）	美孚火油市上已无购用者。
10	1905.7	当地各业	美国货供应商	绅商公议实行不用美货之策，到会者约九百余人。十四日第二次大会，公请上海姚孟埙在高等敬业学堂演说实行抵制，合属士商到者二千三百余人，全体签名，誓愿	洋货	太仓	自力救济：诉诸暴力（冷暴力：抵制）	（不详）

〔1〕"嘉兴各界共同抵制美货"，载《时报》光绪三十一年（1905年）七月二十八日，转引自彭泽益编：《中国近代手工业史资料（1840-1949）》（第2卷），中华书局1962年版，第498页。

〔2〕"汉口各界共同抵制美货"，载《时报》光绪三十一年（1905年）九月初四日、十月十六日，转引自彭泽益编：《中国近代手工业史资料（1840-1949）》（第2卷），中华书局1962年版，第498页。

〔3〕"温州各界共同抵制美货"，载《通商各关华洋贸易总册·温州口华洋贸易情形论略》（下卷），第66页，光绪三十一年（1905年），转引自彭泽益编：《中国近代手工业史资料（1840-1949）》（第2卷），中华书局1962年版，第498页。

〔4〕"南京各界共同抵制美货"，载《时报》光绪三十一年（1905年）七月初三日，转引自彭泽益编：《中国近代手工业史资料（1840-1949）》（第2卷），中华书局1962年版，第498~499页。

序号	时间	纠纷主体		纠纷经过	纠纷客体	发生地点	解纷方式	解纷结果
		甲方	乙方					
				回里之后一律转劝乡人不用美货。并闻绸布洋货业于十八日开会，宣布切实抵约办法。即成衣业亦有不愿做花旗布衣服之意。[1]				（不详）
11	1905.8	南北刻字同业	美国货供应商	南北刻字同业等人会议抵制美约问题，拟定规则数条：一、凡美货商标及华商之营运美货记识者，同业概行拒绝不刊；二、如有刊送抵制美约办法及美货记号者，同业均愿减半取值；三、拟刊送不用美货之浅近歌曲并白话演说辞，以激发大众之感情；四、同业伙友一概不用美货，并各担任劝令亲戚朋友实行。一面由代表人函口外埠同业一体共守，以坚团体；五、自经此次签名后，务必坚持到底，苟约一日不改，抵制一日不懈，如有败坏，同业不以人格看待。同业签名者镂青阁等五十余家。[2]	洋货	上海	自力救济：诉诸暴力（冷暴力：抵制）	（不详）
12	1905.8	上海宁苏沪三帮成衣业	美国货供应商	同业在新北门内安仁桥轩辕殿集议力拒美约事，到者极众。拟定办法：一、客家及零剪新衣店雇制衣服，凡遇美货概不裁剪缝纫，违者不以人类目之；二、家常需用，不买美货，如钮扣棉纱洋烛煤油纸烟等，	洋货	上海	自力救济：诉诸暴力（冷暴力：抵制）	（不详）

〔1〕"太仓各界抵制美货"，载《时报》光绪三十一年（1905 年）七月二十二日，转引自彭泽益编：《中国近代手工业史资料（1840-1949）》（第 2 卷），中华书局 1962 年版，第 499 页。

〔2〕"上海北南刻字同业抵制美货"，载《时报》光绪三十一年（1905 年）八月初七日，转引自彭泽益编：《中国近代手工业史资料（1840-1949）》（第 2 卷），中华书局 1962 年版，第 499 页。

序号	时间	纠纷主体		纠纷经过	纠纷客体	发生地点	解纷方式	解纷结果
		甲方	乙方					
				均以他货代之；三、各省各埠城乡市镇偏发传单，悉照上海轩辕殿办理，必须互相劝导，坚持勿懈，以全我人义务。[1]				
13	1905.10	漆匠同业	美国货供应商	漆匠同业在城隍庙桥性善公所会议行规，先期邀请争约处诸君届时到公所演说美约事。是日下午即有汪君宰之、姚君孟贤及汪君凤椿等同莅，详述美国虐待华人种种惨状暨现在各处学界商界工界不用美货，各尽国民之义务。汪君等又送去美货牌号表与白话略说若干纸后始散。[2]	洋货	苏州	自力救济：诉诸暴力（冷暴力：抵制）	（不详）
14	1905	厦门各业	美国货供应商	运动抵制美货之举，华人中虽有热心演说辩论者，而本口终未获效验。如美国参煤油面粉，消流之广，尚属如常；布匹与纸烟，较上年（1904年）略少，推原其故，则日本所产者与之争衡，正如抵制无异也。更有杂货为香港抵制会首所禁，而未能到厦市者，统而言之，本口之运动可谓无成效矣。[3]	洋货	厦门	自力救济：诉诸暴力（冷暴力：抵制）	无成效。

〔1〕"上海宁苏沪三帮成衣业抵制美货"，载《时报》光绪三十一年（1905年）八月二十六日，转引自彭泽益编：《中国近代手工业史资料（1840-1949）》（第2卷），中华书局1962年版，第499页。

〔2〕"苏州漆匠同业抵制美货"，载《时报》光绪三十一年（1905年）十月十五日，转引自彭泽益编：《中国近代手工业史资料（1840-1949）》（第2卷），中华书局1962年版，第499~500页。

〔3〕"厦门各界共同抵制洋货"，载《通商各关华洋贸易总册·厦门口华洋贸易情形论略》（下卷），第76页，光绪三十一年（1905年），转引自彭泽益编：《中国近代手工业史资料（1840-1949）》（第2卷），中华书局1962年版，第500页。

续表

序号	时间	纠纷主体		纠纷经过	纠纷客体	发生地点	解纷方式	解纷结果
		甲方	乙方					
15	1905	当地各业	美国货供应商	美国之煤油每百份短少六十份，其故系由抵制美货所致，各人多用花生油代之。[1]	洋货	梧州	自力救济：诉诸暴力（冷暴力：抵制）	各人多用花生油代之。
16	1906	当地各业	美国货供应商	花旗煤油因抵制甚严，蛮河各埠水手，均不代运。后在一洋行雇定安南水手代运，以致（1906年）西历七月后，又见花旗煤油行销市上。[2]	洋货	云南	自力救济：诉诸暴力（冷暴力：抵制）	成效不显。
17	1908	当地各业	日本货供应商	辰丸事件发生，吾国学界，鼓吹抵制甚力，此为抵制日货之第一次。而是年日本对货贸易，输出较前年减少二千五百万元，输入减少八百万元。虽因吾国农产物收成歉薄银价下跌，均为民间购买力减退之由，然其主要原因，仍不得不归功于抵制，盖是年五六七八九等月，为吾国抵制日货最盛时期，而日本对货贸易之受打击，亦以此五个月为最甚。[3]	洋货	东北地区	自力救济：诉诸暴力（冷暴力：抵制）	日本对华贸易深受打击。

---

〔1〕"梧州各界共同抵制美货"，载《通商各关华洋贸易总册·梧州口华洋贸易情形论略》（下卷），第98页，光绪三十一年（1905年），转引自彭泽益编：《中国近代手工业史资料（1840-1949）》（第2卷），中华书局1962年版，第500页。

〔2〕"云南各界共同抵制洋货"，载《通商各关华洋贸易总册·蒙自口华洋贸易情形论略》（下卷），第102页，光绪三十二年（1906年），转引自彭泽益编：《中国近代手工业史资料（1840-1949）》（第2卷），中华书局1962年版，第500页。

〔3〕"东北地区各界共同抵制日货"，载《上海总商会月报·抵制外货以代保护关税问题》（第五卷）第八号，光绪三十四年（1908年），转引自彭泽益编：《中国近代手工业史资料（1840-1949）》（第2卷），中华书局1962年版，第500~501页。

序号	时间	纠纷主体		纠纷经过	纠纷客体	发生地点	解纷方式	解纷结果
		甲方	乙方					
18	1909	当地各业	日本货供应商	第二次抵制日货，起因于安奉线改筑问题，时为宣统元年。既在满清专制之下，又以问题不甚重大，排货运动，仅及满洲一带而止，未曾普及全国，而时期又最短，故日本所受影响，亦极轻微。此为历次排货运动中成绩之最恶劣者也。[1]	洋货	满洲地区	自力救济：诉诸暴力（冷暴力：抵制）	日本对华贸易受到影响。
19	1925.6.15~	缝纫厂女工	洋货供应商	五卅案起，厂长令工人罢工表示爱国热忱，自愿担任损失，毁厂中英日机器。	洋机器	北京	自力救济：齐行罢工和诉诸暴力	圆满。
20	1926.5.~6.	箱罐业工人	英货供应商	反对英商从上海运来箱板及铁罐。茶会总会调停。	洋货	休宁	自力救济：齐行罢工、第三方调解	所办之物完全退回。
21	1929.5.~	各工匠铺	商会	该县商会经费原由各商号厘股分摊，其有特别需要，除各商号按照厘股摊款外，并派各工匠场所捐款，今商会借口为摊派驻兵给养，勒派各工匠铺均认厘股各工匠遂群起反对。商会以各工匠铺均表示反对，遂先向客籍之鞋铺德生斋强迫承认厘股，以冀次第达到目的，不料该工人团结益坚，誓死反对并向县党部、县政府分头请愿（未罢工）。	摊派	阳原	借助官方权威：引入官方力量	（不详）

[1] "满洲地区各界共同抵制日货"，载《上海总商会月报·抵制外货以代保护关税问题》（第五卷）第八号，宣统元年（1909年），转引自彭泽益编：《中国近代手工业史资料（1840-1949）》（第2卷），中华书局1962年版，第501页。

附表 2-5　近代中国手工业者与官府之间的纠纷

序号	时间	纠纷主体		纠纷经过	纠纷客体	发生地点	解纷方式	解纷结果
		甲方	乙方					
1	1900	酒业各店铺	官府	闽省自酒捐创设以来，酒市停止，致酒伙无以为生。[1]	捐税	福建福州	当事人间自行协商	（不详）
2	1900.4	油坊工人	当地营兵	油坊工人受当地营兵欺压，遂相约停工，以为挟制之计，然这影响到油坊的正常运行，官商急欲为之调处。[2]	摩擦	辽宁营口	自力救济：齐行罢工、第三方调解	调处尚无端倪。
3	1904	当地手工业者	官府	三月二十六日镇江西门城外，小本经纪，因地方官举办警察，禁止肩挑贸易，饬令一律移至警察市场屋内，诸多不便，相率罢市，并烧毁警察总局，殴毙巡兵一名，路人二名。[3]	捐税	江苏镇江	自力救济：齐行罢工和诉诸暴力	道宪恐酿事端，随即出示停止，并停收警察房捐，街市始获平靖。
4	1904	当地手工业者	官府	五十余村之村民三千余人，因官吏征税不善，起而与之反抗，蜂拥入城，焚毁县署，前往弹压之姜统领亦为瓦砾所掷伤，势甚汹汹。[4]	捐税	山西永靖	自力救济：诉诸暴力	该省巡抚已发急电致政府，请革该县令之官职，以慰抚民心。
5	1906	当地竹木业工匠	官府	瑞昌县属洪下源地方，因厘卡加抽竹木粗货厘金，乡民不服，致有抗捐毁卡，却掠官员财物之事。[5]	捐税	江西瑞昌	自力救济：诉诸暴力	（不详）

〔1〕《东西商报·商五〇》，1900 年版，第 6 页，转引自彭泽益编：《中国近代手工业史资料（1840-1949）》（第 2 卷），中华书局 1962 年版，第 624 页。

〔2〕"油手停工"，载《中外日报》光绪二十六年（1900 年）四月十四日，转引自彭泽益编：《中国近代手工业史资料（1840-1949）》（第 2 卷），中华书局 1962 年版，第 602 页。

〔3〕《通商各关华洋贸易总册·镇江口华洋贸易情形论略》（下卷），第 45 页，转引自彭泽益编：《中国近代手工业史资料（1840-1949）》（第 2 卷），中华书局 1962 年版，第 624~625 页。

〔4〕《北京报》第 139 册，第 6 页，光绪三十年（1904 年）十二月初八日，转引自彭泽益编：《中国近代手工业史资料（1840-1949）》（第 2 卷），中华书局 1962 年版，第 625 页。

〔5〕《通商各关华洋贸易总册·九江口华洋贸易情形论略》（下卷），第 30 页，转引自彭泽益编：《中国近代手工业史资料（1840-1949）》（第 2 卷），中华书局 1962 年版，第 625 页。

序号	时间	纠纷主体		纠纷经过	纠纷客体	发生地点	解纷方式	解纷结果
		甲方	乙方					
6	1906	茶业从业者	官府	闽省库帑，支绌异常，各大吏力思弥补，爰于本年茶季之先，派员来埠，设一稽报局，每担茶叶出口，抽收仲资小洋一角，以助公款。[1]	捐税	福建三都澳	自力救济：诉诸暴力	惟各中人群情汹汹，力起反对，事为外部所闻，咨饬中止，遂成罢议。
7	1910	泥水匠	官府	有泥水匠二人，持钱购米，肆主竟索价百文，匠骇问其故。肆主曰：巡抚准洋人购米，囤积出口，故粮食奇昂耳。匠已大醉，即怒骂巡抚不止，语为警兵所闻，捕送警局，笞而荷之校。众泥匠皆愤怒，立邀集木匠帮，及铁路之为土方小工者，顷刻集数百人，聚议以付策。巡警道赖承裕闻耗，立驰往弹压，勒令解散，且曰：不从者当以军法从事。众愈怒，大呼而起，殴承裕几毙。乱者益增，至数千人，即往围抚署，而乱事成矣。[2]	物价	湖南长沙	自力救济：诉诸暴力	（不详）
8	1911	机业工人	官府	杭州近因民食恐慌，米价日涨一日。至初八日，每升需钱九十文，贫民无以为生。迭向两首县跪求代禀抚台，要求减价，惟仍未见出示。于是下城机业中人，忽于是晚，联合贫民数百人，由东街直上，自普安街以至石牌楼，由石牌头直上荐桥，由荐桥直上洋囗头清河坊大街，所	物价	浙江杭州	自力救济：诉诸暴力、借助商会	已蒙开释者九十三人。

〔1〕《通商各关华洋贸易总册·三都澳口华洋贸易情形论略》（下卷），第61页，转引自彭泽益编：《中国近代手工业史资料（1840-1949）》（第2卷），中华书局1962年版，第625页。

〔2〕"长沙乱事"，载《国风报》第一年第八期，宣统二年（1910年）三月二十一日，转引自彭泽益编：《中国近代手工业史资料（1840-1949）》（第2卷），中华书局1962年版，第625~626页。

续表

序号	时间	纠纷主体		纠纷经过	纠纷客体	发生地点	解纷方式	解纷结果
		甲方	乙方					
				经米铺数十余家，悉被捣毁。各处均手持火把，照耀如昼，巡警不敢过问。惟此辈宗旨，专与米商为难，银钱等物，则不抢掠。时有二局巡警者，拘获贫民数人，押送地方审判厅。众情益愤，遂哄至审判厅，将一切厅内各物，捣毁一空。其时人数已聚至千余，声势汹汹，莫可理喻。法官大半逃匿，警道与仁和县，出而弹压，讵为贫民所窘。于是警道用电话，禀告增巡危象，增抚立饬螺狮山陆军帽重队，荷枪出巡，各处巡警及卫队等，亦纷纷开枪弹压。至初九早，计共拿获一百九人，解交督练公所暂押，警道欲以军法治之，惟增抚未允。后由总商会官绅会商公决，交审判厅讯办。闻已蒙开释者九十三人，未放者不过十余人而已。[1]				
9	1913	木瓦油漆业工匠	官府	木匠油漆匠、砌砖匠反对官府征收一种课税。官府镇压。[2]	捐税	浙江绍兴	自力救济：齐行罢工	（不详：可能有调解的希望）
10	1919.6.8~6.11	船坞铜匠铁匠	官府	工匠同情学潮，请罢免曹章陆。	卖国	上海	自力救济：齐行罢工	达到目的。

〔1〕"杭垣抢米风潮记"，载《国风报》第二年第九期，宣统三年（1911年）四月初一日，转引自彭泽益编：《中国近代手工业史资料（1840-1949）》（第2卷），中华书局1962年版，第626页。

〔2〕"绍兴木瓦油漆业工匠罢工"，North China Hearld，Apr. 12. 1913，p.102，转引自彭泽益编：《中国近代手工业史资料（1840-1949）》（第2卷），中华书局1962年版，第614页。

序号	时间	纠纷主体		纠纷经过	纠纷客体	发生地点	解纷方式	解纷结果
		甲方	乙方					
11	1919.6.9~6.11	漆匠	官府	工匠同情学潮,请罢免曹章陆。	卖国	上海	自力救济:齐行罢工	达到目的。
12	1919.6.10~6.11	水木工人	官府	工匠同情学潮,请罢免曹章陆。	卖国	上海	自力救济:齐行罢工	达到目的。
13	1921.10.6~10.7	盐工	盐务稽核所人员	因与盐务稽核所人员发生冲突,工人被殴伤者数名。	摩擦	扬州	自力救济:诉诸暴力	所员被革。
14	1935.8	各业工人	县府	象山各业工人因县府减低百业工资,最高者只二角五分,且有每工一角二分者,特联名呈请党政救济。[1]	工资	象山	借助官方权威:引入官方力量	不详。
15	1924.7.24~	盐工	雇主	工人以积盐过多,拟仿青盐出口,盐务稽查所不准。	捐税	长芦	(不详)	(不详)
16	1924.8.21~8.25	盐户	盐运使	盐户反对盐运使设立公仓。军队弹压工人捣毁盐局,盐商董事调配停,盐场知事与盐民代表会商。	捐税	余姚	自力救济:齐行罢工、借助官方权威:引入官方力量、第三方调解	取消公仓。
17	1926.7.23~	五印局排字工人	五印局	因不准工人至厨房煮半夜饭。工人要求由局膳金五元五角。	工资、待遇	无锡	当事人间自行协商	雇主照准,工人复工。
18	1927.2.6~2.24	各业手工业工人	北洋政府	同情北伐战争,参加上海市总同盟大罢工(总人数约50万余人)。遭受军警屠杀。	反独裁	上海	自力救济:齐行罢工	2月24日下午一律复工。

---

〔1〕《劳动季报》第七期,第152页,转引自彭泽益编:《中国近代手工业史资料(1840-1949)》(第3卷),中华书局1962年版,第611页。

续表

序号	时间	纠纷主体		纠纷经过	纠纷客体	发生地点	解纷方式	解纷结果
		甲方	乙方					
19	1928.12. 9~12.16	平民习艺工厂工人	平民习艺工厂	因社会局拟将该厂音乐股归并贫民教养所,将打带织布、毛巾、织袜、裁毡等五股移并感化院。社会局派员前往该厂强制办理,并将音乐股工徒四十余人拨往贫民教养院收容,其打带各股工徒七十余(中因此次风潮自由出厂者一百余)一律拨往感化院内。	待遇	北平	自力救济:诉诸暴力	工徒失败。
20	1934.5	木瓦笆漆业工人	镇长	木瓦笆漆四业,大小工日薪均五角,现各镇长拟改为大工四角,小工三角,四业工人开会反对,嗣经调解,当经改定大工每日工资仍为五角,小工则为四角五分。	工资	淮阴	第三方调解	问题得到解决。
21	1934.5	成衣、泥水、木匠、篾匠	乡镇长	成衣、泥水、木匠、篾匠为该地乡镇长无端减低工价事,曾吁请县府设法救济,经县府指令仍维原有工价,不得减少。讵雇主方面近仍照低减工价计付,故一般工人为生活计,特于本日再呈县府,请转令各乡长遵办。	工资	慈溪	借助官方权威:引入官方力量	问题得到解决。
22	1935.8	锡箔业	官府	同业反对统制专卖,罢工。箔工捣毁箔税局长住宅及专营公司等,被捕箔司3人,全体箔司请愿要求释放。省令停办登记,劝导工人复工。	业务市场	绍兴	自力救济:齐行罢工、借助官方权威:引入官方力量	不详。

附表 3-1　近代中国手工业社会解纷主体这一：作为当事人的手工业者

序号	资料来源	纠纷主体		纠纷客体	解纷经过	解纷方式	解纷主体
		甲方	乙方				
1	"苏州金箔作董司为工匠咬死"，载《申报》同治十一年十一月廿一日[1]	金箔业其他众工匠	金箔作董司	收徒	"同行中之人，闻之无不大怒，强行禁止。……众工匠俱各愤怒不平，其势汹汹、会集定计，召董司者于某日来公所议事。……董司不敢不应召。……见董司既已入门，遂将衙役驱之门外，……破门而入，则见一裸尸系于柱侧，……盖此人以为大众口咬而死矣"	协商未果，施以暴力	众工匠
2	"木匠逞蛮"，载《申报》光绪三年七月十三日[2]	散匠李阿小等	匠头胡陈二人	自立行规	"去秋各散匠曾纠众违规，以致涉讼，……及兹初七日散匠李阿小等，复纠聚多人，在鲁般庙演戏饮酒，违example更立石碑。……散匠及纠同二百余人打至其家，拳石交下，……然散匠尚恃强不服，县差亦畏其众，不敢指拿，未知作何了结也。"	暴力	散匠
3	"万佛楼停工纪实"，载《新报》光绪三年七月二十九日[3]	散目	总目	劳动收入	"本月二十日开工后，木工泥匠凡数百人，各有总目、散目之分，总目向寺僧揽工而委督工之役于散目，散目分饬各工匠做工，而归总目，向例然也。行中规例，每工扣钱六文，归诸总目，总目酌分于散目，而散目例不得扣，近似总目不能如例，各散目邀至福来茶室，聚商两日不决，而踵至者日凡百数十人，几于用武。"	协商未果，几至用武	散目、总目

〔1〕彭泽益主编：《中国工商行会史料集》（下册），中华书局 1995 年版，第 685 页。

〔2〕彭泽益主编：《中国工商行会史料集》（下册），中华书局 1995 年版，第 694 页。

〔3〕彭泽益主编：《中国工商行会史料集》（下册），中华书局 1995 年版，第 694~695 页。

续表

序号	资料来源	纠纷主体		纠纷客体	解纷经过	解纷方式	解纷主体
		甲方	乙方				
4	"铺主受辱",载《申报》光绪六年三月二十二日[1]	工匠	铺主	收徒	"各匠自知未合,亦遂允于次日兴工。……一闻此言,齐向前谓汝何人斯,敢挠众议,老拳便挥。甲入房,匠随涌入,门窗尽破,复有出而号召者。……顷刻聚集五六百人,前后围住,即有三四千人由城上扒屋,声如鼎沸。"	暴力	工匠
5	"缝工长价",载《申报》光绪六年五月二十二日[2]	裁缝散工	裁缝店主	工资	"武汉各缝工,于端节后俱停作议价。……故散工不服,纠集多人,与各店主争议。……惟为首之三十家,仍愿兴讼"	协商未果,诉于官府	裁缝散工
6	"聚众挟制",载《申报》光绪六年十一月十五日[3]	宁郡伞匠	奉化伞匠	业务市场	"宁郡各工匠向有把持恶习,动辄聚众挟制,而伞骨匠尤甚。兹闻有伞匠方顺德,见奉化江沛章、江良士等以伞避孕药载至宁郡求售,遂挟同伞匠骨首王□、杨云宝等拉货擒人"	宁郡伞匠诉诸暴力,奉化伞匠诉于官府	宁郡、奉化两地伞匠
7	"停工挟制",载《沪报》光绪八年四月二十二日[4]	散匠	作头	劳动待遇	"各散匠怀恨已久,纠约停工,昨日千百成群,齐至鲁班殿喧嚷不休;一语不合,即行肆殴。"	协商未果,施以暴力	散匠
8	"木匠聚议",载《申报》光绪八年四月二十二日[5]	木匠	作头	劳动待遇	"本埠之宁绍帮木匠,凡由作头雇用,向例每日一粥二饭,所给工价,每洋一拾升五十文。现在该匠等以上工甚早,须作头改为每日三顿饭,工洋照衣牌作价,其遂日饭菜,亦须讲究。故"	协商未果,相约停工	木匠

[1] 彭泽益主编:《中国工商行会史料集》(下册),中华书局1995年版,第698~699页。

[2] 彭泽益主编:《中国工商行会史料集》(下册),中华书局1995年版,第699页。

[3] 彭泽益主编:《中国工商行会史料集》(下册),中华书局1995年版,第702页。

[4] 彭泽益主编:《中国工商行会史料集》(下册),中华书局1995年版,第703页。

[5] 彭泽益主编:《中国工商行会史料集》(下册),中华书局1995年版,第704页。

序号	资料来源	纠纷主体		纠纷客体	解纷经过	解纷方式	解纷主体
		甲方	乙方				
					连日在城内公输子庙评理。作头尚未允从，而众口哓哓，异常喧闹。昨日相约停工"		
9	"木匠被拘"，(《申报》光绪八年四月二十四日[1]	宁绍两帮木匠	宁绍两帮木匠作头		"兹悉宁绍两帮作头，均以向章如是，不允更改。于是两帮匠人约齐停工，惟宝善街造房之处，依然邪许不绝。该匠等齐往喝停不从，意欲用武"	相约停工，对违反者意欲用武	宁绍两帮木匠
10	"论工匠聚众"，载《新报》光绪八年四月三十日[2]	宁帮、苏帮、本帮工匠	匠头	劳动待遇	"众匠于是聚而议曰，不于斯时革去积弊，更待何时？于是群趋于鲁班庙中，捆取衔牌，巡行各工之所，勒令停工会议。有不从者，则取其斧斤以去。亦既齐集议三日不决，则又拥至大匠头石性家，谓其不应独阻众议。"	暴力相抗	宁帮、苏帮、本帮工匠
11	"机户织匠把行"，载《申报》光绪十年正月三十日[3]	机户织匠	纱缎各庄	劳动收入	"现届机匠，以赋闲日久，思将此项扣串，一律免扣，月之念五日清晨，……齐赴各庄，请予免扣，每合数十人为一起，叫器奔逐，口呼把行。如有业机者贪做不停，咸闯入拉其发辫而出。"	相率停工把行	机户织匠
12	"妄思加值"，载《字林沪报》光绪十三年六月初二日[4]	失业工匠	工师（工头）	工资	"近忽有失业工匠三五成群，日在圆妙观前勾结众工，议加工价。"	协商	失业工匠

〔1〕彭泽益主编:《中国工商行会史料集》（下册），中华书局1995年版，第704页。
〔2〕彭泽益主编:《中国工商行会史料集》（下册），中华书局1995年版，第705页。
〔3〕彭泽益主编:《中国工商行会史料集》（下册），中华书局1995年版，第708页。
〔4〕彭泽益主编:《中国工商行会史料集》（下册），中华书局1995年版，第709页。

续表

序号	资料来源	纠纷主体		纠纷客体	解纷经过	解纷方式	解纷主体
		甲方	乙方				
13	"踏布作争夺生意"，载《申报》光绪十三年十二月初九日[1]	踏洋布匠	踏土布匠	业务市场	"日前有罗咸秀、周金松、周永全、辛春荣、袁明清、唐永春、唐悦楼、周永春等，投上海县控被赵锡夫、周永祥、吴延芳等硬夺踏布生意。……罗等称：有主顾嘱踏本布，被赵等在路上夺去。质之赵等称：罗等乃踏洋布者，小的等向踏本布，今罗等硬夺生意，向之论理，不敢强夺。"	踏洋布匠诉诸暴力，踏土布匠诉于官府	踏布匠
14	"帝京景色"，载《申报》光绪十七年五月初二日[2]	木匠	厂商	工资	"颐和园工程处工匠，……辄于月初纠众挟制，意图增长工价，相持十数日，竟无一人作工。……至四月十七日，木匠多人又问厂商寻衅，一言不合，竟敢放炮号召他厂木匠，纷纷聚集，……木匠约集千余人，亦各手持巨斧"	协商未果，施以暴力	木匠
15	"一字念争"，载《申报》光绪十八年五月二十九日[3]	文帮（汉阳帮）木匠	武帮（武昌）木匠	面子	"今年值武帮单刀会期，文帮有数十人入阁喧哗，旋以干戈从事。其时文帮人少，不敌武帮之凶横，纷纷败北，归诉其主，欲与武帮抗衡。……次日在某茶室齐集百余人，交相谓曰：彼皆离心离德，我亦何妨倒戈相向。遂各执器械，将本帮各主招牌打碎，无敢出而阻者。直至次日，其锋仍锐不可当。"	暴力	两帮木匠

---

〔1〕彭泽益主编：《中国工商行会史料集》（下册），中华书局1995年版，第710页。
〔2〕彭泽益主编：《中国工商行会史料集》（下册），中华书局1995年版，第714~715页。
〔3〕彭泽益主编：《中国工商行会史料集》（下册），中华书局1995年版，第716页。

序号	资料来源	纠纷主体		纠纷客体	解纷经过	解纷方式	解纷主体
		甲方	乙方				
16	"烟店东伙争议",载《字林沪报》光绪十九年五月十四日[1]	烟店店伙	烟店店东	劳动收入	"该伙等为之辩论,……现闻该伙等一概停工不做,意欲另议行规。"	协商未果,店东求助于官府	店伙
17	"沪南琐录",载《申报》光绪十九年九月初六日[2]	弹棉花店主黄某	同业王士金	行规遵守	"因违背行规,被同业王士金纠集同业,邀至畅园茶肆评理,争论不已,竟至用武。旋扭至十六铺巡防局请讯。"	王士金协商未果施暴,黄某诉于官府	黄某、王士金
18	"同业忿争",载《申报》光绪二十年三月二十六日[3]	洋镜业工匠朱德卿	同业曹阿福	业务市场	"同业曹阿福心存嫉妒,不准朱收集学徒。日前纠同无赖将朱锯子夺去,嗣由同业友人袁某解劝,将锯送还。前日曹仍不甘心,父子三人召唤朱同至凝和桥老虎灶吃茶,未分曲直。昨日曹父子又纠同专制铜首饰之阿池……等约十二余人,在县署西首清泉楼茶馆,将朱殴击,碗盏纷飞,拳脚交下。"	曹阿福暴力与协商并用	朱德卿、曹阿福
19	"穗垣鞋行禁私雇工人",载《中外日报》光绪二十七年十月二十八日[4]	东家行	福德里等二鞋店	私雇工人	"省垣券鞋行合义堂工人,因物价昂贵,生计难谋,联行辍业,……未经允许,遂叠出搔扰,致将城西大观桥某店东殴伤。"	仲裁	东家行
20	"穗垣鞋业东西行互争",载《大公报》光绪二十九年六月二十三日[5]	西家行	东家行	口角	"西家见之皆大为不平,……于是联盟愈坚,日与东家反抗,而鞋行生意亦日就衰歇云。"	互诋	东家行、西家行

---

〔1〕彭泽益主编:《中国工商行会史料集》(下册),中华书局1995年版,第717页。

〔2〕彭泽益主编:《中国工商行会史料集》(下册),中华书局1995年版,第717页。

〔3〕彭泽益主编:《中国工商行会史料集》(下册),中华书局1995年版,第718页。

〔4〕彭泽益主编:《中国工商行会史料集》(下册),中华书局1995年版,第718页。

〔5〕彭泽益主编:《中国工商行会史料集》(下册),中华书局1995年版,第718页。

序号	资料来源	纠纷主体		纠纷客体	解纷经过	解纷方式	解纷主体
		甲方	乙方				
21	"匠役齐行"，载《大公报》光绪三十年五月二十四日[1]	木匠	木厂	劳动收入	"日前午后有瓦木匠役五百余人，在城外黄寺庙前纷纷聚议。……而木厂不允，故众匠役，齐行会议耳。"	协商未果，木匠拟齐行	木匠
22	"木工纠众跪香要求加资"，载《时报》光绪三十二年闰月二十七日[2]	木匠	作头	工资	"杭省木工，以绍台二帮为最多，近以钱贱物贵，一再罢工，要求作头增加工资。……各工匠尚不满意，分与作头为难，日前互扭至钱塘县署。……各工匠蜂扭某作头攒殴，……"	协商，木匠未满意，共诉至官府，木匠对作头施暴	木匠
23	"木工纠众跪香要求加资"，载《时报》光绪三十二年闰月二十七日[3]	作头	木匠	工资	"奈各匠坚索每工三角五分，各作头因被其旷误工作，复又禀县请示，……"	诉于官府	作头
24	"瓦木匠感受铜元之激刺"，载《申报》宣统元年六月初八日[4]	瓦匠、木匠	作头	工资	"句容县地方瓦木两匠，……遂于日前一律罢工，要求各作头酌加工价。现在各作头连次在二仙洞会商，尚未决议办法。"	工匠一律罢工，作头开会协商	工匠、作头
25	李为宪"昆明市12个同业公会调查·昆明市爆竹业商业同业公会"[5]	师友会	同业公会	工资	"本业客师有师友会，……又如前年本业同业公会主席李某只顾老板利益，不管客师困苦，……因此师友会数次请求增加工资，均不获准，于是出李某"百丑帖子"说他揩卡客师，并将本业黑幕一齐宣布。……后经李报告省党部，该部派文牍出来处理，在茶馆内，……并饬师友会开茶钱（普通吃茶说理，是输道理的一方开茶钱），……结果还是公会开茶钱，增加工资了事。"	协商未果，师友会揭同业公会主席之短	师友会

---

〔1〕彭泽益主编：《中国工商行会史料集》（下册），中华书局1995年版，第719页。

〔2〕彭泽益主编：《中国工商行会史料集》（下册），中华书局1995年版，第719页。

〔3〕彭泽益主编：《中国工商行会史料集》（下册），中华书局1995年版，第719页。

〔4〕彭泽益主编：《中国工商行会史料集》（下册），中华书局1995年版，第719页。

〔5〕李文海主编：《民国时期社会调查丛编》，福建教育出版社2004年版，第348页。

后　记

　　我喜欢历史和法律，所以在考虑攻读博士学位时，报考的学科专业首选自然是法律史。感谢范忠信教授、陈景良教授和程汉大教授所组成的中南财经政法大学法学院法律史博士点导师组对我的厚爱，将我录取为法律史博士研究生。

　　范忠信教授是我的指导老师。他的学识和风范令我景仰。我的博士学位论文，从选题、谋篇到选材、写作，均凝聚了导师范忠信教授的心血。感谢范老师的严格要求，使我即使忙于党政事务，也不敢怠慢学业；感谢范老师的悉心指导，使我即使法学基础较为薄弱，通过努力亦顺利完成学业。严而不厉，慈而不怂，是范老师对待学生的态度和要求。作为求学者，能师从他，我深感荣幸！

　　在我攻读博士学位期间，也有幸聆听了导师组陈景良教授和程汉大教授的教诲并得到了他们对我论文的指导。当然，个人的成长和进步还离不开其他师长、同学、师弟和师妹的支持和帮助，师长中有郑祝君教授、武乾副教授、孙丽娟副教授、李艳华副教授等老师和陈会林、咸鸿昌、毕巍明、杨松涛、张文勇、黄东海、张国安、易江波、汪雄涛、张正印等师兄；同学中有李黎、阿尔古丽、李可、罗鑫、李栋、陈刚等；师弟和师妹中有乔飞、李永伟、龚先砦、张本顺、廖峻、杨红兵、邱红梅、魏文超、刘吉涛、黄晓平、杨剑、时亮、范晓东、李志明、汤建华、孙向阳、杨树林、陈敬涛、陈秀平、李远华、王忠灿、于熠、阿荣等。其中，孙丽娟副教授为我提供了大量的碑刻史料；李可同学、邱红梅师妹、龚先砦师弟在我学位论文写作中提出了许多宝贵的意见和建议。同时，藉此机会，需要一并感谢的还有：中南财经政法大学图书馆、武汉大学图书馆、华中师范大学图书馆的老师和湖北省图书馆、广西壮族自治区图书馆、桂林市图书馆、广西壮族自治区档案馆、汉口市档案馆、荆州市档案馆的工作人员，他们为我学位论文资料的检索、借阅、复印等提供了热情周到的服务；我所在的工作单位、部门——广西教育学院党委办公室和现挂任职的广西来宾市象州县委、县人民政府，为我学业的完成予以大力的支持并提供了重要的保障。尤其需要感谢的是我的家人、我的妻子和女儿，没有家人的理解和支持，我不可能再有机会进入博士阶段继续深造；没有妻子的无私奉献和对家庭的全身心投入，没有女儿的聪明懂事，我不可能有足够的时间和精力来从事自己的工作和完成自己的学业。我深深地爱着我的家人和我的妻女！

我还要感谢师母段苑芹女士和我的硕士研究生导师张家璠教授、广西教育学院党委书记陈洛教授和党委委员、副院长唐晓萍教授。为使范忠信老师能悉心指导我们的学业，段苑芹女士付出了很大的辛劳；张家璠教授是我国著名的文献学家，在我进行资料收集、分类、整理过程中，提出了很多有针对性的指导意见；陈洛教授是天津大学管理学院博士生导师，除引导我事业进步和提供必要的后勤保障之外，对我的学位论文写作也提了许多真知灼见；唐晓萍教授是广西民族大学教育科学学院硕士研究生导师，对我的学位论文选题提了很好的建议。

正是有大家的齐心帮助，我的学业得以顺利完成。衷心感谢他们！

刘华政

2022 年 1 月